国家民委"中国南方与东南亚跨境民族人文社科重点研究基地"项目资助
"广西与东南亚民族研究"人才小高地项目资助
广西教育厅"中国南方与东南亚民族研究中心"项目资助
广西教育厅"民族文化遗产保护与传承协同创新中心"项目资助
广西教育厅民族教育专项——民族院校特色学科建设经费资助
广西民族大学民族学博士点建设经费资助

"学术·田野·传承"民族学人类学丛书
广西民族大学民族学硕士研究生毕业论文集

编委会主任: 周建新

编委会委员: 王柏中　玉时阶　吕俊彪　李富强
　　　　　　　郑一省　郑维宽　罗宗志　唐晓涛
　　　　　　　秦红增　黄家信　吴国富　滕兰花
　　　　　　　龚永辉　廖明君　唐国军　甘品元

"学术·田野·传承"民族学人类学丛书

现代化进程中的瑶族文化教育

玉时阶 / 主编

民族出版社

丛书总序

1998年，广西民族大学（当时为广西民族学院）获得民族学第一个二级学科硕士学位授权点，至今已经18年了。

18年间，在广西壮族自治区有关部门和学校领导的大力支持下，经过广西民族大学全体同仁的不懈努力，我们于2005年获得民族学一级学科硕士点，2013年获得民族学一级学科博士点，2014年获得民族学博士后科研流动站。民族学学科建设取得了长足的进步，在国内民族院校中的影响力不断增强。

18年间，本人亲历了民族学从本科学士点到硕士点再到博士点学科建设的整个过程。1997年，本人担任当时的民族学人类学研究所副书记、副所长职务；2001年，接任民族学人类学研究所所长职务；2003年，担任第一任民族学与社会学学院院长职务；2014年本人辞去院长行政职务，但继续担任民族学一级学科带头人，负责民族学学科建设整体的学术工作。作为学科建设过程的亲历者，本人深感今日之成绩来之不易，它是几代人不懈努力的结果。为此做出贡献的前辈有已经过世的陈衣教授、姚舜安教授、程方教授、张有隽教授等，还有退休后仍然活跃在学术界的范宏贵教授、徐杰舜教授、周光大教授、谢崇安教授、覃主元教授等。当然，更多的是目前在岗工作的一大批中青年学者，他们正是这套丛书各分册的主编。

从1999年开始招收第一批民族学硕士研究生至今，我们已经招收了17届硕士研究生共438人（1999级4人；2000级6人；

2001级5人；2002级7人；2003级13人；2004级37人；2005级39人；2006级48人；2007级26人；2008级29人；2009级37人；2010级37人；2011级35人；2012级32人；2013级34人；2014级25人；2015级24人），已经有14届学生共355人（截至2012级）顺利完成了自己的学业（民族学、中国少数民族史、马克思主义民族理论与政策、中国少数民族经济、中国少数民族艺术、民族教育、壮学与瑶学），走向社会各个领域，为国家和地方经济社会发展做出自己的贡献。

在18年的民族学硕士点建设过程中，我们曾经于2006年开始先后出版了《寻山问野》《田野调查报告——文化诸相的探索》等硕士研究生毕业论文集。其中，第一本毕业论文集《寻山问野》就是在本人主持下编辑成册的，但遗憾的是，后来因为各种原因此项工作未能坚持下来。

如今，广西民族大学民族学学科建设已经迈上了新的发展台阶，从最初的一个二级学科硕士点发展到现在的一个博士后流动站、一个一级学科博士点、一个一级学科硕士点，七个二级学科硕士点（民族学、中国少数民族史、马克思主义民族理论与政策、中国少数民族经济、中国少数民族艺术、民族教育、壮学与瑶学）。我们现在不仅有雄厚的师资队伍，优秀的学生群体，而且还有充裕的学科建设经费，这就为我们继续出版优秀硕士毕业论文集提供了条件。因此，为了总结经验，积累成果，广西民族大学民族学与社会学学院决定，突出本校民族学田野调查特色和优势，出版"学术·田野·传承"民族学人类学丛书暨广西民族大学民族学硕士研究生毕业论文集。这可以看作是我们过去工作的继续和深化，也可以看作是又一个崭新的起点。

丛书筛选的论文，主要是从民族学、马克思主义民族理论与政策、中国少数民族史、中国少数民族艺术、中国少数民族经济等二级学科硕士点的毕业论文中挑选的，涉及领域较广，主要是以导师优选出的弟子的毕业学位论文为主。论文选题内容丰富，但总体方向始终以中国南方与东南亚民族研究、广西世居民族研究、华人华侨研究等为主，同时也兼顾其他方向的研究，总体体现了我校民族学人类学研究的特色和优势。

丛书汇聚了学子的心血，更凝聚着导师的心血和关爱。丛书的内容虽然以学生毕业论文为主，但也有个别加入了教师的论文，这主要是为了体现师生学术传承的脉络。论文集收录的论文虽然有些还显得稚嫩，但我们知道，正因为如此，更需要我们的支持和提携，日后他们才能长成参天大树。

本套丛书的出版，得到中国南方与东南亚民族研究中心项目经费的资助，谨表衷心的感谢！我们希望以此种形式，不断推出新人，同时又积累成果，并且对促进教师教学水平，对我们继续提高研究生培养质量，鼓励学生潜心向学，进一步加强学科建设等等，都具有积极的意义。

感谢学校、学院、全体老师的大力支持！感谢毕业学生的积极配合！

衷心祝愿广西民族大学的民族学学科建设明天取得更大的成绩！

周建新
2016 年 5 月于广西民族大学基地楼办公室

本书序

2002年初，因广西民族学院准备更名和申报博士点缺少教授，广西民族学院的党委书记梁颖教授与院长何龙群教授动员我回广西民族学院工作，何院长为此还亲自到广西社会科学院联系我的调动事情。几经周折，最后在广西壮族自治区政府原副主席、十届全国人大常委会委员奉恒高同志的协调下，2002年底我从广西社会科学院重回广西民族学院工作。2003年秋，我开始在民族学与社会学学院带中国少数民族史专业的研究生。我在大学读书期间就开始研究瑶族历史文化，1982年大学毕业前发的第一篇文章就是关于瑶族社会组织的论文，1989年出版的第一部著作也是关于瑶族社会历史的。几十年来，我一直关注瑶族历史文化的研究，所以，我带的研究生的论文基本上都是与瑶族历史文化有关。

历史上，由于历代封建统治阶级实行民族压迫和民族歧视政策，加上生态环境恶劣、地处偏僻、长期迁徙等原因的影响，大部分瑶族地区社会生产力发展水平都较低，社会历史与经济发展缓慢而不平衡，教育相当落后。除湘桂粤边界的平地瑶和部分瑶族地区建有少量的私塾、学堂和小学，有极少数的瑶族子弟能上两三年学，识些汉字外，绝大多数的瑶族基本上不识字，从未进过校门。凡有交易、借贷之事，多用"刻木记事"或"结绳记事"。中华人民共和国成立后，特别是改革开放以来，党和政府在瑶族地区大力贯彻落实民族平等和民族团结政策，高度重视瑶族教育事业的发展，采取许多优惠政策和措施，帮助和扶持瑶族地区教育事业的发展。经过60多年的努力，瑶族地区的教育状况发生了根本性的变化，取得了巨大的成绩。但由于历史的原因及国家教育资源配置不均等方面的影响，瑶族教育的发展不仅远远落后于沿海地区与发达地区，和全国以及同一地区的周边民族仍有较大的差距，就是在瑶族内部，其教育的发展水平也极不平衡，越是偏僻、经济越不发达的地区，其教育的发展越是落后。瑶族地区教育发展落后、不平衡等问题已成为制约瑶族地区新时期社会主义现代化进程的瓶颈，影响了瑶族地区和谐社会的构建。教育是充实人们生活、维持社会生存、发展国计民生、延续民族生命的根本。"百年大计，教育为本。"教育是改变个人命运、家庭状况及振兴民族、国家的根本大计。世界发达国家的经济发展经验证明，在科学技术突飞猛进的信息化时代，仅靠拥有廉价的劳动力、丰富的资源和雄厚的资本再也不能保证竞争优势，而知识却是任何其他资源要素所无法取代的，是一个国家和民族经济增长的源泉，成为社会经济增长的关键性力量。特别是像我们这样一个统一的多民族的国家，发展民族教育，不仅是实现各民族共同繁荣的根本之路，也是中华民族实现可持续发展的需要，是巩固和完善民族区域自治制度的需要。所以，本书选编了几个研究生的论文，对瑶族地区的教育发展现状进行探讨，希望能引起人们的关注，群策群力，促进瑶族地区教育发展。

每一个民族，不论其大小，都有它自己的，只属于它而不为其他民族所有的本质上的特点和风格，从而构成其特有的民族传统文化。这些传统文化便是每个民族对世界文化宝库所作的贡献。瑶族是一个历史文化悠久的民族。瑶族人民在漫长的历史岁月里所创造的优秀传统文化，不仅是瑶族人民辛勤劳动和智慧的结晶，而且也是中华民族优秀传统文化宝库中熠熠生辉的珍宝，是我们滋养民族生存、激发民族精神、增强民族团结、维护祖国统一、促进民族繁荣的巨大财富；是发展社会主义先进文化的深厚基础，也是建设中华民族共有精神家园的重要支撑。长期以来，我不仅自己一直关注瑶族传统文化的研究，而且我带的研究生也在这方面做了许多调查。本书选编了几位同学的毕业论文，将他们对瑶族文化研究的心得体会与大家分享，就教于各位专家学者；也希望就此与大家一块共同深入挖掘瑶族传统文化中崇尚自然、爱惜生灵、信守诚信、守望相助、追求大同、讲仁爱、崇正义的时代价值，弘扬瑶族自强不息的精神追求，增强民族自信和文化自信。

2003年以来，我在广西民族大学民族学与社会学学院和广西艺术学院设计学院带了几十个研究生，他们中的绝大多数人都以瑶族为对象进行研究，撰写毕业论文。看到越来越多的年轻人融入到瑶学研究的队伍中，推动瑶学研究的发展与繁荣；看到瑶学研究的队伍越来越壮大，瑶学研究成果硕果累累，我感到十分欣慰。当然，他们毕竟年轻，初入学界，学识有限，谬误之处亦是难免，敬请读者指正。在瑶学研究的路上，我们将薪火相承，行行重行行。

玉时阶
2018年孟冬于南宁

目 录

从石牌制到村民自治：六巷花蓝瑶石牌制的嬗变 …… 黄华燕（1）
  一、六巷概况………………………………………………（1）
  二、20 世纪 80 年代以前的石牌制度…………………………（4）
  三、20 世纪 80 年代以来六巷花蓝瑶新石牌制
      与村民自治………………………………………………（20）
  四、六巷花蓝瑶新石牌的意义及发展方向………………（45）
  五、结　论…………………………………………………（54）

平地瑶农具的变迁
  ——以恭城瑶族自治县水滨村为例……………… 张佳斐（57）
  一、水滨村概况……………………………………………（57）
  二、水滨村平地瑶农具的变迁……………………………（58）
  三、农具变迁的特点………………………………………（71）
  四、农具变迁的原因………………………………………（78）
  五、农具变迁的影响………………………………………（93）
  六、结　语…………………………………………………（107）

花蓝瑶服饰刺绣文化的嬗变………………………… 杜宗景（109）
  一、花蓝瑶服饰刺绣文化概述……………………………（109）
  二、花蓝瑶服饰刺绣文化变迁……………………………（112）
  三、花蓝瑶服饰刺绣文化变迁的原因……………………（133）

四、花蓝瑶服饰刺绣文化的保护与传承……………………（142）

蓝靛瑶纺织文化变迁
——以云南省河口瑶族自治县下水槽屯为例 …… 胡美术（146）
一、下水槽屯概况…………………………………………（146）
二、蓝靛瑶传统纺织文化变迁……………………………（147）
三、生计转型——蓝靛瑶纺织文化变迁动因分析………（172）
四、蓝靛瑶纺织文化"纺去织存"现状的思考 …………（179）

花蓝瑶赘婚探微
——以广西金秀瑶族自治县六巷乡门头屯为例 … 蒋远骛（186）
一、门头屯花蓝瑶赘婚情况………………………………（186）
二、门头屯花蓝瑶赘婚的社会功能………………………（188）
三、门头屯花蓝瑶赘婚面临的挑战………………………（193）
四、结　语…………………………………………………（195）

白裤瑶厕所发展的历史与现状研究
——以广西南丹县里湖瑶族乡怀里屯为例 ……… 郭雪霜（196）
一、白裤瑶厕所发展历程…………………………………（196）
二、白裤瑶生态旱厕………………………………………（204）

瑶族小学寄宿制教育发展状况研究
——以广西都安瑶族自治县隆福乡
　　六山村小学为例 ……………………… 张　蕾（220）
一、乡土中的寄宿制………………………………………（220）
二、寄宿生现状……………………………………………（226）

三、寄宿制存在的问题……………………………………（233）
四、反　思………………………………………………（244）
五、结　语………………………………………………（249）

边境瑶族农村基础教育发展研究
　　——以云南省河口瑶族自治县瑶山乡为例 ………徐进杰（254）
一、瑶山乡概况…………………………………………（254）
二、瑶山乡基础教育发展概况…………………………（255）
三、瑶山乡基础教育发展存在的问题…………………（274）
四、影响瑶山乡基础教育发展的主要因素……………（282）
五、瑶山乡基础教育发展的方向………………………（291）

红瑶小学双语教育研究
　　——以广西龙胜各族自治县红瑶为例 …………杨　军（298）
一、红瑶小学双语教育的必要性………………………（298）
二、红瑶小学双语教育现状……………………………（301）
三、红瑶小学双语教育中存在的问题及原因…………（306）
四、龙胜各族自治县红瑶小学进一步搞好双语教育
　　的思考……………………………………………（308）
五、结　语………………………………………………（313）

白裤瑶经济社会变迁中的职业教育
　　——以南丹县里湖瑶族乡怀里村为例 …………马志伟（315）
一、里湖瑶族乡怀里村社会地理环境、人口、教育、
　　经济状况…………………………………………（315）

二、里湖瑶族乡怀里村职业教育的历史沿革
　　与发展现状……………………………………（320）
三、主位研究：与职业教育决策者、实施者就职业教育
　　存在问题的访谈…………………………………（325）
四、客位研究：白裤瑶职业教育问题成因、与经济社会
　　发展关系及发展对策……………………………（337）

红瑶地区乡镇内教师支教工作研究
——以广西龙胜各族自治县泗水乡为例…………刘华成（363）
一、龙胜各族自治县教师支教工作的发展概况…………（364）
二、泗水乡教师支教工作的发展现状……………………（365）
三、红瑶乡镇内教师支教的特点…………………………（378）
四、红瑶支教教师在教育均衡发展中的积极作用………（382）
五、红瑶地区教师支教工作存在的问题归因……………（385）
六、完善红瑶地区教师支教工作，促进教育均衡发展……（392）

从石牌制到村民自治：
六巷花蓝瑶石牌制的嬗变[①]

黄华燕

石牌制是广西大瑶山瑶族人民在历史上为求得生存发展和社会安定而建立的具有自卫自治性质的法律制度和社会组织，它是一种民族习惯法。花蓝瑶石牌制是长期以来契合花蓝瑶本土的一种秩序调节工具和行为规范，是一种颇具活力的地方性法规。其形成经过了一个长期的历史过程，同时，它的发展也是多方面原因促动的，诸如花蓝瑶的苦难历史、花蓝瑶聚居区相对匮乏的土地资源、恶劣的生活环境、相对低下的生活水平、花蓝瑶的生产方式等等。在历史的发展过程中，石牌制发挥了代际传递与家族的有效延续、文化暗示与传承、维系社区团结与稳定的功能，同时在建设社会主义和谐新农村方面也发挥了其应有的时代功能，在瑶族发展史上有着独特的地位和特殊的意义。

一、六巷概况

花蓝瑶自称"侗耐""穹咧"，"穹"即为"山"的意思，

[①] 《从石牌制到村民自治：六巷花蓝瑶石牌制的嬗变》，广西民族大学中国少数民族史2008届硕士研究生论文，调查时间：2006年1月—2008年4月。作者黄华燕现为广西机电职业技术学院讲师。

"峒"即为"人",意思是居住于山坡上的人或是山上的人。花蓝瑶是金秀瑶族自治县内的一个重要瑶族支系,主要分布在金秀瑶族自治县的中部和西部地区六巷乡的门头、大岭、六巷,长峒乡的镇冲、桂田及罗香乡的罗丹等村中,与汉族、壮族等民族以及瑶族中的坳瑶、盘瑶、山子瑶、茶山瑶等支系交错而居,并相互有一定的通婚,文化上相互影响,形成了一个既保存有较完整的民族特色风貌,又展现多元文化交融的多元文化社区。

六巷乡位于金秀瑶族自治县西南,是一个花蓝瑶相对比较集中的乡镇,距金秀瑶族自治县县城96公里,东部与罗香、平南接壤;西部与大樟、象州县接壤;南部与平南、桂平相连;北部与长峒乡相接,总面积203.1平方公里。

六巷乡作为行政区开始于清朝末年。1909年,清政府将大瑶山分为金秀、滴水、六巷和罗香四团,并委派团总管治。1942年,民国政府将大瑶山分为7个县,① 其中将划归象州县的地区分设东北、东南两乡,东南乡就是现在的六巷乡。1955年,中华人民共和国政府将大瑶山瑶族自治区改为自治县,并将其境内地区划为7个区,六巷区(即现六巷乡)为第七区,下辖六巷、青山、大凳、门头4个乡。20世纪80年代,六巷区改为六巷乡,此前所辖的乡改为村公所。

六巷乡现有六巷、青山、王嵌、大岭、门头5个村民委员会,下辖48个自然村屯,1186户,总面积为203.1平方公里。全乡总人口为5547人,在农业人口中,壮族109人,汉族2539人,盘瑶1140人,山子瑶449人,坳瑶330人,花蓝瑶765人,另有非农业人口215人。乡内瑶族有2684人,占全乡人口的48%以上;② 壮、

---

① 即桂平、平南、武宣、象州、修仁(今鹿寨)、蒙山、荔浦。
② 该数据为六巷乡人民代表大会主席提供。

汉、瑶族交错杂居，形成了"小聚居，大杂居"的居住格局。

六巷乡土地、水利资源丰富，森林覆盖率达到69.9%，人均拥有土地58.46亩，盛产八角、生姜、茶叶、香菇、黄天葵、天花粉等农副产品。乡内有圣堂山、五指山、王同惠纪念亭、杉树王、大瑶山石牌等多个旅游景点。其年平均气温在20℃左右，形成了"暑天不酷热，冬天不寒冷"的特殊气候，是天然的旅游和度假胜地。

六巷村委下辖10个自然村，分别是六巷、石架、古卜、帮家、渝江、上古陈、下古陈、泗水、架梯、大岭尾。据六巷乡经济管理站的统计显示，截2004年12月30日，六巷村委共有9个村民小组，193户农业户口，人口1248人，耕地总面积6034亩，其中耕地1046亩，林地4988亩。总劳动力624人，其中从事家庭经营的有543人，常年外出务工的有81人。这81人中在县境内务工有20人，区内务工21人，区外务工31人。该村当年的经济总收入为484.12万元，按经营形式划分，农民家庭经营收入占98.92%；按行业划分，农业种植业占79.63%，农民人均收入1684.46元，比2003年增加了211.96元。

六巷屯是六巷乡六巷村公所下辖的一个自然屯，是花蓝瑶聚居地，共有54户，195人，其中男性93人，女性102人；壮族3人，汉族10人，瑶族182人。[①] 在瑶族人口中，山子瑶1人，坳瑶11人，花蓝瑶170人，占总人口的87.2%。屯内主要姓氏为蓝（现很多人已经改写"兰"）、相、韦、胡、赵、吴，还有极个别姓林、邓、覃、秦等。据屯子里老人介绍说，以前花蓝瑶主要的姓氏是蓝。中华人民共和国成立后，尤其是20世纪80年代后，政府倡导

---

① 该数据均为六巷乡派出所户籍室提供。

并实行民族平等政策，开始称瑶人为瑶胞，汉族、壮族及瑶族内部各个支系互相通婚的现象才开始多起来，才有一些外面的人入赘来花蓝瑶家庭，姓氏也就随之多起来。

二、20世纪80年代以前的石牌制度

六巷屯地处大瑶山腹地，过去一直是山高皇帝远的蛮荒之地，封建王朝对这里的统治也鞭长莫及。从明代初期开始，六巷的社会治安和生活秩序就一直以石牌制为基本法规。这是一种扎根于本土的民间文化和习惯法。

石牌制出现于明朝，它主要包含了石牌组织、石牌律等方面的文化内涵，并具有维护瑶族地区的社会活动、维护社会秩序和治安、维护婚姻家庭、防御匪患和外族入侵等社会功能。在历史上，瑶族人民为了维护当地的生产和社会治安秩序，进行社会管理，共同订立规约，通过开会口头宣布，或将之镌刻在石碑，或抄写在纸上、布帛上、木板上，以便"有法可依"，共同遵守，因此便有了石牌制。目前已发现的属于"民族习惯法"的瑶族石牌共74块（含纸写），其中金秀石牌律和料话为45块，占全部习惯法的61%，[①] 就是说石牌主要分布在大瑶山，即今广西金秀瑶族自治县内。石牌具体起源于何时，目前尚难说清，但至迟在明朝后期石牌制度已由"法不成文"向成文法发展。[②]

石牌作为一种法律制度和社会组织，包括石牌头人、石牌会议、石牌法律、石牌兵等。石牌头人是瑶族群众对石牌制定者、领导者、监督者的称呼。凡是村里平日为人公道，而且能说会道，有

[①] 莫金山：《瑶族石牌制》，7页，南宁，广西民族出版社，2000。
[②] 莫金山：《瑶族石牌制》，26页，南宁，广西民族出版社，2000。

胆识，大小争端都能妥善处理，群众又满意的人，找他处理各种问题的人就会越来越多，他便可望成为头人。当他在群众中树立了相当的威信以后，就可望由小头人而逐渐成为大头人。头人是由老头人培养而成的，但一般都是比较聪明，能说话而又有胆识的人。过去的石牌头人大多由道公和师公担任，因为道公和师公是鬼神意志的代言人，瑶民信神，因此道公、师公容易取得群众的信任，同时道公、师公也是瑶民中少数能识文断字的人。此外，因为石牌头人基本上是无偿为群众服务的，因此一般经济上较富裕的人才能当得了头人。当然，也有少数头人收取贿赂、私吞罚款等。成为石牌头人后，要负责领导生产、主持祭祀、调解纠纷、审理案件、执行石牌法律；当遇到外来势力的侵犯，还负有领导村民保护本村寨或石牌辖区的居民生命财产安全的责任。

石牌律主要包含以下内容：一是维护瑶区的社会生产活动。如清宣统三年（1911年）众村石牌规定：山中各人香草，各种各收，物各有主，不得乱扯（窃）偷；山中杂粮，物各有主，各种各收，不准乱行偷盗；各人各山，各有界限，不准乱行界外；公共山场、河水，不准乱行弄鱼弄蛙。如有违犯，罚银十二元，或由石牌悬赏花红银三十六元，甚至规定"如一人力不能拿，用炮打死亦可"。① 二是维护社会秩序和治安。如清同治六年（1867年）金秀沿河十村坪免石牌规定：不得半路杀人、不得乱抓人、不得放火烧屋、不得开他人禾仓，有事要请头人解决。② 三是维护婚姻家庭，保护妇女儿童。如清光绪三十二年（1906年）滕构石牌规定，有夫之妇

---

① 广西壮族自治区编辑组：《广西瑶族社会历史调查（第一册）》，59页，南宁，广西民族出版社，1984。
② 广西壮族自治区编辑组：《广西瑶族社会历史调查（第一册）》，55页，南宁，广西民族出版社，1984。

与人通奸、强奸他人妻女,都要按石牌律惩罚。① 四是防御匪患和外族入侵。如民国十三年(1924年)六段、仙家漕、老矮河三处石牌规定:"凡有匪徒抢劫,不拘那时,一闻音信,筒角一声,踊跃济(齐)集救护,下力剿出(除)贼匪。倘有那(到)时知而不到者,一经查出,公(共)同议罚。""凡有我瑶如有窝匿匪类,并知而不报者,皆系同谋。一经查出,公(共)同众议,将产冲(充)公,无贻后悔。"②

石牌制是广西大瑶山特有的一种具有原始民主性质的社会组织形式,出现于明朝,一直延续到20世纪40年代末。

大瑶山石牌有一个从不成文到成文的发展过程。最初的石牌是大家口头议定规约,当众宣布,立石牌为标志,并不刻字。据《花蓝瑶社会组织》记载:"在门头、古浦、六巷三个村的交叉路口,现在还有一块石头,石头上打着十一个斧印。据他们说,以前有十一个老年人在这里开会,议定不准随意离婚,凡要离婚的须罚与这块石头一样重的银子。"③ 显然,这种"无字石牌"是金秀瑶族的早期石牌。有字石牌大约产生于明朝。《坪免石牌》记:"明朝目下立昨(做)会律法,不准何人乱昨(做)横事。"这"会律法"也就是石牌律。1990年瑶族群众在三角乡三角村发现的《成二、下故都等村石牌》是迄今能见到的最早的成文石牌。

从明朝初年至清朝嘉庆年间,是石牌制在大瑶山的发轫阶段。目前能看到的清朝道光以前的石牌有3块,即《上秀、歌赦二村石

---

① 广西壮族自治区编辑组:《广西瑶族社会历史调查(第一册)》,58页,南宁,广西民族出版社,1984。

② 广西壮族自治区编辑组:《广西瑶族社会历史调查(第一册)》,46页,南宁,广西民族出版社,1984。

③ 费孝通、王同惠:《花蓝瑶社会组织》,10页,北京,民族出版社,2016。

牌》（顺治十一年，1654年）、《寨堡、杨柳、将军三村石牌》（乾隆五十一年，1786年）和《义路等九村禁示龙堂石牌》（嘉庆十二年，1807年），在170多年的瑶族石牌制历史发展中，仅有3块石牌，数量不多。这与当时清王朝的"康乾盛世"的社会政治环境、经济发展状况相适应。

从道光二年（1822年）至咸丰三年（1853年），这个阶段是石牌在大瑶山的发展时期。清嘉庆时已由盛转衰，进入道光朝以后，清王朝衰落的景况就全面暴露。特别到了道光末年，粤匪扰乱，盗贼四起，① 当时的大瑶山社会治安状况也很乱，所以当地的瑶民就迫切需要用石牌制来维持山民生产、保护人身安全。这个时期的石牌，有《门头、下灵、黄桑三村石牌》（道光二年，1822年）、《互助等村石牌》（道光六年，1826年）、《长二、长滩二村石牌》（道光十二年，1832年）、《六巷石牌》（道光十六年，1836年）等9块石牌，在这短短31年的时间里，平均3年多立1块石牌，数量较前段时期显著增多。

咸丰四年（1854年）到光绪八年（1882年）的28年时间里，仅刻有1块《坪免石牌》（同治六年，1867年），这一现象的出现与其当时的社会背景相适应。当时，起义此起彼伏，清朝政府摇摇欲坠。另外，广西太平军冲出广西后，广西的反清斗争处于低潮，即使有一部分农民起义，但是，这些起义力量都很小，对广西封建统治秩序未能构成全局性的威胁，而且离大瑶山远。加之，清政府在镇压太平天国后，有曾国藩、左宗棠、李鸿章等人辅佐，兴洋务，抑边患，御列强，整吏治，使风雨飘摇的清王朝得到一个喘息的机会，进入相对安定的时期，历史上称之为"同治中兴"。因此，

---

① 《皇朝续文献通考》，第二百四十三卷。

大瑶山在这个时期所立的石牌数量少了也就不难理解了。

光绪年间，封建制度已经病入膏肓，清朝濒临死亡边缘，内外战乱、侵略不断，半殖民地半封建的进程继续深化。资产阶级革命运动迅速兴起，整个中国处于极度动荡之中，而此时的大瑶山，过山瑶和长毛瑶争夺山林、河流，土地的矛盾也极其尖锐，先后爆发了甲申、乙酉（1884年、1885年）盘瑶农民抗租运动和黄元明领导的盘瑶抗租斗争，持续了18年，因此，大瑶山也处于动荡之中。从光绪九年（1883年）至宣统三年（1911年），在这个动荡不安的社会局势里，大瑶山石牌数量又增多起来了，主要石牌有《莫村石牌》（光绪九年，1883年）、《金秀、白沙两村石牌》（光绪十七年，1891年）、《滴水、溶洞等四村石牌》（光绪十七年，1891年）、《六拉村三姓石牌》（宣统三年，1911年）等，在28年里，大瑶山先后立了9块石牌，平均每3年立1块。

中华民国建立至1930年的18年是石牌的鼎盛时期。这个时期广西的政局非常混乱，群雄四起，军阀割据，争功不休，匪盗横行，大瑶山社会治安很差；再加上鸦片泛滥造成严重的社会问题，各种案件不断出现。于是，石牌在大瑶山处理这些案件中，其作用得到充分体现，受到人们的重视。在这18年里，出现了7块石牌，平均2年多立1块，频繁程度是前所未有的。其中最为有名的是《六十村石牌》和《三十六瑶七十二村石牌》。这种规模空前的石牌会议，标志着石牌发展进入鼎盛时期。①

---

① 莫金山：《瑶族石牌制》，25-30页，南宁，广西民族出版社，2000。

六十村石牌①

《六十村石牌》记:"立字石牌,盘古置天立地,先立瑶,后立朝,我瑶无有钱粮纳汉人。因为于(如)今世界,庚戌、辛亥年间,到处有匪,劫抢毙命,进入瑶内,打单劫屋,杀人死命。瑶人板瑶不服道理,大家同出追匪散去。到壬子年二月初十日,瑶人板瑶五十村大会石牌,口有(又)到甲宣(寅)年正月初十日又复会石牌,商议规条,列法律。

一料 众石牌人有事争口舌、山水、田土分地方究办。

二料 众石牌人有小事大事,不得打,杀人口屋。千祈要请老讲理;先小村判不得,到大村大石牌作(做)老人所判,入理不入亲。包事,究办。

三料 众石牌人,不得乱交(搞)赖事锁人,犯石牌。乱作生事害石牌地方。小村有小事大事,作(做)老照道理判平。入亲害地方,石牌究治。

四料 众石牌人,如有汉人乱赖事,拐带女人,偷屋、山场香草百物。石牌人见到,齐心出力拿贼、拦回,尝(赏)花红银五元。知见不报,日后查知,究治。

五料 众石牌人,如有每(某)村通匪,黑夜挑出米粮、油、盐、腊肉、鸡、鸭、小菜。即系运粮济匪。一经查知,依石牌法律究办。

六料 众石牌人,若有匪到我瑶山,务要同心协力,

---

① 莫金山:《瑶族石牌制》,348-350页,南宁,广西民族出版社,2000。

起团追捕。如有每（某）村不起团者，与匪同罪，究办。

七料　众石牌人，如有匪在某山搭厂聚集，近某村，即报石牌追捕。如有隐匿不报，日后查知，石牌商议究治。

八料　众石牌人，如有匪在某山，要来报石牌，即尝（赏）花红银三大元。倘若擒拿匪者，每名赏花红银五大元。

九料　（缺）

十料　众石牌人，如有客瑶生意为商，担货出外入瑶，在路中被抢，闻知即起团追拿。如有闻知不起团追捕，究治。

十一料　众石牌人，不许带匪入瑶窝藏。如有人胆敢带匪过路事，日后查确，家资杂物，一概充公入石牌。

十二料　众石牌人，入有人由瑶地过往，不得乱开炮毙命，必须根问明白，然后拿解石牌，法律究办。

十三料　众石牌人，不得中途劫抢，以强打单。日后查知。大众石牌究治。

十四料　众石牌人，若众商面熟有字号，方准担货入瑶。如假伪客商，以做匪为实，石牌查知，决不容情。而且中途劫抢客商，即起石牌追捕。

十五料　众石牌人，如有违法背规条，不遵法律，大众石牌，秉公办理。白沙村龚道经，金秀村陶道进。……共六十余村石牌头人从命立。

民国三年（1914年）甲寅岁旧历正月初十日辰时立字石牌，天灵地准。

大众石牌高升。"

这是一个地缘石牌，律文用纸抄写，原存金秀村大石牌头人陶道进家。该石牌建立于1914年，当时，清朝统治已被推翻，各地军阀拥兵自立，兼并混战，社会处于极度动荡之中。大瑶山也一样，"庚戌（1910年）辛亥（1911年）年间，到处有匪，劫抢毙命，进入瑶内，打单劫屋，杀人死命"。为了打击匪患，壬子年（1912年）二月初十日，瑶山召开五十村大会，商讨御匪之事。到甲寅年（1914年）正月初十，又复会石牌，这件石牌便是在这样的背景下形成的。

三十六瑶七十二村石牌①

维大会石牌事，朝廷以立法为先，我背（辈）瑶山以石牌为先，向年因匪扰乱，曾经大会三十六瑶七十二村。凡我同人，务须协力同心，各相救应合力。因大石牌合瑶公议，凡我瑶山遇有匪兵，或者经过瑶村，务须通报近村，以防不测。再者，遇兵匪攻劫邻村，不帮不报者，即以半通匪论，会同石牌公罚。我众瑶山，务要同心，不得各生异念，可保子孙永远勿虑。特此通知各村例规，是幸！

一立料　各村封好插（闸）门。
二立料　各家办火柴口马（铅马，粉枪的铅弹）。
三立料　各家办好君（军）庄炮。
四立料　各家千祈同心协力。
五立料　各通知音信，日夜时报。

---

① 莫金山：《瑶族石牌制》，350页，南宁，广西民族出版社，2000。

六立料　各近村出帮远村石牌。

七立料　客人（汉族）过往，生面查实姓名。

八立料　石牌有事，不得请别人。

九立料　我石牌不得乱作生事。

十立料　我石牌见客人行黑带刀炮，究办。

十一立料　我石牌不得隐匿不报。

十二立料　有知匪兵在某山，来报，尝（赏）花红银五元。

十三立料　擒拿匪者，每名尝（赏）花红银十元。

十四立料　石牌不许窝匪藏匪，田地一概充公。

十五立料　石牌不得强势违背规条，不遵法律，大众石牌，秉公办理。

列村列各石牌头目名字所管。（各村人名略）

民国七年（1918年）戊午岁正月吉日。

大众三十六瑶七十二村，众议立料法律。

这也是个地缘石牌，是大瑶山规模最大的石牌组织，立于1918年。其原因与六十村石牌相同，都是因为兵匪的攻扰。从"五十村大会"到《六十村石牌》，再到《三十六瑶七十二村石牌》的发展过程，不难得出这样一个结论：侵扰大瑶山的兵匪愈强大，石牌的规模也就愈大，石牌组织便有军事联盟的性质。①

1931年到1940年，是石牌制的衰落瓦解时期。据相关记载，清宣统元年（1909年），广西右江道总兵官李国治带兵进入大瑶山镇压"三点会"，随后把大瑶山划为4个团，各团设有团总，形成

---

① 莫金山：《瑶族石牌制》，352页，南宁，广西民族出版社，2000。

官府统治瑶山机构的雏形。

　　石牌制度作为民间自治组织，它是国家政权法律未能在大瑶山行使其职能的产物，一旦国家的政权法律深入其间并发挥作用，石牌便失去了它存在的现实基础。国民党广西当局在镇压了1932年的桂北瑶民起义后，发布了《广西苗瑶民户编制通例》。《通例》规定："苗瑶民户聚居达五户以上时，得编为一甲，指定其本族一人为甲长；五甲以上得编为一村，指定其本族二人为正副村长；五村以上得编为一乡，指定其本族二人为正副乡长。乡设乡公委，并派助理员一人经常往来各村之间，协助村长处理各村事务。"1939年，国民党广西政府进一步"开化"大瑶山，1940年设立了管辖金秀大瑶山的县一级机构——金秀警备区署，后又改为金秀设治局，将大瑶山划分为永宁、崇义、罗香等13个乡，委任乡长、村长，实行保甲制度，以治民事，团甲制度实际上取代了石牌制度，石牌实际上被废止了。

　　石牌制经过一段漫长的历史过程，最终在20世纪40年代被当时的国民党当局废止，石牌制也就没有了生存的土壤。中华人民共和国成立后，为了迅速恢复大瑶山的政治、经济、文化等方面的建设，搞好民族团结，当地政府对具有绝对权威的传统石牌制加以改造，制订了《大瑶山团结公约碑》和《大瑶山团结公约补充规定》，不仅解决了当时乡里的纠纷，还达到了团结和发展生产的目的。但是随着土地改革的进行，再到"文化大革命"的开展，这种以传统石牌为基础演变而来的石牌制也最终消失了。

　　中国人民共和国成立，广大瑶民在政治上获得了翻身解放。《中国人民政治协商会议共同纲领》（以下简称《共同纲领》）规定，新中国的民族政策方针是："中华人民共和国境内各民族一律平等，团结互助。反对帝国主义和各民族内部的人民公敌，使中华人民共和国成为各民族友爱合作的大家庭。反对大民族主义和狭隘民族主义，禁止民族间的歧视、压迫和分裂各民族团结的行为。"根据这个方针的基本精神，在民族关系上必须彻底消除民族歧视、民族压迫，实现民族平等、团结、互助。当时，摆在刚刚完成剿匪任务的瑶区各级人民政府面前的问题是如何贯彻执行《共同纲领》提出的民族政策，并结合瑶山的实际情况解决过山瑶的土地问题。对于当时的情况，1952年5月任大瑶山瑶族自治区（县级）第一任县长的金宝生同志在38年后著文追忆道："过山瑶强烈要求人民政府取消'种树还山'，准许自由上山打猎，下河捕鱼，要求长毛瑶放弃各种特权，而长毛瑶对过山瑶随意砍树为地、毁林开荒也极有意见。这种特殊的剥削关系和民族关系联系在一起，它表现为以一个民族或一个支系对另一个民族或支系的剥削，而不像平原地区那样表现为地主、富农对农民的剥削。如果我们照搬照套平原地区当时所进行的减租、减息的做法，显然是不能达到加强团结和发展生产的目的。"① 那么，用什么方式来解决瑶山这个特殊的历史问题呢？1951年，当时管辖瑶区的各县人民政府根据中央和广西省人民政府的指示，整个瑶山贯彻"团结、互助、发展生产"的方针，并派大批工作队深入瑶山各村寨，宣传党的民族政策，帮助瑶民解决实际问题。1951年3月26日，象州县东北乡（今金秀瑶族自治县长垌乡）人民政府针对当时该乡各支系之间开荒引起的纠纷情况，在乡代表会议上经过协商，最后通过了以团结和发展生产为主要内容的六项决议。这个决议就是在继承旧石牌的基础上形成的，对当时如何贯彻执行党的民族政策、指导瑶民解决土地问题起到了很好的作用，也成为旧石牌转化的一个象征，有着鲜明的现实意义和深远

---

① 金宝生：《金秀瑶山往事掇拾》，载《金秀文史资料》，1998（4），7页。

的历史意义。以下是《大瑶山团结公约碑》和《大瑶山团结公约补充规定》的具体内容。

大瑶山团结公约碑[①]

我大瑶山各族各阶层人民,自解放后,在中国共产党毛主席领导教育下,大家认识到,过去各族及民族内部不团结的原因,是国民党反动派和少数坏瑶头挑拨离间所造成。因此,今后大家必须相互谅解,不计旧怨,共同在中国共产党毛主席和人民政府领导下,亲密团结,并订立团结公约六条,共同遵守不渝:

(1) 长毛瑶为表示团结,愿放弃过去各种特权,将以前号有公私荒地,给原住瑶区各族自由开垦种植,谁种谁收;长毛瑶和汉人不再收租,过去种树还山者不退,未还者不还。

(2) 荒山地权归开垦者所有,但荒芜一年以上,准由别人开垦。杉树山砍后,如隔一年不修种,则山地可自由开垦,谁种谁收。水田荒芜五年以内者,经别人开垦后,三年不收租;荒芜五年以上者,可自由开垦,谁种谁收。

(3) 老山原杉树、香菇、香草、竹、林等特产,仍归原主所有,不应偷取损害;但无毛瑶培植特产之野生竹木地区,可自由栽培香菇、香草。

(4) 经各乡各村划定界之水源、水坝、祖坟、牛场不准垦殖;防旱防水之树木,不准砍伐;凡放火烧山,事先

[①] 莫金山:《瑶族石牌制》,380-381页,南宁,广西民族出版社,2000。

各村约定日期，做（修）号火路，防止烧森林。

（5）除鸟盆附近外，山上可自由打鸟。各地河流，准自由钓鱼、放网，但若放麸闹鱼应互相通知邻村集股作份，不作份者，只能在界外捡鱼。

（6）瑶族内部，原有水田的租佃关系可由双方协定，但不须超过主一佃二租额。除地主富农外，有力自耕者，可收回自耕，但不须换佃。

以上公约，如有违犯或纠纷，由各族各阶层人民选出代表成立各级协商委员会调处，并会同各级政府按情节轻重处理。凡住在我大瑶山人民（包括汉人），均须遵守。各乡各村可依本地情况另订具体公约，但不得与本约相违背。本公约修改权，属于大瑶山各族各界代表会议。

大瑶山各族代表会议订立
公元一九五一年八月廿八

大瑶山团结公约补充规定①

我大瑶山各族人民一年多来，在执行大瑶山团结公约中，加强了民族团结，发展了生产。我们为了彻底贯彻团结公约精神完满解决具体实际问题，特根据目前实际情况，本着有利团结有利生产的原则，作如下补充规定。

第一条　关于种树还山问题：

（1）订有批约者，以批约为准，已退批约者为还山，未退批约者为未还山，已还者不退，未还者不还。

---

① 莫金山：《瑶族石牌制》，386-387页，南宁，广西民族出版社，2000。

（2）没有定批约者，或订有已遗失者（指种树者失批约），原则上按谁种谁收，如双方争执时，双方亲到区人民政府报告，在不伤民族感情原则下，协商处理，但根据历史社会情况，应多照顾种树者。

（3）承批人向出批人批山岭开荒种地而批人去种树，不管有无批约，由双方协商处理，按双方所出劳动力多少来分树，根据历史情况及社会情况，应多照顾开荒者。

第二条 关于山权问题：

（1）为当地各族人民公认历来没有开垦而树木成林的山叫老山，该老山可以培植土特产者不准开垦，各族人民可以自由到老山培植土特产，并加以保护，但为了避免彼此猜疑可以协商划分地区各自培植。

（2）开伐过之山现已成林者，可根据当地情况在保护森林与水源原则下，由政府领导通过当地各族代表，划定若干森林区封山育林，但为了解决靠种地为生的贫苦群众要求，经区人民政府批准可在林区开荒。

（3）水源发源地，由政府领导通过各族代表划定水源范围内之林木不应砍伐，以免损坏水源，不利灌溉，除此之外不得乱扩大水源范围，限制开荒。

（4）牛只应有专门看管，不得乱放，牛场地点大小由当地乡人民政府协同代表，根据牛只多少和需要，协商踏勘划定牛场范围。但牛场不要过宽过多。

（5）村边附近的柴山归该村所有，不得借口生产而在村边柴山开荒。

（6）开荒时石头滚到别人田地、水沟、水圳，由开荒人负责搬开，坏者修理，并注意不让泥土冲到别人田里。

第三条　关于瑶区内部租佃关系问题：

租佃关系应根据发展生产积极性的原则，其租额规定由双方协议，原则上以每亩产量在五百斤以上者租额不超过主一佃二，三百斤至五百斤者不超过主一佃三，三百斤以下不超过主一佃四。如原租额低于此规定者照旧不变，并以解放后一九五一年每亩产量为准，双方订立新批约按约交租。今后佃户加工肥所增产的粮食，全归佃户所有，如因灾情减产，双方协商，按灾情损失轻重酌情减免。

《大瑶山团结公约碑》和《大瑶山团结公约补充规定》的订立，不仅解决了当时乡里的纠纷，还达到了团结和发展生产的目的。同时，它还给人们以新的启示：用协商的方式来解决纠纷，瑶民易于接受，能较好地帮助解决现实存在的矛盾纠纷。

与过去的石牌相比较，《团结公约》已没有传统石牌打击匪患、制裁盗贼、处理民事纠纷和刑事案件、维护社会治安秩序的功能，它的主旨是取消特权，提倡"平等、团结、发展生产"。瑶区人民和各级领导在实践中体会到，传统石牌中民主协商、群众自我管理、自我约束的管理方法，在新的历史条件下仍然有它的积极意义；只要积极引导，"剔其糟粕，取其精华"，便能"古为今用"。于是，他们用石牌形式来解决长毛瑶与过山瑶的土地问题，处理民族纠纷，达到了平等、团结、共同繁荣的目的。石牌本来是维护土地私有制的，如今它却成为限制土地私有制和消除土地私有制的武器。这给广西各地的民族工作者以深刻的启发，正如《广西日报》1951年7月20日社论《金秀瑶民自治区人民代表会议的成就》中指出的那样，团结公约订立，"树立了解决少数民族内部问题的榜样"。这是石牌制以新的面貌出现在人民面前的成功表现。

大瑶山《团结公约》以及《补充规定》在当时是具有法治意义的新石牌，对20世纪50年代时如何维护社会治安、搞好生产起到了很好的作用。但随着土地改革的进行，这种传统的石牌组织也逐渐失去了它的社会地位乃至生存的空间。土地改革是一场全国范围内的运动，六巷虽然地处大瑶山深处，但也同样不可避免地开展了运动。这是一场对旧制度进行彻底改变的运动。当时工作组对六巷的土地占有情况进行了全面清查，根据六巷花蓝瑶的实际情况进行了土地改革。首先是根据占有山林的多少来进行阶级划分。据村里最年长的蓝玉龙老人介绍，在这场史无前例的土地改革中，六巷的变化是巨大的。当时的社老韦如田因为占有大片山地、水田，拥有众多的房屋，所以在土地改革中，社老韦如田就被划分为地主。其次，土地改革对六巷的社会治理结构产生了很大的震动，社老的权威受到沉重的打击。作为社老的韦如田，原来在村民中有着崇高的威望，大家很佩服他"法术"高明，有能力，但经过这次土地改革后，他家的田地、山林、房屋等都被分给了村民，经济上的剥夺和政治上的打击，使社老的地位日趋低下，传统的石牌组织渐渐失去了生存的环境基础。关于那段时期的历史情况，现在六巷村里基本没有保存下什么资料。在调查中得知，有些村民还保存了当时发给的六巷村民土地使用证的存根，但已经找不到当时的相关资料了。

土地改革后，1955—1956年，六巷也与全国各地一样经历了互助组、初级农业生产合作社、高级农业生产合作社的建设，瑶民把土地入了社；1958年全国实行人民公社化，六巷成为当时公社所在地，实行以生产队为基础的三级所有制。六巷瑶民成了社员，他们的生产、生活都进入了集体的安排和管理，六巷花蓝瑶民的生活开始了新的变迁。当时，六巷公社根据金秀瑶族自治县的生产指标安排生产，瑶民进行集体劳动，按照瑶民身体条件、劳动的强度以及劳动的质量进行按劳分配。当时安排瑶民生产的权力掌握在生产队长手里。村里人每天干的活统一安排。在生产队长的安排下，六巷后勤、养猪、种菜、犁田、种地等都有专人负责，队里集体开饭。进入人民公社后期，公社土地、农具的管理，猪、羊、牛、鸡等的养殖，以及管教儿童等事物由大队负责。这样一来，实际上是国家权力进入了六巷，深入到花蓝瑶基层社会中，原来的一些传统组织已基本流于形式。由于当时的大气候，六巷的一些传统组织已经开始衰落甚至消失，特别是人民公社所体现出来的"政社合一"制度，将经济组织与政治组织有机地结合起来，有力地控制了六巷花蓝瑶的政治、经济局面，削弱了花蓝瑶族民间传统社会组织新石牌的势力，传统的石牌组织已基本失去可生存的空间。随着社会主义教育运动、"文化大革命"等运动的发起，瑶族头人被"揪"出来批斗，瑶族社会组织被作为"四旧"冲击而不复存在，六巷民间传统社会组织如石牌等遭到了毁灭性打击，所以从"文化大革命"一直到改革开放初期，六巷的石牌制没有了生存的土壤，石牌制已经基本消失。

三、20世纪80年代以来六巷花蓝瑶新石牌制与村民自治

当前，六巷花蓝瑶的法律文化是典型的多元法律文化，它包括国家宪法、民族区域自治条例和新石牌，它们的共同作用实现了六巷的社会控制，其中新石牌一度成为六巷社会机制中一个最为有效的控制部分，很大程度上实现了村民自治。

20世纪50年代，金秀瑶族人民制定了《大瑶山团结公约牌》

和《大瑶山团结公约补充规定》，这是两个得到中央政府认可的石牌，它与国家法律一起成为瑶族人民新的行动准则。但由于它已没有传统的打击匪盗窃贼、调解审理案件、维持社会治安秩序的职能，因而已与传统石牌形似而实异。改革开放后，随着大瑶山地区社会经济的发展，国家法律过于抽象的缺陷逐渐表露出来，整个大瑶山地区的社会秩序出现一些混乱，违法犯罪虽然由国家的法律来管，但小偷小摸的现象比较普遍，基本陷入无人管的境况。为了恢复社会秩序，瑶族人民在政府的指导下，借鉴过去的石牌律制定出了各自的村规民约——新石牌。

新石牌，指的是20世纪80年代初大瑶山的瑶民为维护村寨的社会秩序，在政府的指导下，通过对本民族的石牌律继承和改造的基础上制定出来的"村民自治契约"。① 新石牌并不是过去旧石牌的翻版，而是在政府主导下通过对旧石牌的继承和改造，并嵌入了政府某些意图，类似于全国各地的村规民约。

新石牌的产生完全是适应生产生活的需要而由村民自发制定出来的。六巷屯的村民小组长WXR介绍，虽然经过了"文化大革命"，但六巷社会治安一直很好，人们夜不闭户，生活很平静，很少有治安案件发生。但到了20世纪80年代初，水田、旱地、山林以及板栗、八角、茶籽等经济林先后承包到户，发家致富全靠个人的努力劳作，这样瑶民之间的收入差距就明显增大。于是，一些好吃懒做的人经常趁晚上天黑去偷别人的苞米（玉米棒子）、放在屋外的鸡鸭和地里的瓜菜；有的甚至白天入室偷钱偷米，村民们出门

---

① 根据金秀瑶族自治县民政局和民族事务局干部的解释，这一项制度在村一级及官方文件中叫作村规民约，在屯一级的一般叫石牌。2000年后，金秀瑶族自治县政府为了使村规民约进一步规范化，统一将所有的新石牌改称村规民约，但村民们在日常生活中仍将村规民约称为"石牌"。

还得加把锁。山里的偷盗事件也很严重,偷盗杉木是当时最常见的事件,一些贪小便宜的人到了山上就偷摘别人地里的香菇、毛竹笋、杉木苗、香草和绞股蓝等。另外,村里有些人平时"放野"(家畜野外放养,无人看管),家禽家畜糟蹋他人庄稼和菜园等,事后又不赔偿。村中赌博成风,酗酒闹事、打架斗殴的事时有发生。六巷屯虽然离乡公所不远,但由于地处大山腹地,发生案子后向乡派出所报案,可由于案子太小又多不胜数,派出所也无能为力;部分案子有确凿证据的可由生产队队长处理,责令犯事者赔偿损失,但无权进行处罚,因此,犯事者往往是屡教不改。在1980年1月的一个深夜,一个到山上偷树的人被村民发现,结果当场被活活打死,这件事发生后引起了村民们的深刻反思。新石牌制——广西第一个村规民约也就应运而生。

当代中国最早的一份由村民民主决策制定、作为实行自我管理和监督的村民自治文献的村规民约,由最早实行村民自治的广西宜山县果地村村民制定,原文如下:

果地村委会村规民约[①]

为了社会主义治安,经全村群众讨论,特制定村规。

一、坚决拥护中国共产党的领导,热爱祖国,热爱社会主义。

二、做好防范,加强社会治安管理,各户若有外地来人,必须报经村委会批准才能住宿。

三、维护社会治安人人有责。若有偷盗案发生,本村

[①] 资料来源:http://www.zhinong.cn/data/detail.php?id=6040. 张明新:《从乡规民约到村民自治章程——乡规民约的嬗变》,载《江苏社会科学》,2006(4)。

能出动的人员应该全部出动,并按村规信号急到预定地点,听从村委会的指挥和安排,追捕盗犯。对追捕盗匪有功者,将缴获的脏款(原文如此,应为赃款——引者注)物提10%奖给有功人员。

四、人人遵守社会主义公德。不准男女对唱风流山歌,如未婚男女乱唱风流歌,每人罚款2元;已婚男女对唱风流山歌,每人罚款10元。不准赌博,违者对聚赌、窝赌、赌头罚款10元,参赌者罚款5元。再犯加倍罚,第三次除加倍处罚外,还送公安机关依法处理。不准偷砍国家、集体、个人所有林木,违者除强令退出偷砍的林木外,每根直径5寸以上的罚50元,直径5寸以下的罚款10元。不准在群众定为的后龙山开石炮、开荒、割草、砍柴、放牛,违者,每分面积罚款10元,割草每百斤10元,砍柴每百斤10元。不准打架、斗殴。家庭成员或村民与村民之间、户与户之间、队与队之间、村与村之间发生纠纷时,听从村委会的调解。如村委会调解不当的可向上级或法庭直至法院申诉,服从上级判决,不能气愤打人,违者罚款10元,还负伤者医药费。

五、对维护和执行村规民约有功者得奖,每年年终评奖,根据情况分别给予精神和物质奖。

果地村委会主任蒙光新

副主任蒙成顺

1980年1月

参加制订人员盖章(略)

这份村规民约除了第一、第五条外,作为核心的第二、第三、

第四条所规定的事项，与传统乡规民约几乎没有大的区别；在内容和处罚方式上，甚至还存在着与国家法律相抵触之处。同年7月14日邻近的果作村委会85名户代表，也制定了类似的村规民约。包括后来其他地区制定的乡规民约，也有许多以乡规民约的形式规定了"牲畜下田，打死不赔""出嫁之女，祖业无份""偷鸡摸狗，吊打屁股""神明裁判"以及剥夺妇女的土地承包权以及其他权利等传统乡规民约常有的内容，明显违反现行国家法律。

这份村规民约虽然产生于广西地区，但与广西广大少数民族的传统习惯不相符，特别是与瑶族传统习惯法石牌律相距甚远。然而，这份习惯法还是对瑶族特别是花蓝瑶产生了深远的影响。

"石牌大过天"，这是金秀瑶民十分熟悉的民谚，他们把自己制定的习惯法看作是天下的根本大法。20世纪50年代，这种观念虽有所改变，但并未彻底消失。20世纪80年代初期，随着农村生产责任制的推行，人民公社和生产集体解散了，在社会上开始出现新的民间规约——"村规民约"。在金秀瑶山，最初是针对某一具体问题而制定的，如"防火公约""封山育林公约"等。笔者在去大瑶山的路上就看见过几块这样的"公约碑"矗立在路旁和村民出入频繁的山边。这种规约作为国家有关法令的补充，有其现实作用，于是得到了各级基层政权的重视与支持，从而迅速推广开来。

20世纪80年代实行家庭联产承包责任制以来，社会上出现了一些不良风气，如偷盗赌博、打架斗殴、山界纠纷、乱砍滥伐等现象不断发生，一些村寨的生产生活受到严重干扰和破坏。于是，在一些村寨便出现了内容比"防火公约"等更广泛的村规民约，以求自治，保一方平安。到1990年前后，村规民约已遍及瑶山各个村寨，几乎达到"村有规条，寨有民约"的程度。在村规民约的制定过程中，被遗弃了的石牌律又重新被人民关注。新石牌的产生是适应生产生活需要而由村民自发制定出来的。

金秀瑶族自治县的各个村寨早在20世纪80年代初就有了自己的村规民约，但第一块官方认可的新石牌（屯级的村规民约）却是在1990年产生的。金秀瑶族自治县第一块官方认可的新石牌产生于该县的长垌乡长垌村六架屯。1983年的大年初一早上，六架屯的户主们聚集在队长家开会，讨论恢复过去的石牌组织，重新订立石牌。会议推举村中德高望重的PX（师公，现已去世）出任石牌头，生产队长PY为副石牌头，协助石牌头执行石牌规定。当时石牌的内容主要是处罚偷盗、赌博、打架、不正当男女关系和"放野"牲畜等行为；规定盗窃案按偷盗数目加倍处罚，案值超过一百元的，加罚犯案者出钱买猪肉、酒、米各18公斤，请全队的户主吃酒一餐；限期6天内兑现，超期不兑现者加罚20%。由于担心政府反对，当时的石牌只写在一张纸上，由石牌头保存，各户主回家向家属讲清楚，不敢对外宣传。石牌制定后不久就处罚了放牲畜糟蹋别人稻田的黄某和偷杉木的李某，黄某被罚款20元，李某偷了40多根杉木，被罚126元（每根折价3元），还要请全队户主吃一餐。经过这两件事，屯里的治安状况很快好转。

六架屯订立石牌的事不久就传开了。当时正值政府号召各村建立村民自治之时，周围的村屯纷纷订立自己的石牌，而且这些新石牌对维护当地的社会治安确实起到了较大的作用。后来金秀瑶族自治县县委领导觉得这是一个治理社会治安，实现村民自治的好办法，是瑶民的创举。于是，县委专门派出工作组指导六架屯瑶民进行修改，以更好地发挥石牌的作用。为了达到宣传效果，县委还要求将石牌内容写在一个足够大的石碑上，但没有找到足够大的石碑，村民们就用砖头砌了一堵墙，然后用油漆将石牌律写上去。1990年6月22日，六架屯举行新石牌成立仪式，县委书记胡德才亲自到场参加，金秀瑶族自治县的第一块新石牌就这样产生了。

新石牌的产生包括石牌规则的制定和石牌规则管理执行机构的建立。据调查，六巷花蓝瑶的新石牌成立于1982年4月1日（农历三月初一），远远早于金秀瑶族自治县瑶族第一块官方认可的新石牌。在大瑶山，盘王是具有最高权力的神灵，所以每到盘王节，瑶民都要举行盛大的祭祀活动。当地习俗认为，盘王祭祀是一件非常严肃的活动，具有消灾祈福的功能，要求全村每户必须派一个代表参加。因此，盘王祭祀又是村民们讨论村中事务、举办公益活动的一次大会。1982年是盘王的大祭年，要进行3天，即农历三月初一至初三，所以格外隆重。从4月1日（农历三月初一）开始，当时村中德高望重的蓝玉龙老人就早早忙碌起来，他请来当时掌管盘王祭祀的3位大师公（师公中级别最高的），举行复杂的仪式，请天地众神保佑村中的人们和各种事物平安无恙，模拟瑶族在艰难困苦时期始祖盘王请来天地诸神来给自己的子孙送米送钱，点着明灯来指引他们渡过苦海的全过程。这一过程一直到初二晚上才完成。初三早上，参加祭祀的人们都聚集到盘王祠前，敬上鸡肉、猪肉等丰盛的食物，由师公念经请来诸神保佑树林、庄稼成长，保佑村中人畜平安，将在场的每个户主和客人的名字念一遍，报请盘王保佑，至此仪式完毕。这个过程大约要用3个小时。随后，人们开始聚餐，在聚餐将近结束时，由当时的大队长韦长房公布经费开支情况，并主持讨论村中安全问题，最后制定了六巷新石牌。新石牌的主要内容涉及偷盗等问题及其违反新石牌的处罚办法（后文有详细介绍），并通过选举产生了新石牌规则的执行机构——新石牌执行小组。新石牌执行小组由5人组成，设石牌头1人，副石牌头2人，其他2人协助石牌头处理村中事务。新石牌规则和执行机构产生后，将新石牌写在信笺上，由蓝玉龙老人在盘王前宣读了新石牌规则和执行小组名单，众人一致通过。接着各户主在新石牌条款后面签上自己的名字，并在自己的名字上按手印；3位师公又取来20多个大碗，倒上酒，杀鸡取血倒入每个碗中，由蓝长老带领众人端起酒碗面向盘王庄严宣誓："石牌大过天，神灵看得见，谁若敢违反，天地皆不容。"然后喝下鸡血酒，蓝玉龙老人宣布新石牌即日生效，最后大队长要求各户主回家向各自的家属宣传，并约定此后每次社日都要由新石牌执行人宣讲新石牌规则，提醒众人遵守。新石牌规则制定出来后，按政府要求送交当时的六巷村村公所备案，村公所对新石牌规则中的个别明显违反国家法律及有关治安管理处罚条例的条款提出了修改意见，又由大队长韦长房带回召集村民开会讨论，修改后用蜡纸刻写，然后印发每户一份。据调查，当时六巷的村规民约没有像六架屯石牌那样刻在石碑上，只是抄写在信笺上以文件的形式存在。由于年年宣讲，新石牌规则深入人心，人们对这份村规民约保存完好与否并不在意；如今，大多数人手中的这份村规民约已经不知去向。

个案1

六巷村村规民约

为了进一步巩固安定团结，维护五个秩序，我村于一九八二年三月二十八日经过召开群众大会，进行了充分地，反复地讨论，于一九八二年三月二十八日通过如下：

1. 划为老山的有：东边优遮至牛栏水沟口止，通论田底至六巷冲原有老山为止，泗水庙公山架公岭原有老山为止，河岔架三公至正它田头直上到架梯地界止，电厂左边松柏冲、来右冲原有老山，北边由泗水路六巷冲至着冲原有老山止。

2. 划为水源山的有：北边着冲路上有着冲尾、值桑尾、风主山、加估尾、六巷冲尾至石山脚下为水源山，西边有石架冲尾、架别冲、六牙冲尾、大河左边有正它尾、风论冲尾、来右冲许冲为水源山。

3. 划为柴山的有：北边由加估岭至德风冲止，东边由新田路岔至东波路岔，南边优风大河路上至羊空遮、优三至修值岭，西边德风岭至修冲止。

4. 划为风景山有：村头山两条结优冲，黄岭牛路底至归业遮止一律不准砍柴。

5. 划为牛场的有：石架岭至花岭、六牙田边岭、村背岭、六满遮、笔三遮、公有有坟冲、风林、修前岭。

6. 凡划为老山、水源山、牛场、风景山等不准生产队集体或个人乱砍乱伐，不准开荒做地，不准烧炭，只许本村社员群众适当要些扁担、锄头柄、整犁、鸟枪壳、晒棚篱笆等，其余不准乱砍；只许群众要少量竹笋做菜，外地外村人不许乱砍一草一木，不论本村或外地，违者每条竹木罚款2元。

7. 总之凡是老山、水源山、柴山、牛场地以及其它林地一律都不准毁林开荒做地，违者砍了的不准烧，每亩罚款30元，不听制止烧了的不准种作物，每亩罚款60元，还要责成其砍什么林要造什么林，还要他除草护理3年保种包活恢复原状。

8. 本村四个队现有幼林、成林，有成片、有零星的林木，都不准任何人乱砍乱伐，更不准私人出卖和送礼杉杂木竹，违者以搞木材投机论处，每条罚款2元，并将木材没收归村。私人建房用的木材要做出计划数量报,经村委、大队、公社批准,按原计划数量,超过一条罚款1.50元。

9. 不准乱砍毛竹、毛楠竹和大卜竹,不准要笋,违者每条竹或笋罚款1元,不准乱砍他人所种的八角树,更不能在他人的地上偷移他人的八角至自己的地上去种,违者每条罚款5元。

10. 防火护林人人有责,今后群众凡在生产上、生活上用火,坚决执行"五不烧"的原则,违者引起火灾轻者毁什么林要造回什么林,还要其护理3年后归集体或个人所有,重者按国家森林法惩办。

11. 我村所有的山楂果一律不准砍,违者每条罚款10元,外地外村人乱捡每担罚款5元,果全部没收归村。

12. 生产队和个人的香菇不许任何人乱捡,违者每1斤罚3斤。

13. 村边路边柴山所有的鸟果、人吃的果树不准任何人乱砍,违者每条罚款2元。

14. 不准搞小偷小摸,小孩和老人违犯本规则由家长负责兑现,偷禾把1双罚3双,偷玉米1个罚5个,偷柴火1捆罚3捆,偷鸡、鸭1只罚3只(重2斤以上);偷甜茶1斤罚3斤,偷瓜菜都以偷的数量罚3倍;不准下他人的田捡田螺和捉鱼,违者不论多少罚款5元。

15. 今后本村社员群众凡开荒做地都要经请示村委或队长同意,并指定地点后才能动手,否则违者罚款未烧30元,烧了60元,同样造回林并护理3年。

16. 看牛要认真负责,不准给牛去偷吃他人的各种作物，按原则上损害什么就罚什么，但在牛场范围内的不追究不赔偿。

17. 不准炸鱼、电鱼和大熬鱼，违者每炮罚款20元，电鱼罚30元，用石灰大熬鱼罚60元，用茶肤熬罚80元，用农药熬罚100元，并将所得鱼和炸药及其它工具没收。

18. 不准扰乱社会秩序，不准搞嫖、赌，不准挑拨离间，不准唆使他人闹事，不准乱打骂他人，不准弄虚作假，违者罚米40斤、酒40斤、肉40斤给众人吃。

19. 现在责任制落实到户到人，各项上交任务也落实好了，要积极地完成上交任务，不得抵赖，违者按上交总数罚20%。

20. 各户所养的猪要关好，如不关好影响环境卫生罚款5元，搞坏或吃了人家的东西照价罚3倍。

21. 积极开展两个文明建设活动，不准唱风流山歌，不准搞怪发，男人穿花衣，喇叭裤等。

22. 如果召开有关会议应到会人员无故不到者，每次罚款1元。

23. 对敢于检举揭发的人给予奖，按次所罚得总数或物奖40%。

本约自一九八二年四月一日起生效，望全村各位老少男女共同遵照执行，不得违犯就是。

个案2

六巷屯屯规民约

为了保障我屯人民生命财产的安全，稳定社会秩序，维护安定团结，特制定屯规民约如下：

1. 人人要自觉遵守国家法律、法令和政策，保护国家集体和个人的财产，敢于和坏人坏事作斗争。发现偷盗和其它违法犯罪行为，就立即汇报或扭送到村委和上级机关。见者不报，以参与违法论处。

2. 一人犯法，全家负责。犯法的经济赔偿，罚款罚物和处理人员的误工补助等费，犯者全家要共同负责赔给，不得以任何借口抵赖，限于10天内交清，过期村委有权将犯者家里的任何东西折款拍卖还款或用谷子等物顶替。

3. 山上野蜜蜂、地龙蜂、干柴、号地等，谁先插有草标，归谁所有，他人要，以盗窃和强抢论处。

4. 八二年十月三十一日通过的《山界林权协议》中规定划为老山、风景山、水源山、柴山和牛场，一律不准任何单位和个人乱砍滥伐，不准开荒、烧炭和砍香菇、木耳木，不准在老山、水源山、风景山砍柴，违者以偷盗论处，柴的砍伐，要经村委研究后，统一地点，统一时间，统一砍伐，待干后统一分。经村委同意后，本村群众可在老山、风景山和柴山适当砍伐数量微少的小杂木作扁担、锄头柄、鸟枪壳、篱笆桩等。

5. 偷砍、出卖和送集体的杉木、杂木、松木、毛竹、南竹、黄笋竹、牛角竹等，除退回原物外，每寸（根部）罚款1元。

6. 砍地开荒要经村委同意，毁林开荒者，除不准烧外，幼林（根部2寸以下）罚款1元；中林（根部直径3—4寸）罚款3元，成林（5寸以上）每寸罚款3元，不听劝阻，硬烧了的，加倍罚款，并种树还山，包种包活，3年后检查验收。

7.《山界林权协议》中规定划为老杉木山的杉木，长到根部直径1尺5以上，并经村委同意，大队、公社批准后，方能砍伐，违者每寸（根部直径）罚4元，并没收木头归村作公益事业用木。

8. 盗窃耕牛、犁耙等农具，除退回原物外，加倍罚款。

9. 偷窃香草、八角、桐油、棕衣、茶子、茶叶、香菇、木耳和各种人工培植笋等，除退回原物外（没有原物按市场价格折款），香草罚款3倍，其余罚款2倍。

10. 盗窃谷子、苞米、红薯、芋头等农作物，除退回原物外，加倍罚款所偷的东西。

11. 偷猪、鸡、鸭、鹅等家禽，除退还原物外（吃或卖的按市场价折款），猪罚30把禾，其余罚5把禾。

12. 偷别人装的山猪、黄猄、麝香、山头等野动物，除退还原物外（吃或卖折款），按得赃物折款罚1倍。偷铁夹一个，除退回原物外，并按铁夹折款罚1倍。

13. 偷挖蜜蜂罚3个1斤半以上的鸡；偷烧地龙蜂罚3个1斤半以上的鸡；砍别人号的地，除要回地后，罚10斤大米；偷一捆柴罚3捆。

14. 偷菜、瓜、果等，偷1罚3。

15. 撬门盗窃、赌博、抢劫、诈骗，除退回原物外，罚款50元，并按所得赃物折款加罚2倍和扭送公社派出所。

16. 严禁炸、电、毒鱼。电、炸鱼各人罚30元，用石灰毒鱼罚 50 元，用茶麸毒鱼罚 70 元，用农药毒鱼罚 100 元，没收所得鱼和其工具，并扭送公社写检讨书 30 份张贴附近村屯。

17. 坚决完成各种派购任务和统筹任务，抗拒不交者除限期交外，罚款 20%。

18. 不准进别人责任田捡螺蛳、捉鱼，违者无论所得多少，罚款 10 元。

19. 非我村群众进入我村山界内开荒，种林下作物，采集野生经济产品，一律没收。

20. 不许破坏他人家庭和睦，严禁不正当的男女关系，通奸、未登记同居、未登记先孕，罚酒、肉、米各 20 斤给众人吃，严禁生育第三胎，违者罚 50 元。

21. 不许打人骂人，不许唆使他人闹事、挑拨离间，不许陷害别人，违者罚酒、肉、米各 20 斤给众人吃。

22. 引起火灾烧山，除负刑事责任外，烧毁木材一根罚款 5 角，并要种树还山，包种包活，3 年后验收归权属者。

23. 对揭发检举人进行打击报复者，除刑事责任外，经村委讨论，群众通过，按情节轻重加以罚款。

24. 凡检举揭发有功者有罚款中奖 40%，参加处理人员奖 30%。

25. 村委和队委有履行本村规民约规定的罚款权利。

本屯规民约自一九八二年十一月一日起生效。

六巷屯全体社员
一九八二年十月三十一日晚通过①

---

① 资料来源：作者田野调查。

从以上两个条约可以看出,新石牌已经成为六巷花蓝瑶法治建设的一个重要表现形式,这种有着本民族鲜明特点的村规民约,已经成为六巷花蓝瑶村民行为处事的准则。

在六巷村的多元法律文化中,村规民约已经成为最常用、最为有效的组成部分。六巷村在处理治安案件和民事纠纷时,一般采用以下两种程序:(1)石牌执行小组—村委会—乡司法—法院。(2)村委会—法院。纠纷的解决方式不同则是由纠纷的规模、性质、当事人关系的不同而做出不同的选择。一般的治安案件和轻微的民事纠纷多采用第一种方式,通常按照新石牌条款就能解决;而较大的民事案件则采用第二种解决方式,涉及山界林权的通常还有乡、县处纠办的介入。从以下的个案中我们可以大致了解六巷村新石牌的运行情况。

个案 3

六巷村民 LFX 于 1983 年 1 月的某一天发现自家的一只鸡不见了,就到处寻找和询问,结果有一村民 LXG 就告诉 LFX,说前一天下午他到村中单身汉 FK 家去借东西,结果敲了很久 FK 才开门,他进去后看见房中有一些鸡毛,FK 神情有些慌乱。LFX 听后就有所怀疑,因为 FK 是单身汉,家里没有养鸡,哪里来的鸡毛?于是 LFX 就向当时的石牌头报案。石牌头很快召集石牌执行小组的其他成员与村干部一起来到 FK 家调查,证实 FK 偷了 LFX 的鸡,而 FK 也承认鸡是他偷的。他说前一天到山中打猎,因为没有打到猎物,心中烦躁,见到 LFX 家的鸡在他的房上走动,就开枪将它击落后煮着吃了。石牌执行小组认为案情已经明确,于是召开村民大会讨论对 FK 的处罚。按照六巷石牌第 14 条规定，偷鸡的，偷一只（每只 1 公斤重）要罚 3 只。因为年关在即，FK 在光天化日之下公然用猎枪偷鸡，情节特别恶劣，应该加重处罚。于是执行小组就加罚 FK 买猪肉、鸡肉和酒各 5 公斤请全村户主吃一餐。FK 也服从执行小组的判决，赔偿 LFX 3 只 1 公斤重的鸡，还请全村户主吃了一餐。在吃"教育酒"时，FK 的叔叔因为难为情没有来，结果石牌执行小组对其按石牌第 22 条"如果召开有关会议应到会人员无故不到者，每次罚款 1 元"的规定对其叔叔进行了处罚。这是六巷新石牌制定以来的第一起被罚请吃"教育酒"的治安案件。

对于这个案件，村民 LFX 可以有三种选择制裁 FK：一是向当地派出所报案，二是求助于村委会，三是求助于石牌与村委会。但是 LFX 知道，向派出所报案不会有结果，因为这是鸡毛蒜皮的事，派出所是不会管的；求助于村委会，一般就是批评教育，最后照价赔偿，也不会有什么作用，因为 FK 是孤家寡人，平时偷鸡摸狗，好吃懒做，村民早就对他不满；LFX 为了严厉惩罚他，给他一个教训，因此就选择了比国家法律更为严厉的新石牌来制裁他。

从以上这一个案还可以看到，新石牌拥有很高的强制力是全体村民意愿的体现，因而能够雷厉风行地执行，做到不徇私情不讲情面。通过这一事件的教育，六巷的社会风气焕然一新。

个案 4

1986 年 8 月，六巷村某屯一村民 HGX 与同屯 LW 通奸，被 LW 的丈夫 LFH 当场抓住，于是 LFH 向石牌头报案，要求处罚 HGX。石牌头根据 LFH 和其他目击者的陈述，召集两位副石牌头向 HGX 和 LW 调查，两人都承认了。第三天晚上，石牌头就通知全村男女老少开会，按照石牌条例第 20 条、第 25 条之规定，对当事人各处以 100 元罚款，另加酒、肉、米各 10 公斤（男女各付一半），在 HGX 家请全村每户一人吃"教育酒"。过后 LW 向 LFH 提出离婚，经法院宣判准予离婚。

这是一个当时很少见的有关通奸的案件，因为涉及个人隐私，所以现在很少有人提及。这个案例涉及的是个人伦理道德问题，法律对此并无明确规定。按照民事案件不告不理的原则，司法机关一般不会介入，何况法律对此也没有什么处罚条例。再说瑶民对两性关系本来就看得比较淡，虽然将这一内容写进了石牌，但真正诉求于石牌的情况基本没有。但现在既然出现了，村民 LFH 也没有去诉求法律，而是选择向石牌报案，解决了自己的问题。

从这个事例中可以看出，法律对某些违反道德规范但没有明显违反法律的行为缺少处置力，而村规民约则有效地填补了这种道德失控造成混乱的空白。

个案 5

1989 年 6 月的一天，六巷某屯 WTF 家的红薯、早稻和木薯被牛吃光了，WTF 向石牌头报案，怀疑是本村无人管的牛吃的，要求赔偿损失。6 月底，石牌召集全村户主到现场察看，最后确定是本村的牛群所吃，根据 WTF 的赔偿要求和各位户主的意见以及现场的损失情况，根据六巷村规民约第 16 条：看牛要认真负责，不准给牛去偷吃他人的各种作物，违反按原则上损害什么就罚什么，但在牛场范围内的不追究不赔偿。经过共同协商达成协议：全村30头牛，每头牛的主人赔偿WTF1.5公斤谷子、两把红薯叶（每把约7.5公斤）、2.5公斤木薯。当时就有人向WTF赔偿红薯叶，但谷子要等到田里的稻谷收割后才能赔，木薯也要等采收季节才能赔。

这是一个经济纠纷案例，石牌头以集体协商的方式处理，按石牌规则照价赔偿，但这不是人为故意而是过失造成的，并且找不到当事人，因此没有加倍处罚。

以上3个案例都是运用新石牌解决纠纷的典型案例，其内容涉及社会治安、伦理道德和经济损失赔偿等不同方面，可以看出，新石牌规则在六巷村的实施是相当成功的。这些案例的解决有一个共同的特点：村民运用自己制定的内部规则对违规者进行处罚，其过程是"案件发生—村民报案—召开村民大会—宣布处罚决定—执行处罚"。在这里，新石牌规则成了村民日常行为的准则，并且对违规者的处罚能够有效地执行，成为村民人身财产有效的保护工具。显然，新石牌组织是一个相对独立于国家法律体系的民间法律体系，相对于国家法律来说，它在维护当地社会秩序上效率更高。

新石牌执行后，村中的社会治安状况很快得到好转。然而任何规则都不是一开始就完善的，随着时间的推移，经常有新的情况出现，于是人们再次利用盘王日聚会，共同商议对新石牌规则进行修改和补充，六巷村新石牌制定后曾多次修改，其中在1991年2月1日进行了较大程度的修改，将原来的《六巷村村规民约》改成了《六巷村石牌公约》。

六巷花蓝瑶新石牌制的产生是与其当地现实情况密切相关的。它起源于本民族的石牌制，有着明显的旧石牌痕迹，但是已经不是单纯的作为一种形式存在，它已经成为当地管理地方治安的一种重要手段，实际已经成为一种具有本土意义的民间规训机制，成为当地社会必须遵守的共同规范。当时，在六巷社会起主导作用的仍是原有的传统石牌组织。笔者在六巷做田野调查时，问到很多村民关于石牌在瑶族人民生活中所起的作用时，其中一位77岁的老人LZG告诉笔者，瑶山的人们曾经都谈石牌色变，石牌在瑶族人民中很有威望。这位有着1988年由中南民族学院补发的高等学校毕业文凭的LZG老人还有声有色地给笔者讲起了一个例子：门头有两公婆，男的叫HGM，女的叫HMT，他们俩好吃懒做，HMT因长得有几分姿色，所以就经常勾引别人的老公，HGM就招人在家赌钱度日，更为甚者他们俩还勾结外地土匪，拦路抢劫，还杀了六巷乡13个人，其中有一个受害者是后来六巷村有名的石牌头人蓝公销的母亲。所以蓝公销跑去象州找当时的县长王佩堂主持公道，最后在蓝公销的策划下以"招安"的名义抓住了所有的土匪，并用当地的石牌处死了这对夫妇和土匪头子，此后大瑶山的治安就好起来了。因为这件事，国民党象州县长王佩堂也因为佩服蓝公销的勇敢与机智，赋予蓝公销"瑶王"的称号，以管理瑶族地区的治安。所以，瑶民都害怕违反石牌料话的规条，瑶山的治安也因石牌的实行而变得风平浪静。几十年来违反石牌规条的人也寥寥无几。

新石牌运行了一段相当长的时间，为维护当地的社会治安起到了积极的作用。但随着社会经济的迅速发展，特别是国家西部战略的调整，西部开发的需要，新石牌已经不能适应形势的需要，在这种情况下，六巷村的新石牌也开始向村民自治演变。

在国家权力进入以前，六巷村屯与大瑶山其他地区一样，其地理环境、社会环境、民族文化、风俗习惯、宗教信仰等形成了传统的社会治理结构，特别是花蓝瑶的石牌制，其实它的社会治理的基本结构就是自治,这种治理结构就是围绕着包括生产、生活、习惯、婚姻、宗教五个方面的村落事务的处理而形成,涵盖了简单农村社会生活的方方面面。传统的石牌随着历史的改变而改变。从20世纪50年代的《大瑶山团结公约碑》到六七十年代的政治制度的变化,旧石牌已经基本消失。到了20世纪70年代末80年代初,随着改革开放的出现,传统文化重新在六巷盛行,按照石牌的模式而出现的新石牌也就盛行开来,由于这种新石牌较好地解决了当时复杂形势而出现的问题,又与当时国家的政策相适应,因而就有了用武之地。但是随着改革开放的进行和形势的发展,新石牌已经适应不了新的形势。1984年10月,金秀瑶族自治县废除了人民公社制度,恢复建立乡政府和村民委员会。1987年,在全县试行村公所制度,乡镇以下设立村公所,村公所以下以自然屯为单位设村民委员会,有的还在村民委员会下设村民小组。村民委员会是国家行政管理体系中最小的单位。村民委员会是由"村民会议"推举出来,设有主任、副主任、委员等职,没有投票选举这一程序。村公所作为乡镇的派出机构,干部实行政府委任制而不是选举产生。因而机构重叠、办事效率低、瑶民参政议政和生产积极性不高等问题暴露了出来。针对这种情况,1996年6月21日中共金秀瑶族自治县委下发了《中共金秀瑶族自治县委员会关于组建乡镇换届选举、撤所改委工作队的通知》,要求撤销村公所及现有的村民委员会组织,在原村公所范围内设立村民委员会这一基层群众性组织。这是向村民自治迈出的第一步。

1998年11月4日第九届全国人民代表大会常务委员会第五次会议通过的《中华人民共和国村民委员会组织法》,已经明确将村民委员会界定为"村民自我管理、自我教育、自我服务的基层群众性组织,实行民主选举、民主决策、民主管理和民主监督","村民委员会办理本村的公共事务和公益事业，调节民间纠纷，协助维护社会治安，向人民政府反映村民的意见、要求和提出建议"。① 这是一个以村民为主体的村民自治的指导性法规，为新石牌向村民自治转变提供了有力的理论依据。

从以上内容我们可以看出，经过20年的改革开放，村规民约已向村民自治方向发展了。这就是新石牌嬗变为村民自治的原因。

六巷村规民约的内容主要包括以下几个方面：一是维护生产秩序方面的，如封山育林、护山护林、保护水利设施、合理用水、禁止乱放家禽牲畜、禁止滥伐乱砍、保护生态环境等；二是维护社会治安方面的，如遵纪守法、维护社会公共秩序，不偷盗、不赌博、不吸毒、不打架等。从笔者所了解的六巷村规民约文本看，这个文本制定较早，相应的条款较少，内容也比较简单，特别是有些条款甚至还与国家法律相违背，如"一人犯法，全家负责。犯法的经济赔偿，罚款罚物和处理人员的误工补助等费，犯者全家要共同负责赔给，不得以任何借口抵赖，限于10天内交清，过期村委有权将犯者家里的任何东西折款拍卖还款或用谷子等物顶替"②。这个条款就明显带有封建社会的印记，是与国家法律不相符的。

随着时代的发展，六巷村的新石牌逐渐改变，并成为村民自治的一个重要形式；到了20世纪90年代，对原来的村规民约进行了多次修改，已经开始向村民自治方向发展。

---

① 参见《中华人民共和国村民委员会组织法》（第一条、第二条），1998年11月4日九届全国人大常委会第五次会议正式颁布实施。

② 参见《六巷屯屯规民约》第2条。

个案6

六巷村石牌公约

为了坚持"四项基本原则"坚持"爱国守法光荣户"的条件,保卫农民生命财产不受侵犯,特制定如下石牌公约:

1. 坚持"四项基本原则,各民族团结"。
2. 每个人都要坚持"五讲四美"的原则,正确处理三者之间关系。
3. 文明村必须符合七个条件,"爱国守法光荣户"必须符合四个条件。
4. 划好老山、水源山、风景山一律不准砍木、竹,违者每条罚款5—10元。
5. 牛场不准造林,违者每亩罚款50元(火烧、牛吃不负责)。
6. 不准进他人的柴山砍木、竹,违者除退回原物外,每条罚款2—5元。
7. 偷砍他人的杉木、八角等,违者除退回原物外,每条罚款5—30元。
8. 偷他人的笋、果,违者除退回原物外,每斤罚款2—5元。
9. 扛别人的柴火,除退回柴火外,每捆罚款6—10元。
10. 责任田的螺蛳、田鱼,任何人不准乱捡,违者除退回原物外,每次罚款20—50元,并没收工具。
11. 大河的鱼只准放网,钓鱼,不准电、炸、熬鱼,违反规定者按有关政策处理。

12. 偷他人的鸡、鸭、鹅，除退回原物外，每只罚款20—30元。

13. 凡是搞嫖、赌、打人、无理取闹的，每次罚米45斤，酒45斤，肉45斤。

14. 唆使他人打架，闹事的人每次罚款10—20元。

15. 猪、牛损害他人的作物按损失赔偿。

16. 凡是偷别人的东西，每次罚米40斤，酒40斤，肉40斤。

17. 偷他人的木耳、香菇、铁夹、老鼠等，除退回原物外，罚米20斤，酒20斤，肉20斤。

18. 村边菜园不围的，猪、牛吃不赔偿损失，但有猪、牛者也要关好、看好。

19. 各户承包的责任山四周留出5丈不种东西。

20. 生产用火执行"五不烧"生活用火安全的原则。

21. 不准跨村、跨队取食取物，违者按石牌公约处理。

22. 按本民族传统，不得安放坟在村背，违者按本村石牌处理。

23. 严防那些偷偷摸摸三更半夜进入他人屋前屋后搞阴谋诡计，谋财害命的，如经发现必须追究一切原由，并按以上第13条的罚款处理。

六巷村民委员会
1991年2月1日起执行①

---

① 资料来源：作者田野调查。

原来的《六巷村村规民约》注重具体的事实，将有关山林情况等解说得非常具体，可操作性强，但从法治方面来讲，则略显粗糙；而这个经过修改的《六巷村石牌公约》则注重普遍情形，注重与国家法律衔接，所以法治意识增强了，自治意识明显了。同时，从这个《六巷村石牌公约》中我们可以看出，虽然还是称为"公约"，但是它紧靠"四项基本原则"，注重国家法律法规，已经不是一般意义的新石牌制，已经渐渐地向村民自治方向发展了。

从石牌制到村民自治制度深刻地反映了六巷花蓝瑶法治制度的变迁过程。在这个变化过程中，我们可以看到这两种制度的历史渊源，又可以看到它们之间的差异。虽然石牌制与村民自治有许多差异，但在有着自治传统的大瑶山，笔者认为两者之间的关联主要就体现在"自治传统"与"民主参与"上。

石牌制是瑶族人民自治的一个主要依据。长期以来，由于瑶民生活在深山老林之中，过着与世隔绝的生活，石牌律就是他们的行为准则。石牌律主要有以下作用：一是维护瑶区的社会生产活动；二是维护社会秩序和治安；三是维护婚姻家庭，保护妇女儿童；四是防御匪患和外族入侵；五是保护商贩合法贸易。从这里可以看出，新石牌很大一部分继承了石牌制积极方面的内容，如《石牌公约》的第一、二、三点；由于时代的变化，第四点已经没有写进村规民约了，这是因为历史上，瑶族一直是个受压迫、受奴役的民族，瑶族人民为了本民族的生存，也要借助原始社会组织来领导、团结本民族人民，抵御外民族的入侵、压迫。

中华人民共和国成立后，国家为了加强法制建设，通过颁布宪法、民族区域自治法、民法通则、民事诉讼法等法律法规，规范人们的社会生产、生活秩序。这就为瑶民的"民主参与"提供了有力的保证。在六巷，社会治理中本来就有着比较原始的民主意识，那就是人人都有平等机会。如石牌头,虽然他的基本承袭制度是子承父业,但其实村里凡是度过戒、学了"法术"的人都可以竞争这个位置,标准都是办事公平、有威信。在处理村里事务时,瑶族人民也都一直维护着家家都参与的公平原则,无论是分田地、分工、开路、抬电杆、引水工程,还是村里相互帮扶,都强调全村人按照人头平均分担。虽然这种原始民主意识还处于"古代民主"范畴,但与村民自治中所包含的"现代民主"精神是有相通之处的。

第一,形成的历史阶段不同。新石牌制是开始于20世纪80年代初期的村规民约,一直持续到90年代末期,是六巷花蓝瑶社会治理的基本法规;村民自治出现于20世纪90年代,首先出现在山东章丘,进而推广到全国大部分地区。

第二,形成过程不同。新石牌的形成是与村落地理生态条件、社会文化以及宗教民族情感密切相关的,是一种内生性的、自发性的、具有原始民主性的社会治理结构。相对来说,由村规民约到村民自治,先是按照石牌的基本模式运行。村民自治则是以国家力量为主导推进的一项农村现代民主建设的重大举措,它的建立和发展是一个自上而下的推进过程。

第三,治理的地域范围有差异。新石牌制的范围一般与自然形成的村屯地域范围相一致,每个自然村屯的石牌头只负责对本村的人、事、田地和流经本村范围的河流进行管理;而后来的村民自治下村委的治理范围却是根据人民公社时期生产大队的管辖范围为基础建立的,六巷村委管辖多个分布比较分散的有着石牌自治传统的自然村屯。

第四,治理的主体不同。新石牌治理下的自治主体是以传统石牌头人为代表的村屯整体,有的村落是自己形成一个治理整体,有的是几个村落分别以各自村落的名义联合组成大一些的治理体系,整个体系以自然村屯为基本单位。村民自治的主体是村民,也就是现代意义上的公民。新石牌在村民自治时期强调的是一种村落公共意识、权威的体现;新时期村民自治下的村落则逐步体现出了现代农村村民的个体、自主意识。

四、六巷花蓝瑶新石牌的意义及发展方向

六巷花蓝瑶石牌制的结构变迁、发展过程,是传统石牌的继承和发展,在六巷的社会治理中起着非常重要的作用。从新石牌的内容、形式以及实施过程,我们可以清楚地看到新石牌的嬗变过程。同时,这种嬗变代表着一种法治文化,有着独特的历史和深远的现实意义;它还预示着六巷花蓝瑶村民自治的发展方向。

(一) 花蓝瑶新石牌法治文化的意义

在国家权力进入之前,六巷花蓝瑶基于其地理位置、社会环境、民族文化、风俗习惯、宗教信仰等条件形成了传统的社会自理结构,特别是代表本民族的法律形式——石牌制,有着鲜明的民族特色,它与国家法、民族区域自治法、民族自治地方的自治条例一起构成了自己的法治文化体系。尽管今天的新石牌已经逐渐衰落,但它的制定、实施以及它的兴衰对我国民族地区的法制建设都有着重要的借鉴意义。

花蓝瑶族分布在广袤的深山老林之中,新石牌是他们为了维护当地的社会治安,实现自我教育、自我约束,根据本村的实际情况和村民生产、生活的需要,经过民主协商而制定出来的,它体现了全体村民的意志,因而得到村民的普遍遵从。新石牌与群众生活密切相关,符合当地政治、经济和文化的特点,能及时有效地回应村

民生活的需要，这是新石牌得以有效执行的重要因素。从六巷村新石牌产生的社会背景可知，新石牌的产生正是适应当时六巷村屯社会治安混乱，人们需要正常的生产、生活秩序而产生的。而从六巷村新石牌产生的过程我们可以看出，新石牌是在以家庭为单位的基础之上产生的，它与六巷村的以家庭为单位拥有生产资料的农村家庭联产承包责任制相适应，因而它的产生与当时的六巷村实际情况相符，在立法过程中村民的参与性很强，具有直接的民意基础，从而得到了村民的普遍遵从。

我国各民族区域自治地方的人民代表大会都拥有一定的立法权，并依法制定本自治地方的自治条例和单行条例，但其中的一些条例的实施效果并不理想，这与自治条例的内容跟群众的生产生活联系不紧密有着较大的关系。一些自治条例与群众生活联系不紧密，符合当地政治、经济、文化特点的条文少，针对性不强。另外，地域差异决定了立法成员需要的多样性。一些较小区域的集体，其需要无法在立法当中体现出来。而且法律多是原则性的规定，缺乏灵活性和可操作性，群众想用它，可是常常用不上。还有一些自治条例制定后没能随社会发展和人民群众的生产、生活的改变而及时修改，实施起来依然难度很大。

作为花蓝瑶的新石牌，它的规则是由瑶民制订，领导者是由瑶民自己选举直接产生的，能够直接反映出村民的当时需要，并可随着需要的改变而修改。因此在立法中可注意吸收当地少数民族传统习惯法中的营养，普法时采用当地少数民族群众喜闻乐见的形式。花蓝瑶的新石牌对国家立法有着积极的借鉴作用。

"石牌大过天"的谚语和新石牌条款之所以在六巷能够人人知晓，这与石牌的宣传方式有很大关系。六巷石牌宣讲（料话）的时间、地点和宣传员都安排得非常巧妙。时间安排在每年的社日进行，社王祭祀时要求每户必须有一个代表参加，因而是村民集会中到会人员最齐的。六巷传统习惯一年有3个社日，那就意味着新石牌每年要进行3次宣讲，这实际上也相当是3次社会教育。石牌宣讲的地点安排在社王庙前，从而使新石牌因借助社王的神威而具有了神灵的威慑力量。新石牌的宣讲员是社老，理论上他是村中的绝对权威（过去确实如此），由他代理社王保护村寨平安，因此，由他宣讲的新石牌更为村民信任。一般情况下，新石牌的宣讲先由社老向全村户主讲解，然后由各户主回家向自己的家人宣讲。新石牌正是在这样一个特殊的时间、神圣的地点、社区的权威和家庭内部的亲情关系，一层又一层地渗透到每一个村民的灵魂深处。虽然新石牌的宣讲有借助神灵的地方，但通过社区的权威和家庭的亲情关系的宣传，比起我们普通的说教，效果是显而易见的，是要好得多的。新石牌的另一个非常有效的宣传手段是将社会教育贯穿于执法和司法的过程中。在六巷，瑶民生活在大山之中，彼此交往不是很多，特别是要将国家法律普及，更不是一件容易的事。但是新石牌在这方面却有它的特点。在六巷，如果有人违犯了新石牌，社老就要对违犯的人处罚——"吃教育酒"。在吃"教育酒"的时候，社老就会以活生生的例子告诉瑶胞什么可为，什么不可为，石牌的影响力和公信力也在这一次次吃"教育酒"中得到加强。相比之下，某些地方在普法宣传方面就显得有点呆板。一些地方对于政府普法要求多是开会由各级干部去贯彻，于是村委会就在村务公开栏贴出普法的宣传资料，写点标语，基本没有什么作用。

从以上情况可以看出，新石牌的运行方式对普法教育是有很好的借鉴作用的。

从新石牌到村民自治是一个漫长的演变过程，在这个过程中，新石牌在这中间起着举足轻重的作用，因而在执法方面也有很好的借鉴作用。

新石牌能够得到有效的执行,它不只是依靠神的权威,而是整合了社区传统权威和官方权威。石牌头人由德高望重者担任,副石牌头人则由队长(村民小组长)担任,还有社老,这使它成为村中的最高权威,得到村民的普遍信任。

民族地区社会权威的多元性决定了纠纷处理途径的多元化。花蓝瑶新石牌现象表明,法律往往是村民的最后选择而不是最优选择。要实现"依法治国",就必须加强法律的地位,让人们懂法、守法、用法。因此,要搞好村民自治,光靠国家的强制手段是无法让法律得到村民的信任和运用的,在法律的运行过程中应以适当的方式与社区传统权威相结合,这样实施起来就有其独特的效果,这也为村民自治提供了"本土化"保证。

(二) 六巷花蓝瑶新石牌的发展方向

新石牌产生于20世纪80年代初,成熟于90年代初,在90年代盛行一时,基本达到了村村有石牌、有规约的地步,有的地方甚至认为"石牌大过天",它也确实在维护大瑶山地区的社会秩序上起到了极为重要的作用。但随着时代的发展,国家法律制度的健全,特别是大瑶山地区瑶、壮、汉族文化的融合,新石牌逐渐衰微,许多村子新石牌的部分条款失效,有的村子的新石牌已完全失效。在这样一种大背景下,六巷村的新石牌也不可避免地走向了衰落。据笔者调查,六巷新石牌的衰落,当地干部认为大概有以下三个原因:

第一,外部环境的影响。据金秀瑶族自治县民政局的 XYF 说,1998年夏天,县公安局的个别干警到十八家河段电鱼(十八家河位于长滩河上游),十八家的石牌头带上村民前去制止,并按村规民约对几个公安干警进行处罚,没收他们的电鱼机。但几个干警以法律无此规定为由,不服从处罚,甚至还掏出手枪相威胁,村民们无奈,只好放弃处罚。此后,村中年轻人纷纷下河电鱼,还不断突破村规民约的各种规定,致使该村新石牌约束力完全失效,选出的新石牌头无人愿意当,村中秩序大乱,小偷小摸不断,河中鱼虾绝迹,村中公益林被砍伐殆尽。这样的情形也很快波及六巷。据村中德高望重的蓝玉龙老人回忆,刚刚订立新石牌时,六巷瑶民遵守村规民约,听从头人和社老、村干部的指挥,秩序井然。但随着外部环境的影响,六巷屯的一些年轻人也学着十八家河的做法,突破村规民约的各种规定,致使新石牌约束力完全失效。

第二,新石牌的法律地位不明。对于新石牌,一直有两种不同的看法,一种认为新石牌能准确有效地维护六巷治安,应当允许存在;另一种认为新石牌的许多条款与国家法律相冲突,特别是它还拥有处罚权,其实质是"法外有法",引起司法混乱,所以不能够存在。确实,在六巷的新石牌条款中,有许多是与法律相冲突的。如《中华人民共和国治安管理处罚条例》规定,治安处罚的罚款额度在 200 元以下,但新石牌则是按案值的 3—10 倍来罚,造成许多案件中的罚款高达上千元。这样一来,被罚款人就以与国家法律不符拒绝执行,新石牌的规章制度也就得不到实行,渐渐地就在村民中失去了它的权威性,走向衰败也就是必然的了。

第三,新时代、新思想、新观念的影响。随着时代的发展,特别是到了 21 世纪,人们的思想观念已经开始了彻底的改变。随着时代的发展,民族的融合,国家西部大开发战略的实施,原来偏远的大瑶山也与现代文明接轨,公路早就修进来了,电视、广播等现代文明早已在瑶山扎根;特别是新生代瑶民的成长,他们已经不满足于待在大山之中,他们早已走出深山老林,看到山外世界的精彩；同时，他们又将山外的文明带回大瑶山，让世世代代生活在大山之中的瑶民知道了山外的文明。于是，长久以来处于统治地位的石牌也开始失去了它的权威，瑶民更注重对国家法律的尊重。在国家强调法治的进程中，六巷新石牌也就缺少了存在的基础。

中华人民共和国成立以后，国家为了加强法制建设，通过颁布宪法、民族区域自治法、民法通则、民事诉讼法等法律法规，规范人们的社会生产、生活秩序，但瑶族多居边远山区，山高林密，交通闭塞，社会发展缓慢，长期处于相对封闭状态。经过政府和瑶族人民数十年来的努力，这种与世隔绝的状态有了一定的改变，但封闭、贫穷的基本状况还没有多大改观。交通、通信欠发达，也使得人们对新事物、新观念的接受较为缓慢，法制的尊严与权威也还无法深入人心。而国家司法机关在实施、执行法律、法规时，存在的某些偏差和片面性也为瑶族习惯法的存在与保留留下了生长的土壤。但瑶族习惯法毕竟是一种不规范的原始法律，其中的许多文化内涵和今天的文明社会已经不相适应。[①]

新石牌是一种地方性的准则规范，同时又是一种全体村民的共同契约，起着一种维护社会秩序的职能。六巷新石牌的制订也同其他地方一样，主要由村干部召开村民会议，并就一些问题商议达成共识，形成决议，写成书面文稿，在村民会议上宣读，用以规范、约束村民的生产、生活。因此，当它一出现，就得到了瑶民的共同拥护和执行，其表现形式就是通过石牌（或文字）的方式发布出来，通过石牌头、队长的讲解，这种"旧瓶装新酒"的形式就得以家喻户晓。

新石牌的主要内容是围绕村落社会事务，包括生产、生活、纠

---

① 玉时阶：《瑶族文化变迁》，150页，北京，民族出版社，2005。

从石牌制到村民自治：六巷花蓝瑶石牌制的嬗变 ◎

纷、婚姻、宗教等涉及村落生活方方面面事务的处理，同时要维护本村屯良好的治安和生活秩序，这与村民自治的主要功能是一致的。新石牌的内容更多地带有传统的色彩，特别是权力的执行人和执行主体，都是村屯的传统治理者。针对这种情况，金秀瑶族自治县从 1987 年开始设立村公所，在各自然村、屯设立村民委员会和村民小组，各村屯村民委员会主任由全村户主推选。六巷村原属于六巷村公所，六巷屯是一个花蓝瑶聚居屯，共有 54 户，195 人，花蓝瑶人口约占整个屯子总人口的 87.2%，约占整个屯子内瑶族人口的 93.4%。当时的村长老蓝玉龙老人被村民推举为六巷第一任村委会主任。

据笔者调查，在当时的六巷，参与实际治理的人员，基本上还是新石牌的原班人马，所以这种新石牌也得以顺利运行。并且，根据形势的变化，1991 年，对原来的村规民约进行了修改，且改称《六巷村石牌公约》。从这里我们可以看出，这时的村规民约实际上与石牌制是合为一体的，它是传统治理与地方自治的结合，还不真正具备村民自治的实质。然而，随着国家权力在大瑶山地区的加强，这种传统治理已开始根本转变。1996 年，金秀瑶族自治县与全国一样，开始撤销村公所，设村民委员会，国家权力体系从村公所提升到乡镇，乡镇以下的村实行村民自治。这样，村民委员会的作用就大为加强。当时，瑶族乡村的村规民约主要由村干部召开村民会议，并就一些问题商议达成共识，形成决议，写成书面文稿，在村民会议上宣读，用以规范、约束村民的生产、生活。1982 年分田到户后，土地、山林等生产资料的所有权和使用权都集中在村屯，村屯在原来属于生产队所有的生产资料的分配上就有了很大的自主权。

随着国家政治权力从农村社会的有限收缩，农村基层的村民组织，也就由村民自发转为国家规范，村规民约作为村民自治的主要制度形式得以恢复和发展；村民自治章程出现于20世纪90年代，是村规民约的延续和发展。大多数村民自治章程都是综合性和规范性很强的村庄权威性典章，它涵盖了从村民组织的产生到村民的权利与义务，从村庄经济的管理到村庄秩序的规约，从国家政令、任务的完成到社会治安的维持、村风民俗的倡导等多方面的内容。村民自治章程在结构上可以分为总则、分则、附则，可以有章、节、条三级形式。一般来说，总则为第一章，包括制定章程的依据、目的和作用；分则为若干章，比如"村民组织"为一章，"村民的权利和义务"为一章，"经济管理"为一章，"社会秩序和精神文明建设"为一章，等等。"附则"为最后一章，内容包括本章程何时由村民会议通过、何时执行、如何修改、解释权归属等问题。[①] 山东章丘埠西村村民自治章程是当代中国第一个村民自治章程，具有典型性，因而很快推广到全国大部分地区。

1998年修订生效的《中华人民共和国村民委员会组织法》第二十条规定："村民会议可以制定和修改村民自治章程、村规民约，并报乡、民族乡、镇的人民政府备案。""村民自治章程、村规民约以及村民会议或者村民代表会议决定的事项不得与宪法、法律、法规和国家的政策相抵触，不得有侵犯村民的人身权利、民主权利和合法财产权利的内容。"[②] 这是当代村规民约和村民自治章程制定的法律依据。根据《村民委员会组织法》的规定，村民自治制度是由民主选举、民主决策和民主管理及民主监督组成的有机整体。其

---

① 张明新：《从乡规民约到村民自治章程——乡规民约的嬗变》，载《江苏社会科学》，2006（4）。

② 见1998年11月4日九届全国人大常委会第五次会议通过修订的《中华人民共和国村民委员会组织法》。

中，民主管理的核心内容就是依法建制，以制治村，即村民群众根据有关法律、法规，制定本村的章程和规则，建立各种村级管理制度，然后以制度进行治理，实行村级的规范化管理。因此，制定村规民约和村民自治章程、推行民主建制和村务公开是村民自治制度的集中表现。

六巷花蓝瑶新石牌是传统石牌的继承和发展，出现于20世纪80年代初。但随着社会的进步、形势的发展，地处大瑶山深处的六巷也发生了巨大的变化，80年代末期，六巷与外界的沟通加强，特别是金秀至六巷公路的修通，广袤的大瑶山已不再是世外桃源。新石牌运行至80年代末，已逐渐显露了其不足。在这样一种大环境下，六巷的《村规民约》及修改后的《石牌公约》已经明显地赶不上形势发展的需要，原来的一些内容甚至与《村民委员会组织法》相违背。到了20世纪90年代末和21世纪初，六巷原来的《村规民约》及《石牌公约》已经很少被人提及，取而代之的是《村民委员会组织法》。1991年六巷将原来的新石牌进行了修改，更加接近了汉族地区的村民自治。1998年，根据《村民委员会组织法》，六巷讨论了村民自治的基本内容。据笔者调查得知，六巷的村民自治是在原来的《村规民约》和《石牌公约》的基础上形成的，主要有以下三个方面的内容：一是村民组织，包括村民会议和村民代表会议的组成、职权和例会制度；村委会的产生、职责、工作制度和下设机构；村民小组的划分和村民小组长的职责；村民的权利和义务；村干部的行为规范。二是社会秩序，包括社会治安、村风民俗、邻里关系、婚姻家庭、计划生育等等。三是经济管理，包括山林管理、土地管理、承包费用的收取使用、生产服务、财务管理等。

随着新的村民自治内容的出现，新石牌的历史使命也就基本完成，原来的新石牌组织也就与村民委员会合二为一，国家政权已经可以直接管辖六巷。这样，从新石牌到村民自治章程，六巷花蓝瑶的石牌治理制度就这样实现了嬗变。

五、结 论

新石牌是六巷花蓝瑶社会治理的基本"法规"，在一定时期内为维护六巷的社会活动、维护社会秩序和治安、维护婚姻家庭等方面起着非常重要的作用，对六巷的政治、经济、生活等方面产生了深远的影响。前文从石牌制的由来、兴盛和消亡以及新石牌的内容和运行情况来进行论述，六巷花蓝瑶石牌制嬗变能得出以下这些结论：

第一，六巷花蓝瑶石牌制的嬗变是社会发展的必然结果。六巷花蓝瑶的石牌制是一种民族习惯法。它的起源、存在、发展、兴盛、嬗变，都与六巷花蓝瑶民族的社会发展存在着必然的联系。根据社会学的奠基人之一——法国社会学家涂尔干的社会学理论，从社会发展学的角度看，任何社会制度都会随着时代的变化而变化。六巷花蓝瑶的石牌制经历了漫长的历史，在六巷的社会治理中曾经起着不可替代的作用。但随着时代的发展，特别是20世纪90年代，六巷与外界的沟通，现代文明与传统文化的交流产生了碰撞，强势的现代文明不断侵蚀着弱势的传统文化，新石牌赖以保持的天然屏障日渐消融。到了21世纪，人们的思想观念已经开始了彻底的改变。在这个漫长的发展变化过程中，新石牌的作用在逐渐地弱化、整合，最终发展成为村民自治。所以，新石牌的嬗变是社会发展的必然结果。

第二，六巷花蓝瑶石牌制的嬗变反映了中华民族大家庭的融合。六巷花蓝瑶的石牌制是瑶族人独有的社会治理制度，在一定时期内对六巷的生产、纠纷、婚姻、宗教等涉及村落生活方方面面事务的处理，对维护本村屯良好的治安和生活秩序都起着不可替代的作用。但随着时代的发展，民族的融合、政治文化的大融合，国家西部大开发战略的实施，原来偏远的大瑶山也与现代文明接轨，公路早就修进来了，电视、广播等现代文明早已在瑶山扎根，六巷瑶民的生活越来越好，特别是新生代瑶民的成长，他们已经不满足于待在大山之中，他们已经走出深山老林，看到山外世界的精彩，同时他们又将山外的文明带回大瑶山，让世世代代生活在大山之中的瑶民知道了山外的文明。我们从到六巷的调查中得知，现在的六巷虽然处于十万大山之中，但早已不是与世隔绝的偏远山村了，特别是新一代花蓝瑶人民的成长，他们已经将现代文明带入山村，还娶来汉族媳妇，再加上汉族人来六巷居住，已经有12.9%的六巷人不是花蓝瑶，这在原来是不可想象的现象竟然变成了事实，这也充分反映了中华民族大家庭的融合。

第三，六巷花蓝瑶石牌制的嬗变为我们在少数民族地区实行自治提供了很好的借鉴作用。六巷花蓝瑶的石牌制是一部社会治理的地方习惯法，它的运行有着自己独有的特色。石牌制的作用主要包括：一是维护瑶区的社会生产活动，二是维护社会秩序和治安，三是维护婚姻家庭，保护妇女儿童，四是防御匪患和外族入侵，五是保护商贩合法贸易。在石牌律面前人人平等，谁触犯石牌律，不论地位高低、家庭贫富，均按石牌条文处理，故当地民谚说："石牌大过天"。正因为石牌有着莫大的权威，所以在20世纪50年代，这种传统习惯一直在六巷存在，特别是到了20世纪80年代改革开放后，新的石牌的出现，六巷的治安得到加强，这也充分说明了石牌在花蓝瑶人民心目中的地位。但因为新石牌不可避免地带有旧的传统色彩，与时代的发展也就不可避免地会产生矛盾，最后被村民自治取而代之了——这是历史发展的必然。花蓝瑶新石牌的嬗变告诉我们，在少数民族地区，首先要尊重他们传统的风俗习惯，对他们的那些有积极意义的传统习惯要多加利用并帮助改革；其次就是各级政府要顺应历史潮流，积极主动地引导少数民族人民在尊重传统的基础上，融入到中华民族的大家庭中；最后是要最大限度地了解各地少数民族的生活情况、思想动态，及时应对可能出现的问题，真正在少数民族地区构建社会主义和谐新农村，真正构建新形势下的民族区域自治的和谐社会。

  第四，六巷花蓝瑶石牌制的嬗变为少数民族地区法治建设提供了重要的借鉴作用。六巷花蓝瑶石牌制在六巷村社会控制中一直起着非常重要的作用，尽管新石牌已经逐渐衰落，今天的村民自治制度已经取代了它；但它的制定、宣传实施以及它的兴衰对我国民族地区的法制建设都有着重要的借鉴作用。石牌的嬗变是传统文化衰落的根本原因。传统文化的断裂导致了20世纪末恢复的瑶族传统文化丧失了内发性机能，无法随时代变迁做适当的调适，因而走向衰落，而传统文化的衰落又导致了某些社会秩序的混乱，反过来加剧了传统文化的消失，形成了一个恶性循环。因此，要重建六巷花蓝瑶的社会秩序，必须加强传统文化对现代文化的调适，重新树立村民诚信观念，同时还要加强民间和官方权威的整合，搞好村民自治，完善国家法制建设。

平地瑶农具的变迁

——以恭城瑶族自治县水滨村为例[①]

张佳斐

一、水滨村概况

水滨村位于恭城瑶族自治县最北面，东接湖南省江永县大田丰，南接江永县桃川，西邻狮塘村，北与灌阳县相接，距县城61公里，距观音乡政府驻地16公里。全村管辖13个自然村16个村民小组，共734户2807人，其中瑶族人口占90%。[②]

水滨村地处亚热带地区，雨季多集中在春季和夏季，降雨量较大，春季与冬季降雨量较小，能够保持土壤的湿度，且其土壤以红壤和黄红壤为主，利于农作物的生长。全村共有耕地面积2252亩，其中水田面积1095.5亩，主要种植水稻、芋头等；旱地面积336.2亩，种植玉米、花生、红薯、大豆、高粱、芝麻、罗汉果、菊花等；水果面积820.4亩，种植柚子、橘子、橙子等。当地村民饲养猪、鸡、鸭、狗等动物。水滨村水资源丰富，村中有多条河流经

[①]《平地瑶农具的变迁——以恭城瑶族自治县水滨村为例》，广西民族大学中国少数民族史2016届硕士研究生论文，调查时间：2014年1月—2015年12月。作者张佳斐现任职于河南省洛阳市宜阳农商银行股份有限公司。

[②] 数据由水滨村村委会提供。

过；森林资源丰富，种植有大量的杉木、桐树、茶树。土特产有茶叶、油茶。

水滨村处于大山深处，田地稀少，再加上交通不便，与外界联系甚少，过去人们生活十分穷苦。中华人民共和国成立前，贫雇农几乎没有自己的土地和大型农具，耕地和大型农具都需要向地主、富农租借，通常是缴租，租额约为每亩田地100公斤，农民辛苦一年的成果几乎都要交租，生活十分贫困。1950年废除封建土地剥削制度，农民拥有了自己的土地，提高了农民的生产积极性。1958—1961年三年自然灾害期间，粮食供给不足，人们经常食不果腹，就以马蹄草、蕨菜根、山薯等代替粮食。1982年，实行家庭联产承包责任制后，农民生产的积极性得到提高，家中有了充足的粮食，生活逐渐有所好转，购买了耕牛和拖拉机等农具。过去水滨村经济结构单一，以种植杉树为主要收入来源，但杉树生长周期长、见效慢，经济常年得不到保障，近年来，在上级部门的扶持下，村子里几乎每家每户都装有沼气，形成"养殖—沼气—种植"三位一体的生态农业，每户都养有鸡、鸭、猪等家畜，大多数村民在5年前已经不再种植水稻，开始大面积种植砂糖橘、柚子、菊花、辣椒、罗汉果等经济作物，经济状况有所好转。年轻人选择外出打工，增加了一定的收入来源。

二、水滨村平地瑶农具的变迁

从农具的使用和推广情况看，水滨村的农具经历了刀耕火种、定耕定居、水稻种植、生态农业四个时期。

（一）刀耕火种时期

瑶族人民长期居住在大山中，过着与世隔绝的生活，《过山榜》

载:"居住高山草岭,敬奉盘王圣庙。但有高山厚岭,日月照见,所闻禽兽之声,青山石壁,所听饿鬼之声,荒地冲中,常闻野狸之叫。"① 由于土地贫瘠,耕种几年之后,土壤肥力下降,瑶族人民不得不迁徙到另一个地方,再加上交通闭塞,与外界接触的机会甚少,汉族先进的农具、耕作技术难以传入此地,因此瑶族人民生活十分贫苦。瑶族各个支系、各个地区刀耕火种的程度也不尽相同,有的地区瑶人居无定所,到处迁徙,"盘均华者,湖南宁远县过山瑶人。嘉庆二十年(1815年)移居江华县上五堡,二十三年(1818年)复迁居广西贺县,道光五年(1825年)搬至苍梧县旱塘种山度日"②。居住在湘西一带的瑶民,"刀耕火种,三四年后辄弃而别种,数年后,地方复,则仍垦之"③,虽然也是刀耕火种,但却是在相对固定的区域内游耕,与"食尽一山,则移一山"④的瑶人相比,他们是在相对固定的场所游耕,从而提高了生产力。恭城水滨村的瑶民在刀耕火种时期就属此种情形,他们于明代洪武元年(1368年)从湖南千家峒迁到恭城,直到嘉靖九年(1530年)定居水滨村之前,一直过着刀耕火种的生活。"刀耕火种,故足记所至,林菁难存,菁伐尽则他徙,不置田产,拙于谋生。"⑤ "藉火之养,雨露之滋……当四五月时,天气晴霁,有白衣山子者于斜崖陡峭之际,杀阳木,自上而下,悉燔烧,无遗根株,俟土脂熟透徐转,积灰以种禾及吉贝绵,不加灌溉,自然秀实。连岁三四收,地

---

① 广西壮族自治区编辑组:《广西瑶族社会历史调查》,第八册,47页,南宁,广西民族出版社,1985。
② 《平定瑶匪纪略》,下卷。
③ (清)严如熤:《苗防备览·风俗下》。
④ (清)顾炎武:《天下郡国利病书·广东下》。
⑤ (民国)张自明:《马关县志》,昆明,云南德生石印局,民国二十一年(1932年)。

瘠乃弃,更择新者,所谓畲田也。"①

　　水滨村在刀耕火种时期使用的生产工具有瑶刀、斧头、打洞棍。瑶刀,当地瑶族称之为"犁刀",前端带有向内侧弯的尖刀,这部分由铁制成,手柄约有66厘米长,由木制成,瑶刀不仅用于砍伐树木、竹子,还可以用于防身。刘禹锡在《蛮子歌》中也有记述,"腰斧上高山,意行无归路"。"银钏金钗来负水,长刀短笠去烧畲"。②宋代范成大对瑶刀有所记载:"儿始生,秤之以铁如其重,渍之毒水,儿长大,煅其钢而制刀,终身用之。试刀必斩牛,仰刃牛项下,以肩负刀,一负即殊者良刀也。"③斧头也是用来砍伐树木,斧头由铁制成,斧柄由木制成,长35厘米,刀口呈弧形状。打洞棍是由木制成,最初是一根简单的木棒,在烧过的土地上戳一个小洞,然后再播撒种子,后来演变为在木棒一端套上一个铁尖,这样使戳入土地更加方便。

　　刀耕火种的方法极其粗犷,简单来说就是先放火烧山然后进行播种。一般在冬季或春季上山砍伐树木,等晾晒后焚烧,焚烧后的落叶、树木、虫蛇等灰烬均可作为肥料,在焚烧后的土地里直接进行点播,点播前不需要耕地犁地,通常用打洞棍挖坑后把种子埋进去再把土覆盖就可以,略去中耕、施肥、灌溉这些环节,任其自由生长。三四年后土质贫瘠,则迁徙到他山耕作,周而复始。瑶族身居大山,长期过着与外界隔绝的游耕生活,与同一时期的汉族相比,所用农具十分简陋,农业生产全部靠人力。直到20世纪50年代,水滨村瑶族没有一个铁匠,铁质农具全靠到汉族地区购买。

---

　　① (清)屈大均:《广东新语·人语》,卷十四。
　　② 《御制全唐诗》,重刊本,上海,上海古籍出版社,1986。
　　③ (宋)范成大:《桂海虞衡志》,齐治平校补,40页,南宁,广西民族出版社,1984。

个案：CLY，70岁，女，平地瑶，小学文化，水滨村农民

刀耕火种是在小山上进行，过小满就劳作，用砍柴刀去砍树木、杂草，我们把砍柴刀叫作"犁刀"，然后放火把树木、杂草烧掉，再用打洞棍挖洞进行播种。

个案：JLF，73岁，男，平地瑶，小学文化，水滨村农民

听家里老人讲，刀耕火种方法十分简单，用瑶刀砍伐树木、杂草，晾晒一段时间后开始焚烧，焚烧后的灰烬作为肥料，然后开始播种，先由一个人在前面拿着打洞棍挖洞，后面一个人撒种子埋土，不用浇水施肥，靠天吃饭。

刀耕火种时期多种植旱地作物，种植的农作物有玉米、高粱、产子（鸭掌粟）、粟米、豆等。费孝通指出："游耕不只是'刀耕火种'的农业技术，也不只是几年一迁徙的不定居生活。它是一个从生产力到生产关系，意识形态的综合性概念。"① 由于生产力和生产技术落后，一概省去中耕、施肥、灌溉环节，再加上土地贫瘠，山上气候又不适宜农作物生长，广种薄收，粮食产量不足，遇上粮食收成好，瑶民还可以勉强维持生计，如果遇到灾荒，粮食则不够维持一日三餐所需，挨饿受冻成了瑶民的家常便饭，"虽遇丰年，民间犹不免食草木根食"②。有的瑶民实在耐不住饥饿，不得

---

① 费孝通：《〈盘村瑶族〉序》，见胡起望、范宏贵：《盘村瑶族》，1页，南宁，民族出版社，1983。

② （宋）汪应辰：《文定集》，卷4，《御札问蜀中旱歉画一回奏》，33页。

已到汉族地区求食,"山田瘠埆,十岁五饥。急则蹿突汉界"①。随着科学技术运用到农具上,粮食品种优良,山下大面积水田足够瑶民生活,山上就很少种植粮食作物了,现在多种杉树等,加上法律明确规定禁止放火烧山,因此几乎没有再次出现放火烧山的现象。

(二)定耕定居初期阶段(山地农业)

瑶族各个支系、各个地方结束刀耕火种的时间也不一样。随着人口的增多,可供游耕的土地有限,他们不得不重复利用丢荒的土地,从游耕转向定耕。水滨村在明嘉靖九年(1530年)开始定居,部分村民开始养牛,用牛耕地。从秦朝开始,广西就有人大量养牛。西汉中期以后,广西养牛业发展迅速,以黄牛为主,这从汉代出土的文物中就可以得到证实。到了唐代,水牛数量逐渐增多,"客南风土,好食水牛肉"②。清朝时期,广西养牛业已经形成规模,除了供自己使用之外,还向中原地区大规模输送,"乾隆十三年,着李待尧即于两广地方多觅马数千匹,并于广西产牛地方,购牛数千头,尽数拨解"③。但是瑶族由于长期生活在大山中,不利于用牛耕地,加之养牛方法不当,因此用牛耕地的现象较晚。水滨村在明代嘉靖年间定居之后才开始养牛。牛耕能深入田里20厘米左右,而用人拉犁只能深入田里6—7厘米,牛的使用使土地得到深耕,"耕者且深,耨者熟耘也"④,土壤变得肥沃,从而保证了粮食产量。但"犁耕技术的发展要结合工具(石犁)、人、畜力三个主题因素方能带动生产的,仅是石犁的制作并不意味着一套有效的

---

① (明)田汝成:《炎徼纪文》。
② (唐)刘恂:《岭表录异》。
③ (清)《高宗实录》,卷804。
④ (春秋)管仲:《管子·八观篇》。

犁耕已经完成"①，即人、牲畜、犁是三个缺一不可的因素。在定耕定居时期，平地瑶已经学会了使用犁，耕地多是一牛一犁。牛的使用大大提高了生产率，一头牛一天可耕地 8—12 亩，在一些边远的瑶族地区，还没有出现牛耕地方，用人背犁的方式一天只能耕地 0.75—1.5 亩。牛和犁在当时十分贵重，只有地主、富农有，一般人只能向地主、富农租借，租额一般为每亩 50—100 公斤稻谷。

耕地、整地农具主要有木犁、翻锹、锄头、小锄头。木犁由犁拱、木犁把、犁藤、牛扼、犁铧、耕盘组成，除了犁铧为铁外，其余部分都为木质，最初犁藤是由从高山上获取的藤条制成，木质部分是选取三角锥形的杉木制成。辕长 114 厘米，底长 35 厘米，铧边长 20 厘米，尾宽 14 厘米。翻锹由铁和木组装而成，把长 188 厘米，锹长 30 厘米，刃宽 18 厘米，用于翻地、铲土。锄头由铁和木组装而成，把长 110 厘米，钩子 50 度以上，因为山上坡度很大，所以锄刀做成扁长形状，用于挖地、碎土、除草。小锄头由铁和木组成，把长 30 厘米，用于挖洞，一般用来种植红薯。

收割工具主要有禾剪、镰刀等。禾剪，先用刀把木头削割成半圆形的薄木片，在薄木片的一端开一个缺口，将小铁片嵌入缺口，另一端再钻孔装入带子；用于剪稻穗，成年人一天能够剪稻谷约 50 公斤，儿童一天可剪稻谷 15 公斤。镰刀由铁和木组成，把长 45 厘米，刀长 25 厘米。

粮食加工工具为杵臼，臼由结实的树干制成，高约 50 厘米，边厚 5 厘米，直径 32 厘米，深 30 厘米。木杵也是由木制成，长 113 厘米，中间手握的地方较细，长 25 厘米，直径 4 厘米，两端较粗，各长 45 厘米，直径 6.5 厘米。把稻谷放入木臼内，人拿木杵

---

① 杨美莉：《良渚文化石质工具之研究》，载《农业考古》，1999（3）。

反复捶打，使稻壳脱落。

个案：ZMX，75岁，男，平地瑶，高中文化，水滨村农民

听家里老人讲，我们家是用牛来犁田，自己家养了两头牛，牛在当时很贵重，只干半天活，每次只耕地0.49亩，另外半天就让它吃草、休息，比人都宝贵，好多人家都没有，就来我家借，我们也都借给别人，不过他们要把牛喂好。许多家里也没有木犁，需要借，我家也会借给他们使用，为了防止生锈，用完的时候要把农具上的泥土洗干净。

个案：ZJQ，70岁，男，平地瑶，小学文化，水滨村农民

听家里老人讲，当时我家的农具有锄头、禾剪、镰刀等常用农具，每个劳动力都有一件，像犁这些大件的农具，我们负担不起，通常向地主租借，租借的时候需要交粮食或做工来偿还。

定耕定居时期种植的农作物有番薯、木薯、玉米、高粱、产子、旱禾。牛耕的使用，为深耕提供了保障，再加上农家肥的使用，这个时期农业已经从刀耕火种发展到精耕细作，粮食产量较刀耕火种时期有所提高，但是由于长期受地主阶级的压迫，农民辛辛苦苦种植的粮食，多用于交租，只有地主能吃饱饭，老百姓平日三餐只能吃一些杂粮，生活依然十分贫穷，更别提把种植的粮食拿出去换生活用品了。

(三) 水稻种植时期

这个时期的农具分为两个阶段，第一个阶段是传统农具使用时期，第二个阶段是新式农具和旧式农具并用时期。农具的进步，促使农业分工越来越细，铁犁牛耕的使用，为开辟水田提供了保障。

1949年之前水滨村瑶民多使用传统农具。整地、耕地类的农具主要有木犁、木耙、耘耙、挂耙、锄头、刮子、翻锹、铁犁、铁耙。木耙，用于耙地，长92厘米，宽78厘米，齿长30厘米，除了齿由铁制成，其余全由木制成。耘耙由竹子制成，当地人称为"竹挂"，撒完石灰后，用来除草；把长179厘米，四齿，齿长5厘米，齿宽2厘米，重约0.75—1公斤。挂耙，用于挂粪或修葺田埂的泥巴，把由结实的杂木制成，齿由铁制成，把长132厘米，四齿，齿长23厘米。锄头由铁和木制成，用于除草，把长110厘米。刮子由铁和木制成，因外形与半月形相似，当地人也称之为"月刮"，用来挖地、翻土，能够深入土地，重1.5公斤，把长130厘米。铁犁全部由铁制成，辕长114厘米，铧边长41厘米，尾宽13厘米。铁耙全部由铁制成，12齿。

脱粒工具主要有打谷桶、脚踩打谷机。打谷桶用杂木制成，桶口直径约2米，桶底约1米，重约60公斤。打谷桶一直沿用到20世纪60年代，请木工到家里制作，不用给工钱，但要请木工吃饭。一个人用肩把打谷桶扛到田地，四个人分至打谷桶的四个角落，将稻谷往桶壁摔打，谷粒落入桶内，如果遇到下雨天，稻谷脱粒就需要花费更大的力气。脚踩打谷机需要两个人并排，双脚不停地踩踏板才能带动磙子转动，把稻子放在磙子上就能实现脱粒。

运输工具主要有背篓、扁担。背篓高48厘米，直径55厘米，自己用竹篾编制而成。扁担，自己用木制作而成，大小不一。翻晒工具为谷铲，由杂木制成，把长60厘米。

筛选工具为米筛、风车。米筛有大小之分，自己用竹子编制而成。风车，长166厘米，宽45厘米，高150厘米，全部由木头制成。

粮食加工工具主要有脚踏碓、水碓。脚踏碓架子由杂木制成，长2.8米，直径16厘米，碓嘴长62厘米，直径6厘米，臼由石制成。需要两个人完成，一个人坐在脚踏碓的一端，另一端就会有木头深入桶内，反复翘起，稻壳就会脱落，脱粒比较完整。另一个人负责往桶内加稻谷、收稻米。水碓，用柱子架起一根木杆，杆的一端装有一块圆锥形石头，下面的石臼里放入稻谷，流水冲击水轮使之转动，轴上的拨板臼拨动碓杆的梢，使碓头一起一落地进行舂米。水碓是脚踏碓机械化的结果，利用了水力、杠杆、凸轮的原理来舂米，可以昼夜不停地加工粮食，一晚上能舂米50公斤，不过舂出来的米较碎。

耕地整地、收割农具多是由铁和木构成，直到1949年之前，瑶族还没有一个会制作铁器的人，因此农具的铁质部分多从外面买，农具的木质部分是村民从山上砍伐树木后加工而成的，然后再把木质部分和铁质部分组装起来，村民们都会自己拼装。就拿犁来说，只有犁铧是买来的，其他都是由自己制作。运输、加工、晾晒、筛选工具是由木头制成，脚踏碓、水碓是由木头和石头制成，村民能够完成简单的农具制作，复杂的农具需要请工人来制作。这些农具虽然是从汉族和其他民族地区传过来的，但是瑶族人民却根据当地的实际情况对其进行了改装。瑶族和壮族的犁形状相同，但是瑶族的犁梁很长，犁头很小，不同于壮族的鸡嘴状，瑶族的犁口呈鸭嘴状。耙和汉族的形状相同，但是由于瑶族地区水田面比较窄，因此耙架相对来说就低一些，耙齿也短小一些。锄头的把也比其他地区短小。"瑶人使用之米粟,均于水碓中舂之。每日晚间则瑶人负一椭圆形之小筐,内盛谷少许往水碓中易其捣精之米而归,以供次日食料。然亦有用木制之杵臼以捣米者,此与汉人昔日所用之物同。"① 水碓、禾剪也是瑶族人民因地制宜的结果。从木质到铁质农具,清晰地反映出科技进步极大推进了农具的改进。

个案:ZBS,男,65岁,平地瑶,初小文化,水滨村农民

20世纪50年代之前,我们都是用水碓舂米,村子里有公用的水碓,大家轮流使用,水碓舂米不需要人力和成本,效率又是脚踏碓的10倍,深受大家的喜爱。

个案:ZMY,女,60岁,平地瑶,文盲,水滨村农民

我很小的时候家里就是用打谷桶脱粒的,先把稻谷割下来,扎成一把一把的,再在打谷桶上一把一把地打,谷粒就掉入桶里,是个体力活。

1949年后,国家加大力度研发新式农具。1954年恭城成立新式农具推广站,在全县推广农具,如五三步犁、双轮双铧犁,但由于不适合当地地形或是农具本身不完善,这些农具都没有使用多长时间。1958年,全县推广木轮车、手推车、农用插秧船,结束了之前运输靠肩挑背扛的时代,减轻了劳动力负担,年末全县共有4000多台新式农具。这个时期推广的新式农具还有机引犁、机引

---

① 胡元侠:《两广瑶山调查》,30页,北京,中华书局印刷所,1935。

耙、东方红 18 型喷雾器、柴油打谷机、碾米机、人力打谷机等，这些机械化农具构造简单、容易维修、操作方便，深受人们的喜欢。20 世纪 60 年代推广的插秧机由于不适用本地水田，使用插秧机反而浪费秧苗，瑶民依然用手工插秧，平均每人每天只能插秧 0.3—0.4 亩，直到 1998 年出现了秧盘，才加快了插秧效率，秧盘通常是 4 米长、2 米宽，每个秧盘有 300—400 个洞，每平方米需要 40—60 个秧盘，每个秧盘花费 4 角钱，农民通常一次性购买两年的秧盘，秧盘售价低，效率快，很快就在水滨村推广开来。

耕地类农具主要有机引犁、机引耙、拖拉机。中耕类农具主要有锄头、手动喷雾器、电动喷雾器。喷雾器是农家必备的一件东西，因为农业生产过程中的各种庄稼，每年都要受到许多病虫的侵害，就算能及时发现，但如果没有喷雾器这类使用方便的除草工具，任凭你使用什么样的方法，也难以把它们消灭掉而达到保护庄稼的目的。① 收割类农具主要为禾剪、镰刀。脱粒类农具为柴油打谷机。运输类农具为胶轮车、拖拉机。筛选类农具为米筛、风车。粮食加工类农具为水力碾米机、电动碾米机。

这个时期，水滨村村民使用的农具是机械化农具和传统农具相结合。由于水滨村每家的经济情况不同，购买机械化农具的时间也不相同。最开始是由几家联合购买，一些买不起农机具的家庭，通常会向其他家庭借用或仍使用传统农具劳作，购买机械化农具的人数并不多。

个案：ZYY，50 岁，女，平地瑶，小学文化，水滨村农民

我家是 1994 年在灌阳买的拖拉机，是村子里第一个

---

① 李紫封：《谨贡献给农民两件东西》，载《中华实业季刊》，1934（4）。

买拖拉机的人，花了 3000 多元钱，几个兄弟买了一台，当时拖拉机很贵，许多人都买不起，我们是看到外面村子有人用，觉得省时省力才去买的。

个案：YZJ，55 岁，男，平地瑶，文盲，水滨村农民

我家是在 1999 年的时候买来柴油打谷机的，不再使用脚踩打谷机。20 世纪 70 年代的时候，碾米机刚推广使用，6 个自然村用 1 个，一开始是用水带动的，后来才用电，碾米机是湖南人过来推广的。

水稻种植时期，粮食主要以水稻为主，玉米、花生、芋头、大豆、红薯等杂粮为辅。1982 年实行家庭联产承包责任制后，农民干劲十足，粮食产量增加，基本解决了温饱问题。

（四）生态农业时期

拖拉机的使用让农民减轻了劳动负担。随着农民生活水平的提高，再加上国家对购买农机具有一定的补贴，村民购买拖拉机的现象普遍增多，2000 年几乎每家农户都买了拖拉机，农业生产基本全部为机械化农具，用拖拉机耕地、运输，用电动喷雾器中耕，用联合收割机收割、脱粒，用碾米机碾米。

个案：ZAG，男，55 岁，平地瑶，初中文化，水滨村农民

我最早知道拖拉机是村干部开会的时候介绍的，后来村子里陆陆续续有人买，确实省力而且效率高，不过当时家庭条件不允许购买，到了 2000 年积攒了一些钱就买了，买的时候还享受了国家补贴，村民们大都是在 2000 年后购买的。

个案：WHS，女，55 岁，平地瑶，小学文化，水滨村农民

现在都是用联合收割机收割，联合收割机是从外面来的，村子里贴有广告，只要打电话就过来收割，收割 1 亩的田地要 150 元，2014 年的时候是 140 元，1 亩的田地只需 10 多分钟就能收割好。虽然花了一些钱，但还是愿意用收割机收割。因为省力而且能够一次性完成收割、脱粒，收割得干净，不会造成浪费。后来家里又买来小型碾米机，打米的时候不用到碾米厂了。

生态农业时期，新式农具发挥着重要的作用，它增加了粮食产量，提高了农业效率，减轻了人力负担，农民生活水平显著提高，手里渐渐有了积蓄，开始翻修房屋、重新建房，购买机械化农具、家电、摩托车、小汽车等。2010 年，水滨村绝大多数村民不再种植水稻，开始大规模种植柚子、砂糖橘。他们积极响应县政府提出的"恭城模式"，走生态农业道路，以沼气为纽带，形成了"养殖—沼气—种植"三位一体的产业链。过去恭城流传着这样一句话，"不怕锅里无米，就怕灶里无柴"，村民乱砍滥伐树木，严重破坏生态环境，而现在农民使用沼气做饭、照明，减少了对森林的砍伐，保护了生态环境，与刀耕火种时期瑶民砍伐无度形成了鲜明的对比。沼气排出来的沼渣是果树最好的肥料，能够增加果实的甜度，产量和质量普遍提高，而且不用或少用农药，使果实纯天然、无污染。

生态农业是生态工程在农业上的应用，它运用生态系统的生物共生和物质循环再生原理，结合系统工程的方法和近代科学技术，根据当地的自然资源，合理组合农、林、牧等比例，实现经济效益、生态效益和社会效益三结合的农业生产体系。[①] 水滨村走生态农业道路，沃尔玛、华联等大型超市直接到水滨村收购村民种植的砂糖橘、柚子，汇源集团在恭城落户，它每年需要的鲜果高达10万吨，为农民种植的水果提供了销量，增加了农民的收入，收购价为砂糖橘1公斤8元，柚子1公斤2.6元。生态农业时期，农民虽然很少种植粮食，但是果树种植依然需要机械化农具，用拖拉机耕田和运输水果，同样减轻了农民负担，提高了农业效率。

三、农具变迁的特点

（一）农具种类和数量的减少

据调查，水滨村瑶民使用农具变化如下表所示：定耕定居和水稻种植时期，使用的农具种类、数量繁多，农业劳作的每个环节至少都要用两类农具，有的甚至需要用四五类农具。定耕定居时期耕地、整地的时候需要用木犁、锄头等两类农具；加工的时候需要用杵臼。在水稻种植时期，在耕地、整地的时候使用铁犁、铁耙、机引犁、机引耙、拖拉机、锄头、手动喷雾器、电动喷雾器等多种农具，收获的时候使用禾剪、镰刀，脱粒的时候用打谷桶、脚踩打谷机、柴油打谷机，翻晒、筛选的时候用谷铲、米筛、风车，运输工具为扁担、箩筐、胶轮车、拖拉机，加工的时候用脚踏碓、水碓、

---

① 李文华：《生态农业的技术与模式》，15页，北京，化学工业出版社，2005。

水力碾米机或电动碾米机。在生态农业时期使用工具的种类骤减，而且全部使用机械化农具，耕地的时候用拖拉机，收获、脱粒的时候用联合收割机，加工的时候用碾米机就足矣。在没有使用新式农具之前，家中所有的劳动力都需要参与到农业劳动中，因此家里的农具数量非常多，几乎都是一人一件。

水滨村平地瑶农具变迁表

	刀耕火种时期	定耕定居时期	水稻种植时期（传统农具时期）	水稻种植时期（传统农具和新式农具并用时期）	生态农业时期
砍伐工具	瑶刀、斧头	无	无	无	无
耕地、整地工具	打洞棍	木犁、翻锹、锄头、小锄头	木犁、木耙、耕耙、挂耙、锄头、刮子、翻锹、铁犁、铁耙	机引犁、机引耙、拖拉机、锄头、手动喷雾器、电动喷雾器	拖拉机
收获工具	瑶刀	镰刀、禾剪	禾剪、镰刀	禾剪、镰刀	联合收割机
脱粒工具	无	木棒	打谷桶、脚踩打谷机	柴油打谷机	联合收割机
运输工具	无	背篓、扁担	扁担、箩筐	胶轮车、拖拉机	拖拉机
翻晒、筛选工具	无	无	谷铲、米筛、风车	米筛、风车	拖拉机
粮食加工工具	无	杵臼	脚踏碓、水碓	水力碾米机、电动碾米机	电动碾米机

个案：YTG，68 岁，女，平地瑶，小学文化，水滨村农民

1981 年土地分户的时候，生产队分给我家耕地、整地类农具有 2 把犁、3 把锄头、1 把铁耙，我家又自己买了挂耙、耘耙、铁锹、刮子等农具，又在 1985 年的时候买来耕牛，这个时候犁田还是用牛，所以需要的农具特别多。到了 1995 年，我家买了拖拉机，耕地就用它，犁、耙、耘耙、刮子都淘汰了。

个案：LGB，60 岁，男，平地瑶，小学文化，水滨村农民

现在收割、脱粒的时候用联合收割机，不再使用禾剪、打谷桶、脚踩打谷机和柴油打谷机了，联合收割机脱粒十分干净，就不用风车进行清理了。碾米的时候去村子里的碾米厂，杵臼、脚踏碓、水碓这些农具都不再使用了，电动喷雾器也代替了手动喷雾器。现在用拖拉机运输，背篓、箩筐也不再使用了。

（二）材质的变化

过去，农具的材质多是由木、竹、石构成，材料多是从自然界中获得。由木、竹子制作成的农具有杵臼、耘耙、风车、米筛、打谷桶、谷铲、扁担；由石、木组装而成的农具为水碓、脚踏碓；也有农具为铁质和木质的组装农具，它们只有关键部位为铁，其余全部由杉木、杂木制成，如木犁、木耙、刮子、锄头、镰刀、禾剪。随着科技的进步、农具的革新，一些木质农具逐渐被淘汰，铁质农具越来越多，铁质农具的使用为精耕细作和大规模开垦土地创造了条件，同时铁质农具在质量方面也有所减轻，木质犁、木质耙有15公斤左右，而革新的铁质犁、铁质耙只有10公斤，操作起来更加方便。拖拉机、联合收割机、碾米机也都是由钢铁制成。除了铁质农具外，还有以塑料、橡胶为材料制作的农具，过去用蓑衣、斗笠来防雨，现在则用塑料做的雨衣；现在用塑料制作的秧盘来插秧，用塑料薄膜来保护土地。过去用箩筐来盛放粮食，现在用编织袋盛放。

个案：ZSB，60岁，男，平地瑶，初中文化，水滨村农民

一直到20世纪80年代，我家里一直都是用犁、耙这些农具，农具的木质部分是我上山砍杉木自己制作成的，铁质部分是在栗木铁匠铺买的，然后自己再组装起来。后来用的犁和耙全部都是用铁制作，有一次去栗木看到就买了，比自己制作的耐用，而且重量减轻了不少，用起来十分省力。

个案：YYJ，65岁，男，平地瑶，文盲，水滨村农民

过去脱粒的时候用四方打谷桶，它是用木头做成的，而现在用联合收割机脱粒，联合收割机是用钢铁制成由柴油带动的。过去碾米时候用过脚踏碓和水碓，脚踏碓和水碓都是由木头和石头组装而成，现在用碾米机，碾米机是由钢铁制成由电带动的。

（三）农具使用投入资金的增多

过去使用的传统农具，只需到集市上购买铁质部分，其余的都是自己制作完成，投入在农具上的资金很少，购买犁铧仅需要10元，镰刀的刀刃和锄头的铁质部分都仅需要3元，扁担、箩筐、米筛全部由自己制作，复杂的农具是请匠人到家里制作，不需要付工钱，但要提供一餐饭。而机械化农具在购买、保养、维修和耗油上都需要投入不少资金。水滨村村民大多购买的是桂花牌拖拉机，一台需要将近4000元，1年的维修费大概需要100元，每耕1亩的田地耗费0.7升柴油；小型碾米机一台需要2500元；电动喷雾器一台需要200元。除此之外，现在租联合收割机来收割水稻，1亩的田地需要140元，到碾米厂碾米，50公斤花费3元钱。过去，农业花费最多的部分是租用耕地、农具，购买种子、农药和化肥，而现在多集中在农机具的购买、维修上。

个案：ZMX，60岁，男，平地瑶，高中文化，水滨村农民

村子里有两个碾米厂，每周只在周一、三、五开门，过节的时候有人去打糯米粉，因此也开门，50公斤稻谷只需五六分钟即可打成，碾米厂刚营业的时候，50公斤稻谷需要5角钱，随后涨为50公斤1.5元，现在是3元钱。过去舂米用脚踏碓、水碓，用脚踏碓需要两个人共同完成，还要用筛子筛选，既耗时又耗力，用水碓磨出来的米比较碎，所以大家都愿意用碾米机来碾米。现在收割、脱粒用联合收割机，2014年收割、脱粒1亩的田地花费150元，今年收割、脱粒1亩的田地需要140元。过去收割用禾剪、镰刀，脱粒用过打谷桶、脚踩打谷机、柴油打谷机,都没有联合收割机方便,虽然花费了一些钱,但是节省下来的时间可以做其他的事情,所以联合收割机很受欢迎。

个案:YGJ,65 岁,男,平地瑶,文盲,水滨村农民

过去一些简单的木质农具,我自己都会制作,不需要花钱;稍微复杂的农具,比如水碓、脚踏碓、打谷桶、风车,都是请匠人来制作的,花费不多;铁质农具的铁质部分是买来的,最多花费 10 元钱。而现在花费在农具上的钱增多了,我家在 2002 年买的桂花牌拖拉机,花了 3000 多元,而且拖拉机维修以及耗费的柴油都是一笔开支。

(四) 农具动力的改变

刀耕火种和定耕定居时期,农民从事农业劳作都要靠人力、畜力来完成,随着农具的革新,到了水稻种植和生态农业时期,人力、畜力逐渐被水力、电力、柴油所取代。定耕定居时期,耕地环节上出现了牛耕,畜力替代人力从事劳作。在水稻种植时期,用水碓和水力碾米机舂米,代替了杵臼、脚踏碓等农具,水力代替了人力劳作。而现在则是用柴油、电力来带动机械化农具运行的,机引犁、机引耙、拖拉机、联合收割机等都是靠柴油带动,碾米机、电动喷雾器是用电力带动。柴油、电力取代人力、畜力、水力,提高了农业效率,减轻了人力负担,增加了粮食产量,这些都集中体现出科学技术的进步为人类带来的便利。

个案：JZG，60 岁，男，平地瑶，高中文化，水滨村农民

过去我家从事农业劳作，除了用牛耕地外，其余的都要靠人力。20 世纪 60 年代前种的是双季稻，感觉自己一刻都没有闲过。收割稻谷的时候用禾剪，一人一天也就割 0.3—0.45 亩的稻谷。脱粒工具用过打谷桶，需要四个人围着打谷桶站一圈，然后摔打稻谷。水碓运用了水力原理，与脚踏碓比起来省力了不少，但是舂出来的米较碎。运输的时候，要靠人挑或扛。这些传统农具劳作要耗费很大的力气，而且效率不高。现在用拖拉机耕地、运输，用联合收割机收割、脱粒，拖拉机、收割机都是用柴油带动，只需要我开到田里去就行。我们现在用碾米机打米，碾米机是靠电带动的，平时吃米的时候只需去碾米厂打米就行，不需要耗费体力。

个案：WJY，60 岁，男，平地瑶，小学文化，水滨村农民

过去脱粒的时候用打谷桶，先要把打谷桶扛到田里去，运输粮食的时候，也是肩挑背扛，20 世纪 60 年代，出现了胶轮车，比背篓、扁担省力了不少，但是运输的时候还是靠人力。20 世纪 90 年代之后，村民们陆续买来拖拉机，运输的时候直接将拖拉机开去就可以，结束了人力运输的时代。

（五）农具使用风俗的改变

20 世纪 50 年代之前，人们生活水平较差，只有一些经济条件好的家庭才能买到耕牛和犁，而牛、犁又是耕地必不可少的农具，因此出现了大量借耕牛和农具的现象，除了照顾好耕牛外，还需要缴纳一定量的粮食或做工来补偿，帮工是农村普遍存在的现象。集体化时期，所有农具都收归集体，借耕牛现象不复存在。到了20世纪80年代实行家庭联产承包责任制后，一些经济状况良好的家庭率先购买了机械化农具，而一些经济条件稍差的家庭为了提高劳动效率，也开始出现借机械化农具现象，借用最多的是拖拉机，还要给拖拉机加柴油。20世纪90年代后，随着村民们生活水平的提高，几乎每家每户都购买了机械化农具，借农具的现象很少发生了。现在租用农具的现象普遍存在，联合收割机是从外地开进本村收割稻谷的，碾米的时候去村子里的碾米厂，农民只需要支付一定的费用就可以。

四、农具变迁的原因

文化变迁"进行在每一个地方和一切时代。它可以由社区内部因素和力量自发地产生，或者可能通过不同文化的接触而发生。在第一种情形下，它采取独立发明的形式；第二种情形在人类学构成过程中通常被称为传播"[1]。水滨村农具变迁的原因有政府的宣传与推广、文化传播的影响，还与自身经济发展有关，除此之外，科学技术的进步是水滨村农具变迁的一个最重要因素，科学技术应用于农具上，才能使农具发生质的改变。

---

[1] [美] 克莱德·M. 伍兹：《文化变迁》，何瑞福译，40页，石家庄，河北人民出版社，1989。

（一）科学技术的进步

正如马克思所说："劳动生产力随着科学技术的不断进步而不断发展的。"① "生产力的这种发展，归根到底来源于发挥着作用的劳动的社会性质，来源于社会内部的分工，来源于智力劳动，特别是自然科学的发展。"② 科学技术作为第一生产力，能够用于生产过程，渗透在生产力诸基本要素之中而转化为实际生产能力；科学技术被劳动者所掌握，能够大幅度提高生产效率。农具的发展是科学技术推动的结果。原始时期我国先民使用的农具多是石质、骨质、木质农具，取材于自然界，春秋时期开始普遍使用铁质农具，当时，铁质农具已经影响了整个社会经济，秦汉时期，铁质农具得到了巩固和发展，就种类而言，这个时期基本上形成了一套精耕细作的农具，耕地、整地类农具有犁、铁耙、铁锄等，收割类农具有镰刀等，清选类农具有风车等，运输类农具有扁担、独轮车等。魏晋南北朝到唐朝中期，我国经济重心开始南移，北方农具进一步发展的同时逐渐形成了一套适应于南方水田的农具，耕地、整地类农具有曲辕犁，粮食加工类农具有水碓。铁器的使用，是人类历史上的一次重大的变革，它应用到农具上，为精耕细作和大规模开辟水田创造了条件。林耀华先生从冶金的角度说："冶金本身不是一个确定的经济文化类型的成就……青铜、铁器和其他金属的加工的世界中心，在东亚只有一个，即中国北方，正是在这个中心，产生了耕耘农业的'黄土之乡'。青铜铸造技术在公元前二千年发展起来，

---

① 中共中央马克思恩格斯列宁斯大林著作编译局编译：《马克思恩格斯全集》，第23卷，664页，北京，人民出版社，1980。
② 中共中央马克思恩格斯列宁斯大林著作编译局编译：《马克思恩格斯全集》，第23卷，97页，北京，人民出版社，1980。

而数百年以后（大概在公元前7—前6世纪），铁器工具开始广泛生产。铁器加工与耕耘工具的普及开始从汉族扩展到了整个中国南方。"① 刀耕火种时期水滨村的农具多是从自然界获得，村民普遍使用打洞棍戳土，生产效率低下，粮食产量不足。从定耕定居时期开始，铁质农具逐渐开始大规模投入到农业生产中，大力发展科技，使农具制作技术和质量都有所提高，除了合金铸铁之外，几乎所有的生铁农具都逐步投入使用。铁犁的出现是农具发展史上的重大变革，后来对铁犁进行多次改进，先是改进犁铧，铁铧全部由铁制成，还发明了犁壁，更加能够深耕和碎土，又在前人长直辕犁的基础上，发明了曲辕犁，能够适应深耕和潜耕的不同要求，且犁身可以自由摆动，轻巧灵活，适应小规模田地操作。瑶民从汉族地区学会了铁犁牛耕，"实际上，分布在长江以南的中国各少数民族，几乎全都属于这个类型，直到从汉人那里传入犁为止。犁之传入在不同的民族中发生于不同的时期，但往往都只是一二百年的事"②。"牛耕铁犁的出现，不仅在其作为整地机械本身给农业发展起了促进作用，而且在于为畜力牵引的连续运动，从而带动了耙、耱、耧、灌、磨等从播种、中耕到灌溉、谷物加工等一系列田间作业面貌的改变，促进了整个生产技术水平的提高。"③ 20 世纪 50 年代前，瑶民又陆续从汉族地区引进锄头、镰刀、杵臼、耙、风车、水碓、打谷桶、脚踩打谷机等农具。传统农具运用了许多原理，脚踏碓运用了杠杆原理；水碓运用了杠杆、水力原理；风车运用了惯性

---

① 林耀华、[苏联] H. H. 切博克沙罗夫：《中国的经济文化类型》，见《民族研究论文集》（第二卷），北京，中央民族学院民族研究所编印，1984。

② 林耀华、[苏联] H. H. 切博克沙罗夫：《中国的经济文化类型》，见《民族研究论文集》（第二卷），北京，中央民族学院民族研究所编印，1984。

③ 张春辉：《中国古代农业机械化发明史（补编）》，25~28页，北京，清华大学出版社，1998。

的原理等等。传统农具和数学、地理学、医药学等学科一样，长期处于世界领先地位。实践证明，传统农具是在特定历史时期内，适应我国精耕细作的产物，迄今仍具有较强的生命力，无论从质量还是从经济效益看，都不比西方农业机械逊色。① 传统农具是我国古代劳动人民智慧的结晶，因地制宜地被我国劳动人民所用，不断改进，减轻了劳动负担，提高了劳动效率，这些都离不开科学技术的支持，而且也引起了国内外许多学者的关注，并掀起研究我国传统农具的热潮，英国剑桥大学研究员白馥兰这样说道："欧洲机械化的耕作和播种方法，最终起源于17和18世纪传入欧洲的中国技术……今天，西方的农业机械正在被引进中国，作为农业现代化的一部分。但是有多少中国人知道，这些新式的外国机器实际上是他们自己的文化遗产的一部分！"②

19世纪欧洲进入工业革命后，才使机械化农具的发明成为可能，世界上最早的蒸汽拖拉机是在1856年和1873年分别由法国的阿拉巴尔特和美国伊利诺伊州的R. C. 帕尔文发明的。第二次工业革命，生产力高度发展，人类进入了电力时代，发明了电动机、发电机、柴油机，推动了农业的变革，为传统农业向现代农业转化奠定了基础。我国第一台拖拉机于1958年在洛阳研制成功，结束了牛耕的时代，具有无可比拟的重要性。水滨村村民多是在2000年之后购买的拖拉机。1934年，"中央"农业试验所病虫害系与"中央"棉产改进所合作设立了喷雾器制造实验室，曾参照欧美样机研制成电动喷雾器与双管喷雾器，是我国首批自制推广的植保机械。③

---

① 陈文华：《试论我国传统农具的历史地位》，载《农业考古》，1984（1）。
② 白馥兰：《中国对欧洲革命的贡献：技术的革命》，见李国豪等主编：《中国科技史探索》，上海，上海古籍出版社，1986。
③ 邱梅贞：《中国农业机械技术发展史》，122页，北京，机械工业出版社，1993。

水滨村村民多在1998年购买喷雾器。20世纪90年代之后，水滨村陆续引进电力碾米机、联合收割机等机械化农具。机械化农具的使用代替了人力、畜力，彻底把农民从土地的负担中解救出来，是自然力和科学同农业生产相结合的产物，科学技术生产替代人力劳动，减轻了人的体力劳动，提高了生产效率。机械化农具可以深挖土地，整日进行操作，这是人力和畜力所不能达到的。然而到了近代，我国机械式农机具发展缓慢，与西方的一些发达国家相差甚远，这就需要我们勇于开拓、总结经验、吸取教训，争取研制出更先进、更符合农民需要的农机具。

在现代性话语中，农业已成为国际贸易市场中的关联方，很大程度上受到社区外市场的影响，而科技是非常重要的生产要素，在农业生产中扮演的角色举足轻重，在发展生态农业时，吸收、利用、推广、创新农业科技是当前乡村建设的一个重要任务，因为我们看到技术创新是农业增长的力量源泉，然而技术作为人类社会变迁中的能动要素，它本身就是一个系统，一个变迁的过程，在不同的发展时期，农业技术处于不断的变化、调适之中。[①] 瑶族刀耕火种时期多使用木质农具，定耕定居、水稻种植时期大量使用铁质农具，再到现如今全部使用机械农具，纵观平地瑶农具的发展史，我们可以清楚地看到科学技术在此发挥的作用。

个案：WDS，65岁，男，平地瑶，小学文化，水滨村农民

> 20世纪50年代之前是家里农具种类和数量最多的时候，那个时候家里的农具有1把木犁、1把木耙、3把锄头、1个镰刀、4个竹箩筐、1个扁担、1个风车、1个打

---

① 韩晓艳：《中国农业技术进步、技术效率与趋同研究》，15页，北京，中国农业出版社，2009。

谷桶、1个米筛，牛需要向地主租，水碓是几家人共用的，农业劳作全靠人力和畜力，十分辛苦。60年代实行集体化劳动，这些农具全都上缴集体，那个时候用的农具有柴油打谷机、犁田机、耙田机、拖拉机、碾米机、插秧机，不过插秧机不适于在本地操作，后来改用秧盘。那个时候传统农具和机械化农机具经常混用，小块田地以及山上的地都用牛耕，较大的地用拖拉机，收割稻谷的时候用禾剪，用扁担运输。80年代实行家庭联产承包责任制，手里有积蓄后，逐渐买来拖拉机、碾米机。现在耕种用拖拉机，抛秧用秧盘，收割、脱粒用联合收割机，加工用碾米机。机械化农具带来了许多好处，也深刻感受到农具的变化离不开科技的进步。

个案：YHJ，55岁，男，平地瑶，初中文化，水滨村农民

我家过去用禾剪收割稻谷，用打谷桶脱粒，投入的时间和精力都特别多，而且收割、脱粒不干净，造成了不少人为损失，现在都是用联合收割机收割、脱粒，联合收割机制造复杂，科技含量高，效率又高，很受人们的欢迎。

（二）经济的发展

20世纪50年代之前，由于受封建地主阶级的剥削，水滨村瑶民的生活十分贫困，农民辛苦一年所种的粮食，绝大部分都要向地主交租，村民经常食不果腹。村民们通常向地主租借土地、耕牛以及较大型的农具。牛只有在农忙的时候使用，一年中有很长时间搁置不用，而且养牛需要饲料，特别是过冬的饲料费用，这些都是村民不能承担的，与牛配套的耕犁以及其他大型农具也不是村民能负担起的。"土地少，不值得买，也买不起"是当时水滨村绝大部分农民的真实情况，而锄头、耙、镰刀、禾剪这些常用农具每家至少都有1件，水碓则为全村共用。集体化的时候，土地和农具都交由国家和集体管理，村民靠赚取工分养家糊口，集体化生产在一定程度上束缚了生产力的发展，加之三年自然灾害的影响，温饱问题仍然难以解决。到了20世纪80年代实行家庭联产承包责任制，农具以抓阄的形式分配到每户村民手中，分田到户后，农民想方设法脱贫致富，干劲十足，种植杂交水稻，每亩产粮500公斤，粮食产量得到提高，农民留够一年口粮之后，贩卖剩余的粮食，手头有了积蓄后陆续购买耕牛、犁等农具；县政府大力推广恭城模式，村民响应政府的号召，开始在旱地种植果树；也有一部分村民外出打工，经济状况有所好转，村民们就把赚了的钱拿来购买犁田机、耙田机、拖拉机、碾米机等农具。

个案：JYZ，65岁，男，平地瑶，小学文化，水滨村农民

20世纪60年代，实行集体化的时候，农具是由生产队分的，我们都是靠工分赚取粮食的，一个成年的男子劳作一天能够赚8分，女子能够赚6分，12岁以上的未成年人能够赚取4分，一年到头来分到的粮食还不能解决温饱，常常要借公粮吃。1981年分田到户后，我就把全部心思花在种田上，当年种了5亩的水稻，每亩产400公斤左右的水稻。温饱问题解决后，就想方设法赚钱。2000年的时候，我打算卖酒赚钱，留下了一年的口粮后，其他全部用来酿酒，有红薯酒、米酒等，9元一公斤，卖了

500公斤，我就拿出一部分钱买了拖拉机，随后又把卖芋头的钱买了碾米机、电动喷雾器。

个案：ZJS，男，68岁，平地瑶，小学文化，水滨村农民

20世纪80年代，县政府大力推广恭城模式，鼓励我们种植果树，我是我们村最早不种田，改种果树的一家，在1995年的时候，我就种植了3亩的砂糖橘，把卖水果的钱买了一台手扶式拖拉机，花了3000多元，虽然不种田了，但是拖拉机在耕地上也节省了人力，还能把水果运回家。过去生活贫苦，温饱都难以解决，农业花费都在租用农具、耕地上了，根本买不起农具。

（三）政府的宣传、推广

农具的变迁也离不开政府的大力支持。1952年，中央将农具推广的重心仍然放在增补旧农具上，但对待不同的地区采取了不同的政策，因地制宜推广新式农具。在旧农具很缺乏，新式农具还未经过典型示范的地区，如华东、中南、西北以及西南的大部分地区，特别是少数民族，应把主要力量放在增补旧农具上，新农具先做典型示范工作。① 政府采取各种形式推广新式农具，如张贴广告、办黑板报介绍农具、集体宣传示范、免费借给农民使用、在农村中成立新式农具学习小组等。在耕作方面，县政府发放铁犁、木耙、铁耙、锄头、镰刀、刮子等农具到各个公社，还在1954年成立新

---

① 《中央人民政府农业部张东池副部长在农具工作会议上的总结报告》，载《中央农报》，1952（5），18-20页。

式农具推广站,着力推广五三步犁、双轮双铧犁等。1955年,观音乡政府购买双轮双铧犁,但由于它笨重,需要两头水牛才能拉动,且不利于在小田块耕作,未能得到推广。1958年,水滨村引进五三步犁,因为是由熟铁制成,犁身笨重,没有推广开来。1964年,县成立农业机械管理站,配备管理干部2人,次年引进拖拉机2台。1966年农机站内分设国营拖拉机站,开展拖拉机代耕作业。① 随后,拖拉机下放至水滨村,开展耕田、运输、排灌作业。在脱粒方面,过去使用打谷桶,工效低且消耗大量人力。1965年,县农机站引进737型人力打谷机,经试用比谷桶脱粒工效高3倍多,脱粒干净,飞溅少,拆卸移动方便,实现水稻脱粒半机械化。② 随后打谷机被分到水滨村,结束了水滨村常年使用打谷桶的时代。1979年,县农机研究所用上海F2.2千瓦柴油机作动力,研制成功动力脱粒机,经夏秋两季作业实验改进,具有结构简单、易维修、油耗低、易操作、工效高、脱粒干净等特点。③ 水滨村出资购买了柴油打谷机,柴油打谷机很快就在水滨村推广开来,人力打谷机逐步被淘汰。1983年,县农机研究所研制成钢管步耕犁,形似箭犁,轻便耐用。④ 当然,农具的推广并不是一帆风顺的,一些农具由于造价高、体型笨重、不能适用于山地耕作等因素,如五三步犁、双轮双铧犁、人力收割机、水稻插秧机等,并没有在水滨村推广开来。

---

① 恭城瑶族自治县地方志编纂委员会编:《恭城县志》,96页,南宁,广西人民出版社,1992。

② 恭城瑶族自治县地方志编纂委员会编:《恭城县志》,98页,南宁,广西人民出版社,1992。

③ 恭城瑶族自治县地方志编纂委员会编:《恭城县志》,98页,南宁,广西人民出版社,1992。

④ 恭城瑶族自治县地方志编纂委员会编:《恭城县志》,98页,南宁,广西人民出版社,1992。

随着农具推广工作的逐步开展,技术人才和干部紧缺的问题越来越突出,为此,各地区除利用各级农业机械学校培养人才外,还开办了大量的短期培训班,努力培养一批思想政治素质过硬和业务能力强的农具推广干部队伍。① 20世纪50年代,观音乡开办农业技术讲座、农校,培养农业技术员,推行新式农具,1967年县农机管理站开办农机培训班,培养拖拉机手,1972年县农机局开设农机培训班,1974年3月县农机机械化学校挂牌成立,常年培训农机技术人员等等。观音乡农机站、县农机局的技术人员会亲自到水滨村讲解新式农具,通过讲解、讨论、现场示范,村民能够更加形象、彻底地了解新式农具。

2000年,中央对购买新式农具的村民给予财政补贴,水滨村凡是符合条件的村民在购买轮式拖拉机、水稻插秧机、水稻联合收割机的时候均享有补贴政策。2015年,自治区安排恭城瑶族自治县第一批中央补贴资金260万元,自治区补贴资金10万元。财政补贴在一定程度上缓解了村民购买农具的负担,更多的村民都愿意购买新式农具。

个案:ZAH,57岁,男,平地瑶,中专文化,水滨村农民

我家在2000年的时候买的犁田机,当时家里条件不好,买新式农具的时候都要犹豫再三,村里开会的时候传达农具补贴政策,一台机器能补好几百元,我就买了犁田机,村里大多数人都是在这个时候购买的新式农具。政府的惠农政策深入人心,如果没有政府的财政补贴,我估计还要等很长时间才能买得起农具。

---

① 《一九五一年农具工作总结》,载《中国农报》,1952(5),16页。

个案：LJL，58 岁，男，平地瑶，初中文化，水滨村农民

20 世纪 60 年代，我们村实行集体化，农具都是直接发给我们的。观音乡农机站的农业技术人员会来村子给大家讲解新式农具的用法，还在村里到处贴广告介绍新式农具，我们村子购买了手扶拖拉机，但是没有人会开，村里就选了 4 名代表到观音乡学习开拖拉机，我就是其中之一。那个时候，我们村子还很穷，也不是现在的公路，出去一趟十分困难，如果不是农机站的技术人员来推广，我还不知道拖拉机。我们在观音乡学了半年，他们先教我们认识拖拉机的构造，然后再教我们怎么开它、如何耕田、注意事项等。最初就是我们 4 个人开着拖拉机为集体耕田的，后来越来越多的人学会了开拖拉机。到了 2000 年，政府对农具实行补贴政策，大家经济条件也好转后，基本上每家都有一台拖拉机。现在开拖拉机也要考驾照，年轻人都会操作，十分容易学习，两周就能学会。

（四）各民族间的交流

"瑶族劳动人民与汉族劳动人民的关系，历来是团结的关系。"① "每个民族的历史和文化都具有其特殊性，这种特殊性一方面取决于社会的内部发展，另一方面取决于外部的影响。所以，既要考虑到民族内部成员的独立发明，也要考虑到外来文化的传播作

---

① 赵廷光：《论瑶族传统文化》，146 页，昆明，云南民族出版社，1990。

用。"① 水滨村平地瑶受汉族文化影响深远，在农具方面表现得尤为突出。他们长年居住在大山之中，生产力低下，为了维持基本的生活，换取农具、盐等生产、生活必需品，经常与周围其他民族保持贸易往来，瑶民使用的铁质农具皆是从其他民族地区传入的，这就为瑶族刀耕火种和大规模开辟水田奠定了基础。瑶族也向其他民族出售自己的产品或者其他民族入山来收购瑶族产品，这种情况从先秦时期就有，史书对此也有许多记载，宋代范成大在《桂海虞衡志》记载："又瑶人常以山货、沙板、滑石之属，窃与省民博盐米。"② 中央统治者还提倡汉族与其他民族互通有无，并设有专门交易的场所，促进了民族融合，加速了民族交流，少数民族学习汉族先进的铁犁牛耕技术，开辟了大量水田，从刀耕火种转向了精耕细作，并从汉族那里得到生活必需品，生活方式、习俗与汉族无异，"民瑶则与汉民杂处，服饰婚嫁丧祭之礼，期间略有参同"③。从而加快了经济的发展；也有汉人为了逃避赋税，向水滨村迁入，他们在水滨村开辟水田种植庄稼，同时也为水滨村带来了先进的农具与生产技术；随着水滨村经济程度的提高，汉族与瑶族通婚的现象也增多，这也在一定程度上为瑶族带来了先进的农具。水滨村平地瑶从嘉靖九年（1530年）开始定居直至现在，在从事整个农业劳作中，逐渐从汉族地区引入先进的农具，在耕地、整地方面，引入汉族铁犁牛耕、木耙、铁耙、锄头、犁田机、耙田机、拖拉机、手摇喷雾器、电动喷雾器等；在播种方面，引入秧盘、插秧机等；在收割水稻方面，引入镰刀、联合收割机等；在运输方面，引入胶

---

① 黄淑娉、龚佩华：《文化人类学理论方法研究》，217页，广州，广东高等教育出版社，1996。
② （宋）范成大：《桂海虞衡志》。
③ （清）张葆连：《新宁县志》，卷七《夷民部》。

轮车、拖拉机等；在晾晒、清理方面，引入谷耙、风车等；在加工方面，引入汉族杵臼、脚踏碓、水碓、碾米机等。瑶族引进汉族先进农具，并根据自身特点加以改造，提高了劳动效率，节省了人力。

从古至今，水滨村瑶族与各民族友好相处，为瑶族带来先进的生产技术；设置贸易区互通往来、各取所需，瑶人购买汉族先进的农具、食盐，汉人购置瑶人山区特产；受汉族文化影响深远，生产、生活习俗都有与汉人相同的部分。

个案：XWX，70岁，男，平地瑶，小学文化，水滨村农民

20世纪50年代之前，买的农具都是半成品，自己不会制作铁器就到栗木镇买来农具的铁质部分，铁器部分肯定是从汉族地区传来的，铁犁牛耕技术也是从汉族地区传入的，木质部分是从山上砍伐杉木、杂木，然后自己把铁质部分和木质部分拼装起来。到了80年代，我们整个村的人基本上都是去灌阳买牛的，2000年的时候去灌阳买的拖拉机，我去别的村子看他们使用后觉得很方便才买的。现在收割用联合收割机，村子里都贴有广告，收割的时候打个电话就有人专门过来收割，既省时又省力。

个案：WXG，75岁，男，平地瑶，小学文化，水滨村农民

我们村使用的农具多是从外面引入的，引入耕地农具锄头、犁、耙等，脱粒农具打谷桶、脚踩打谷机，碾米农具脚踏碓、水碓，后来又陆续从外面引来柴油打谷机、拖拉机、碾米机、联合收割机，农具的机械化带来了很多好处，这些都源于各民族间的交流与联系。

笔者去水滨村实地调查之前，担心语言不通影响交流，真正调查的时候才发现所担心的事情根本不会发生。水滨村上到90多岁的老人下到几岁的孩子都能够讲一口流利的普通话，本村人们在平日交流中多讲自己的瑶话，与外人交流的时候讲普通话，可见此地区在保留了自己语言的同时又深受汉族的影响。水滨村平地瑶自迁徙过来后一直与汉人保持往来，犁、耙读音与汉族相似，瑶人购买汉族农具、食盐，学习汉语，方便交流。在饮食、衣着方面也受到汉族影响，水滨村的人们只有在重大节日的时候才会穿本民族服装，其余时间与汉族相同。瑶族受汉族影响深远，不仅表现在物质方面，还表现在精神方面。水滨村平地瑶的节日，除了本民族的盘王节外，还有与汉族相同的春节、清明节、端午节、中秋节等传统节日。笔者在一次调查中正好赶上端午节，村民会提前一天包好粽子，与汉族无异。

（五）文化传播的影响

人类学家爱德华·撒皮尔强调："每一种文化形式和每一种社会行为的表现，都或明晰或含糊地涉及传播。"农具变迁同样也与传播密切相关。水滨村村民主要通过人际传播、文字印刷传播、电子传播来获取农具的信息。人际传播是人类传播活动中最古老也最基本的形式，一切其他形式的传播都无不以人际传播为基础，都是人际传播的某种延伸或变形。① 过去，水滨村交通不发达，不方便获取外界的信息，农具扩散的渠道就是通过人际传播，村民们会向

---

① 李彬：《传播学引论》，4页，北京，新华出版社，1993。

街坊邻里叙说新买的农具，一传十，十传百，整个村子几乎都知道了新农具，农机站也会有专人到村子里推广农具。文字印刷传播具有便于保存、传播更远的特点，水滨村主要是通过报纸、广告来获取农具信息。现在，村民多是租用联合收割机来收割水稻，村子里到处都张贴有联合收割机的广告。电子传媒也是村民获取农具信息的一个重要途径。20世纪60—80年代，村子里会通过广播来介绍各种新式农具，90年代，村民们通过电视节目获得农具信息，电视传播紧跟时代潮流，村民们很容易在第一时间获得农具的最新信息。

个案：JMX，58岁，男，平地瑶，小学文化，水滨村农民

我家最初是用木犁犁地，有一次大哥去栗木镇买来了铁犁、铁耙等农具，我看他使用就问他情况，他告诉我们这些铁质农具重量有所减轻、破土更深，比木犁、木耙好用，我尝试了之后觉得确实不错，就去栗木镇把这些农具买回来了。1982年分田到户后，我家分了1把犁，几把锄头，花在农业劳作上的时间比其他家庭都长，大哥告诉我们他们现在是用拖拉机犁田，效率高且节省人力，我们就借他的拖拉机犁田。

个案：LXZ，55岁，男，平地瑶，小学文化，水滨村农民

我在2000年的时候知道联合收割机的，当时《新闻联播》正在播放联合收割机收割水稻的场景，觉得收割机很新鲜，过了没多久，村子里就张贴有联合收割机的广告，我们就开始用它收割水稻了。拖拉机是农机站的人来

推广的，碾米机是灌阳人来介绍的。

五、农具变迁的影响

水滨村农具由传统农具发展为新式农机具，它的变迁给农民的生产、生活带来了深远的影响。它增加了农民的收入，提高了生产效率，解放了劳动力，促使剩余劳动力向第二、三产业转移，改善了农民的生产、生活条件，改变了农村单一的产业结构，改变了农民的思想观念，打破了农民"以农为主，不事商贾"的传统观念，并使农民逐渐意识到科学技术的重要性。

（一）增加农民收入

农民收入的增加表现在三个方面。第一，机械化农具的使用可以使粮食产量得到提升，同时节约水源、种子、化肥、人工等生产要素的投入，因此农民能够贩卖更多的粮食，节约生产成本，增加收入。在耕地方面，刀耕火种期间，使用的农具有瑶刀、斧头、打洞棍等，这些全部要靠人力，破土浅加上不施肥不浇水，完全靠天吃饭，粮食产量有限，一年中有大半年的时间都在缺粮状态下度过，一些瑶民不得不到汉族地区。到了定耕定居和水稻种植时期，普遍使用铁犁牛耕，使土地得以深耕，同时也使土地休闲制改为土地连种制，种植面积得到增加，从而增加粮食产量。到了生态农业时期，村民们普遍使用拖拉机耕地，深耕效果显著，粮食能增产10%左右。在收割水稻方面，过去用禾剪收割，收割不干净，在脱粒、运输环节，往往有许多遗漏的稻谷，这些现象都是不能避免的，因此造成了严重的损失，据统计这些损失高达6.8%—8%，而联合收割机能一次性完成收割、脱粒、运输,损失只有1.5%—2%,同时机械化农具在抢收、应付突发事件的优越性,是传统农具所不能比拟的。在病、虫、草、鼠侵害庄稼方面,过去用传统农具,致使粮食损失率高达10%—20%,而现在用机械化植保,粮食损失率下降到5%。在灌溉方面,从刀耕火种时期靠天吃饭,粮食产量很低,到定耕定居用水木桶进行人工灌溉,再到现在用喷灌、滴管技术进行灌溉,粮食产量能增加30%左右,同时也能节约水资源。用地膜覆盖庄稼,具有减少杂草生长,增温,减少水分蒸发等优点,每亩粮食至少能增产200公斤。在储存方面,机械化农具对谷物进行烘干、保鲜,防止粮食因腐烂而造成的损失。再加上国家取消了粮食税,节省了农民在此方面的开支。

个案:JYM,50岁,男,平地瑶,初中文化,水滨村农民

> 过去收割稻谷、脱粒、晾晒的时候最怕遇到下大雨天,用禾剪收割,效率低,一些稻谷来不及收割,被雨水冲刷后容易发生霉烂,脱粒的时候更加困难,需要花费比以前更大的力气,而且脱粒不干净,晾晒的时候,如果遇到下雨天,稻谷很容易发生霉变,造成了不少人为损失,加之没有现在的植保机械,当时1亩也就产300公斤。现在用拖拉机耕地,破土深,用联合收割机收割,效率高并能够在阴雨天及时抢收,而且用联合收割机脱粒,能够避免人为的损失。粮食产量增加,1亩能产500公斤,卖的粮食增多,同时节约了大量的种子、水源,收入自然也就增加了。

第二,机械化操作减轻了人力负担,为大规模从事农业劳作提供了条件，越来越多的人承包土地，增加收入。笔者在水滨村调查期间，遇到一位回家过端午节的农民，他告诉笔者，他从事土地承包已有四年时间了，承包土地规模日益扩大，收入逐年增多。

个案：ZXJ，53 岁，男，平地瑶，初中文化，水滨村农民

我从 2011 年开始，每年都在恭城各个乡承包土地，主要种植红薯、芋头。2011 年承包 10 亩的田地，2012 年承包 100 亩的田地，2013 年承包 200 亩的田地，2014 年在栗木镇承包了 100 亩地种植红薯，如果不是机械化农具，恐怕做不完这么多农活。2014 年雨水特别多，一直到 4 月份才开始种，过十天半个月开始除草，农历七到八月开始挖红薯，九月份能够全部挖完，每亩地产 2500 公斤红薯，去年红薯卖了 27 万元。现在基本上都是机械化耕作，减轻了人力负担，大大节省了劳务费。用拖拉机犁地，需要两台拖拉机同时运行，两天就能耕地 11.5 亩，用大卡车运输红薯，只有在种和挖红薯的时候需要劳动力，通常需要 20—30 个劳动力，劳动力都是当地村民，一天干 8 小时活，2013 年一人一天 50 元，今年一人一天 60 元，慢的时候四五天只能挖一车红薯，快的时候一两天就能挖一车，除去工钱、土地承包费、化肥、农药，2013 年红薯净赚了 12 万元。我家在 2010 年还种了 2 亩水稻、2 亩花生，花生卖了 2000 多元钱，现在都用机械化农具，花在农田里的时间少，平时就闲散在家里，看到别人出去做其他事情赚了钱，就打算承包土地，一开始只承包了 10 亩，第二年就把赚到的钱投入进去，承包了 100 亩土地，家里就不再种田了。

第三，农具的变迁把农民从土地中解放出来，改变了农民的生计方式。近年来，随着农民生活水平的提高和恭城模式的大力推广，绝大多数农民不再种植粮食，改种果树以及经济作物，还有一些农民从事养殖业、运输业或做一些小本生意，这些都能够增加农民的收入。

个案：JZG，48岁，男，平地瑶，高中文化，水滨村农民

我家在10多年前就开始种果树了，当年种了2亩柚子、3亩的水稻，还有几亩的芋头，使用机械化农具，花在田里的时间减少了许多，不过花在果树上的时间长了，又加上种果树比种水稻赚钱，我家在四五年前就不种水稻了，现在种了1亩的柚子、3亩的砂糖橘、1亩的辣椒、0.5亩的菊花。用拖拉机耕地和运输，电动喷雾器喷洒农药，效率快，两个人就能做完这些。柚子每亩产1000公斤，去年柚子收购价是2.6元/公斤，砂糖橘每亩产1250公斤，去年收购价是4元/公斤，辣椒每亩产500公斤，去年收购价是4元/公斤，菊花每亩收750公斤，去年收购价是8元/公斤。收购价每年都不相同，有时价格高有时价格低。

个案：SMY，60岁，女，平地瑶，小学文化，水滨村农民

机械化农具投入使用后，花费在农田里的时间减少，在政府的大力推广下，我家从2010年开始养竹鼠，竹鼠味美多汁，肉很香，营养价值高，还有药用价值，上海、广州、深圳、香港等大城市有很多人喜欢吃，在那里一只能卖到400元,我觉得竹鼠有很大的市场潜力,因此决定养。一开始养了30多对,加上一些成本共花了1万元,经过一年时间的饲养,第二年就可以出售了。饲养竹鼠成本不高,它们经常吃一些米糠、玉米、西瓜等素食,经过四五年的发展,加上县畜牧局的人员经常会到家里指导,竹鼠的成活率高,现在家里共养了2000多对幼鼠,一年卖出1000只,每只卖180元,除去成本、饲养费,一只能赚100元左右,去年在竹鼠方面就赚了10万元。儿子还在山上承包了40亩地,种植杉木,杉木的生长时间长,没有竹鼠见效快,去年卖了一车杉木,赚了10多万元。

(二)提高生产效率

生产效率的提高表现在两个方面。第一,机械化农具大量投入使用。生态农业时期,机械化农具在全村推广开来,农业效率得到提高,过去,用牛耕地,一天只能耕地一二亩的田地,需要三四遍才能把地耕熟,而现在使用拖拉机耕地,一天能耕地50亩,而且一遍就足够;过去收割水稻,用禾剪收割,一人一天只能收割0.5亩,而联合收割机一天能收割100亩的水稻。插秧还是靠人力,一个人一天平均能插0.4—0.5亩,后来使用秧盘,每亩田地需要40—60个秧盘,一人一天抛秧1—1.5亩。机械化农具的使用,最突出的表现就在粮食脱粒、加工和运输方面了。在脱粒方面,过去用打谷桶脱粒,一人一天只能脱粒25公斤粮食,20世纪60年代,使用脚踩打谷机,一人一天只能脱粒75公斤粮食,而且还要配合使用米筛、风车,把杂草除去;到了80年代,使用柴油打谷机,一天就能脱粒400多公斤粮食。在粮食加工方面,过去稻谷晾晒在院子里，通常在吃的时候使用杵臼加工，耗时耗力，用水碓节省了人力，一天能加工50公斤粮食，到了70年代使用碾米机，最开始是用水带动皮带轮加工的，一天能加工200—250公斤粮食，后来碾米机改用电带动，仅用5分钟就能加工50公斤粮食，水滨村有两个碾米厂，通常在周一、周三、周五的时候开门，加工50公斤粮食需要3元。在运输方面，从箩筐、扁担到胶轮车再到拖拉机，效率显著提高。2000年开始使用联合收割机，它能够集收割、脱粒、运输为一体，节省了劳动时间，提高了劳动效率，减轻了人力负担，而且它的效率是人力收割的50倍。第二，从事农业的劳动力减少。与传统农具相比，机械化农具需要的劳动力数量少，而且能够突破人力、畜力在体力上的局限，具有无可比拟的优越性。过去使用铁犁牛耕，需要一人一牛相互配合，用禾剪收割水稻，需要全家人参与劳动，用打谷桶脱粒至少需要两个人，用脚踩打谷机脱粒需要两个人相互配合，用脚踏碓加工粮食至少需要两个人。农忙的时候，全家人都需要参与到农业劳作中。而机械化农具在收割、脱粒、加工、运输环节只需要1个人就能完成。

个案：JJJ，70岁，男，平地瑶，小学文化，水滨村农民

运输工具也发生了变化，以前用扁担、箩筐运输，全部靠人背肩挑，上千斤重的粮食全部都是背回家的，一次也就能挑个几十公斤，全家8个主要劳动力都要过来挑送。20世纪60年代国家推广使用胶轮车，胶轮车一次能装1250—1500公斤粮食，一次需要两个劳动力。过去胶轮车不是每家都有，平时用的时候需要去借。现在粮食都是直接在田里用编织袋装好后用拖拉机运回家，拖拉机能装2000多公斤的粮食，仅仅需要1个劳动力，新式农具都是用柴油、电力带动的，与传统农具相比，减轻了人力劳动，效率又高。

个案：ZJH，55岁，女，平地瑶，小学文化，水滨村农民

孩子的爸爸都是在农闲的时候外出打工，农忙的时候赶回家做农活。平日里施肥、除草都由我一人打理，收割稻谷的时候，一个人根本忙不过来，孩子的爸爸就需要赶回家帮忙。我们两个人一天也收割不了多少稻谷，而且还要脱粒、晾晒、加工，花在农田的时间特别长。现在我一人就能打理完，孩子的爸爸不用在农忙的时候往家赶了，收割的时候只需一个电话，联合收割机就从村外开过来了，加工的时候去村子里的碾米厂，只需要付一定的加工费就行了。

（三）改善生产、生活条件

机械化农具的使用，把农民从繁重的体力劳动中解放出来，改变了农民的生产条件。刀耕火种时期，水滨村瑶民用瑶刀、斧头砍伐树木、杂草，用打洞棍进行点播。山地定耕定居时期，用犁牛耕地，用锄头中耕，用禾剪进行收割，用杵臼进行粮食加工，瑶民从事农业劳作完全依靠人力，过着"日出而作，日落而息"的生活，刮风下雨天或顶着大太阳从事农业劳作更是家常便饭。使用传统农具的时候，村民们多是把简单的午饭带到田间地头食用，中午就在田里休息，农忙一天通常消耗大量的体力，手上、脚上全部是水泡，汗水浸湿了衣服。到了生态农业时期，农民开着拖拉机耕地，联合收割机从村外过来收割、脱粒,又有碾米厂加工粮食,全部都由机械化操作,农忙的时候只能听到机器的轰鸣声,农民挥汗如雨,边喊号子边做农活的场景已不复存在,使用机械化农具后,过去从事几天的农活现在只需几个小时就能做完,农民不用再起早贪黑。

个案:YZP,50 岁,男,平地瑶,小学文化,水滨村农民

我到现在都还记得以前用禾剪收割稻谷,用打谷桶脱粒的场景。禾剪和打谷桶效率都非常低,每天在农田里待的时间特别长,大热天衣服全部湿透,手上全部是水泡,每天都是腰酸背痛、筋疲力尽,有时候累到不能说话。收割稻谷最怕遇到下雨天,为了多抢收一把稻谷,我们都是等雨快落下了的时候才去躲雨,很是辛苦,用在农业上的时间差不多要有 5 个月。现在用联合收割机,一次性就完成了收割、脱粒,效率快,只需要用拖拉机把稻谷运回家晾晒就可以。减少了许多道人为工序,做农活不像以前那么辛苦,过去那种弯腰割稻谷的现象再也不存在了。

个案:YZL,48 岁,女,平地瑶,初中文化,水滨村农民

平时除了种果树、经济作物外,就没有其他事情了,现在都是用拖拉机耕地,用电动喷雾器喷洒农药,做农活也比较轻松,我又是个闲不住的人,晚上经常去广场跳舞,也喜欢参加村子里组织的一些活动,参加瑶族健身舞大赛,获得了一等奖。还和一些村民代表观音乡参加"恭城油茶文化节"得了一等奖。2013 年、2014 年参加梅山文化节，做油茶、糍粑给客人品尝。以前使用犁、锄头这些传统农具的时候，花在农田里的时间特别长，干了一天的农活十分辛苦，而且饭都吃不饱，根本不会有心情和精力去参加这些活动。

（四）促进产业结构转变

农具的变迁，打破了水滨村农民长期依靠土地为生的格局，把农民从土地中解放出来，打破了以农业为主的单一的产业结构，彻底改变了靠土地吃饭的局面。

刀耕火种时期，水滨村村民使用简单的农具进行劳作，不施肥、灌溉，没有用于精耕细作的农具，多种些芋头、芝麻、花生、红薯，收获的粮食甚少，往往不能满足人们最基本的生活需求，以至于有些村民到汉族地区乞讨生活。粮食产量不足，为了维持生计，瑶民经常上山打猎，山上野生动物繁多，有野猪、箭猪、果子狸、竹鼠等，因此在这个时期，狩猎业发挥着重大的作用。瑶民"不置田产，拙于谋生，善于打猎……好猎，善火枪，能制弩药以杀猛兽"[①]。打猎工具有弩、打火枪等，弩常用木、铜、铁等制成，打火枪杀伤力极大，一年来能够捕获不少猎物，飞禽走兽、鱼鳖等是瑶族常见的食物来源，同时还可以用这些猎物的皮交换其他民族的食盐、米等。采集业也是重要的农业补充，水滨村瑶民居住在大山里，山中有许多野生的菌类、野菜、野果，妇女们经常去采集。刀耕火种时期，狩猎采集业作为农业重要的补充，能够缓解粮食不足带来的饥饿，换取生活必需品，是瑶民体力的重要补充，是瑶民

---

① （民国）张自明：《马关县志》，卷二。

同自然界做斗争的结果。随着农民生活水平的提高,加之政府禁止狩猎,狩猎才逐渐退出瑶民的生活。

定耕定居时期,水滨村瑶民从汉族地区引进先进的农具,牛耕的使用为精耕细作提供了条件,粮食产量有所上升,但是要交给地主的粮食占收成的一半以上,再加上沉重的税收,到头来瑶民所剩粮食无几,一年中有半年时间以野菜为生。水滨村瑶民在19世纪70年代以后开始种植油茶、桐子,油茶、桐子的价格比谷子、玉米、米、食盐、糖的价格要高出几倍,因此到了19世纪80年代逐渐形成大规模的种植,昔人咏蛮诗亦云:"茶子更兼桐子利,一年生计在山头。"①

水稻种植时期,由于实行家庭联产承包责任制,农民干劲十足,花在农田上的时间很长,粮食产量增多,农民逐渐解决了温饱问题。

生态农业时期,机械化农具大量使用,投入田地的劳动力日益减少,农民生活水平得到提高,瑶民渐渐不再种植粮食,开始从事水果、罗汉果、辣椒、菊花等作物的种植,有些农民开办养猪场、竹鼠场。随着农民收入的增加,水滨村的一些农民不再仅限于从事农、林、牧、副、渔第一产业,转而开始从事第二、三产业。观音乡政府积极引入外资来本地开办工厂、企业,2014年又积极引入观音乡农产品发展有限公司、阳森粉体公司等六家公司,使村子里的工厂、企业由原来的9家发展到15家,水滨村就有一些村民到这些工厂、企业里工作。村子里有几家农民开设小卖部,卖一些蔬菜、鸡蛋、水果、衣服,有一些村民从事建筑业,还有一些村民到外地从事饮食业、服装业等其他服务业。笔者在恭城一家小吃店吃

---

① (民国)刘锡蕃:《岭表纪蛮》,126页,上海,商务印书馆,1934。

午饭，老板正好是水滨村民，笔者了解到他从事饮食业已有近三年了。

个案：JZY，45岁，男，平地瑶，小学文化，水滨村个体经营者

我孩子在恭城读高三，我和孩子的妈来陪读，在恭城租了房子，从孩子高一的时候我们就过来了，在学校附近租了个摊位，卖米粉和油茶，来这里吃饭的主要是学生，饭的价格很便宜，每天来吃饭的学生不少，三年前家里就已经不种田了，田地全部承包了出去。

水滨村村民以盘王节为契机，大力发展旅游业，村里正在新修一些建筑，把水滨村打造成为度假村，有一些村民开设农家宾馆专门接待游客。

个案：JYT，50岁，男，平地瑶，初中文化，水滨村个体经营者

我家现在不种庄稼了，米到处都能买来，而且也不贵，就在家里开了小卖部，卖蔬菜、大米、鸡蛋、水果、食品、衣服，我负责杀猪卖猪肉并照看家里的小卖部，杀的是野猪，一公斤能卖24元钱，一上午就能卖出去半头猪，比种水稻赚钱。家里在2012年买了一辆面包车，由孩子的妈妈来跑运输，每天早上6点从村子出发去恭城县城，10点的时候从恭城县城返回，一天一趟，到达栗木镇7元，到恭城县城15元，一天能载20多位客人。现在村子里有许多人种菊花,我们就在村子里收购,没有开花的 16 元/公斤,开花的 5 元/公斤,卖到栗木镇赚差价,一公斤能赚 5 元钱。

(五) 思想观念的转变

随着农具的变迁,水滨村人民的思想观念也在潜移默化中发生了改变。刀耕火种时期,放火烧山的现象十分严重,刀耕火种对山林具有一定的破坏性。村民们通常在山上种植红薯、大豆、芝麻、玉米等旱地作物。铁犁、拖拉机等农具的引入,为精耕细作和大规模开辟水田奠定了基础,又加上粮食品种的改进,优质化肥的使用,粮食产量逐年增加,放火烧山的现象不再发生。村民们逐渐意识到砍伐树木的危害性,开始走可持续发展道路。

关于农具的一些习俗也逐渐消失,禁忌、封建迷信思想也被彻底根除。每年农历四月初八是牛的生日,牛在当天不用耕地,还要吃红饭。土黄日一年有四天,三、六、九、十二月各有一天,在这天不能用牛犁田,不能下种,否则收成不好。从春节起到下种前的戌日均不能用牛,不能耕地,否则会有狂风暴雨。劳刀(生产工具)出门时若遇到妇女在巷口梳头就不能外出,否则会挨刀砍或遇虫咬。[①] 随着科学技术的发展,机械化农具逐步取代了牛耕、砍刀等传统农具,这些习俗、生产禁忌和封建迷信思想也随之消失,水滨村 40 岁以下的村民都不曾听说过这些禁忌。

---

① 广西壮族自治区编辑组:《广西瑶族社会历史调查》,第四册,293 页,南宁,广西民族出版社,1986。

个案：ZTH，60岁，女，平地瑶，文盲，水滨村农民

我家到现在都有这些传统农具，除了耙耙、锄头，其他早已被堆放在杂货间了，现在都用机械化农具，对于一些传统农具，小孩子们都叫不出来名字，更不会知道如何使用了。过去犁田育秧之前，还要查看黄道吉日，敬奉土地爷，吃新米的时候还要杀鸡、烧纸钱，不过现在不搞这些了，年轻人都没有听说过这些。

农具的变迁，把农民从土地的束缚中解脱出来，粮食产量得到增加，温饱问题得以解决，农民们不再守着一亩三分田种植庄稼，开始探索新的致富路径，打破了"世代为农"的传统观念。年轻一代外出打工，留在村里的村民们开办养猪场、竹鼠场等；承包山地种植杉木做木头生意；水滨村共有5家小卖部，卖水果、蔬菜、猪肉、大米、烟等；有2家买来面包车跑运输，一天一趟往返恭城县城；开始大办盘王节，修建盘王庙，搭建舞台，有2家开办农家宾馆。

个案：YGH，55岁，女，平地瑶，初中文化，水滨村个体经营者

过去使用传统农具，我一年中绝大部分的时间都花在农田里，做农活全靠人力，早出晚归，十分辛苦，1995年的时候，看到大哥家买了一台拖拉机，当时我就想将来有一天能够买得起，用它来代替人力劳动，以前想法很简单，就是想多种一些粮食，先解决温饱问题，再把卖粮食的钱拿来买机械化农具。我家是在2000年的时候买的拖拉机，2005年的时候买的小型碾米机。2008年的时候就把田地承包给别人了,我买了面包车拉客人,比种田赚钱。以前从来没有想过,我能跑运输,以为会像我的爷爷奶奶、爸爸妈妈一样一辈子务农。

村子里除了老人不会使用机械化农具,一些田地狭小,使用机械化农具需要花费很大成本外,其他村民都欣然接受了机械化农具。机械化农具投入使用让村民们受益颇多,农民们也逐渐意识到农具的变迁离不开科技的进步,意识到掌握科学技术的重要性。当前农民已经认识到"改变穷人们的福利的关键性的生产因素不是空间、能源和耕地,而是提高人口质量,提高知识水平"[①]。现代化农具刚刚推广的时候,观音乡农机站、县农机站的农科员会到村子里讲解新式农具的操作并且现场示范,还会讲解现代化农业的经营管理等知识,村民们学习科学技术的热情空前高涨。家庭也加大对子女的教育力度,让他们学习先进的科学知识。

个案:JYZ,76岁,男,平地瑶,小学文化,水滨村农民

我种有1亩的水稻,还用牛犁地,犁、耙这些农具在我家都保存得很好,我知道现在村里人都买了拖拉机,不再养牛了,不过我年纪大了,学不会开拖拉机,我碾米的时候还是去碾米厂,比以前省事多了,现在用机械化农具确实省力了,我还听过飞机播种造林呢,不过我是学不会了也折腾不动了,就希望我的孙子能够掌握更多的科学知识,也能制造先进的农具。

---

① [美]西奥多·舒尔茨:《对人进行投资——人口质量经济学》,吴珠华译,47页,北京,首都经济贸易出版社,2002。

个案：YZP，50岁，男，平地瑶，初中文化，水滨村农民

我承包了100亩的水稻，国家免费提供拖拉机、联合收割机、稻谷烘干机等农具，补贴水稻种子，每亩的田还额外补贴68元，如果卖不完，国家还会收购。以前种粮就是为了解决吃饭问题，现在能够赚钱了，这就提高了我种粮的积极性，种粮大户越多，越能保证国家的粮食产量。如果没有机械化农具，我肯定种不完这么多田的。过去我家种有3亩的水田，从早忙到晚，两个人一天最多也就收割1亩，现在有了联合收割机，收割100亩的稻谷不在话下，现在做农活提高了效率，说到底还是科学技术起到了推动作用。过去，只知道埋头干活，出苦力，现在才知道种田处处离不开科技，如何选用肥料，如何培育出产量高的稻谷都与科技有关，科学技术的进步推动了农具的变迁，我们做农活不用像以前那么累了，而且还能够增加粮食产量。我参加过农业技术培训班，现在经常会买些农业科技方面的书来看，提高自己的水平。

六、结　语

综上所述，水滨村农具的变迁是有许多因素共同作用的。20世纪80年代后，水滨村瑶民的经济水平较之前有很大的提高，瑶民陆续开始购买机械化农具。农具的变迁也离不开科技的进步、政府的大力推广、文化传播的影响等，其中科技的进步为根本原因，正是因为科技的进步运用于农具上，才使农具发生了根本性的改变。水滨村瑶民在吸收、借鉴汉族及其他民族先进农具的同时,因地制宜地对其进行了改造,为自己更加方便地使用。

农机具的变迁深刻地影响了水滨村瑶民的生产、生活。从生产方面来说,能够大规模开辟水田,提高劳动效率,及时抢收粮食,增加粮食产量,改变瑶民的生产条件,改变农村产业结构。从生活方面来说,表现为增加瑶民收入,改善瑶民的生活条件,丰富瑶民的生活。这种变化就是巴尼特所言的"连锁反应效应",即系统内部某个部分发生变迁,必然引起整体中相互关联的部分的反应。[①]

农业科技的进步很大程度上可以从生产工具上体现出来。[②] 水滨村农具的变迁历程从一个侧面真实地反映出中国农业科技的发展历程,水滨村农具变迁过程中所面临的问题、所遇到的困难也为其他地区提供了借鉴。

---

① Barnett, H. G. *Innovation*: *The Basic of Culture Change*, McGraw–Hill, New York, 1953, pp. 89–90.

② 张芳、王思明主编:《中国农业科技史》,7 页,北京,中国农业科技出版社,2001。

花蓝瑶服饰刺绣文化的嬗变[①]

杜宗景

一、花蓝瑶服饰刺绣文化概述

瑶族支系众多,同源文化下又形成各具特色的亚文化,服饰就成为区分不同支系最重要的直观标准。花蓝瑶正是因其服饰而得名。

花蓝瑶妇女的服饰均绣有精美的图案,五彩斑斓,"花蓝"就是"花花绿绿"的意思。[②] 花蓝瑶传统服装分为日常生活所穿的常服和节庆日穿的礼服。常服比较简单,没有或有较少花纹;绣有花纹的,也只是在衣领、衣袖、衣前襟处,窄窄地挑绣一些简单的图案,且色彩单一,与底布颜色相近,目前主要是一些老年妇女穿着。节庆日礼服是上衣下裤,无裙。妇女头戴前额开阔、下部宽大的青褐色网帽,遮住双耳、眼眉,前覆后扣,中间起屋,下垂两角。外罩头巾,已婚妇女为白色,未婚女子则为左右两穗的青白色头巾。上身穿青褐色无扣交领衣,长袖宽口、肩袖平直,领、袖、

[①] 《花蓝瑶服饰刺绣文化的嬗变》,广西民族大学中国少数民族史2008届硕士研究生论文,调查时间:2006年1月—2007年12月。作者杜宗景现为广西民族大学艺术学院讲师。

[②] 金秀大瑶山瑶族史编纂委员会:《金秀大瑶山瑶族史》,12页,南宁,广西民族出版社,2002。

衣缘均绣有精美图案，与古代"衣作绣、锦为缘"的制度相符。衣长过股，较宽博，用白布挑绣腰带或以赤、青、白、绿、黄五色细纱线编织的腰带束身，衣身前蔽后覆，且后幅长于前身，与古代蔽前覆后的芾、帔或所谓的"赤髀横裙"一类的服饰相似。① 下穿长至膝盖上10厘米的短裤，膝下着黑白锦脚绑，另用彩色瑶锦带将脚绑系紧，锦带两侧彩穗垂于小腿两侧，赤脚或穿木屐。② 男子头扎赤、青、黄、绿、白五色图案的彩锦巾，上身所穿的青褐色无扣交领衣及下穿黑色长裤皆无刺绣图案，只用和女子同样的白布挑绣腰带或五彩腰带束身打结垂至下腹，并在腰两侧悬挂两条青白色的腰带，女子腰带则在腰后打结。男、女童皆头戴花帽，但图案不尽相同，女童身穿绣花上衣。秋冬时节或节庆日，成年女子都喜穿数件绣有精美图案的上衣，4件、6件甚至12件或更多，大小不一的衣服层层叠叠套在一起，从里到外依次缩短排成鱼尾状，极富层次感。这种穿衣方式自古沿袭，在"歌熟"③《嫁去庙地屋》中就有体现。这首古老的瑶歌在花蓝瑶中久为传唱，歌词大意是一个女子对婚后生活不满、怀念少女生活，其中就有"还在娘爷屋，衫襟相叠像龙鳞""还在娘爷屋，腰带缠过两三层"的唱词。④

瑶族妇女织绣手艺都很好，花蓝瑶妇女尤其出色。农忙之余，随处可见姑娘、媳妇围坐在一起，穿针引线，在青褐色或黑色棉纱布上挑绣出赤、青、黄、绿、白五色图案，巧夺天工。而如此美丽的服饰，正是得益于瑶族精美绝伦的刺绣工艺。

---

① 沈从文：《中国古代服饰研究》，104页，上海，上海书店出版社，2002。
② 玉时阶：《瑶族文化变迁》，259页，北京，民族出版社，2005。
③ "歌熟"，意即熟歌，是从瑶语"Siesin"直译过来的，意思是世代相传的古老歌谣。
④ 广西壮族自治区编辑组：《广西瑶族社会历史调查》，第二册，201页，南宁，广西民族出版社，1984。

花蓝瑶服饰刺绣不仅图案精美、绚丽多彩，具有很高的装饰价值，其精密细致的绣缀工艺还能增加衣物的耐用度，是观赏与实用并举的工艺品。按加工方式，花蓝瑶刺绣文化可分为手工挑绣和织绣①两种。手工挑绣是指利用布料的经纬线，以十字绣法和平挑法，用彩色丝线、棉线等在衣料、布料坯上挑出花纹，主要应用于衣服和花袋的制作。织绣则是利用各种花线在织布过程中挑织出图案，棉线为经，花线为纬，在布匹的正面和背面形成对称纹样，通常用于头巾、腰带、脚绑带等的制作。② 而在未使用纺织机织绣以前，所有的花纹图案都是手工挑绣而成，因此，花蓝瑶的刺绣技艺又称挑花。这些在经纬线交织清晰的青褐色、白色或黑色平纹棉布上，用赤、橙、黄、绿、蓝、白、黑等花线挑出的几何纹样及几何纹样的自然物象，十分抽象写意，并善于运用打散、特征组构等手法构图。许多图案均取自某种动物或植物的一部分，如眼睛、蛇皮、鱼鳍、鱼尾、鸡脚、羊角、蚯蚓头、花卉等。妇女们不用事前在布上描绘图案纹样，完全凭借记忆和想象，根据本民族的风俗习惯、审美观念和实用需要，信手挑绣出各种十分工整对称、色彩和谐、极具装饰性的图案，极富创造性。这些图案纹样造型概括、简练，或方或圆，或线或面，或疏或密，层次鲜明，其节奏和韵律给人以极强的视觉快感。图案题材极其广泛，花鸟虫鱼人，无所不有，且多取自生活与自然，体现了人与自然的和谐相处。③

---

① 在使用织布机织绣图案之前，花蓝瑶的服饰图案都是手工挑绣而成，只是在清朝以后才开始织绣图案，但是到目前为止仍然有全套手工挑绣的服饰，因此，本文一并将其称为服饰刺绣文化。

② 金秀大瑶山瑶族史编纂委员会：《金秀大瑶山瑶族史》，210页，南宁，广西民族出版社，2002。

③ 玉时阶、蒙力亚：《广西少数民族服饰文化》，85-86页，南宁，广西人民出版社，1992。

二、花蓝瑶服饰刺绣文化变迁

（一）花蓝瑶服饰刺绣图案的变迁

我们在调查中共收集到 60 多种图案纹样，其题材范围广泛，主要涉及几何图案纹样、动物图案纹样、植物图案纹样、生活民俗图案纹样等。由于受布料经纬线的限制，所有物象基本上都以几何形状表现出来，表现出高度的写意性、抽象性和象征性，包括十字形、"卐"形、曲折形、锯齿形、米字形、井字形、菱形、方形、人字形、义字形等以及几何形的动植物形象，如水瓜花、八角花、松柏花、米穗花、"羊头"花、鸡脚花、鱼鳍花、乌龟背、蛇皮、虫洞、蚯蚓头、水獭、鸟、马等等，以及有关于宗教信仰、族源方面的印章花、犬齿纹，还有从生活实践中提炼出来的以石灰、刀鞘和织布机部件机梭、卷经轴上面的十字形挡板为原型的几何形图案石灰花、刀鞘花、梭子花、"羊卷"花等，皆是日常生活所见。另外，近年来还出现了文字图案纹样及折枝花、蝴蝶、兔子等写实性较强的图案纹样，虽然比例很小，但却反映了花蓝瑶服饰刺绣文化正在急剧地嬗变。

时代在进步，作为源于生活而形成的刺绣图案，随着经济的发展和人们审美观念认识的提高也不断变化，特别是进入 20 世纪 80 年代以来，这种变迁逐渐加剧。刺绣图案纹样的变化大多以局部变异的形式表现出来，如图案造型扩张，装饰部位扩大，用色更加鲜艳，色彩搭配更加自由多变，图案题材更加多样等。花蓝瑶服饰刺绣图案纹样的发展主要经历了以下三个阶段。

1. 20 世纪 50 年代以前

瑶族"好五色衣服",从汉以降,大多如此。明代花蓝瑶进入大瑶山后,一直保留这种五彩斑斓的服饰。近现代涉及花蓝瑶服饰的文献资料较多,但关于花蓝瑶服饰刺绣图案纹样的描述却较少。民国九年(1920 年)出版的《桂平县志》最早提到花蓝瑶服饰刺绣,该书卷三一《纪政·风俗》载:"花蓝瑶男子长袍阔袖对襟,绣边缘花。妇人高髻与日本妇人相似。"① 但关于男子服饰的记载与后世所记有些出入。民国时期,大瑶山曾有一部分地区属于桂平县管辖,所以,民国《桂平县志》记载的该县花蓝瑶,应是今天大瑶山境内的花蓝瑶。后来,深入大瑶山的王同惠先生在《花蓝瑶社会组织》一书中提到:"妇女的衣服两袖和下沿绣着各式花样","男衣不绣花",男头巾"两端都绣着蓝色的花边"。② 根据《花蓝瑶社会组织》书中的照片,可以看出当时男子服饰的刺绣装饰只有挑绣的白色头巾、颈巾和腰带,在白色底布的两端挑绣窄窄的几行蓝色花纹,有宽有窄,富有变化。这些图案纹样不仅起到装饰性作用,更重要的是压坠边角,使其能够自然垂落在胸前和腹前。特别是白腰带,两端的花纹密集紧凑,用线更多,与现在的花纹图案没有太大的变化。女子服饰的刺绣装饰主要集中在衣袖和下沿。根据任国荣附在《广西瑶山两月观察记》中图片所知,1928 年,罗丹(也即现在的罗香乡罗丹村)花蓝瑶妇女衣领至胸襟已是挑绣花纹,并且比现在我们所看到的妇女衣领处 6.4 厘米宽的绣花带还要宽一些。在门头屯的 HQC 家中,我们看到了一件有 100 多年历史的女式上衣。虽然所有刺绣装饰部分的颜色均已褪变成水紫色,但仍然

---

① 黄占梅修,程大璋纂:《桂平县志》,1173 页,台北,成文出版社,1968。
② 费孝通、王同惠:《花蓝瑶社会组织》,23-24 页,上海,商务印书馆,1936。

可看出其衣领处确实绣有花纹,只是宽度较窄,仅有4厘米左右。据调查,以前花蓝瑶女子服饰的刺绣部位主要有衣领、衣袖、前襟、后襟、后背、脚绑、白腰带等,男子则仅有白色头巾、颈巾和腰带。虽然已大致具备了我们现在所看到的装饰部位,但无论是从绣带宽度、图案色彩、图案构图及挑花技艺来看,均与现在相差较远。色彩大致是红、黄、白、蓝、黑五种颜色,以红色为主,甚至有的只用红色,其次是白色,黄色极少,蓝色主要用于白腰带和颈巾,黑色则用于脚绑图案的刺绣。由于当时的印染技术不高,色泽发暗,亮度不够,而且容易褪色,百年下来已经看不到最初的艳丽。对称、均衡仍然是不变的法则,但是与现在相比,整个装饰构图十分松散,结构简单,基本的图型框架已经完备,只是缺少变化,都是简单的带状、方块图案,复合型、填充型图案很少。上衣的图案主要有三脚马、圆鸟、乌龟背、虫花、鱼鳍、鸡脚、三头花、花仓、银花、衣背花等。另外,由于自纺或从山外买回的花线较细,质地较脆,不坚韧,而且对添加法和求全法的使用不够,图案与图案之间有较多的空隙,虽突出了构图的骨骼,但没有形成饱满、丰富的层次感,整个图案都给人一种纤瘦的感觉。另外,从《广西瑶山两月观察记》的图片中看不出脚绑绣有何种花纹,只是模样和现在大致无异。图片中的妇女都没有包头巾,儿童的帽子与我们现在所看到的差不多。据门头屯老人HZG介绍,20世纪50年代中期以前,妇女基本上是不包头巾的,最多只是偶尔用白布覆盖一下,一般都是用猪油混合草木灰将头发梳起,反扣于头前部及额际,做成头巾状。男子也留长发、盘髻,再将白色头巾从前往后束扎于后脑勺。儿童的帽子有一些横竖花纹,大多是在帽顶部挑绣一些图案纹样,用于固定帽子形状。妇女的脚绑用手工挑绣一些稀疏的花纹。由于图片都是正面拍摄,无法看清衣服后背的图案,也无从得知罗丹的花蓝瑶是否挑绣衣背花,但根据歌熟《洗纱》,"姐妹相邀去洗纱……你爷教你撕细麻,你爷教你挑李花。撕得细麻妆后背,挑得你花妆面前",应可以推断出上衣后背已出现花纹。[①]门头屯和罗乡村虽同属于金秀瑶族自治县,但重山阻隔,文化的封闭性导致了差异性的存在。因此,不能仅凭门头屯的访谈和几张图片推断罗乡村花蓝瑶服饰当时的具体情况,但有一点可以肯定,同处于一个经济水平线上,两地的花蓝瑶服饰刺绣水平应该大体一致,不同的只是细节的变化。

2. 20世纪50—80年代中期

这一时期,花蓝瑶服饰刺绣图案纹样仍传承上一时期的形制,但逐步丰富多彩起来。由于"文化大革命"时期"破四旧"和极"左"路线的干扰,花蓝瑶地区部分年轻人和干部受外界影响,开始穿军装、红卫兵服,传统民族服装被束之高阁。但耕织并重的农业经济仍然是花蓝瑶的生活常态,所以附着于其上的服饰刺绣图案纹样并没有被遗忘。随着经济的发展特别是1978年改革开放的实施,花蓝瑶服饰刺绣文化大放光彩。

这一时期,花蓝瑶服饰刺绣图案纹样丰富多彩,主要表现在两个方面:一方面,因民族融合而产生的文化交融,使得花蓝瑶开始引进、吸收其他支系和民族的服饰刺绣文化。20世纪50年代土地改革的完成,解除了大瑶山5个支系之间因土地问题而造成的隔阂,特别是与花蓝瑶相邻的山子瑶和盘瑶,因为不再是依附于"山主"而生活的"山丁",获得了与花蓝瑶、坳瑶等通婚的自由和权利。花蓝瑶与山子瑶、盘瑶通婚的比例从解放前的0.2%—0.3%,

---

① 广西壮族自治区编辑组:《广西瑶族社会历史调查》,第二册,204页,南宁,广西民族出版社,1984。

逐年扩大，几个支系的经济文化生活往来日益频繁，服饰刺绣习俗也相互浸染。花蓝瑶的服饰刺绣文化，出现了一些既借鉴山子瑶、盘瑶等支系和民族服饰刺绣图案纹样，但又经过变化改造的现象。

个案1：HFM，女，53岁，花蓝瑶，门头屯人

因为其奶奶去世早，母亲不会织绣衣服，所以七八岁时就跟村中老人学习挑花，十四五岁学织布，现在是村中为数不多的会盘头的中年妇女之一。据她讲，听老人说，1949年以前，村子里只有1个从山子瑶嫁过来的媳妇。土地改革后才多了起来，仅20世纪80年代就有5户人家与山子瑶通婚。与山子瑶接触多了，看到他们的帽子很好看，花纹也多，一些年轻人就开始学挑绣他们的一些图案。最初是绣在花袋上，后来觉得和自己民族的一些图案也很相似，两者结合，就慢慢出现了一些新的变化纹样。大体框架还是花蓝瑶的，但是里面的一些填充纹样就吸收了山子瑶的东西。又如花蓝瑶花袋吸收山子瑶女子花帽顶部的"花印"图案，将其和本民族的"ban jin"图案相结合，创造出许多新的图案造型。

另一方面，随着经济的发展，物质生活水平的逐渐提高，费时费力的手工民族服装难以满足人们日新月异的追求。人们在日常生活中渐渐少穿或不穿作为支系标志的民族服饰，取而代之的是从市场上买回的成衣，传统瑶服开始向礼服化方向发展。目的、用途、使用场合的改变，由实用与装饰兼具向装饰性方向发展，必然导致服饰刺绣图案纹样的变化，且用于装饰的部位增多。此外，服饰刺绣花线逐渐非本土化，花线质量提高、颜色增多，使图案纹样色彩更加艳丽。

这一时期图案纹样的变化，首先要提到花袋。花袋是花蓝瑶男女随身背物的布袋，四方形，由一整块布缝合而成，分为双肩背式背袋和单肩挎式花袋，是由"ma li"（一种小巧的竹编背篓）、包袱之类的盛装器具演变而来。有的瑶族支系又称绣袋。据《广东新语·人语》卷七载：明代，连山八排瑶，"女初嫁，垂一绣袋，以祖妣高辛氏女初配盘瓠，著独立衣，以囊盛盘瓠之足与合，故至今仍其制云"。关于其起源，吴永章先生认为，所谓"祖制"纯系无稽之谈。从明朝女子喜带精致小包考察，认为其原因不外有二：一是用以装饰及盛随身小物；一是刺绣为女子基本技能，初嫁垂挂绣袋，以夸其女工之巧。① 和汉族等其他民族所共有的荷包一样，花袋既具有实用功能，又是装饰品。作为其前身的各种竹编盛物器具如"ma li"等，最初上面是没有图案的。

个案2：HHG，男，76岁，花蓝瑶，门头屯人

上过国民党时期的新式学堂，做过大队干部20余年。其父是石牌头人，20世纪50年代唐兆民、李维信在大瑶山调查时，曾借住在他家。因为有这些经历与背景，加上他又是门头屯仅存的几个能喃巫做法事的师公之一，所以HHG成为村中少有的"百事通"老人，很受尊敬。据他说，花蓝瑶之所以称为花蓝瑶，就是因为衣服图案纹样多，花花绿绿。这些图案纹样都是祖先传下来的，至少在300年前就已经存在了，不知道具体是怎么创造出来的，只是传说得自于人熊。而花袋上的主要图案"ban jin"即

---

① 吴永章：《瑶族史》，414页，成都，四川民族出版社，1993。

印章花,是近代以来瑶民自己在生活实践中创造出来的。花袋由"ma li"(一种小巧的竹编背篓)、包袱之类的盛装器具演变来的。"ma li"上面也有"ban jin"图案,只是要简单许多。最初这种简陋的竹编篮子上并没有图案,瑶民每天都要用其背饭团、工具等爬山越岭去田地做工。道路艰险,路途遥远,且全是荒郊野岭,动物时常出没,时有意外之事发生。人们认为是野鬼在作祟,就将度戒时佩戴的师公印带在身上,但有的人家没有,于是就绘制印章的图案在背篓上。后来有了花袋,就在花袋上面挑绣印章的图案,直到60年代,才慢慢变成了我们现在所看到的"ban jin"花。

花袋自从形成后,因其没有承载太多的历史,图案纹样也无太多的限制和要求,就成了花蓝瑶与其他文化群体服饰刺绣文化相接壤、交流的试验内容之一。

20世纪80年代中期,花蓝瑶的服饰刺绣图案已经形成了如今的形貌。根据1985年广西民族出版社出版的《瑶族服饰》一书中的花蓝瑶男、女装照片,与此前的花蓝瑶刺绣图案纹样相比,首先是构图出现诸多变异,图案造型扩张,装饰部位扩大化。在原来图案纹样的基础上,变化出了许多新图案,如"鸟"纹样,这一时期就有圆鸟、装担鸟(一根扁担左右挑着两只鸟)、"nɑukuo lei"(花蓝瑶妇女也无法解释的一种鸟)等;而花圆图案则衍生出"ban kγ luei b iɛ"(一种花心一边圆、一边不圆的花朵);水瓜花图案则出现大、小之别。由于使用了添加法,使整个纹样造型更加丰满,一改过去构图松散的特点。其次是白色、黄色、绿色花线的大量使用,通过巧妙构思、合理布局,使大面积红色刺绣背景下的黄色、绿色、白色挑绣图案的色彩更加鲜明突出，层次分明。此外，点、线、面和色彩的巧妙组合，使图案更加丰富多彩，变化多样。

3. 20 世纪 80 年代中期至今

20 世纪 80 年代中期以后，随着改革开放的深入发展，受外来文化的冲击越来越大，人们的审美观念和价值观念发生了深刻的变化，花蓝瑶服饰礼服化倾向更加明显。自己种棉花、纺纱织布制作民族服饰的整套工艺逐渐淡出花蓝瑶的社会生活，实用与装饰兼具的服饰刺绣更多地成为妇女们农闲时间的一种娱乐、消遣。到 21 世纪初，仅有部分老年妇女日常还穿着瑶族服饰，其图案的嬗变开始发生巨大变化。

首先，图案纹样日益繁复，追求精细、丰厚、饱满的视觉效果。其次，局部变异更加明显，在大框架不变的情况下，图案造型、构图、色彩搭配存在很大不同。如不同的妇女在同一个装饰部位挑绣的图案花纹就存在差异之处；而同一个人挑绣的一套衣服的几件上衣，不仅在图案造型、色彩搭配上有明显的差异，就是同一图案纹样，在不同的部位，其造型、结构也不相同；不同村屯花蓝瑶妇女的刺绣图案也不一样。最后，受外来文化的影响，出现了寓意性、文字性图案纹样。如传统的"鸟"纹样中出现了"不连心的鸟"和"连心鸟"。"不连心的鸟"主要绣在男童花帽上，"连心鸟"则挑绣在女子上衣的前襟和披肩上，暗含和意中人两情相悦之意。又如在背带上出现了"福""寿""幸福平安"等汉字。

这一时期的花蓝瑶服饰刺绣图案造型更为灵活多变，在特定框架内能不拘一格地自由搭配；抽象几何形的传统图案虽仍是主流，打散重构的图形并没有脱离原有图案的母体，但色彩搭配更加自由随意，不同颜色的点、线、面随形换位，使色块充满流动感。在我们调查中能看到的花蓝瑶现有的68种图案中，其中有53种被认为是"传下来的，只能稍微变化一下"，有15种为"近年来年轻人随意绣的"，现代图案只占图案总数的22.1%，但对于长期生活在传统文化浓郁氛围中的花蓝瑶族群来说，这已是一次较大的变化。特别是随着现代化的发展，这一趋势必然进一步深化。如以前根本不可能出现的文字图案挑绣上了衣服，分别于2002年和2005年结婚的HLD、HHF两户，就在结婚时穿的礼服上挑绣了"囍"字。

另外，随着20世纪80年代后出生的一批花蓝瑶小孩长大成人，无论外出求学、打工，还是在家务农经商，其思想都深受现代文明的影响，直接或间接地推动了花蓝瑶传统文化的变迁。女孩子无论刺绣技艺高低，都成为传统服饰刺绣文化改造的引领者，在花袋的制作上表现尤为明显。

个案3：HLH，女，17岁，花蓝瑶，门头屯人

刚初中毕业，打算去柳州打工。上学的时候，她就看到许多同学绣十字绣，自己虽然不会挑花，但回来后就告诉了表姐，让表姐帮忙将花蓝瑶传统挑花图案和现代十字绣结合起来替自己做一个小挎包。表姐就将传统的"ban jin"图案加以变化，去掉"kan mei"中的狗牙花和"ban kou"中的花钩，5朵水瓜花图案呈众星捧月形排在正中央，左右两边绣上现代十字绣中常见的折枝石榴花，上面是两列象征团结的人形图案和山子瑶头巾上的图案——向左旋转45°的"井"形，下面则是"一生平安"的汉字祝福，其图案纹样明显受到汉文化吉祥图案的影响。其表姐HLZ，23岁，花蓝瑶，门头屯人，已婚有一女，4岁。她从13岁开始学挑花刺绣,都是从绣花袋开始的。除了花袋上传统的"ban jin"图案,她还经常模仿别人或外面的人而自创一些图案纹样。

个案4:HLY,女,19岁,花蓝瑶,门头屯人,未婚

她从12岁就开始学挑花,访谈时正在做一个单肩背式的花袋。中间仍是传统图案纹样,四周则是写实性很强的蝴蝶、白兔、折枝花朵,色彩更加鲜艳,不再局限于以前的红、黄、绿、白、橙五色,出现了许多中间色。据她介绍,这些都是模仿村里其他人的样子挑绣的,没什么特定的含义,只是觉得好看。村里年轻人自创了好多图案,具体不知道受到哪里的影响,但是变化却是实实在在的。

花袋图案从题材内容、纹饰造型到色彩搭配都有很大变化。原先花袋上面只有位于正中央的一个大大的"ban jin"图案,是8种纹饰造型的组合体:"kəŋtʂuei"虫花、"kəŋtuŋ"虫洞、"kan miɛ"狗牙花、"ban kou"花钩、"ban çiæn"花线、"ku lA tʂuan"花草、水瓜花和"lɣ li"花边。大面积红色的运用,就像在花袋的正中心盖下了一个红彤彤的大印章一样。在白色花线勾勒框架、红色花线挑绣全局的构图中,穿插几个用白色、绿色、黄色花线挑绣的花草图案,再用4朵白色的水瓜花图案压缀四角,整个图案呈现出一种历史的厚重感和宗教的神秘感。现在的花袋,在实用性的基础上,图案装饰效果日益突出。首先是图案纹样题材内容多样,既有传统的"ban jin"图案,又有写实的折枝花卉;既有吸收其他瑶族支系文化加以改造的图案,又有受汉族影响而寓意吉祥的文字图

案，宗教信仰和外来文化完美地结合在一起。其次是图案纹样的构图，在普遍遵循对称和节奏快感的同时，不再受传统构图的囿定，造型技法更加自由多样，随心意自然成型。最后，图案纹样的色彩搭配更加和谐、鲜艳，突破了原来的赤、橙、黄、绿、白五色图案的限制，虽然仍以红色为主，但各种中间色、渐变色如浅绿、淡黄、浅橙等的使用，打破了大色块的沉闷，使整个图案纹样看起来更加活泼灵动，似一条奔腾的河流，在阳光照耀下流光溢彩。

（二）花蓝瑶服饰刺绣花线的变迁

花蓝瑶挑花刺绣所用的花线，从颜色上大体经过了三个发展阶段，即自己用植物染料染制—请山外的壮族、汉族人染制—购买成品花线；从质料上则经过了麻线—丝线—棉线—腈纶化纤线四个阶段。

1. 花线颜色的变化

染色自古有之。瑶族先民早在汉代或者汉代以前，就已经会用草木染制衣服。据《后汉书·南蛮西南夷列传》记载，瑶族先民盘瓠"其毛五采"。在其死后，其子女便"织绩木皮，染以草实，好五色衣服"，以资纪念。传说已不可考，但是在长期的生产实践中，瑶族人民学会了使用蓝草染蓝、茜草染红、枫叶染黑、栀子花染黄色等，并尝试着培植一些野生植物，开辟了人工种植染料的道路，从而增加了染料的品种，为服饰增添了色彩。[①] 人们将自己纺的麻线通过这些野生植物煮水浸染，加工成不同颜色的麻线，这便是瑶族妇女早期挑花使用的花线。花蓝瑶对自己族群染制花线的历史已

---

① 玉时阶：《瑶族文化变迁》，238页，北京，民族出版社，2005。

无记忆。据考证，岭南地区所用染料，常见的有染制红色的紫胶、苏木，染制蓝色的槐蓝、蓝草，染制黄色的姜黄和郁金，染制黑色的五倍子、薯莨等。但由于"草染"要借助媒染剂才能够完成，而媒染工艺不普及，使得整个岭南文化染色区域的染色工艺特点，就是用蓝草进行制靛和靛青还原染色。① 所以，即使花蓝瑶在迁入大瑶山之前或之后的一段时间，除制靛外还具备其他一些染色工艺，但随着生态环境的改变和时间的流逝，也渐渐忘却了。

花蓝瑶不能自己制作染料染制花线，经历了一个自己纺线，再请山外的壮族、汉族人染制的过程。进入大瑶山后，由于山中物质匮乏，日常生活用品基本上都要靠外来供给，所以，每逢圩场到处可见背着山货交易的瑶族村民。花蓝瑶人民不仅买回自己所需的日用品，也不时请山外的工匠进山打制用具、指导工艺，壮族、汉族的染匠们也就不定期地出现在花蓝瑶的村寨。为防止手艺外泄，染匠们在染花线时是不允许花蓝瑶人在场的。所以，至今为止，花蓝瑶都不清楚染制的过程，只是每次请来染匠们之后，都要染够制作一家人衣服所用的花线。

随着社会的发展，花蓝瑶人民的审美能力不断提高，逐渐感觉到自己纺织的麻线、棉线粗细不均，染出来颜色不鲜亮，工时花费不少，制作出来的衣服却不理想。而壮族人卖的花线不仅粗细均匀、色彩鲜艳、花色多，而且不易褪色，比自己纺的棉线要好很多。同时，随着麻种植范围的减小，纺织的棉线只够一家人制作衣服。慢慢地，花蓝瑶就不再自己纺麻线、棉线来请壮族人染制，改为直接购买他们染制好的花线，这样不仅减轻了自己耕织纺线的负担，而且解决了本民族挑花制衣用线的需求。直到今天，花蓝瑶使

---

① 赵丰：《中国古代染色文化区域体系初探》，载《中国历史地理论》，1989（1）。

用的花线一直靠外来购买。

2. 花线质料的变化

刺绣用的丝线，称绒线，谓其茸散而可分擘，也称"茸线"。至今，中年以上的花蓝瑶人依然称其所用花线为"红绒"或"柳绒"，取其线质毛绒似柳絮且多用红色之意。花蓝瑶所用花线主要经历了麻线、丝线、棉线和现代腈纶化纤线四个阶段。

花蓝瑶最早使用自制的麻线挑花刺绣。明代，麻类作物的种植已遍布广西，有些地方"力田日少，种麻日多"，象州则"不事蚕桑，以绩麻织布为业"，①"苎麻可绩为布，岁收三四次不等，颇有功于民生"②。麻织业的主要原料是苎麻，属荨麻科，纤维纤细，适于细丝纺织，但处理技术比较复杂，脱胶不易。据调查，花蓝瑶主要采用自然沤麻脱胶的方法：将经过捶打的麻秆放入水中沤泡，去胶与麻秆等无用的杂质，获得纤维后搓成线纺织；纺成的线要用稻草灰水煮沸，取出晾干，再用米汤水煮一次，取出晾干后用手梳理开，就可以染色使用了。两次分别用不同的水煮，目的就是使麻线光滑、耐用。可见，麻线的制作过程十分烦琐。另外，花蓝瑶的绩麻技术也比较落后，纺麻不仅费时、费力，而且麻线粗细不均，且脱胶不净，不易染色。于是，丝线就成了替代品。但花蓝瑶学会种植棉花后，棉线就迅速取代了麻线与丝线。20世纪50年代，广西少数民族调查组深入大瑶山时，花蓝瑶已经不再使用麻线。关于使用麻线挑花刺绣的记载，只能从一些口耳相传的歌谣中得到佐

---

① （清）谢启昆修，胡虔纂：《广西通志》，卷八十七，扬州，江苏广陵古籍刻印社据清光绪十七年桂垣书局再补刻本影印，1987。

② 黄占梅修，程大璋纂：《桂平县志》，卷十九《物产下》，538页，台北，成文出版社，1968。

证,"姐妹相邀去洗纱……拿来做布像蕉心……你爷教你撕细麻,你爷教你挑李花,撕得细麻妆后背,挑得你花妆面前"①。

蚕丝是中国古代另一种极重要的纺织原料。花蓝瑶使用丝线的历史比较悠久,至今"红绒"的称谓就是从使用丝线时开始的。大瑶山不种桑养蚕,所用丝线均由壮族、汉族地区输入。将蚕虫所吐之丝经过缫制,再染成红、蓝、黄等色而成,价格较高。因此,丝线的使用从未像麻线、棉线那样占据用料主流,只是作为麻线、棉线的辅助品出现。针对这一问题,我们询问了多位老人。据他们说,花蓝瑶以前很贫穷,虽然处于"山主"的地位,但是不像汉族、壮族人一样富裕,也没有茶山瑶那么吃穿不愁,靠种田、打猎只能勉强解决温饱问题,丝绸只有汉族、壮族这些富人们才能用的。挑花之所以不轻易使用丝线,主要有两个原因:一是花蓝瑶自己不会养蚕缫丝,如果靠购买的话,花费太高,负担不起;二是觉得丝线与他们的麻布、棉布衣服不相配,且不耐磨损,不像麻线、棉线挑绣的花纹那么结实牢固。所以,花蓝瑶的普通人家,一般很少购买,也没有能力购买。即使作为挑花的花线,也只是用于节日的盛装,日常劳作所穿的便服是不使用丝线的。

宋代,福建、两广等地区开始种植棉花。棉花的出现虽然比较晚,但因其质感、性能好,到清代几乎取代了麻制品的地位,人们一般只用麻制品来缝制蚊帐。所以,花蓝瑶学会种植棉花之后,棉线就逐渐取代麻线成为主要的刺绣用线,但花蓝瑶所种植的棉花一直处于不敷所用的状态。"一家所织的布,据他们说是够一家所需的衣料。若遇有丧事,他们就不能自给,须向山外去买了。"② 所

---

① 广西壮族自治区编辑组:《广西瑶族社会历史调查》,第二册,204 页,南宁,广西民族出版社,1984。
② 费孝通、王同惠:《花蓝瑶社会组织》,23 页,上海,商务印书馆,1936。

◎现代化进程中的瑶族文化教育

以，在保证穿衣的前提下，刺绣所用花线向山外的壮族、汉族地区购买就成为一种常态，而这些从汉族、壮族地区输入的花线也是使用土方法纺织的土棉线或棉丝混纺的绒线。因此，花蓝瑶挑花所用的棉线是自种自纺和外购并行，自给自足是主要的。

到了19世纪末20世纪初，大瑶山瑶族家庭纺织逐渐减少，仅有花蓝瑶和坳瑶妇女还有人自种、自纺、自织、自染或由山外买来白布自己染，刺绣的花线已全靠从外地买，"绣花用的丝线是向汉人买的"①，买棉纱或绒丝自织锦带②，"每个女人每年平均要用二元四毫的丝线，一共三两重"③。这种使用从山外买的土棉线或绒线的历史持续到20世纪50年代。1949年大瑶山解放以后，伴随着政治的解放与文明的开化，机织的棉纱、棉布开始进入大瑶山地区，部分花蓝瑶妇女直接购买棉纱作为花线挑绣图案。这种用机器纺的棉纱粗细均匀，色彩光亮，质量较好。相比之下，土织的棉线加工方法落后，线条较粗，工时花费高，质量也比较差，用来挑绣的花纹粗糙、不精致。所以，土棉线、绒线逐渐为机织棉线取代，特别是腈纶化纤线输入大瑶山后，很快成为挑花用线的主要来源。这种腈纶纤维弹性好、韧性大、耐热、耐光，容易上色。用这种纤维染制的花线色彩鲜艳、多样，有许多中间色可供选择，而且不易褪色。所以，迄今为止，腈纶化纤线仍然是花蓝瑶挑花用线的主要选择。

近几年来，还出现了一种用锡箔作线挑绣图案纹样的方法。这种锡箔线和普通花线粗细差不多，金色，手感光滑，用于挑绣花袋

---

① 费教通、王同惠：《花蓝瑶社会组织》，23页，上海，商务印书馆，1936。
② 广西壮族自治区编辑组：《广西瑶族社会历史调查》，第一册，425-426页，南宁，广西民族出版社，1984。
③ 费孝通、王同惠：《花蓝瑶社会组织》，23页，上海，商务印书馆，1936。

背带的花边。锡箔线和棉线、化纤线的质感不一样,看上去亮晶晶的,特别是在阳光的照耀下,和花袋底部的彩穗相映衬,更显出花蓝瑶姑娘刺绣手艺的高超。虽然这种锡箔线只是刚刚出现,使用范围还比较小,还只是一些青年女子的随意之作,但是从中我们可以看出花蓝瑶人民渴望发展的心态。

(三) 服饰刺绣底布的变迁

花蓝瑶服饰刺绣文化缤纷多彩,是和底布面料的衬托分不开的。人类服饰面料的变革,随着认识自然、改造自然能力的增强而不断创新改进。《礼运》曰:"昔者先王,未有麻丝,衣其羽皮。后圣有作,治其麻丝,以为布帛。"《墨子·辞过》曰:"古之民未知为衣服时,衣皮带茭,冬则不轻而温,夏则不轻而清。"[1] 花蓝瑶作为中华民族多元一体格局中的一部分,其服饰刺绣底布的沿革和其他南方民族类似,主要经过了树皮纤维—麻布—棉布—涤纶化纤布等几个发展阶段。

在中国几千年的文明史里,麻一直是重要的服装原料,瑶族人民使用麻布的历史较早,《方舆胜览》卷四一载:融州瑶人,"皆椎髻躶衣,以青红染纻,织成花缦为服"。在花蓝瑶歌熟《洗纱》中,亦可看到麻布的影子:"姐妹相邀去洗纱……你爷教你撕细麻,你爷教你挑李花,撕得细麻妆后背,挑得你花妆面前"。[2]

虽然花蓝瑶种植了大量苎麻,但由于生产工艺落后,麻布的制作十分烦琐,费时费力,而其织出的麻布十分粗糙,用于刺绣挑花不是十分好看,所以棉花普及后,质优价廉的棉织品就成为瑶民的

---

[1] 吕思勉:《中国制度史》,160 页,上海,上海教育出版社,2002。
[2] 广西壮族自治区编辑组:《广西瑶族社会历史调查》,第二册,204 页,南宁,广西民族出版社,1984。

首要选择,即使最初不会种植棉花的"生瑶",也"种芋而食,种豆易布"①。

花蓝瑶曾经种植的棉花主要有两种:大叶草本木棉和小叶火棉。木棉叶片宽大,叶肉较厚,植株较高,"二三月下种,至夏生黄花结实,及熟时,其皮四裂,中绽出如绵,以铁鋋碾去其核取棉,以小竹弓弹之,细卷为筒,就车纺之,自然抽绪,织以为布"②。相比之下,火棉植株矮小,开花多易结桃,弹出的棉绒相对较暖和,所以到后来,花蓝瑶只种植火棉。

清末以前,种棉、纺纱、织布,仍然是花蓝瑶家庭必不可缺少的生产活动,也是其衣料的主要来源。但是由于山中土地稀少贫瘠,加上不善经营,棉花产量极低。一般情况下,每户花蓝瑶年平均种植棉花面积为1—2亩地,肥沃一些的田地亩产10公斤籽棉;更多的是山地、沙地,亩产最多产三四公斤。即使按照出棉率较高的细绒棉来计算,亩产棉绒最多可达到4公斤,仅够一家人穿衣所需。1949年后,仅有少数花蓝瑶和坳瑶还在继续种植棉花,但产量上已经微乎其微了,至多仅能供一两套衣服原料之用。花蓝瑶逐渐少种棉花的原因,与其棉花的种植方法有很大关系:十二月间选土质肥沃的山地,砍树割草,到第二年二月烧山,三、四月掘土开坑,用点播法点籽播种,行株距各约30厘米,并以草木灰作基肥。苗发后疏苗一次,每坑留五六株。之后中耕除草一次。秋季苗长到30厘米左右时便开花结果。棉桃小而不多,故收获量有限。这种方法效率很低,费力多而收获少。而此时,瑶山土特产销路较畅,售价较高,经营土特产的收入,比种棉的收入要大得多,与其费劳

---

① 吴永章:《瑶族史》,388页,成都,四川民族出版社,1993。
② 广西壮族自治区编辑组:《广西瑶族社会历史调查》,第一册,180页,南宁,广西民族出版社,1984。

力去种棉,不如经营别的土特产来得合算。① 特别是山外的棉纱、布匹运入大瑶山后,布质匀细,手感较好,很受花蓝瑶村民,尤其是青年人的欢迎。所以,即使"以棉纱织成纱状韧……布亦厚实耐久,裁作单衣暖过洋布袷袢"②,但花蓝瑶村民也不再愿意种植棉花,自种、自纺、自织的土棉布逐渐没有了市场。

1958年,花蓝瑶社会开始出现使用机织布做的花袋。20世纪60年代,花蓝瑶的棉花种植彻底退出了社会舞台。花蓝瑶民间习俗,每个孩子成年时都要做一套传统民族服装,所以每家都还留有一些自种、自纺、自织的或买棉线自织、自染的棉布,直到90年代,尚有用土棉布做成的全套服饰,自织布和机织布并用。但在调查中,我们所看到的只有上衣和女装短裤仍是家织的土棉布,部分腰带、头巾、脚绑和全部花袋等则是用腈纶线在自织的布上织成的,或在买来的涤纶化纤布上织成。棉布和涤纶化纤布在服饰面料中所占的比例如下表:

花蓝瑶服饰面料调查表

部位 布料	传统女装	传统男装 (分上衣和长裤)	头巾、颈巾	网帽	脚绑	腰带	花袋
棉布	100.0%	上衣 100.0%	45.7%	60.9%	76.3%	54.6%	0.0%
涤纶化纤布	0.0%	长裤 100.0%	54.3%	39.1%	23.7%	45.4%	100.0%

据调查,虽然花蓝瑶村民们都认为自己纺的棉线较粗,织的棉

---

① 吕思勉:《中国制度史》,205页,上海,上海教育出版社,2002。
② 黄占梅修,程大璋纂:《桂平县志》,卷三一《风俗》,989-990页,台北,成文出版社,1968。

布纹理较为清晰,且质地较薄,便于挑花刺绣,但是随着时代的发展,涤纶布取代土棉布成为主流已是事实。

花蓝瑶的染布技艺主要是靛染,即用蓝草沉淀制成的蓝靛膏,反复浸染白布而成。蓝草,又名蓼蓝、蓼草,属蓼科,一年生草本,茎高约1米,叶互生,七月开花,八月收割。收割回来之后,连叶带茎扎成一束放入缸中,加水泡三五天,蓝色尽出。捞出蓝草束,放入0.25公斤左右的石灰搅拌。搅动两三天后,把上面的水倒掉,将沉淀在缸底的蓝靛膏捞起放入竹篮中晾干,压成四方块即为染料。染布时,将蓝靛膏和清水按一定比例放入缸中,再加入酒糟、茛沙(音为"kən sa"。关于其有两种说法:其一,是一种从壮族地区输入的东西;其二,是将生长于老山冲的圆藤、八角等烧尽成灰,放入大锅烧煮,冷却沉淀而成。无论其来源如何,其目的都是增加着色能力)搅拌,等桶中的水呈黄色时,浸入白布。每天浸泡两三个小时,然后捞出晾干。每次浸泡前都要用木棍在水桶中搅动,防止蓝靛膏沉淀。如果觉得量不足的话,还要再加入蓝靛膏。反复十多次之后,颜色在一次次的浸晒中加深,半月之后,即成为青褐色。① 整个染制流程和前人书中记载相差无几。李时珍在《本草纲目》中曰:"淀,石淀也,其滓沉淀在下也。亦作淀,俗作靛。南人掘地作坑,以蓝浸水一宿,入石灰搅至千下,澄去水,则青黑色。亦可乾收,用染青碧。"清光绪《黎平府志》亦记有蓝靛的制作方法:"蓝靛名蓝草,黎郡有两种,大叶者如芥,细叶者如槐。九月、十月间割叶入靛池,水浸三日,蓝色尽出,投入生石灰,则满地颜色皆收入灰内,以带紫色者为上。"花蓝瑶用于制蓝靛膏的蓝草有两种,大蓝和小蓝,其栽种季节稍有差异。大蓝用根

---

① 玉时阶:《瑶族文化变迁》,239页,北京,民族出版社,2005。

育苗,八月砍地,烧后掘土,十二月间将上年留存的蓝茎埋于土中,即发芽生长,不施肥料,只除草两次,到第二年六、七月间,即可收获。小蓝,茎秆很长,十二月间砍地,烧耕以后,次年二月间播种,七、八月间即可收割。施肥、除草与种大蓝同。大蓝染出青褐色,小蓝染出青红色,两种布配在一起做衣服,就有颜色的层次感。每年的农历八月是染布的季节,也是花蓝瑶妇女最为忙碌的时候,每次都会染出10套左右衣服用的白布,家家户户飘出蓝草的香味。因为花蓝瑶极度敬畏鬼神,他们认为生活中的一切事情都会受到鬼神的影响,所以关于染布还有一个禁忌。刚开始染布时是不允许有外人在场的,只有主妇一人负责染布的全部工作,三朝后方可解禁,否则会招致鬼魂捣乱,染出的布不容易着色。过去,大瑶山的茶山瑶、花蓝瑶和坳瑶都种植蓝草制靛,作为自用的染料。19世纪60年代以后,生活较为富裕的茶山瑶已不再自己种棉、织布、染衣料。到了20世纪50年代,只有花蓝瑶和坳瑶还种一些蓝草,作为染料。据花蓝瑶的老人们说,20世纪初时,种植蓝草较多,每家每年可割蓝草叶一二百公斤,以后逐渐减少,每家每年一般只收三四十公斤,最多也只有50公斤。① 1958年加入人民公社,实行大集体生产制后,就不再种植棉花和蓝草,也不再染布,靛染的技艺逐渐失传。现在,如果想知道染布的整个过程,只有向70岁以上的老婆婆询问。如果没有人学习、继承,等这些老人作古之后,花蓝瑶的这门技艺就真的失传了。

(四) 民间艺人的传承

中国女红艺术的传承和发展,讲究天时、地利、材美与巧手,

---

① 广西壮族自治区编辑组:《广西瑶族社会历史调查》,第一册,79页,南宁,广西民族出版社,1984。

作为创造主体的家庭妇女在其中起着至关重要的作用。没有了心灵手巧的劳动妇女，花蓝瑶服饰刺绣文化的传承和发展，只是纸上谈兵。长期以来，妇女在"耕织并重"的花蓝瑶社会中一直起着半边天的作用，日出做工，工隙挑花，是她们生活的模式。她们常常随身携带装裹着挑绣用品的布包，劳动休息时，就解开布包挑绣花纹。夜里没有其他家务时，也是如此。她们已经将挑花刺绣作为自己生活的重要组成部分，不仅是出于家庭生活实用的考虑，也是自我价值的显现。在花蓝瑶村寨中，一个姑娘要想受到称赞，不仅要貌美心灵美，针线活也一定要好。从前，花蓝瑶男子选择妻子的标准之一，就是能够缝衣挑花。一个即将成年却手拙心粗的姑娘是会被人耻笑的。所以，不管是源于实际生活的需要，还是社会的期许和实现自我价值的需要，花蓝瑶妇女的织绣手艺都很好。随着社会的进步和经济的发展，服饰刺绣已不再是生活的必需，这个价值坐标也在逐渐倾斜。越来越多的女子成为发展家庭副业的能手，服饰刺绣成为劳作之余的消遣，民间艺人团体逐渐缩小。

门头屯现共有42户，女性109人，其中15岁以下7人，15—25岁26人，25—35岁12人，35—45岁23人，45—55岁9人，55—65岁9人，65岁以上23人。民间艺人群体的基本情况如下表：

花蓝瑶民间艺人掌握刺绣技艺情况统计表

掌握技艺情况	15岁以下	15—25岁	25—35岁	35—45岁	45—55岁	55—65岁	65岁以上
不会	57.1%	11.5%	8.3%	0.0%	0.0%	0.0%	0.0%
不太会	42.9%	84.6%	16.7%	4.3%	11.1%	0.0%	0.0%
会	0.0%	3.9%	66.7%	8.7%	0.0%	0.0%	0.0%

续表

掌握技艺情况	15岁以下	15—25岁	25—35岁	35—45岁	45—55岁	55—65岁	65岁以上
熟练	0.0%	0.0%	8.3%	17.4%	0.0%	11.1%	0.0%
很熟练	0.0%	0.0%	0.0%	69.6%	88.9%	88.9%	100.0%

由上表可以知，65岁以上的花蓝瑶女性中，100%的人都能很熟练地掌握刺绣技艺。45—65岁这个年龄段分化还不明显，处于很熟练层次的人数达到88.9%，仅有11.1%的人挑花技艺处于熟练的层次上。35—45岁这个年龄段分化已经很明显，仅有69.6%的人能够熟练地掌握刺绣工艺，17.4%的人比较熟练，还有8.7%的人只达到"会"的程度，不太会的人开始出现，占该年龄段的4.3%。25—35岁这个年龄段挑花技艺的掌握情况进一步分化，已经没有人能够达到很熟练的层次，熟练的人所占比例仅为8.3%，不太会的人数达到16.7%；不会的人大量存在，达到8.3%。在15—25岁这个年龄段中，不会的人为11.5%，不太会的人则上升到84.6%，熟练的人已经没有了，仅有3.9%的人达到"会"的程度。而15岁以下，绝大多数人已不会挑花，只有42.9%的人接触过针线，主要是学绣花袋。

从上述调查结果来看，花蓝瑶刺绣艺人群体正在逐渐缩小，花蓝瑶服饰刺绣文化已明显呈现出衰落的迹象。具有精湛工艺的一代人渐渐老去，新一代人对民间工艺十分陌生，长期下去，这种优秀的服饰刺绣文化将会后继无人。

三、花蓝瑶服饰刺绣文化变迁的原因

随着社会的发展、民族的进步以及不同群体间文化的交流，花蓝瑶族群特征必然不断发生变化,从而促使服饰刺绣图案纹样、工艺技术、审美观念等发生变化,使传统服饰刺绣文化发生变迁。不管是哪一种原因,对于花蓝瑶民众来说,所有的变化都是人在生产力不断发展过程中的历史选择。引起花蓝瑶服饰刺绣文化变迁的原因,主要有以下三点。

(一)社会生产力的发展和购买力的增强

从整个人类社会历史进程看,生产力始终是促进人类社会向前发展的最终决定性因素。以生产工具为主的劳动资料、引入生产过程的劳动对象、具有一定生产经验与劳动技能的劳动者的发展,是一切物质文化、精神文化发展的动力。伴随着社会生产力的发展,意识形态和价值观念的觉醒,转变是必然的结果。两者结合,双重作用下的花蓝瑶服饰刺绣文化的变迁就成了一个不可逆转的大趋势。脱胎于自然经济的花蓝瑶服饰刺绣文化,与自给自足的农业社会相适应,一直缓慢而稳定地向前发展。在进入大瑶山五六百年的历史中,其服饰面料和刺绣花线经历了从麻到棉的发展过程,基本反映了其族群生产力的发展水平。"猪油梳髻无头巾,花纹稀少不用丝",则充分显示了生产力水平对服饰制作工艺的决定性影响。而审美趣味的发展,总是与生产力携手并进,因此也受到限制,最直接的表现就是图案变化较少、色彩暗淡。直到20世纪50年代,土地改革的完成,不仅扫除了封建余孽,也将先进的经济文化思想传遍全国,以现代工业文明为代表的经济文化对少数民族传统文化的冲击也从此开始,传统的小农经济逐渐分化、解体。这种从根本上的冲击,使得花蓝瑶传统服饰刺绣文化赖以存在的社会经济土壤开始发生变化,逐渐向现代机械工业文明靠拢。花线、底布向现代化纤线、化纤布的变化,直接使劳动对象发生改变。同时,先进纺织机、挑花工具的出现，也使劳动资料发生了改变。伴随着这些变化，人们的审美意识也逐渐觉醒，从而使得整个服饰刺绣文化与以往相比发生了明显的变化。20世纪80年代中期之后，随着中国农村市场经济的建立，花蓝瑶地区传统"耕织"并重的农业经济分化加剧。居住在乡镇的一部分花蓝瑶人率先搞起了家庭副业，成为改革开放后最早富起来的人。人们购买力增加，花衬衫、牛仔裤、健美裤、中山装等成衣成为瑶族青年男女包括一部分老人的首要选择，瑶族传统民族服饰逐渐向礼服化方向发展。特别是随着20世纪末的经济全球化与科学技术的发展，使得很多花蓝瑶人的经济意识逐渐觉醒。他们发现只要能挣钱，就能从市场上买回所需的生活用品，包括全家衣物。"男人勤耕得吃饱，女人勤织得穿光"的民谚已不再为现代花蓝瑶人所接受。在不脱离农田的基础上，做生意、搞运输的花蓝瑶家庭越来越多。妇女的角色也发生了改变，原本就不可能让其整天在家挑花刺绣而不干农活，现在缝衣、织布、刺绣更不是其主要职能。能持家，勤劳能干，搞好家庭副业，帮助家庭致富，才是最主要的。劳工费时的服饰刺绣，只能作为闲暇时的消遣而存在。据调查，2006年门头屯共37户花蓝瑶，其中纯农业25户，交通运输2户，批发零售、贸易2户，木材加工3户，外出务工5户。①

家庭收入的增加使得花蓝瑶传统服饰刺绣文化进一步发生变化。挑花刺绣已不再是生产生活的必需，而成为人们精神生活的一部分。有了经济实力做后盾，追求繁复多彩的传统思想开始复苏，从而使得从图案到用色、从布料到穿着方式都发生了更为深刻的变化，人们的审美趣味也更加多样化。当几件甚至十几件衣服层层叠

---

① 资料来源：六巷乡政府。

叠穿上身时，展示的不仅是花蓝瑶女子精湛的刺绣技艺，还有近年来逐渐雄厚的经济实力。

（二）民族社会的发展

每一个民族的文化都处于一个不断变迁发展的过程中。因民族社会自身的发展而推动的服饰刺绣文化的变迁，主要包括两个方面：一是常态的变迁，二是非常态的变化。所谓常态的变迁，就是指花蓝瑶族群在历史延续过程中，随着生产力的发展、认识的觉醒，而对本族群服饰刺绣文化进行的有意识的改造活动。非常态的变化，则是指花蓝瑶服饰刺绣图案在传承过程中因无意识的行为而形成的一些偶然而又是必然现象的变化结果。常态的变迁是形成花蓝瑶服饰刺绣文化丰富多彩的主要原因。我们知道，审美趣味的发展总是与生产力的发展相适应的。随着生产力的发展，人们社会实践能力的增强，对外界的认识逐渐增多，精神需求也随之增加，审美能力不断提高，对美的追求更加强烈。随着这一经济文化生活、思想的变化，花蓝瑶的服饰刺绣文化逐渐丰富多彩并独具特色。花蓝瑶是一个只有语言而没有与语言相一致的文字记载的族群，其族群文化主要通过言传身教，薪火不绝，服饰刺绣文化更是如此。在花蓝瑶传统社会中，家庭和社区是花蓝瑶服饰刺绣文化传承的主要场所，母女相传、同伴相传是花蓝瑶刺绣文化传承的主要方式。母亲在教会女儿纺织、刺绣和制衣技巧的同时，有时也将关于图案的传说、色彩的寓意、某种特殊图案的象征告诉女儿，服饰中深刻的文化内涵就这样一代代实现了传承。当然，这些图案及其蕴含的内在文化，会在口耳相传中发生一定的变化。因为文化的传承是从上一代向下一代的流动。在这个流动过程中，究竟有多少东西能够完整地传承下去却是一个未知数，特别是在历史悠久的民族中。

有人把文化的传承过程比喻为黑箱子,我们能够看到的只是开始和结果。文化从输入一头到输出一头,从传者到承者时,此文化可能已不是原样,即使文化的深层内涵没有变化,但在形式上或多或少都会存在某些局部性的变动。因为其不仅融入了当时社会的某些特定内容,也融入了承者的思想意识,包括对文化的理解和改造。①

同样的脚绑图案纹样,同是花蓝瑶,不同的人、不同的年龄、不同的村屯,有不同的名称解释。在文化人类学上,人被定义为能够使用语言、具有复杂的社会组织与科学技术,尤其是他们能够建立团体与机构来达到互相支持与协作的目的,是社会关系的总和,那么,人的这种既能独立思考又能够融入集体的特性,必然导致文化不可能完整无缺、没有任何加减地一代代传承下去,特别是在没有文字的社会。另外,人与人不同,对待同一种事物的态度和理解都可能不尽相同,即使处于同一社区。所以,刺绣文化中的这种非常态的变化,既是偶然,又是必然的结果。

(三) 外来文化的传播

每个民族的历史和文化都具有其特殊性,这种特殊性一方面取决于社会的内部发展,另一方面取决于外部的影响,所以,既要考虑到民族内部成员的独立发明,也要考虑到外来文化的传播作用。②而当一种自立的文化系统本身处在一个持续变迁的过程之中时,正

---

① 龙叶先:《苗族刺绣工艺传承的教育人类学研究——湘西凤凰苗族农村社区(榔木坪村)个案分析》,43-45页,中央民族大学,硕士学位论文,2005。

② 黄淑聘、龚佩华:《文化人类学理论方法研究》,217页,广州,广东高等教育出版社,2004。

是这种与外来文化接触的刺激使其文化变迁比原有的内部力量更快。①

　　花蓝瑶虽是一个世居的山地民族，但是与其他民族、地区的交往始终不断。即使在灾难深重的封建社会，经济、文化的交流，始终是瑶民们生活中重要的一部分。他们在从山外买入生产生活必需品的同时，也引进了山外的文明，并逐渐浸入到他们物质、精神生活的方方面面，使得本民族文化在潜移默化中发生着变化。自明朝中期因避难进入大瑶山以后，在相当长的一段时间内，花蓝瑶是不敢出山与壮族、汉族交往的，后来才渐渐地在山区边境或通过一些汉族商贩入山交易商品，直至发展到瑶人挑货下山，进城赶圩贸易。

　　20世纪30年代，费孝通、王同惠进大瑶山考察时，就看到汉族商贩进瑶山卖东西。他们在《桂行通讯》中说："有一个平南来的汉人，肩着袋……原来是做买卖的，他带了汉人的货物在瑶山里兜售……他带了两种货物：一篮做酒用的酵母，一篮刺绣用的花线。后来我们又看见有商人带着火柴，吃的腐竹，有布匹和旧棉衣"，而"在百丈我们已经看见三天一聚的墟，瑶人也有出山来赶墟的"。② 这些花蓝瑶生产生活仰以鼻息的小商贩和圩市，在花蓝瑶服饰刺绣文化的变迁史上，起到了十分关键的作用。他们卖出的货物、穿着的服饰、言语行动以及对花蓝瑶服饰的评价等，都可能对花蓝瑶服饰刺绣文化产生潜移默化的影响。只是由于年代久远，我们找不到物证，只能从老人们的口中和我们的调查推测中得出

---

　　① 黄淑聘、龚佩华：《文化人类学理论方法研究》，228页，广州，广东高等教育出版社，2004。

　　② 费孝通、王同惠：《桂行通讯》，见《费孝通文集》，第一卷，323页，北京，群言出版社，1999。

此论。

　　花蓝瑶与其他瑶族支系如山子瑶、坳瑶等的交往联系，以及与迁入花蓝瑶村寨居住的汉族、壮族等的相处，都可能对其服饰刺绣文化变迁起到推波助澜的作用。大瑶山瑶族5个族群，错落而居。同一族群的村落，也散布各处，很不集中。① 六巷乡共有5个花蓝瑶村屯：六巷、古卜、门头、大樕和王桑，分散在六巷村、门头村、大岭村等3个村委会。另外43个村屯皆为汉族、壮族、山子瑶、盘瑶、坳瑶等居住，形成了"大杂居，小聚居"的局面。而在这5个花蓝瑶村屯中，另有一些因通婚、迁徙而来的汉族、壮族、山子瑶、盘瑶、坳瑶等，如门头屯中就有壮族12人，山子瑶15人，盘瑶2人。再加上山岭阻隔，本族群支系内部之间的联系并不是很多。相比之下，与周边其他村落的交往反而要多一些。

　　因为有自己的田地，花蓝瑶自称坐地瑶，以与"过一山吃一山"、租种别人土地的过山瑶（盘瑶、山子瑶）相区别。虽然花蓝瑶和山子瑶、盘瑶一直是"山主"和"山丁"的关系，直到20世纪50年代中期土地改革完成以后，才解决"山主"和"山丁"的关系，但两者之间的经济文化交流一直不断。早在20世纪30年代，"除了言语和服装上，山子瑶已经被花蓝瑶同化了"②。可以推测，花蓝瑶也肯定受到了山子瑶文化的影响。而土地改革的完成，解除了封建统治的桎梏，政治、经济、文化等方方面面的壁垒被打破，深居大瑶山的居民们不仅自己内部之间加强了经济文化的交流，与外部的交往也日益频繁。一些山外的女子开始嫁入花蓝瑶村

---

① 广西壮族自治区编辑组：《广西瑶族社会历史调查》，第一册，283页，南宁，广西民族出版社，1984。

② 费孝通、王同惠：《桂行通讯》，见《费孝通文集》，第一卷，348页，北京，群言出版社，1999。

屯。自20世纪50年代至今，已有5户人家娶山外壮族、盘瑶女子为妻。这些外地媳妇的到来，无疑为好奇的花蓝瑶人民带来了新鲜感，也为花蓝瑶的服饰刺绣文化注入了新的活力。

文化人类学者认为，文化的传播与借用是一个双向选择的过程，文化传播的范围或借用程度决定于两个民族之间接触的持续时间与密切程度，并且相似文化的群体容易相互适应和借用量大。① 盘瑶的服饰刺绣文化对花蓝瑶的服饰刺绣文化是有所影响的。同样，周边的其他民族、族群的服饰刺绣文化也会对花蓝瑶的服饰刺绣文化发生影响。

服饰作为文化的组成部分，与社会政治变革等紧密联系。当社会政治发生变革时，受其影响，服饰风格也发生变化，从而影响到服饰刺绣文化的变化。

花蓝瑶服饰刺绣文化共受到3次较大的社会变革冲击。第一次是辛亥革命后的改服易制，使得花蓝瑶中一些担任政府公职或者受到新式教育的人，首先脱去瑶族服饰，穿上了当时广西通行的灰布中山装。如1935年费孝通、王同惠第一次进入大瑶山时，看到"进特种师资养成所里念过书的""该乡乡长之子蓝济君"，"穿了广西公务人员的灰布制服，简直看不出他是瑶人了"。② 而据门头屯报导人HHG老人说，1940年国民党在大瑶山实行开化政策，在门头建了一所小学，他就是那时读的书。最初是村民自己请壮族人做老师，后来是国民党政府派来教师。1949年，该小学即宣告解散，但是对花蓝瑶的传统文化已造成一定的冲击。部分花蓝瑶男子

---

① 黄淑聘、龚佩华：《文化人类学理论方法研究》，219－220页，广州，广东高等教育出版社，2004。

② 费孝通、王同惠：《桂行通讯》，见《费孝通文集》，第一卷，328页，北京，群言出版社，1999。

服饰开始汉化,唐装逐渐流行。虽然未波及女子服饰,但对花蓝瑶服饰刺绣文化产生了潜移默化的影响,洋纱、洋布开始进入大瑶山。

第二次是20世纪50年代中期以后。花蓝瑶地区土地改革的完成,不仅解放了土地等生产资料,而且使自给自足的农耕经济开始解体,花蓝瑶村民开始不种棉花,从而使得花蓝瑶服饰刺绣从底布到花线都发生了改变,刺绣图案日益丰富。60年代中期后,由于受"破四旧"和极"左"路线的干扰,少数民族传统服饰被视为"奇装异服",列入"横扫"之列。花蓝瑶地区的一些年轻人和民族干部开始穿军装、红卫兵服。花蓝瑶男子服饰急剧时代化,瑶服的礼服化倾向开始出现。这一时期的花蓝瑶服饰刺绣色彩更为艳丽,图案纹样内涵增多,一些带有时代政治色彩的汉字被用到刺绣图案纹样中,呈现出欣欣向荣之势,无论是图案还是布料、花线等都发生了较大的变化。

第三次是20世纪80年代中期以后,随着改革开放的深入,瑶族服饰的礼服化倾向更加明显。儿童、青年及中年男女日常皆穿集市上买回的成衣,只有老年妇女基本上还是昔日的传统服饰,制作民族服饰的纺纱、织布、靛染等整套工艺逐渐淡出花蓝瑶的社会生活。而文化传播和借用的特点之一即是重新解释,指接受的一方对新引进的文化特质和文化丛体在形式、功能和意义上的改变,以适应自己的需要。① 所以,这一时期的花蓝瑶服饰刺绣文化的变化,主要体现在图案的变异和创新上。其服饰刺绣文化的装饰意味更加浓厚,更加注重吸收外来文化为己所用,服饰刺绣文化更加朝着装饰性、泛民族性方向发展,无论是审美能力,还是技艺手法都达到

---

① 黄淑聘、龚佩华:《文化人类学理论方法研究》,221页,广州,广东高等教育出版社,2004。

了前所未有的高度。

四、花蓝瑶服饰刺绣文化的保护与传承

瑶族是一个历史文化悠久的民族,其传统服饰刺绣文化是在长期的历史发展过程中逐步形成的。它经历了历代经济生活与社会文化的严格筛选和淘汰,容纳了不同民族不同时期的文化,几经洗练,才传承至今,是瑶族传统文化的瑰宝与精华,是民族个性、审美习惯的"活"的显现。① 特别是像花蓝瑶这种人数极少的瑶族支系,历来作为"生瑶""不与外接触",其服饰刺绣文化具有鲜明的民族特征。在一代代的传承中,凝聚了无数花蓝瑶妇女智慧的结晶,最终成为其民族工艺美术文化中最为光彩夺目的一部分。现在花蓝瑶社会正处于转型期,经济发展、外来文化的传播对其传统文化造成了很大的冲击,花蓝瑶服饰刺绣文化濒临失传,如果不加以引导和保护,任其丧失民族个性走向衰亡,将会使花蓝瑶文化逐步走上衰亡。

文化的保护从根本上说就是做好文化的传承,即研究民族文化如何在保护中开发利用、在开发利用中传承,为人们带来精神和物质双重财富。② 重视民族文化的保护和传承,是一件具有战略意义的大事,如果引导方向不对或措施不当,不但无益于传统文化的延续和发展,而且会对民族文化造成更大的损害,甚至加速其消亡。③

---

① 玉时阶:《瑶族传统服饰工艺的传承与发展》,载《广西民族大学学报》(哲学社会科学版),2008(5)。
② 谢彬如等:《文化艺术生态保护与民族地区社会发展》,64页,贵阳,贵州民族出版社,2004。
③ 龙叶先:《苗族刺绣工艺传承的教育人类学研究——湘西凤凰苗族农村社区(椰木坪村)个案分析》,中央民族大学,硕士学位论文,2005。

所以，做好花蓝瑶服饰刺绣文化的保护和传承，需要全社会的共同努力。

花蓝瑶服饰刺绣文化是瑶族传统文化的重要组成部分之一，也是我国非物质文化遗产的重要组成部分。正如联合国教科文组织驻北京办事处文化项目专家卡贝斯所说，中国堪称民族与民间文化的天堂，各民族的文化既异彩纷呈、个性突出，又相互融合、同享个性。而民间服饰恰恰就是这丰富的文化遗产不可分割的一部分。① 早在1998年，联合国就通过决议设立了非物质文化遗产评选。第32届联合国教科文组织大会又通过了《保护非物质文化遗产公约》，旨在推动非物质文化遗产的保护工作。这说明非物质文化遗产保护已面临困境。我国一直重视传统文化的保护与研究，特别是进入21世纪之后，政府更是高度重视。2002年我国开始实施中国民族民间文化保护工程，2005年4月国务院办公厅又印发了《关于加强我国非物质文化遗产保护工作的意见》，指出：保护和利用好非物质文化遗产，对落实科学发展观，实现经济社会的全面、协调和可持续发展具有重要意义。……加强我国非物质文化遗产的保护已经刻不容缓。在"保护为主、抢救第一、合理利用、传承发展"的指导方针下，采取了一系列的有效措施，充分利用现代化手段对非物质文化遗产进行真实、系统和全面的记录，建立档案和数据库，建立国家级和省、市、县级非物质文化遗产代表作名录体系，逐步形成有中国特色的非物质文化遗产保护制度。目前，国家已将瑶族传统服饰列入了国家非物质文化遗产保护名录。服饰刺绣作为一种民间艺术，根植于民间，心灵手巧的劳动妇女是其发展的不竭源泉。这种靠口传身授的女性艺术，往往因人而存，一旦缺乏

---

① 玉时阶：《瑶族传统服饰工艺的传承与发展》，载《广西民族大学学报》（哲学社会科学版），2008（5）。

创造主体，其传承就无从谈起。特别是像花蓝瑶这样人口稀少的文化群体，在现代化浪潮的冲击下，传承人数急剧减少，将极大地危及服饰刺绣文化的保护和传承。所以，必须做好花蓝瑶服饰刺绣民间艺人的培养、保护和传承工作。

目前，花蓝瑶民众中掌握全套服饰刺绣工艺的民间艺人为数不多，且都是70岁以上的老年妇女，她们掌握的工艺技术随时都在消失。所以，政府必须组织人力，建立规范的传承体系，一方面要保护、资助这批民间艺人，使其肩负起传承传统服饰刺绣工艺的责任；另一方面要鼓励、支持有兴趣的年轻人学习花蓝瑶服饰刺绣技艺，使其后继有人。只有这样，才能使其存活于民间，实现有效的保护与传承。

马林诺夫斯基认为，文化是为了满足人们的需要，每一个文化因子都具有其特有的功能。在现代社会中，当花蓝瑶服饰刺绣文化的传统功能丧失之后，只有满足人们的某种需要，发挥其在现代社会中特有的功能才能传承下去。因此，在新的历史条件下，对于花蓝瑶社会来说，服饰刺绣文化向经济功能的转换是他们所必需的。要实现这一目标，除了让瑶族村民们认识到保护服饰刺绣文化具有巨大的、潜在的经济利益，培养他们保护服饰刺绣文化的责任心和使命感之外，最重要的是能够使当地人民群众从服饰刺绣文化传承与保护中得到切实的经济利益，并成为服饰刺绣文化传承与保护的主人而非旁观者或受害者。所以，借助先进的现代科学技术，引入新观念，使艺术经济化不失为一条保护与传承的好途径，不仅可以解决服饰刺绣技艺中后继无人的问题，还可以解决剩余劳动力的就业问题，有利于家庭、社会的稳定。①

---

① 龙叶先：《苗族刺绣工艺传承的教育人类学研究——湘西凤凰苗族农村社区（椰木坪村）个案分析》，中央民族大学，硕士学位论文，2005。

民族节日是传承民族文化的重要载体,是一个民族文化最集中的显现。因此,必须重视民族传统节日的保护和发扬,使民族节日能够真正发挥振奋民族精神的作用,为民间艺术构筑存活的生存空间。① 花蓝瑶节日众多,甚至有的月份有两个以上的节日,如春节、保苗节、清明节、"尝新节"等。除了传统节日外,还有祭社、祭庙、祭甘王等宗教祭祀性活动。以前,所有这些节日,到场者都要盛装出席,穿着瑶族传统服饰既是他们向祖宗、神灵敬奉的最好方式,也是他们展现民族风采,凝练民族精神活动。所以,大力弘扬节日文化,有利于彰显民族精神,发展民族文化,使后代子孙认识到本民族服饰刺绣文化的重要性,并将之保护、传承下去。

根植于民众生活的非物质文化遗产,其最大的特点就是不脱离民族特殊的生产生活方式,并继续对人们的生产生活产生影响。因此,要保护好花蓝瑶服饰刺绣文化,首先该文化的拥有者,即当地的花蓝瑶民众必须要有保护意识,对自己的文化有自知之明。然而,由于花蓝瑶经济比较落后,不可能在费时耗力的服饰刺绣上耗费太多的时间和金钱,单靠自己的能力难以支撑起保护重任,所以需要政府的大力扶持,政府不仅要引导花蓝瑶民众培养起保护传统文化的责任心和使命感,更重要的是采取措施使花蓝瑶民众从服饰刺绣文化的保护与传承中获得经济效益。而只有建立起在保护中开发利用、在开发利用中传承的良性循环机制,才是解决非物质文化遗产保护问题的根本途径。

---

① 龙叶先:《苗族刺绣工艺传承的教育人类学研究——湘西凤凰苗族农村社区(榔木坪村)个案分析》,中央民族大学,硕士学位论文,2005。

蓝靛瑶纺织文化变迁

——以云南省河口瑶族自治县下水槽屯为例[①]

胡美术

一、下水槽屯概况

下水槽是云南省河口瑶族自治县瑶山乡水槽村委会的一个自然村。村寨主要有邓、李、盘、王四大姓氏。从《河口县志》《马关县志》《云南苗族瑶族社会历史调查》《开化府志》等资料来看，其迁徙路线主要从广西的十万大山、白色凌云、田林等地向西迁经广南、文山、蒙自、临安（今建水县）至大瑶山。部分由广西迁往越南后迁入河口。史料记载大瑶山瑶族迁入时间为乾隆、嘉庆、道光时期。据《广西瑶族社会历史调查》记载："此地（广西百色凌云县）瑶族是来自十万大山。当时来这里的有李、盘、邓、赵四家……在这里定居后，又有一部分去了云南。"[②]

下水槽位于水槽村的中央，在东北、东南、西南、正西、正北方向分别与水槽村的上水槽、泥嘎、泥博、坡者、顶坪5个村民小

[①]《蓝靛瑶纺织文化变迁——以云南省河口瑶族自治县下水槽屯为例》，广西民族大学中国少数民族史2010届硕士研究生论文，调查时间：2007年10月—2009年12月。作者胡美术现为广西大学中国—东盟研究院讲师。

[②] 广西壮族自治区编辑组：《广西瑶族社会历史调查》，第五册，221页，南宁，广西民族出版社，1986。

组相邻，与泥博之间耸立着当地最高峰娘娘山，海拔达 1239.7 米。① 下水槽屯三面环山，在其西南方有一个豁口。海拔 1000 米以下，目前主要种植香蕉、菠萝、八角、水稻、旱稻等。2008 年下水槽屯共有 66 户 327 人，全部为蓝靛瑶。全部村民当年经济总收入为 377452 元，全年粮食总产量为 78658 公斤，拥有耕地面积共 240 亩。

下水槽屯是典型的具有山地民族特征、最具蓝靛瑶族群特色的村寨。蓝靛瑶因长期种植蓝草及用蓝靛染布且穿靛染衣服而得名。其自称金门，讲勉语"金门"方言。这部分人和历史上莫瑶、长沙武陵蛮有密切的渊源关系，其语言属于汉藏语系苗瑶语族瑶语支。因所处地域不同，称呼各异，有蓝靛瑶、山子瑶、平头瑶、沙瑶等称谓。

二、蓝靛瑶传统纺织文化变迁

蓝靛瑶传统纺织文化在历史发展进程中，从原料、器具、工艺、纺织群体、文化功能等方面发生了一系列变迁，尤其是在生计转型阶段，蓝靛瑶传统纺织文化的变迁程度尤为剧烈。

（一）纺织文化元素变迁

文化变迁是指由于族群社会内部的发展或由于不同族群之间的接触而引起的一个族群文化的改变。② 瑶族先民在不断的迁徙过程中，自己创造和汲取周边民族的纺织技艺，逐渐形成了独具特色的

---

① 河口瑶族自治县地方志编纂委员会编：《河口县志》，49 页，北京，生活·读书·新知三联书店，1994。

② 文化变迁，见百度百科，http://baike.baidu.com/view/2665926.htm，2009 - 07 - 24。

纺织技术。明清时期，资本主义萌芽开始出现，受民族资本主义和帝国主义的影响，从东向西，从沿海向内地的家庭手工作坊受到大机器工业生产的冲击而逐渐破产。瑶族受各种因素影响聚居深山，由于对政府的清剿和匪患的袭扰心存芥蒂，与外界接触较少，特别是妇女基本上不出瑶山，为了基本的生活所需，瑶族的传统纺织得以延续下来。

  传统的纺织文化是历史最为悠久的文化之一。马克思曾经说过："人们为了能够'创造历史'，就必须能够生活。但是为了生活，首先就需要衣、食、住以及其他的东西。因此第一个历史活动就是满足这些需要的资料，即生产物质生活本身。"① 纺织工业的起源，是在编织技术发展到一定阶段后开始产生的。② 有学者认为，最早的编织源于鹊巢。"人们从雀巢得到了启发，便模仿着编织筐篮，用筐篮盛装采集的食物带回住地。"③ 普遍的观点认为，纺织的产生最迟应在旧石器时代晚期。河姆渡文化遗址出土的大量陶制纺织部件被学术界认为是手摇纺车的零件。这一时期，纺织已经从手捻改为手摇纺车纺纱了，但那时的纺织仍然只是人们生活中的一种附属产品。正如马克思所说："纺和织等等当初是农业中的副业。"④ 早期的纺织技术在解放后的景颇族、佤族和彝族等少数民族的传统纺织中仍然可以寻其踪迹。从下水槽屯来看，到 20 世纪 90 年代末以前，蓝靛瑶传统的纺织技术在当地仍很兴盛，很多家庭仍种植或购买棉花用来纺纱织布，手工制作民族服饰。20 世纪

---

  ① 中共中央马克思恩格斯列宁斯大林著作编译局：《马克思恩格斯选集》，第一卷，32 页，北京，人民出版社，1995。
  ② 王晓：《浅谈我国原始社会纺织手工业的起源与发展》，载《中原文物》，1987(2)。
  ③ 许顺湛：《中原远古文化》，312 页，郑州，河南人民出版社，1983。
  ④ [德] 马克思：《资本论》，第三卷，713 页，北京，人民出版社，1978。

90年代末期以后，随着农业产业化进程的加速发展，传统纺织材料棉花的种植迅速减少，织布所用的线大多从市场购买，使织布技术得以延续至今。当前，受经济全球化和区域经济一体化的影响，少数民族聚居区与外界的联系日益密切，现代文化从多个角度、不同的层面侵蚀传统文化生存的土壤，使传统纺织文化面临着生存的危机。

与其他民族一样，在漫长的历史进程中，受自然环境等因素的影响和认识的不断提高，瑶族先民在纺织原料的选择上也经历了一个取舍的过程。从原料的角度来看，也是一个逐渐变迁的过程。历史上，瑶族先后用竹、棉、麻等植物纤维做衣。[①] 在逐渐筛选和培育过程中，棉花作为主要的纺织原料被保存下来。据调查了解，民国时期，由于地方割据势力的盘剥，以粮食为主的租税增加，棉花的种植面积无法得到保障，在相当长一段时间内，人们一度用麻来纺线织布。中华人民共和国成立后，人们认为相对麻而言，棉花织出的布更细腻、更柔软。因此，不再以麻作为主要的纺织原料，棉花的种植逐渐得到恢复，直到20世纪90年代末，棉花仍然是蓝靛瑶主要的纺织原料。在自给自足的自然经济生活体系中，棉花的种植与粮食的种植同等重要。据调查了解，在参与到农业产业化经济发展之前，水槽村泥博寨蓝靛瑶家庭种植的棉花面积基本上占家庭种植业的2/5，田地多和人手多的家庭种植比例更大。[②] 下水槽屯的棉花种植面积达到1/2左右，比泥博屯比例更大，因为海拔较泥博屯低，棉花的产量比泥博屯大，所用纺织的棉花完全可以自给，棉花生产富余的家庭还可以少量出售，主要销往该县的桥头乡等地。据PWY老人说，她家20世纪90年代以前就曾拿棉花换取制

---

① 张有隽：《瑶族历史与文化》，273页，南宁，广西民族出版社，2001。
② 资料来源：2008年12月在瑶山乡泥博寨的田野调查。

好的蓝靛，多余的棉花也少量出售。在水槽村，下水槽屯是传统织布机织布比较多的村寨之一，调查时，共有6台织布机正在使用中。在其他的村寨相对较少，如泥博屯仅有2台织布机仍在使用。但由于需求的减少，织布不再是蓝靛瑶人日常生活的必需，织出来的布主要用于给新郎新娘做传统礼服，给小孩做民族服装和做"老人衣"① 所用。

蓝靛瑶纺织文化的变迁首先是从棉花种植的减少开始的。据调查了解，下水槽蓝靛瑶村民自1997年以后就不再种植棉花，目前织布所用的线不再用棉花自纺，全部购买市场上的棉线和腈纶线，大多数蓝靛瑶人喜欢购买具备质轻、价廉的腈纶线织布。2008年底调查小组进村调查时，全寨没有人种植棉花，也没有人用棉花纺线，用于织布的线主要从乡政府所在地的三岔路农贸市场购买，也有部分村民从河口市场购买或者从进村售卖的零货商手中购买，纺织原料来源发生了根本的变迁。在下水槽屯的66户村民中，没有家庭种植棉花，23家仍织布的家庭都是从市场上购买已经染好的黑色棉线和腈纶线（当地人叫喀什小毛线）。水槽村其他村屯的棉花种植情况与下水槽屯大致相同。在蓝靛瑶人家，我们仍然可以看到织好的布匹和正在染制的布匹，不过人们更多的是从市场上购买不同颜色的棉线或腈纶线回来织布，织出的布不用重新靛染。现在蓝靛瑶人穿的民族服装大多是从市场上购买的黑色棉线或者腈纶线织布制作，真正用棉花纺线织布后靛染成衣的民族服装少之又少。自20世纪90年代初至今，随着经济全球化和区域经济一体化的发展进程加快，传统的农耕文明根基受到冲击，商品经济所带来的产业化冲击直接摧毁了传统农耕文明的生存基础，蓝靛瑶传统纺织文

---

① 老人衣：即寿衣，人死后下葬前穿在逝者身上的衣服。

化遭受冲击在所难免。由于商品经济的发展，市场上以满足蓝靛瑶需求的织布用的各色棉线和腈纶线取代了手纺线。以市场为导向的农业产业经济的发展夺取了纺织文化赖以生存的土地资源，使纺织文化成为无源之水、无本之木。纺织原料来源的变迁，一方面可以看出，蓝靛瑶以前"耻"商的思想在逐渐发生改变，同时也无可否认，蓝靛瑶所处的传统意义上的"深山老林"聚居区已经无可避免地被纳入市场经济的一部分，区域经济一体化的影响力已经深入到瑶山深处。

文化变迁可以分为无意识的变迁和有意识的变迁，后者又包括主动性变迁、指导性变迁和强制性变迁三种类型。[①] 下水槽屯蓝靛瑶纺织器具的变迁主要是有意识变迁，其中以主动性变迁为主，强制性变迁在纺织器具的整个变迁过程中也有明显的体现。下水槽屯蓝靛瑶纺织器具包括纺纱器具和织布器具两大部分。而与纺织相关的器具有压棉器、纺车、绕线器、拉线器、织布机等器具。

下水槽屯现存的纺织器具主要有纺车、绕线器、拉线器和织布机，压棉器已经随着棉花的不再种植而消失，弹花机主要是少数专门从事弹花职业的人才有。与汉族地区的弹花机相同，分木弹弓和竹弹弓两种。蓝靛瑶种植的棉花大多是请其他周边民族如壮族工匠帮忙弹成花或者用棉花换取弹好的花。压棉器，又名"搅车"，有记载最早的搅车是"木棉搅车"，据元人王祯记载："南州异物志，班布，吉贝木所生，熟时状如鹅毛，细过丝绵，中有核如珠珣，用之则治出其核，昔用辗轴，今用搅车尤便……一人喂上棉英，二轴相压，则子落于内，棉出于外，比用辗轴，工利数倍。"[②] 而早于

[①] 文化变迁，见百度百科，http://baike.baidu.com/view/2665926.htm，2009 - 07 - 24。

[②] （元）王祯：《农书》，508 页，北京，农业出版社，1956。

◎现代化进程中的瑶族文化教育

搅车的棉花除籽工具是辗轴,辗轴在瑶族纺织史料中未有明确的记载。压棉器是纺织过程中最先用到的器具,主要功能是将从地里采摘回的棉花进行棉籽和棉花的分离,棉籽可用来榨油等,棉花用于纺线。对于自己种植棉花,纺线织布的蓝靛瑶人来说,压花器是最基本的纺织工具之一。在下水槽屯,现在已经没有压棉器。纺车是在人力的协助下,将棉花抽成细线用于织布的器具,也是纺织过程中最早使用的成型器具。据记载,最初的纺车是用手摇轮,后改进用脚踏。① 在瑶山乡文化站邓国群站长的帮助下,经过几天的找寻,终于将村民丢弃在房子角落的纺车找出来,一共有两套,其中一套经过修理后仍能正常工作。纺车的主体由两个 T 字形的木架与一个由竹片、牛皮筋做成的有轴的圆环组装而成。纺线时,拿一根比筷子稍细的铁棍(约20厘米,在铁棍的1/4处固定有一个类似滑轮的小铁轮),用一根呈∞字形线将纺车的轮与铁棍上的小铁轮穿好,将小铁棍固定在另一个 T 字形的凹槽上,由于固定铁棍的 T 型凹槽上绑有布条且涂有润滑用的植物油,在转动纺车的大轮时,小铁棍跟着旋转。

绕线器,古代称为蟠车。据《王祯农书》记载:"蟠车,缠绕具也……南北人皆惯用习见……诗云:纺织功才毕,蟠缠得此车。"② 绕线器由两部分组成,各有不同的功能,是纺织过程中的辅助工具,根据绕线所用到绕线器的顺序,将先用到的绕线器编为1号绕线器,后用到的绕线器编为 2 号绕线器。为了最终将纺好的棉线拉到织布机上,在纺好棉线之后,先将线从小铁棍上通过 1 号绕线器转换为直径约 0.5 米的圆环(当地人将这种大线圈称为匡线),然后借助 2 号绕线器将匡线绕在小竹筒上(学名为锭线,当地人称筒线)。1 号绕线器呈两个 T 字形组合,大致的框架结构与

---

① 夏征农主编:《辞海》,435 页,上海,上海辞书出版社,2002。
② (元)王祯:《王祯农书》,508 页,北京,农业出版社,1956。

纺纱器类似，只是绕匝线的大圈由两节竹子或有一定韧性的湿木棍各劈成两块，呈十字架状固定，在中心挖空固定一根短竹筒，后将固定好的十字架状木片或竹片两端用短木棍撑开，插入大T字形架安装好的轴心上，将线锤放在小T字形末端双Y字形支架上或拿在手中，拉线穿过固定在大T字形下的铁环，绕在十字环上，用手转动十字环，卷线就可以转换为匝线了。要最终将纱线拉到织布机上，是要通过比较方便牵拉的锭线来完成的。因此，转化为锭线也是辅助的重要环节，是蓝靛瑶人在长期的纺织活动中总结出来的经验。转换为筒线的2号绕线器较1号绕线器复杂得多，较简单的2号绕线器的固定匝线的工具是木制T字形与垂直的Y字形相结合。固定匝线小竹筒的工具制作原理与纺车相似，即用线将木片和绳索做成的大轮和木头做成的两边高中间凹的小轮成∞字形固定，将小竹筒插在通过小轮固定的铁棍上，将线绑在小竹筒上后，摇动大轮，大轮通过∞字形线带动小轮从而带动小竹筒旋转，匝线则通过人控制均匀地绕在竹筒上，转化为锭线。在此之前，蓝靛瑶村民一直沿用简易的绕线器。据调查了解，这两种绕线工具是在长期的生活中制作出来的，简易的绕线器在民国时期就已存在，具体时间已无法考证，2号绕线器是下水槽蓝靛瑶村民在20世纪60年代制作出来的。没有使用绕线器之前，人们常用手工将线从线锤上绕到竹筒上，这样费时又费力，而且往往出错或绕线不均匀，导致拉线时耽误时间。

拉线器是纺织中另一个需要用到的辅助工具。拉线器的制作较简单，调查时见到的拉线器是由木头和长铁丝制作而成。用木头制作一个方框，在方框中加一根横梁，在横梁和上下的两根横木上平行地钻上能穿上铁丝的小洞（一般为5组以上，即可并行穿5根铁丝，10根锭线），将铁丝穿过锭线的竹筒后固定住拉线器后，就可将锭线拉到织布机上固定织布了。拉线时，一般共需要7个拉线器。

织布机，瑶语称为 enji（拼音），由机架、绕线架、压线墙（筘）、织布梭、脚踏板、固定布的竹片等组成。与云南河口瑶山老范寨、河口桥头地区瑶族的织布机制作工艺相同，使用方法相同。在下水槽屯调查时，被调查者对于织布机是否改进这一问题的回答几乎相同，"没做改进，坏了就做新的"。据统计，下水槽屯的织布机保留数量相对纺纱器的数量要多得多，可用的有23台。较老的织布机设计得较矮，做工粗糙，而新做的织布机相对较高，较精细。

有意识的变迁（voluntary change）也称自愿变迁，它是由变迁主体中的个人（社会上层人士）或是某一社会阶层发动的、有意识地对个别文化特质或局部制度乃至文化结构进行改革或发展的一种变迁过程。这种变迁主要是为了满足具体历史条件下的固定群体的需要而做出的调整，调整的主体是该文化的拥有者，也可以看作是一种适应性变迁。从蓝靛瑶纺织来说，纺织器具的创新属于有意识的变迁。由于经验的积累和劳动力的缺乏，要求在单位时间内完成更多的工作量，蓝靛瑶人在纺织过程中，逐渐摸索和总结，制造和改进了部分纺织的器具。如"绕线器"的形成过程就是有意识变迁的成果。尽管拉线在所有的纺织过程中都可以看到，但蓝靛瑶使用的拉线器也是基于长时间观察和总结而制作出的辅助性工具。一直以来，织布机的改进相对较小，旧织布机往往没有多大的改动，只是在旧织布机不能使用或需要更换部件时根据需要进行部分的调整，包括织布机的材质、高度、宽度及相应辅助工具材料的更换。蓝靛瑶纺织器具强制性变迁主要体现在纺织原料来源的改变直接致使纺织器具的消逝。据下水槽屯 LWY（女，74岁，瑶族）老人讲述，她10岁左右时，下水槽屯只有15户左右，那时家家都种植棉花，几乎每家都有纺织机，压棉机和纺车等是最基本的生活用具。她在年轻学习纺织时曾从祖母那里了解到，以前一些纺织的器具是没有的，如绕线器，是在逐渐的总结过程中创造出来的。在50多年的纺织生活中，老人所用和所见的绕线器也在不断地改进，现在用的绕线器最省力、最方便使用。从访谈的信息可以看出，在20世纪40年代左右，在下水槽屯居住的居民，每家每户都有纺车和织布机，纺织器具是蓝靛瑶生活的必需品，与生产粮食的工具一样重要。随着人口的增长，传统纺织布料自用的习俗被打破，中华人民共和国成立后至20世纪70年代末期，蓝靛瑶从游耕状态逐渐转向定居农耕，土地使用相对固定下来，特别是集体农业的发展使蓝靛瑶村民自己支配使用的土地减少，棉花的种植面积锐减。纺织器具在数量上并没有明显的增长，这种情况一直持续到90年代。90年代至今，蓝靛瑶聚居地区逐渐被纳入以市场配置为基础的市场经济体系，香蕉和菠萝的大量种植占用了大部分耕地，棉花因为产量和效益低下而不再种植，加上劳动力转移的需求等因素，使蓝靛瑶村民更愿意从市场上直接购买已经纺好和染好的棉纱。随着纺织原料来源的变迁，传统的纺纱器具开始逐渐退出纺织的过程。纺织器具包括压花器、纺车、绕线器闲置不用，建新房、搬新家，更是直接导致这些闲置器具的消逝。笔者对下水槽屯纺织器具现状进行了统计，结果如下：

表一　下水槽屯纺织器具统计表① 　　　单位：件

纺织器具	总数	可用数	在用数	闲置数	备注
织布机	23	12	6	6	总数是包括部分部件残缺的器具在内
压棉器	0	0	0	0	
纺车	2	1	0	0	
1号绕线器	4	3	0	0	
2号绕线器	5	5	5	0	

从表中我们可以看出，目前仍在使用的只有织布机和2号绕线器，其他的器具大都丢失和废弃。压棉器、纺车和1号绕线器主要在90年代末期开始退出，不再参与纺织的工序。其中，仍存1件纺车和3件1号绕线器可用。

从蓝靛瑶纺织文化来看，由"纺"与"织"文化元素构成的纺织文化整体中的"纺文化"被剔除，成为单纯的"织文化"。在所有的纺织程序中，只保留了纺织机这一织布的器具及与织布相关的辅助性工具，纺织机承袭了传统的功能，未有突破性的发展。对于水槽村的蓝靛瑶村民来说，纺织器具只保留了织布工具，纺纱器具在整个纺织过程中已不再具有原来的意义，一些纺纱器具被丢弃在不起眼的角落，纺织器具发生了变化。从蓝靛瑶从游耕到定居农耕经济时期，再到产业经济转型时期纺织器具的变迁不难看出，生计转型使传统纺织器具发生变迁，这种变迁强制割裂了"纺文化"与"织文化"，使"纺文化"直接消逝。

纺织工艺是包括除籽、纺纱、拉线、织布等工序在内的总称。从调查的情况和查阅中国古代纺织器具和工艺对比情况来看，直到

---

① 2009年10月田野调查统计数据。

20世纪90年代早期，下水槽屯蓝靛瑶传统纺织工艺仍比较古老，且保存较为完整。

手工除籽是最原始的除棉籽的方法，在棉花量少时，一般可采用手工除籽的方法。最早使用的除籽工具是碾轴，从元人《王祯农书》"昔用辗轴，今用搅车尤便"可以看出，搅车（压棉器）比辗轴使用起来更方便。在下水槽蓝靛瑶村寨调查时，据 LWY 老人讲，20世纪40年代左右，棉花产量不高，没有除籽工具，村里全部是手工除籽，但效率较低。直到50年代以后，随着农业集体化劳动的深入，蓝靛瑶人与周边汉族、壮族等的交流加深，从壮族地区引进了压棉器，大大提高了除籽的效率，节约了除籽的时间。不过，刚引进的压棉器除籽率不高，往往要将籽棉重复去籽才能除尽。60年代后期，在不断的实践过程中，下水槽屯蓝靛瑶人对压棉器进行了改进，主要是将过籽棉的两轴之间的距离由原来的固定距离变为可自由调节，更方便不同质量棉花的除籽。90年代末期，由于大部分下水槽屯蓝靛瑶人不再种植棉花，压棉器大多废弃不用，大多数压棉器因年久失修自然损坏或者被用来当作柴火付之一炬，有的在搬家时丢弃了。在2009年10月的实地调查中，没有找到压棉器。

在中国纺织文化的进程中，在旧石器时代就出现了最早的纺纱器具，即陶制纺纱器具，河姆渡文化时期手摇纺车开始出现。在中国很多地处深山和边境地区的少数民族，手摇纺车一直被保留下来，下水槽屯蓝靛瑶就一直沿用手摇纺车。捻线和搓线是较原始的成线方式，在可考的记载中，这两种方式在蓝靛瑶的纺织中极少用到，都是用手摇纺车纺线，在调查所得口述史料中了解到，20世纪40年代至今，蓝靛瑶人一直沿用手摇纺车，其最早使用纺车的具体时间据现有资料仍无法考证。具体的纺纱过程如下，将纺车置

◎现代化进程中的瑶族文化教育

于地上，纺轮置于右，铁制约20厘米（在4厘米左右处固定小滑轮，以置∞字形绳与纺轮相连），用小铁棍作轴置于纺车右边凹形木架外，后用∞字形线将纺轮与铁轴相连。纺纱时，右手有节奏转动纺轮，左手将棉花慢慢放出，棉花随着纺轮带动铁轴的旋转被抽成线缠绕在铁轴上。棉线的粗细全靠纺线人掌握，技术纯熟的妇女纺出的线较均匀。在PWY家，老人用脚固定住纺车，一手摇纺车，一手轻轻将棉花放出，小铁棍上的棉线圈随着老人的节奏逐渐均匀地变大。据老人讲，一般织布用作经线的线要纺粗一些，用作纬线的线要纺细一些。经线要用来牵到织布机，而且在织布的过程中还要来回拉动，所以纺粗；为了使织出的布薄和柔软，故需要将纬线纺细。据LWY老人讲述：纺好的线是不能直接用来织布的，要用米汤浸泡。在将锭线转换为匡线之后，将匡线放在煮好的浓度较低的大米汤里浸泡几分钟，提起晾干，这样的线才能用来织布，而且织出的布比较牢，这也是蓝靛瑶土布摸起来感觉很硬的缘故。而现在用的腈纶线直接就可以用了，无需在米汤里面浸泡。在长期的探索中，蓝靛瑶人不断地总结和探索新的纺织工艺，改进旧工艺，使纺织工艺不断完善。

穿经，当地人称拉线，就是将纺好且绕好或从市场上购买的线卷经过"上胶"①后，按照织布的要求绕到织布机上的过程。据调查了解，早在20世纪40年代初期，一般织布大约长3米，整个拉线主要是在织布机上完成，因此，一家人的衣服所需的布料往往要经数次拉线才够用。60年代，随着经验的积累，为了节省拉线的次数和减少拉线的麻烦，蓝靛瑶人将拉线分离出来，通过拉线器将线拉好后再安放到织布机上，这样一般可拉15米左右的线，织出

---

① 上胶：将纺好绕成线卷或从市场上买回的棉线放在煮好的糙米汤中浸泡一下后晾干，使其有韧性。

的布相对较长。自将拉线工序分开来以后，一般一台织布机一年最多拉线两次，用布少的家庭只用拉线一次。现存于下水槽屯的拉线工艺具体如下：拉线是纺织过程中需要人最多的程序，一般的拉线需要 11 人左右。"抬线"① 7 人，两个边桩固定线各 1 人共 2 人，中间梳理线 1 人。拉线所需辅助工具包括拉线器 7 个、固定"压线墙" 2 片、压线墙② 1 片、织布机绕线架 1 个、一定距离的大木桩 2 根、在每根大木桩附近放 2 根小木桩，用于将拉出的线分层。每个线架 10 根线，7 人拉一次共 70 根，一般来回拉 8 次上下各 280 根止，也可根据需要拉更多经线，不过水槽村蓝靛瑶人一般只拉 280 根，因为一方面数字比较吉利，另一方面约 0.4 米宽的布方便织布时的操作。线成功拉完以后，用剪刀剪开固定在离两根小木桩较近一头，根据小木桩分出的上下两层，按照顺序将线穿过两片压线墙里面，同时将线头固定在织布机的绕线架上。将绕线架与线一起移到空旷的地方，一边移动代替小木桩的光滑的织布机用"分线木棍"，一边滚动绕线架，梳理整齐经线。为了防止线缠在一起，一般会用纸张将绕在绕线架上的每一层线隔开，直到适合将绕线器和线放上织布机为止。在整个的纺织过程中，拉线的工程最大，场面最为壮观，最能够发挥蓝靛瑶女性集体的作用。因为需要的场地比较大，而且需要保持线的干燥，因此，拉线只能选在晴天。一次拉线需要 10 多人协作，为了不误农活，拉线一般选在农闲季节。拉线除了需要的人多、场面宏大之外，也是纺织过程中最为关键的一步，是连接"纺"与"织"的桥梁和纽带。未经拉线程序的线只是线而无法成为布，而要织布必须要经历拉线的步骤，这是无法逾

---

① 抬线：穿纬入筘的过程。将拉好的线穿入筘中，然后绕在织布机架上。
② 压线墙：使织布时经线能够均匀，同时能够控制使经线根据脚踩踏板的上升和下降将经线带动，从而可以从上下经线间穿梭织布。

越的过程。即使是"纺文化"已逝的今天,拉线在织布中的重要地位仍然无法替代。

在下水槽屯蓝靛瑶村寨中,织布工艺保存最为传统,没有织锦等复杂的工艺。左右脚各踩一块踏板,右脚踩下踏板时,在杠杆作用下,一块压线墙将一面经线压下,织布者右手将带线的织布梭从右穿至左边,然后踩下左边的踏板,右边的踏板自然上升,织布梭从左边穿到右边,如此反复。为了保持所织布宽度一致,织者往往用一个固定的竹片撑住布的两边,一般织出2厘米左右就将竹片向前移动。据了解,一个人一天最多能织布1米左右。在以游耕生计为主时期,受迁徙和纺织原料供应不稳定等多方面因素的影响,蓝靛瑶的纺织工艺相对原始。在不断总结和探索中,蓝靛瑶纺织工艺有了长足的发展。同时,尽管蓝靛瑶人住深山,在入山前及入山后与外界时断时续的接触过程中,一些其他民族地区先进的工艺和器具相继被引入瑶山,为蓝靛瑶人所习得。清朝晚期,民族资本主义经济发展速度加快,大工业生产的绸缎布料与家庭手工作坊的产品相比显得物美价廉,城市及一些经济条件相对较好的地区放弃了家庭手工业生产方式,购买市场上流通工业生产布料。而瑶族地处深山,自然环境恶劣,基本生活资料得不到保障,商品经济欠发达,村民购买能力不强,在服装方面,依然依靠自己种植原料和纺纱织布。民国时期,经济的匮乏和连年战争,使蓝靛瑶聚居区商品经济的发展步伐依旧缓慢。在半游耕的生计方式下,蓝靛瑶为了满足家庭成员对布料的需求,根据家庭人口数量和粮食的富足程度,种植棉花。总的来说,这一时期手工生产出的布料有松紧均匀、布面平滑等特点。中华人民共和国成立后至20世纪90年代初,由于劳动强度较大,女性承担的家庭日常事务较多等多方面原因,纺织的技能大打折扣,手工纺织产品的工艺相对半游耕生计为主时期有所退步,主要原因是妇女纺织训练和操作机会越来越少。在继承的基础上少有发展,基本上保持了传统的特色。90年代以后,由于纺纱器具退出纺织的舞台,大多数妇女已不会自己纺线,织布用的纱线主要靠在市场上购买。因工业棉线和腈纶线比手工纺线均匀,织出的布较手工纺线所织的布更为细软、平滑。

游耕经济早期的蓝靛瑶纺织原料的生产极不稳定,常常因原料的匮乏而使蓝靛瑶人缺衣少穿。民国初期,蓝靛瑶地区的纺织群体相对比较稳定,纺织技能纯熟,大多数参与纺织的妇女都能够熟练地操作纺纱、织布等器具,同时能够独立地种植棉花。据PXZ(女,72岁,瑶族,下水槽屯人)讲述,20世纪40年代以前,下水槽屯人户少,但一般12岁的女孩就会织布,15岁左右就能够熟练地纺纱,10岁左右的女孩就要帮忙采摘棉花。由于那时村里的娱乐活动比较少,一到冬季农闲时,为了更早地织布给家人特别是小孩做衣服,往往是一家老小都来帮忙,但家里的男性和未习得纺织技艺的女性只能帮忙摘花和去籽。那时的女孩一般在十五六岁时出嫁,出嫁前,基本上都要习得纺织技艺。据PSL(女,61岁,瑶族)讲述,中华人民共和国成立时,她那时刚刚记事,生活非常艰苦,粮食不够吃,衣服不够穿。没有钱买肥料,粮食的产量很低,只能靠大面积播种才能基本上保证一家老小的口粮,主要种植低产的旱谷为主粮。一般的家庭,为了保证粮食的生产,几乎耗尽了所有的劳力。因此,缺衣穿又成了问题,且当时的布基本上买不到,即使买得到也没有钱买。因为没有肥料用在棉花的种植上,因此棉田只能每年种一次棉花,且产量不高,缺衣穿成为常事,小伙子大多只穿一条短裤一件破上衣,有的甚至光着膀子。据PWY(女,69岁,瑶族)讲述,70年代后期,由于瑶族地区小学基础设施不断改善,瑶族适龄儿童上学的开始多起来,特别是到80年代末期以后，10多岁的女孩都在学校读书。她们不再学习纺织技术，同时，读小学时，因为在乡村，小孩比较喜欢穿自己民族的服装，到上初中时，特别是上高中以后，女孩基本上都穿从市场上买的衣服，很少穿民族服装了。

纺织成为传统生活中的基本劳动内容，同时也是蓝靛瑶妇女最基本的生存本领。为了准确地了解下水槽屯女性纺织技能，笔者对20岁以上的妇女纺织技艺情况进行了统计，为了反映整个下水槽屯女性的纺织技艺，统计中对本村出生的女性和外村嫁进本村的妇女没作区分。具体情况如下：

表二 2009年下水槽屯纺织群体统计表[①] 单位：人

年龄	出生时间	人数	会纺线人数	占总人数比	会织布人数	占总人数比	备注
50岁以上	1959年前	25	21	84%	25	100%	20岁以内的女孩已不再习练纺纱和织布技艺，故未统计
40—50岁	1960—1969年	19	16	84%	19	100%	
30—40岁	1970—1979年	23	5	22%	18	78%	
20—30岁	1980—1989年	30	0	0	6	20%	
合计		97	42	43%	68	70%	

从调查统计的情况看，50岁以前出生的蓝靛瑶女性，会纺线人数达到84%，织布技艺相对纺纱技艺较为容易，这一年龄段的妇女会织布的比例高达100%。40—50岁的女性会织纺的比例与50岁以上的女性相同。30—40岁的女性会纺纱的人占总数的22%，会织布的人占总数的78%，20—30岁的女性已不会纺纱，会织布的人数仅占总数20%。1989年以后出生的20岁以内的蓝靛瑶女孩

---

① 2009年10月田野调查统计数据。

已不会纺纱和织布。

表三 下水槽屯纺织技艺统计表① 单位：人

纺织技艺	总人数	熟练	一般	会一点	不会
纺线	60	5	6	5	44
织布	60	12	15	5	28
绕线	60	20	25	15	0
拉线	60	15	10	6	29

在对从20岁以上60名妇女的问卷调查中的统计情况来看，能独立纺线人数占总人数的比例最低，约占18%，而能够熟练纺线的人数仅有5人，不足总人数的10%。能独立织布的人数比会纺线的人数多一些，约占总人数的45%，能够熟练织布的人数达到20%。绕线作为辅助性的步骤相对比较简单，在调查的60人中，都会使用绕线器。拉线是连接纺与织的关键步骤，在60人中，会拉线的人数达到42%。

中华人民共和国成立前，由于瑶族聚居地区商品经济欠发达，衣服所用布料主要依靠自纺自织，纺织技艺是每一个待嫁女性必须学习的基本生活技能之一。中华人民共和国成立初期，蓝靛瑶地区经历了大生产运动，土地被收归集体所有，集体劳动以劳动时长为单位计算报酬。为了获得更多粮食，蓝靛瑶大部分女性劳动力转移到了以抓粮食生产和经济发展的生产中去，用于纺织的时间减少。尽管如此，蓝靛瑶妇女仍然坚持习练纺织技艺。据调查了解，这一时期少数女性的纺织技艺是在嫁到下水槽之后才逐渐习得，纺纱技艺不熟练。

---

① 2009年10月田野调查统计数据。

20世纪70年代出生的下水槽屯蓝靛瑶女性中，习得纺纱技能的人数急剧下降，仅占总数的22%。这主要有两方面的原因，一是当地商品经济的进一步发展，蓝靛瑶村民可以购买或者换取织布所需要的线，或者直接购买已经成型的衣服，纺纱技能的学习与以前相比其重要性降低；二是由于现代学校教育的发展，吸纳更多年轻的女性学习知识也是直接减少该群体人数的原因之一。年轻一辈特别是80年代后出生的女性基本上没有时间或精力从事纺织方面的训练，她们大多数时间在学校里学习科学文化知识，没有时间也不愿意习练纺织技能，另一方面由于商品经济的进一步发展，物美价廉的大工业纺织品的渗透力增强，特别是90年代以后，为了追求产业化经济带来的高额利润，更多的蓝靛瑶妇女被迫放弃了相对轻松的家庭纺织，而从事香蕉和菠萝等水果的种植工作，以赚钱致富。

在蓝靛瑶纺织文化中，纺、织、染是一个密不可分的整体。为了更好地了解纺织文化，我们必须要了解与纺织密切相关的靛染工艺。根据需要，蓝靛瑶人将织好的棉布染成浅蓝和深蓝（黑色）两种主要的颜色，用来做头饰和服装的布料。其区别在于用蓝靛染制的过程中染制次数的把握，黑色布料往往比蓝色布料浸染的次数多。研究蓝靛瑶和纺织文化，就不能不研究与蓝靛瑶这一称谓紧密联系的蓝靛染。据宋人周去非著《岭外代答》记载："瑶人以蓝染布"[①]。这里说的"蓝"即蓝靛，蓝靛瑶很久以前就有用蓝靛染布的习俗。蓝靛草喜潮湿和阴凉的环境，一般种植在比较阴湿的地方，这样才能使蓝靛草充分地生长。蓝靛的制作工艺在明代有详细的记载："凡蓝五种，皆可为淀……凡造淀，叶与茎多者入窖，少

---

① （宋）周去非：《岭外代答》，卷六，杨五泉校注，224页，北京，中华书局，1999。

者入桶与缸。水浸七日，其汁自来。每水浆一石下石灰五升，搅拌数十下，淀信即结，水性定时，淀澄于底。"① 蓝靛的整个制作过程都在户外完成，为了节省人力，尽可能在水源的下方开挖制造蓝靛的池子。据LSY老人讲述，以前挖过土池后，用石灰浆刷地和墙壁，每刷一回，只能制作一池蓝靛，制作第二池时又需要重新刷墙和底部，调查时所见的制作蓝靛膏的池子是用水泥做的。据调查，蓝靛制作时一共要挖制3个大小不一的池子，最大的池子是浸泡蓝草用的，直径2米，高2米，成桶状。在大池的一侧，底部0.2—0.3米处有两根上下横置的竹筒，上面的主要用于蓝靛膏制成后释放多余的废水，下面的竹筒将蓝靛膏放到下面的小池继续沉淀。在大池的上部旁边，挖有一个直径0.2米，深约0.4—0.5米，底部成圆锥状的小池，主要用来捣石灰浆。沉淀蓝靛的小池位于比浸泡蓝草的大坑底部略低的合适位置，长宽各约1米，深约1.5米。小池的一侧靠壁插有一根空心的竹筒，竹筒上面按照一定的距离钻有一些小孔。据了解，在蓝靛膏从大池流下来到沉淀坑之后，用工具拌匀，蓝靛膏自然沉淀。废水需要去掉，人工舀水比较麻烦，因此，蓝靛瑶人设计了这根带有小孔的竹筒，在沉淀蓝靛之前，将小孔一一堵上，待蓝靛慢慢沉淀，从上至下依次打开竹筒上的小孔，废水便通过竹筒流走。制作蓝靛膏的主要工具有木耙、拌膏木棍、凹形竹片。每年的9月以后，是蓝草收获的季节。村民将蓝草收割后，放满整个池子，用清水浸泡5昼夜左右，后用木耙将草茎和叶捞起来，将筛选好的石灰放入锥型小池中捣成石灰浆，浸泡10分钟以后和匀，倒入蓝靛大池。用拌膏木棍在大池中搅拌，使蓝靛与石灰浆融合，蓝靛成分充分浸入石灰浆中，让其自然沉淀，约2小

---

① （明）宋应星：《天工开物图说》，曹小鸥注释，168页，济南，山东画报出版社，2009。

◎现代化进程中的瑶族文化教育

时之后（具体时间视沉淀情况而定），将上面的水用凹形竹片放掉，让拌有石灰浆的蓝靛水流入下面的沉淀池，待充分沉淀，放去多余的水后，蓝靛膏就制成了。在此过程中，实时将剩余在蓝靛膏里的蓝草叶和残余的草茎拿出丢掉。每池大约浸泡0.4亩约240—300公斤蓝草，可制成45公斤左右的蓝靛膏。据了解，在太阳寨老寨有蓝靛制作池8口，2009年全寨可制蓝靛膏达2000公斤左右。整个太阳寨行政村5个自然村寨现共有蓝靛制作池约60口。长期以来，一直是蓝草种植和蓝靛膏制作的重要地区，除了少数自用外，多余的蓝靛膏用来换布或出售给贩卖蓝靛膏的生意人。蓝靛膏成品中蓝靛含量比以前有所提升，由于其他经济作物的种植和化工染料大量生产等各方面因素影响，蓝靛膏的生产规模已经远远低于以前。

靛染是几乎每一个蓝靛瑶村寨都会操作的工序，且用具和操作过程基本相同。根据下水槽村LWY老人的讲述和太阳老寨的靛染调查资料，整理如下：以前的染缸一般用陶制的，现在有陶制的，也有从市场上购买的塑料的，一缸水约50—60公斤。在靛染之前，每缸放入3公斤左右的蓝靛膏、3公斤左右的草木灰（或稻草灰）及约0.125公斤土酿白酒后拌匀，盖上盖子或用厚胶布封住，使其发酵，一般3天左右就会发酵，发酵后，蓝靛水颜色均匀，用木棍在染缸来回搅动，会有气泡堆积，且会保持很久不破裂。这时，用小木棍将待染的布慢慢浸入染缸的蓝靛染液中，浸泡约2小时左右，将布捞起来，堆放在染缸上横放的木棍上，使蓝靛充分地浸染到布里。再染第二次时，要将已经染过的布晒干后再染，染缸的蓝靛膏、草木灰和酒都要适量添加。如此浸染4次左右，一匹布最终染成。为了防止蓝靛褪色，往往在靛染之后再加上一道工序，那就是用藏于瑶山深处的"山羊头"①来做最后的防褪色染工序。据了解，因为外人很少问及，蓝靛瑶人极少讲述，这个步骤往往极少为外界所知。

纵观河口蓝靛瑶传统纺织文化在不同经济时期的变迁历程，不同的生计方式下建构不同的文化生存环境，传统纺织文化的变迁程度和变迁方式不尽相同。相对来说，中华人民共和国成立前后，蓝靛瑶从游耕生计向定居农业经济转型阶段，以及90年代后农业产业经济作为主要的升级方式代替自给自足的农耕经济两个重要的生计转型阶段，因为生计方式的转型，对传统纺织文化的冲击力度空前，改变了传统纺织文化在相对稳定生存环境下渐变的变迁模式，急剧的变迁给传统纺织文化带来了毁灭性的打击。

（二）纺织文化功能变迁

在蓝靛瑶纺织文化变迁的进程中，纺织文化传统的文化功能也在相应地发生变迁，正如英国著名功能人类学派领袖马林诺夫斯基（B. K. Malinowski, 1884—1942年）和布朗（A. R. Radcliffe-Brown, 1881—1955年）所说："文化实际上是满足人类需要的手段，文化是一种物体、态度和活动的体系；它是一个整体，其中的各个组成部分都是相互依存的；文化在满足人类需要的过程中创造了新的需要，新的需要又促使新的文化手段的出现，这正是人类进步的关键所在。"② 人类从原始社会开始，通过劳动获得最基本的维持生存的生活和生产资料。

中华人民共和国成立后至90年代，经济的发展使人们的生活水平逐渐提高，商品经济的进一步发展使地处深山的蓝靛瑶人可以

---

① 山羊头：一种藤本植物，底下有大块茎，当地人也称"dōngyōng果"。
② 林耀华：《民族学通论》，127页，北京，中央民族大学出版社，2003。

从市场上得到更多的布料和彩线等，蓝靛瑶人审美的标准也在不断改变。在原有服饰的基础上，蓝靛瑶人充分利用市场流通的商品，给传统的服饰增加新的内容。由此，在蓝靛瑶传统的服饰上绣花，使其更加符合人们的心理需求。在相当长的一段时间内，传统民族服装依旧是蓝靛瑶人的主要服装。90年代以后，随着市场经济的进一步发展，蓝靛瑶聚居地区也被纳入市场经济的范围，蓝靛瑶人从自给自足的传统农耕生计方式向以市场配置为基础的农业产业经济为主要的生计方式转化，棉花的种植退出蓝靛瑶的生活，物美价廉的商品服装流通，对服装新质地、新功能的要求及年轻人的审美观念发生了新的变化，传统的民族服饰逐渐成为蓝靛瑶人节庆、结婚、丧事和表演等一些特殊时间和场合的仅展示民族特性的服装。总之，在不同的历史时期，蓝靛瑶人对传统民族服装的需求不同，传统的纺织能够满足人们最基本物质方面的需求，是传统纺织之所以能够保存至今的重要原因。

　　瑶族历来重视小孩的家庭教育，如何让小孩接受良好的教育，让孩子将来具备生存和为社会服务的技能，是蓝靛瑶传统教育的重要内容。男孩主要通过具有民族特色的成年礼——"度戒"仪式完成，而对女孩的教育主要通过传统的母教女、姐带妹来实现。在传统的蓝靛瑶社会，一个优秀的未婚蓝靛瑶女性需要在德、智、劳、美等诸多方面有优良的表现。传统纺织文化构筑的教育场景可以使她们获得良好的传统教育机会。纺织文化构筑德育教育场景是蓝靛瑶实施传统教育的场景之一。年轻的蓝靛瑶女孩跟随母亲或姐姐学习纺织技艺，在这一相对稳定的场景中，母亲有机会将本民族传统的礼仪和禁忌传授给即将接触社会的女孩，让她们懂得最基本的礼节。蓝靛瑶非常重视传统文化，传统的礼俗和禁忌内容丰富。而纺织文化这一稳定的文化场景的存在，有助于未成年女性了解和熟悉这些维系民族内部秩序的最基本规范,是蓝靛瑶女性接触德育教育的重要场景之一。传统纺织技艺的习练,是对蓝靛瑶女性智力开发、劳动耐性和审美观念的锻炼。在蓝靛瑶社会中,纺织的群体是女性。在蓝靛瑶传统的教育中,有"女不教,娘的错"之说。在传统教育的模式下,母亲需要承担起更多教育女孩的责任。中华人民共和国成立以前,游耕的蓝靛瑶获得学校教育的机会不多,相对来说,女孩获得学校教育的机会更少,因此,女孩的教育主要通过家庭教育即母亲等长辈的教育来完成。而习练纺织技艺,不仅是对劳动耐性的习练,也有助于智力开发和审美观念的形成。据50多岁的DXL阿姨说,纺纱要做到"眼、手、心"的完美结合,要想棉纱纺得均匀,粗细适用,非心灵手巧的女孩学不可。因此,纺织技能的习练,有开发智力的作用。从事纺织不仅仅只是提高女性的纺织技艺,同时对女性温文尔雅性格的塑造具有非常重要的作用。特别是在学校教育不发达的历史阶段,女性长期习练纺织技艺,特别是纺纱技艺的习练,可以让她们更为耐心和细心。因此,纺纱的技艺与温文尔雅的性格常被联系在一起,成为蓝靛瑶人挑选媳妇的标准。至今,仍有许多蓝靛瑶老人认为,细心和有耐心的媳妇利于家庭的和睦,能给家庭带来好运。在传统的蓝靛瑶社会,从生活的需求与个人的成长来看,具备良好的纺织技能是很重要的。因此,通过学习纺织,除了可以培养女孩的纺织技能之外,温雅贤淑、勤勉好学、尊老重道、长幼有序、谦虚质朴的性格和基本仪礼也可以通过在习练纺织技艺过程中得到良好的培养。80年代之前,传统纺织技艺的习练作为教育和培养女性能力的功能一直发挥着重要的作用。80年代特别是90年代以后,随着经济的进一步发展,传统纺织文化生存环境遭到破坏,年长的妇女将更多的时间投入到香蕉、菠萝等经济作物的种植中,在纺织方面所用的时间和精力大打折扣，有的家庭甚至放弃传统的纺织，年轻的女性因为接受现代化的学校教育而没有时间习练纺织技艺。纺织作为构筑家庭教育场景的功能逐渐丧失，传统教育的功能弱化甚至消逝。传统的纺织技能已经不能成为年轻蓝靛瑶女性必需的生存技能，不再具备传统的教育功能，其作为生存技能的功能也逐渐消逝，由于教育场景和教育对象的不完整，教育功能已作为传统纺织文化的历史沉淀，新的教育场景和教育方法即现代的学校教育成为新时代的女性接受教育的主要途径。这一时期对女性的评价体制被打破，理家和挣钱成为产业经济时期评价女性的新标准。

  历史上，传统民族服饰是蓝靛瑶家庭生活的必需品，女性具备纯熟的纺织技能，通过纺织劳动满足家庭成员对服装的基本需求，是确立自己在家庭中地位和得到社会认可的基本途径之一。从这个角度来说，纺织技艺成为蓝靛瑶社会评价妇女能力的一项重要的评价指标。在"男耕女织"的蓝靛瑶社会，心灵手巧是对一个女性能力的最高评价。蓝靛瑶村民认为，"心灵"主要通过对歌来考察，信歌由此成为瑶族文化中的经典。而"手巧"则主要是通过纺织和刺绣来展示了。据报导人 LGY（女，70岁，瑶族，下水槽屯人）说，纺纱要做到"眼、手、心"的完美结合，要想棉纱纺得均匀、粗细适用，非心灵手巧的女孩学不可。报导人 LWY 老人说，现在水槽村能够熟练纺线的人不会超过10人。所以，尽管有许多蓝靛瑶妇女会织布，但不一定能够纺出可以织布的棉纱，纺纱和织布是不能直接画等号的。在整个的纺织过程中，"纺"才是评价是否具备心灵手巧的关键步骤。从对40岁以上的20位女性调查问卷统计的情况来看，对于"具有熟练纺织技能的女性是否更容易嫁"这一问题，有18人认为具有熟练纺织技能的女性更容易嫁，达到90%。而在对20—40岁之间的20位女性对同一问题看法的统计数据中，有16人认为不重要，2人认为纺织技能的学习有用，但不影响嫁人，2人认为熟练的纺织技艺可以突出自己的能力，容易嫁，仅占总数的10%。针对20岁以内的12份针对这一问题看法的统计结果显示，纺织技能不影响她们嫁人。① 从前文（表三）中"下水槽屯纺织技艺统计表"中统计数据不难看出，习练纺织技艺群体不断减少，特别是1979年以后出生的蓝靛瑶女性中没有人会纺线，会织布的也仅有6人（表二）。这一方面和市场上大量物美价廉的工业服装的流通有关，另一方面和纺织群体的变迁与纺织技能作为评价妇女能力的功能不断减弱有密切的关系。90年代以后，农业产业经济作为主要生计方式的确立，客观上要求蓝靛瑶人依靠发展经济致富，蓝靛瑶女性将更多的时间投入到香蕉、菠萝、八角、肉桂等作物的种植和养护工作中去。传统纺织的最终产品民族服装的需求相较以前大大减少，传统纺织在日常生活中的地位降低。勤劳、会理家、会赚钱、会读书等成为蓝靛瑶聚居地区新的评价女性能力的标准，传统的纺织技能作为评价女性能力和确定女性在家庭中地位的体系被打破。

　　生存环境的改变所带来的纺织原料的变迁、纺织器具的变迁、纺织工艺的变迁、纺织场景的变迁，从而导致纺织功能从需求、教育到评价等功能的一系列变迁。传统纺织产品民族服装最初作为最基本物质需求的功能在变迁过程中逐渐弱化，而作为表示民族特色这一精神需求的功能逐渐得到强化，传统纺织布料价格往往比工业生产的布料价格高出几倍甚至几十倍，人们往往更愿意购买物美价廉的工业服装，原有的教育功能和评价功能也随着纺织文化的变迁而相应变迁。

---

① 资料来源：2009年10—11月瑶山乡水槽村田野调查资料。

三、生计转型——蓝靛瑶纺织文化变迁动因分析

生计（livelihood），谋生的办法。① 人类学者认为"大量新经济作物和养殖品种的引进给当地传统的资源利用和生产结构、方式以及经济收入等造成了重要影响，改变着农民传统的升级，并促使其逐步实现转型"②。根据前人研究的成果，生计转型的实质是主要生计方式的转变，即主要生活来源发生了根本性的变化。

生计方式与族群文化有着密切的关系，人类学家认为："在通常情况下，作物种植的变化决定了生计方式，进而影响到整个文化体系的变迁。"③

蓝靛瑶传统纺织文化的变迁动因是多方面的，从生计转型的视角解析蓝靛瑶传统纺织文化变迁进程及规律，可以清晰地看到，生计方式的转型直接影响着传统纺织文化的变迁速度与程度。

生计方式的转型是导致民族传统文化发生变迁的基本因素之一。在传统的蓝靛瑶聚居区，自给自足的农耕经济一直是其主要的生计方式，90年代以后，当地农业产业经济逐渐发展起来。从游耕到定居的漫长历史时期，由于种种因素使蓝靛瑶以山为界，很少主动与外界接触。为了满足家庭对服装的基本需求，每个家庭都自

---

① 生计，见百度百科，http://baike.baidu.com/view/1308906.htm?fr=ala0_1_1，2009-11-16。

② 秦红增、唐剑玲：《瑶族农民的生计转型调查研究》，载《广西民族大学学报》，2006（6）。

③ 秦红增、韦茂繁等：《瑶族村寨的生计转型与文化变迁》，6页，北京，民族出版社，2008。

种棉花、蓝草，由妇女自纺、自织、自染①。产业经济的发展打破了传统的供给模式，改变了传统文化的生存环境，加速了传统纺织文化的变迁。从蓝靛瑶历史发展进程来看，不同时期蓝靛瑶纺织文化所处的自然和社会人文生存环境不同。就水槽村蓝靛瑶来说，定居在水槽村之前一直过着居山游耕生活，持续到中华人民共和国成立，居山游耕为其主要的生计方式。之后至 90 年代初，传统的定居农耕成为主要生计模式，90 年代以来特别是进入 21 世纪以来，蓝靛瑶村民农业产业经济发展迅速，成功地实现了从传统的农耕经济转型为以市场为主导的市场经济的一部分。相较而言，游耕经济的不稳定性是当时条件下蓝靛瑶纺织材料来源不稳定的主要原因，纺织材料多元化，直至棉花作为最优的选择最后保留下来。游耕时期的蓝靛瑶种植棉花和蓝草需要取决于居山的环境，海拔 800 米成为棉花和蓝草种植的基本分界线，线下种植棉花，线上种植蓝草，直到最终定居下来，蓝草和棉花的种植才最终分离开来。定居农耕经济时期，生产资料相对稳定，住所和田地相对固定下来，而早期主要采取粗放型的种植模式，依旧是开垦荒山种植棉花，产量不高。产业经济的迅速发展让人们在对比经济效益的选择中放弃了棉花的种植，而将开垦出来和即将开垦的荒地列入香蕉、菠萝、八角和肉桂的种植范围。据 2008 年、2009 年的调查统计，下水槽屯蓝靛瑶已不再种植棉花，织布所需棉线或腈纶线从三岔路农贸市场或者河口服装市场购买，购买织布所用线多为黑色，也有红色等其他颜色。在 60 份有效问卷（表三）中，仅 5 人能够熟练纺线，12 人能够熟练织布；现存可使用的织布机共 12 台，在使用的织布机 6 台，现存纺车 2 件，其中可用纺车 1 件，1 号绕线器现存 4 台，可

---

① 河口瑶族自治县地方志编纂委员会编：《河口县志》，95 页，北京，生活·读书·新知三联书店，1994。

用 3 台，2 号绕线器现存 5 台，可用 5 台（表一）。生计方式转型特别是 20 世纪 90 年代后农业产业经济的发展是纺织文化发生剧变的主要原因。生计转型影响传统纺织文化变迁主要表现在以下方面：

（一）种植棉花的土地不断减少

从游耕生计到定居农耕生计方式的转型，蓝靛瑶聚居的"民族村落"相对固定下来，土地作为生产资料相对稳定。游耕时期，土地作为基本的生产资料是充裕的，棉花和麻等纺织原料的种植面积相对较大，但因为生产技术差、管理水平低和缺乏肥料等原因，棉花的单位面积产量并不高。据报导人 LWY 老人说，她从记事起，几乎家家都要种植棉花，这几乎是获取布料唯一的来源，尽管棉花的产量不高，但为了保证全家有衣服穿，仍然需要种，具体的种植面由家庭成员对布料的需求来决定。定居农耕时期，由于棉花的单位面积产量提高，棉花作为纺织的原料，基本上能够满足家庭用布的需求。但定居格局基本形成以后，土地总量相对固定，人口的增加和其他方面的需求如集体化农业时期大量土地被用于生产粮食，种植棉花的土地相对减少。在相当长一段时期内，蓝靛瑶人仍然使用原始的棉花种植和培育方法，未引进先进的种植技术以提高棉花的产量。如棉田只能使用一次，任由棉花自生自灭，大大局限了棉花的单位面积产量。这一时期棉花的种植面积依旧无法确切统计，在蓝靛瑶村寨，没有一个家庭能根据当年家庭成员对棉花的需求量决定棉花的种植面积。据 PWY 老人说，在 20 世纪 70 年代末，她家最多种植了 2 亩多棉花，每年大约收 80 公斤棉花。到 90 年代末期，就不再种植棉花了。1970 年的下水槽屯，几乎家家户户都种棉花，这种情况一直持续到 90 年代中期左右。棉花的种植依然是粗放型的种植方式，除了施肥、除草、剔苗之外，没有用其他的管理方法，如对棉花的病虫害进行除虫，任其自生自灭。90年代，从自给自足农耕生计方式向农业产业经济为主的生计方式转型以后，由于产业经济规模与效益等诸多因素的影响，产业经济的经营占据了绝大部分甚至是全部的耕地，与此同时，棉花因产量较低停止种植，且从市场上购买已经纺好染好的棉线等更为方便，致使下水槽屯蓝靛瑶人没有棉花用来纺纱，纺纱成为无源之水，直接导致压花器、纺车等器具的消亡。传统的纺织文化因为"纺文化"的沉淀只剩下"织文化"。传统纺织文化赖以生存的稳定自然环境即土地资源在经济转型的过程中被剥夺。

(二) 劳动力转移使纺织文化主体缺位

经济发展要求转移更多的劳动力，妇女在生产生活中的角色和功能发生了改变，直接导致了纺织群体的变迁。生计转型对劳动力转移需求的增强是影响传统纺织文化变迁的因素之一。蓝靛瑶游耕经济时期，传统的纺织是家庭成员获得布料的唯一来源，纺织是日常生活和劳动的一部分，在这一阶段，蓝靛瑶家庭每家都有用来织布的器具，每一个家庭的成年女性都必须习练纺织的技艺，参与纺织的人数相对较多。据报导人LWY老人讲，她从刚刚懂事起，还是国民党统治时期，需要缴纳的各种税收较多，生活一直很艰苦，纺纱织布是生活中不可少的工作，妇女也可以借打发农闲纺织贴补家用，未能上学的小女孩在家也能学一门手艺。

定居农耕经济时期，传统纺织仍然是蓝靛瑶获取满足家庭成员布料需求的主要途径，尽管劳动强度很大，但为了获取必需的布料，蓝靛瑶妇女仍坚持挤出时间纺织，以满足家庭成员的最基本需求。据报导人PSL老人讲，解放后很长一段时间，那时她刚刚记事，生活非常艰苦，粮食不够吃，衣服不够穿。没有钱买肥料，粮食的产量很低，只能靠大面积播种才能基本上保证一家老小的口粮，主要的粮食是低产的"地谷"（即旱稻）。一般的家庭，为了保证粮食的生产，几乎耗尽了所有的劳力，因此，缺衣穿又成了问题，且当时的布基本上买不到，即使买得到也没有钱买。因为没有肥料用在棉花的种植上，因此棉田只能种一次棉花，且棉花的产量不高，缺衣穿成为常事，小伙子大多只穿一条短裤、一件破衣的情况常常出现。蓝靛瑶的妇女是最勤劳的，这不仅仅是她们会做纺织及针线活，更重要的是她们需要在农忙时参加田地的生产劳动，在家料理家务和照顾老人小孩，还要在此基础上学习纺织和纺纱织布做衣服，每年的春节，是一家老小最盼望穿新衣服的日子，也是蓝靛瑶妇女最辛苦的一段日子。特别是在"大跃进"农村公社化的一段时间，妇女们白天集体上工，晚上借着火塘的火光纺纱织布。

20世纪90年代，农业产业经济的迅速发展，对劳动力数量的需求和单位时间内劳动强度的需求明显增加，使女性作为纺织文化的主要群体的优势逐渐消失。伴随着经济发展，人们生活水平的提高，蓝靛瑶通过增加劳动力投入和转变经营模式来提高家庭经济收入，从而达到改善生活的目的。妇女作为家庭成员的一部分，理所当然地承担起分担劳动任务的责任，高度集中的劳动力需求将蓝靛瑶女性牢牢地绑在了以纺织文化为中心之外的劳动中。妇女在生活中角色和功能的发生转变，不再是仅仅承担"男耕女织"中的纺织与传统的家务劳动，而是要参与到家庭发展经济与改善生活的生产过程中。在蓝靛瑶村寨中，对普通女性的评价由传统的纺纱织布和刺绣能手向理家和致富能手转变，评价机制发生了根本性的转变。她们中的大多数人不再有时间和精力用于学习、思考和从事与纺织文化相关的工作，使纺织文化失去了重要的生存必需的社会环境。

在 2009 年 10 月的调查统计中，仅有 6 台织布机仍然在使用当中。

（三）人们对传统民族服装的需求降低

一方面，生计转型后，蓝靛瑶人对服装产生了新的需求。特别是 90 年代以来，以耐磨、光滑、透明、易洗、快干为特点的人造纤维在充斥城镇市场后，又流向地处偏僻的瑶族山区，并以其价格便宜的优势争得市场，逐步取代机织布，成为服饰的主要面料。[①]而市场上流通的工业化服饰产品所具备的款式新颖、质地细腻、宽松易穿等特点，符合人们在劳作和生活中对服饰新的需求，而传统纺织的工艺水平和生产能力无法满足人们新的需求，因此蓝靛瑶人更加青睐购买物美价廉的成衣。另一方面，蓝靛瑶群体的购买能力增强影响了传统纺织产品的生产。生计转型后特别是农业产业经济发展后，蓝靛瑶购买能力增强，对传统服饰需求减少。按照经济学中供需关系的基本运行规律，需求人群的减少必然导致生产的萎缩，由此导致原料生产和加工的减少，种子的保存及棉花种植面积减少。与此同时，紧紧伴随着原料生产加工、纺纱织布等相关群体的技能退化，文化场景相继消失，直至传统纺线及机织布料的消失。就生计转型后特别是农业产业经济在蓝靛瑶地区兴起和发展以后，蓝靛瑶家庭成员的传统纺织布料服饰在家庭成员所有衣服中所占的比例很小，一个家庭的民族服装平均不够 1 套，按照每人平均 5 套服装计算，平均不足 20%，有的家庭甚至完全没有传统纺织布料，就更说不上有传统布料做的民族服装了。

[①] 玉时阶：《瑶族传统服饰工艺的传承与发展》，载《广西民族大学学报》，2008(1)。

（四）蓝靛瑶习俗变迁的影响

蓝靛瑶生计转型的变迁促使生活习俗发生变迁，而生活习俗变迁促使纺织文化发生变迁。尽管在蓝靛瑶地区，人们依旧保留传统的节日或习俗，但其重视程度无法与以前相比，所用道具也尽可能根据方便的原则采用其他的替代品。如在传统的蓝靛瑶社会，日常生活中人们都身着本民族的民族服装，婚丧嫁娶、度戒、民族节日等更是盛装出场。人们认为民族服装是常用的服装，只有盛装和普通着装的区别。但2009年10月，在下水槽屯对"平时是否应该穿民族服装"问题的调查统计显示，60人中有22人认为不方便，35人认为无所谓，仅3人认为平时应该穿自己本民族服装。可见，人们对于是否有必要穿民族服饰的观念也在发生改变。目前，除了部分老人和小孩还穿民族服装外，大多数人很少穿民族服装。在其他蓝靛瑶地区，民族传统节日或是婚丧等所着服饰也与周边其他民族一样，穿西服等流行服饰，习俗的改变使传统纺织文化的生存土壤逐渐丧失。

（五）外来文化与传统文化的冲突加剧

生计转型使外来文化传入加速，外来文化的传入不断更新蓝靛瑶人的思想观念，对传统纺织文化的认识产生影响。在蓝靛瑶村寨，接触外来文化较多的蓝靛瑶较高收入阶层、接受过现代教育的年轻人和在大都市生活过一段时间的年轻人，都认为传统纺织产品过时、粗糙、老土、不透气、款式单一等，需要对传统的纺织技术和服饰制作工艺进行改进。他们更倾向对传统的民族服饰进行调适，以适应新时代蓝靛瑶人的需求。他们认为传统纺织文化现状及传统的技艺不利于现阶段传统文化保护和传承，不能有效地满足现代新蓝靛瑶人对服饰的新需求，应引进机器生产，汲取蓝靛瑶传统服饰的款式、颜色、花纹等文化元素，用机器成批量生产自己的民族服饰，让传统的纺织成为蓝靛瑶传统文化的一部分。

生计转型改变蓝靛瑶传统纺织文化的生存环境，使纺织文化发生了剧烈变迁。特别是90年代以后，蓝靛瑶从传统定居农耕生计方式向农业产业生计方式转型时期，蓝靛瑶人为了发展产业经济而放弃了对棉花的种植，导致纺织文化成为无源之水，纺织群体的转移、大量工业服饰的流通、对服饰新的需求等因素的出现，直接或间接地影响纺织文化的生存环境，致使纺织文化发生剧烈变迁。

四、蓝靛瑶纺织文化"纺去织存"现状的思考

据调查，至90年代，下水槽屯蓝靛瑶传统纺织文化保存良好，蓝靛瑶村民主要穿本民族自纺自织的布料所做的民族服装。经过10多年的发展，受生计转型的影响，下水槽屯蓝靛瑶呈现"纺文化"消失"织文化"保留即"纺去织存"的现状，且村民只在民族节日才穿民族服饰，传统纺织产品存在的功能及内涵发生了变迁。传统纺织文化作为一种民族传统文化，对于维护世界文化多样性、彰显民族特色、丰富民族风情旅游资源及和谐文化环境的构建等，具有重要的历史和现实意义。因此，在大产业化时代如何保护这一传统文化，如何将其永续传承下去，是我们不得不思考的问题。

唯物辩证法关于发展的观点认为，矛盾是事物发展的动力。唯物辩证法在肯定内因是事物发展的根本原因的同时，肯定外因在事物发展中起重要的作用。从蓝靛瑶生计转型与传统纺织文化变迁来看，生计转型是传统纺织文化变迁的外因，通过使传统纺织文化的自然及社会人文生存环境发生一系列变化，影响纺织文化内部结构

和功能等的变迁,从而加速传统纺织文化的变迁进程。受生计转型影响,下水槽屯开始逐渐减少棉花的种植,棉花种植的减少,导致压棉器、纺车等纺线工具的减少。同时,由于新时期对蓝靛瑶女性能力评价标准改变及年轻的蓝靛瑶女性审美观念改变等诸多因素的影响,使年轻的蓝靛瑶女性习练纺织技艺的人越来越少,传统纺织文化的保护和传承面临着更多的新的问题。做好蓝靛瑶传统纺织文化保护、传承,必须做好以下工作:

(一) 落实保护政策,健全保护体系

据调查情况显示,尽管瑶山乡于2006年被云南省确定为瑶族民族民间传统文化保护区,但在保护区内,传统纺织文化未被立项保护,甚至没有进行最基本的调查和研究。据瑶山乡文化站站长DGQ说,在统计瑶族民族民间传统文化传承人和立项保护的工作中,传统纺织文化传承人没有被列入传统文化传承人的范围内,传统纺织文化也未列入保护的范围。一些关于设计服饰款式、颜色及刺绣花纹等提议仅仅流于口头,没有形成系统的书面报告或计划。相关保护人员、经费更未落实。要保护好下水槽屯蓝靛瑶传统纺织文化,就要严格按照传统文化保护的相关政策配套保护资金,加强对具体的传统文化保护和传承对策的研究,培养相关保护工作人员等,使传统文化的保护和传承工作真正落到实处是当务之急。具体方法可参照其他传统文化传承人的相关鼓励办法,将纺织文化传承人列入传统文化传承人保护范围,给予一定补助,颁发聘书或证书,提高其社会地位,鼓励她们积极参与传统纺织活动和培养纺织传承人。

(二) 规划原地保护,坚持原地传承

在瑶山乡瑶族民族民间传统文化保护区内,下水槽和顶坪两个

村寨是传统纺织文化保留相对较好的蓝靛瑶村寨，但乡政府却将民族文化生态园规划在新搬迁的旱塘新村，计划总投资180万元在新村新建瑶族文化馆等基础设施，将传统纺织文化相关器具和产品从村寨剥离出来，以静态物品的形式陈设展览。任何一种传统文化的生存都必须有其必要的条件，这个条件就是能够保证这一文化得以正常的生存，正如植物的生长需要阳光、水、空气和土壤等一样。如鱼离开了水根本无法生存，传统文化的保护也是一个道理，任何试图将传统文化从原来的生存土壤中剥离后，植入与传统文化生存环境不一样的土壤，最终只能导致这一文化的变形甚至消亡，成为一种没有活力的道具，而非活生生的文化，不再具备原有传统文化的文化内涵和生命力。正如大多数来源于民间舞蹈的舞台艺术虽然从一个角度展示了民族风情，但与传统意义上的舞蹈内涵相去甚远。纳西族东巴文化的保护经验值得借鉴。传统文化的建设与新农村文化建设的特殊文化建设有别。新农村文化建设是包括国家政策、素质教育在内的更广泛意义上的文化建设，而传统文化建设只是新农村文化建设中的特殊部分。之所以说是特殊文化建设，一方面是因为传统文化的建设需要特殊的文化生存土壤，对传统文化的建设不能采取新农村文化建设一刀切的方式方法，其参与建设的人员和相应的决策也与新农村文化建设有本质的差别。另一方面，传统文化建设是保护性建设，是基于传统文化受到现代文明冲击后所表现出来的脆弱性给予的特殊保护建设。因此，参与传统文化保护建设的人员需要了解受保护的传统文化。无论是建设的决策段，还是建设过程中，对传统文化的"知情"这一要求应该贯穿始终。

　　传统文化保护的策略及政策的制定要坚持科学的态度、实事求是的精神、统筹兼顾的方法。传统文化的建设不能剥离其生存的土壤。文化的生存和发展有它赖以生存的环境，传统文化的保护和建设首先应该考虑的是其生存和变迁环境。可持续发展是科学发展观的基本要求，如果传统文化的建设仅仅基于应付检查或者是与新农村文化建设等同，就不是真正的坚持科学发展，也背离了传统文化建设的指导思想。许多传统文化建设成功和失败的例子说明，传统文化的建设赖以生存的传统自然景观及社会文化环境是必须同时予以保护的，没有自然生态环境的传统文化保护是短暂的，是治标性的保护。自然和人文是传统文化吸引人的两大要素，缺一不可，缺少了任何一个方面都不能称之为真正意义上的传统文化，充其量只能叫作舞台艺术。当然，失去了传统文化这一源泉，即使是舞台艺术也是没有血肉和灵魂的骨感艺术。

（三）重视文化保护经济建设并重

下水槽屯蓝靛瑶村民更注重经济的发展，而在传统文化保护方面的热情不够，少数仍然坚持织布的家庭多是在农闲的时候才织布，而且大多数织布的妇女都在50岁以上。2009年10月调查时，一共只有6部织布机仍在使用中，其他的大多闲置和废弃。民族民间传统文化保护区建立后，政府积极宣传和鼓励村民穿民族服装，鼓励村民在节日和重大的传统节庆如结婚时穿民族服装，因此，年纪较大且织布技艺较好的妇女在农闲时仍然坚持织布，但更多的时间和精力都用于种植香蕉、菠萝等经济作物的活动中。

就目前来说，追求经济利益的最大化仍是村民的首要追求，如何既能保证村民在经济利益方面的愿望，又能实现传统文化最大限度的保护是我们应该思考的问题。一是充分利用当地的人力、自然和文化资源，实现传统文化保护投资的最小化，是保护传统文化的有效措施。鉴于传统文化保护人力、物力投入有限的实际情况，尽可能地利用现成的自然等方面的资源，节约人力和物力投入，使传统文化保护的政策落到实处,也是实现传统文化保护效益最大化的举措。二是当地政府及相关的文化机构团体须投入更多的经费、精力和时间研究这一现实问题,并在传统文化保护方面投入专项保护资金,缓和直至解决这一现实存在的矛盾。规范管理,优化村民参与产业经济结构,在市场运作的基础上,针对保护区经济的发展,政府给予更多的政策支持,传统文化保护机构和相关团体给予信息及其他方面的援助,从源头上解决村民物质生活保障问题,使当地人的生活水平不断改善和提高,营造传统文化保护的良好物质基础。在传统文化保护区内,可采用政府定额采购及其他鼓励方式引导当地人保护和传承传统文化,定期举行相关项目的评比活动,邀请业内专家学者和当地有声望的文化传承人评选出优秀作品,对于在传统文化传承和保护方面有突出贡献的人给予物质和精神方面的奖励,形成良好的传统文化保护氛围。三是利用瑶族村寨的人文、自然景观,独特的饮食习俗等等,将民族村寨合理规划后纳入民族风情旅游的范围,利用旅游业对传统纺织文化的生存环境进行合理的调适,也可以起到传承和保护传统纺织文化的效果。

(四) 借助旅游经济开发纺织产品

文化调适是当一种文化面临的生存环境发生变迁时,这种文化能主动放弃不适应的一些文化要素,改造某些文化要素的性质或者吸纳一些外来文化要素,对文化自身进行一次结构性调整,使之适应于已变化的生存环境。传统文化的保护、传承与经济发展始终保持着千丝万缕的联系,无法割裂开来。就整个传统文化的保护来说,政府投入在一定程度上是有限的,其投入主要集中在已被确立为文化遗产保护范围内的传统文化。因此,如何借助经济发展成果保护和传承传统文化,是我们无法回避的话题,也是探讨传统文化保护的必由之路。对纺织文化进行调适，使其适应当前蓝靛瑶地区经济发展和沿边、跨境旅游开发的机遇，借助经济发展的力量，借助瑶族民族民间传统文化保护区和边境风情旅游区开发的实际，就地开发纺织旅游产品，是保护和传承传统文化的可行之举。在开发的过程中，可借鉴壮族绣球、壮锦开发的案例，在对蓝靛瑶传统纺织文化进行适度调适的基础上，以蓝靛瑶民族民间风情旅游为大背景，原地开发既有蓝靛瑶民族特色，又适合消费者消费心态的旅游产品。如可在传统纺织布料上针织或刺绣瑶族喃字祝福语、开发小件挂袋（包）、开发系列中高档蓝靛瑶民族服饰等等，使蓝靛瑶纺织文化获得新的生存土壤，从而达到保护这一传统文化的目标。

（五）加大宣传力度，实现文化自觉

文化传播是影响文化变迁的一个重要因素。在现代文化的侵扰下，传统文化能否完整地传承下来，是一个无法回避且棘手的问题。受外来文化影响，年轻的蓝靛瑶人几乎不愿意穿民族服装，认为穿传统的民族服饰是乡巴佬、审美能力不强、经济实力不够等代名词，大多数人并不以穿本民族的服饰自豪、自信，相反觉得自卑。为此，政府加大宣传的力度，乡镇领导和基层工作人员带头穿民族服装，不失为一种有效的宣传措施。同时，借助合适的集会或其他宣传平台，如举办盘王节时，有计划地详细宣传民族纺织和民族服饰，让蓝靛瑶村民了解民族服饰的地位和保护传统纺织的必要性和重要性，实现文化自觉。不仅要在蓝靛瑶村民范围内实现文化自觉，而且要在更大范围实现文化自觉。村寨传统文化的建设不仅要依靠本民族传承人，而且还应该拥有这个文化的整个族群、能够直接提供资金和管理支持的基层文化建设和管理机构，以及对传统文化保护有深入研究的学者和政府官员参与。民族传统文化的传承

人要实现文化自觉，管理基层的参与者和决策者也要参与到"自觉"的队伍中来。文化的建设需要得到相应的支持，但在没有对该文化及文化保护可持续性原则了解之前，任何家长式的决策都是没有实际意义的，有时甚至会对传统文化造成毁灭性的打击。传统文化的保护要在健全保护体系的基础上充分听取体系内各个方面的意见，同时对其他传统文化的保护经验及教训给予借鉴，以免走入新的误区。实现文化自觉是文化传承与保护的前提，只有实现了文化自觉，才有充实、调适和发展传统民族文化的基础；村民作为文化保护主体才会参与到文化传承和保护的决策层面上来，提出更适合本民族文化传承和保护的对策，才有可能使传统民族文化实现调适和发展，从而得以保存，才能更好地领会传统文化内在的真谛和存在的意义。

（六）鼓励师傅带徒弟

下水槽屯蓝靛瑶传统纺织的传承方式依旧是家庭或者村内师傅带徒弟的传承方式，这样的传承方式有利于充分地利用空闲时间，也可以反复习练不熟悉的技艺。因此，鼓励传统的传承方式是保护和传承传统纺织文化的重要途径。同时，采取有效可行的方式，将家庭妇女从现代产业化经济的繁重劳务中"解放"出来，如在香蕉、菠萝的种植和管理等过程中利用先进的科学技术，减轻蓝靛瑶女性的劳动压力，使她们有更多的时间从事纺织工作，重构传统纺织文化变迁的环境，营造和谐的氛围，使传统文化的传承后继有人。

花蓝瑶赘婚探微

——以广西金秀瑶族自治县六巷乡门头屯为例[①]

蒋远鸢

赘婚在我国传承了数千年，虽为封建伦理所鄙夷，却仍不绝于世。至今仍在我国不少地区、民族中流行，如瑶族、黎族的"上门"婚，壮族、傣族男子的"入寮"婚等；畲族，自古以来就有以婿为子的风尚；达斡尔族的入赘婚也较普遍。这些地区经济发展相对落后，男尊女卑的思想观念比较淡薄，男女婚嫁没有明显的界限，赘婿不受社会歧视。而且这种婚姻形式有利于降低出生人口性别比，缓解性别比失调带来的婚姻挤压，解决中国农村有女无儿老人的养老困难等社会问题。

一、门头屯花蓝瑶赘婚情况

花蓝瑶是广西壮族自治区金秀瑶族自治县内的一个瑶族支系，自称"侗耐""穹唎"，意思是居住于山坡上的人或是山上的人，主要聚居在广西金秀瑶族自治县六巷乡的门头、大岭、六巷，长垌

---

① 《花蓝瑶赘婚探微——以广西金秀瑶族自治县六巷乡门头屯为例》，广西民族大学中国少数民族史2008届硕士研究生论文，调查时间：2006年1月—2007年12月。作者蒋远鸢现为广西民族大学预科学院讲师。

乡的镇冲、桂田及罗香乡的罗丹等村中。

门头屯是六巷乡门头村公所下辖的一个花蓝瑶聚居自然屯，共有37户，232人，其中男性123人，女性109人；壮族12人，瑶族220人。在瑶族人口中，山子瑶15人，盘瑶2人，花蓝瑶203人。花蓝瑶人口约占整个屯总人口的87.5%，约占屯内瑶族人口的92.3%。① 屯内主要姓氏为胡姓，极个别为覃、赵、李、蓝、相、盘、蒋、韦、吴、黎、谢、何、苏等。门头的山地宽广连绵，林业经济历来是其重要的生产活动，其中最主要经济林木是杉木，此外还种植了大量的八角。也有少量水田和旱地，水田主要种植水稻，旱地主要种植旱禾、玉米、红薯等粮食作物和生姜、木薯、木耳等经济作物。

为研究花蓝瑶的赘婚情况，笔者于2006年8月、2007月2月和2008月1月在金秀瑶族自治县六巷乡六巷屯、门头屯等地进行累计50余天的田野调查。对照文献资料和田野调查资料，可得到如下信息：

（1）从时间方面来看，20世纪30年代以来，门头屯都存在着赘婚。"在花蓝瑶中，父系和母系的制度是同时并存的。男的可以在家娶媳妇，也可以上门作姑爷；女的可以在家招姑爷，也可以出嫁作媳妇。"② 到50年代时，"这里（花蓝瑶）男子娶妻，女子招赘，以及接养男女的现象都同时存在。据1957年门头屯二十八户调查材料统计：男娶妻的共43人，女招赘婿共14人，男入赘的5人，女出嫁的30人……"③ 21世纪初，门头屯37户中共有夫妻

---

① 该数据均由笔者2006年8月、2007年2月田野调查资料整理而成。
② 费孝通、王同惠：《花蓝瑶社会组织》，3页，上海，商务印书馆，1936。
③ 广西壮族自治区编辑组、《中国少数民族社会历史调查资料丛刊》修订编辑委员会：《广西瑶族社会历史调查》（一），301页，北京，民族出版社，2009。

104对，其中属男娶妻的共88对，占84.6%；属女招赘婿共16对，占15.4%。此外还有6个男子赘出门头屯。①

（2）从空间方面来看，在金秀瑶族自治县六巷乡花蓝瑶聚居的村屯都有不少的赘婚家庭，如门头屯37户有14户、王桑屯22户有11户、古卜屯14户有6户、六巷屯48户有16户为赘婚家庭，各屯赘婚家庭的比例分别为37.8%、50%、42.9%、33.3%。②

二、门头屯花蓝瑶赘婚的社会功能

（一）传宗接代

门头屯花蓝瑶赘婚以传宗接代为目的的功能比较明显，赘婚所生的子女都随母姓，赘婿过去有改姓的，但现在一般都不改姓。

（二）有助于家庭养老、出生人口性别比平衡

当地人认为赘婚与嫁娶婚没有什么区别，都是一样要做工才能有收获，都能传宗接代。对父母（包括祖父母、曾祖父母）有养老责任的子女一般要与父母共同居住或住得较近。门头屯花蓝瑶赘婚夫妇无一例外都居住在女方家庭，承担了给女方家老人养老送终的责任和义务，并拥有财产继承权，而对男方的父母没有赡养的义务，也没有继承其父母的财产。有儿子的家庭，娶媳妇的儿子与招姑爷的女儿同时给女方的老人养老送终。

---

① 该数据来自笔者2006年8月至2008年1月在六巷乡六巷屯、门头屯的田野调查。
② 该数据来自笔者2006年8月至2008年1月在六巷乡六巷屯、门头屯的田野调查。

案例1：HLH，门头屯人，花蓝瑶，门头村委会主任

我们这里的上门女婿跟别的男子没有什么区别的。没有人看不起他们，他们也不逞强好胜，与村民团结相处，尊重我们的风俗习惯，孝敬家里的长辈。

案例2：QRS，门头屯人，1956年生，花蓝瑶

我弟弟到本村上门，我们家给他准备的是一副手镯、两套瑶衣，没有分田地给他，他的子女随他妻子的姓。我父母不需他赡养，逢年过节相互走动，平时农忙时也相互帮忙。

"父母和娶妇的儿子或招婿的女儿并不分居，所以一个家庭中可以包括几代的亲属，事实上，我们曾见一家有五代的亲属同居一屋。"① 这是20世纪60年代之前的情况，父母和招婿的女儿不分家，他们的习俗是规定每家每代只准留一对夫妻。调查发现，门头屯有5对赘婚夫妻分家的情况，其原因是每代不只留一对夫妻了，所以这5对赘婚夫妻不是和父母或祖父母分家，而是与已成家或成年的兄弟分家。分家时，田地、房屋等财产都是均分，老人的赡养也是共同负担。如HJC与其妻弟分家后，其岳父是在他家生活的；HDL与妻弟分家后，承担给他妻子的祖母养老送终的责任。在每代只有一对夫妻的家庭中，父母与赘婚夫妻仍是不分家的，赘婚夫妇就自然而然地担负起赡养、照顾老人的责任。

---

① 费孝通、王同惠：《花蓝瑶社会组织》，3页，上海，商务印书馆，1936。

◎现代化进程中的瑶族文化教育

花蓝瑶的老人,是在劳动中养老,他们尽量做一些力所能及的农活和家务,如背柴、牧牛、做饭、看小孩等。赘婚夫妻也是在生产、家务劳动中赡养着老人,尽他们的孝道与义务,当他们年老时就由他们的儿女们照顾、赡养。在门头屯,笔者没有发现老人单独生活的情况。

赘婚对平衡出生人口性别比、家庭养老等方面有着积极的正面影响,尤其对广西这类人口性别比例严重失衡的农村地区影响更大,有更积极的现实意义。

20世纪80年代以来,广西出生人口性别比不断上升,严重偏高。1982年为110.69,1990年为116.91,高居全国其他省、市、自治区之前,排第二位。至2000年人口普查时虽已降至第六位,但仍高达125.57,比全国出生人口性别比116.86高8.71,总人口性别比高居全国第一位。[①] 2003年,广西抽样调查出生人口性别比达127,远超正常值103—107。[②]

广西已进入老年社会。2000年第五次人口普查显示:广西农村60岁及以上人口为365万人,65岁及以上人口为250万人,占全区农村总人口比重分别为11.3%、7.75%。[③]

在农村,人口性别、家庭养老和人口数量是紧密相关的。导致出生人口性别比升高的原因是多方面的,首先是中国社会几千年来存在的重男轻女传统观念根深蒂固。长期以来,我国人口增长过快,最重要的原因之一就是"重男轻女",生女孩的家庭总是千方

---

① 莫小峰、韦震:《略论广西人口性别比》,载《广西社会科学》,2005(7)。
② 广西壮族自治区统计局:《广西壮族自治区2005年1%人口抽样调查主要数据公报》(第一号),载《广西日报》,2006-03-24。
③ 齐白鸽、梁业勇:《浅谈广西农村养老与社会保障》,见《养老与社会保障——第七次学术研讨会论文集》,广西老年学学会,2003,20~29页。

百计想生一个乃至几个男孩,以传宗接代。其次,人们偏爱男孩,"重男轻女""养儿防老"也有现实的原因。由于中国农村生产力的发展水平还不高,农村社会保障机制还没有完全建立起来,农村老年人的养老保障仍然以家庭养老、子女供养为主。男子是农村家庭的主要劳动力,家中无男,意味着养老没有保障。再者,由于科技的发展,B超的滥用导致了人们比较方便地去进行胎儿性别鉴定,更加大了出生人口性别比的失衡。

出生人口性别比例失衡,加剧初婚男女人口失衡的矛盾,影响家庭婚姻的形态和结构,引起了一些严重的社会问题:农村一些成年男性、一些比较困难人群,会遭遇"娶老婆难"的状况;加剧买卖婚姻现象;婚外性行为增多;家庭稳定性也会受到冲击;社会犯罪率上升。

出生人口性别比的持续升高,早已引起了国家、地方政府的重视。2006年12月中共中央国务院下发了《关于全面加强人口和计划生育工作统筹解决人口问题的决定》。目前,广西壮族自治区党委、政府已经把综合治理出生性别比偏高的问题,从可持续发展的战略高度出发,开展"婚育新风进万家"活动和"关爱女孩行动"工作;加强打击非法鉴定胎儿性别终止妊娠和非法接生、残害、遗弃、贩卖女婴等不法行为等。

然而这些都是治标的办法,没有解决最本质的问题。人口学理论界认为出生人口性别比失衡的根本原因,是人们受传统思想影响,重男轻女,在生育性别上偏好男孩的结果,而赘婚模式能够改变农村人口性别偏好,使之由强烈的偏好男孩转变成无生育性别偏好,从而降低农村的出生人口性别比。

人口学专家、湖北大学教授严梅福曾以盛行赘婚的松滋县八宝乡和时兴嫁娶婚的天门市净潭乡为对象,研究了两种不同婚嫁模式中农民表现出的性别偏好。结果表明：嫁娶婚模式能刺激和增强农民的男孩偏好，降低和抑制农民的女孩偏好。因为女孩成人后要出嫁，不能赡养父母，不能传宗接代，只有儿子才能给父母养老送终，才能使家族得以延续和发展。生活在这一模式中的农民大都有重男轻女思想，偏好男孩，渴望生儿子。赘婚模式则相反，能刺激和增强农民的女孩偏好，降低和抑制他们的男孩偏好。女儿的养老功能不比儿子的养老功能差，甚至可能更好。因为女儿比儿子更贴心、更孝顺，同时翁婿关系又比婆媳关系好处，赘婚家庭也更和睦。这样，招赘不仅让老人生活上能有所养，精神上也较舒畅，因此这种婚居模式使女儿具有了与儿子一样的预期养老价值。按照赘婚模式地区的习惯与传统，赘婚生子随母姓，这样，招赘也能使女家"不断香火"，宗嗣得以延续，从而极大地淡化了中国农村几千年来只能靠儿子传后的观念，女儿也具备"传宗接代"这一最重要的社会功能。①

"在中国农村已经进入老年社会、缺乏社会保障和低生育条件下无儿子家庭比例不断增高的背景下，招赘婚姻对解决无儿子家庭的养老困难具有积极意义……在农村社区推广招赘婚姻是解决长期的低生育率带来的人口老龄化与社会保障制度不完善、单一家庭子女性别构成三者之间的冲突的有效途径。"② 所以，只要社会存在赘婚的条件和意愿，就要进行舆论宣传，制定利于赘婚的政策，鼓励男到女家落户，夫妻共同创造劳动财富、生育儿女、抚养老小。这样，既解决了"养老"的问题，又解决了"传宗接代"的问题，

---

① 严梅福：《变革婚居模式，降低出生性别比——以湖北省为例》，载《湖北大学学报》（哲学社会科学版），1999（5）。

② 李树茁、靳小怡、［美］费尔德曼、［加］李南、朱楚珠：《当代中国农村的招赘婚姻》，290页，北京，社会科学文献出版社，2006。

对家庭、对社会都有积极的现实意义，可以从根本上解决人口性别比例失衡以及由此带来的社会问题。

三、门头屯花蓝瑶赘婚面临的挑战

门头屯花蓝瑶的赘婚正面临着一个供需不平衡、日渐减少的挑战。在门头屯，有儿子的家庭已不太可能让仅有1—2个儿子出赘到别人家作上门女婿，这种情形在20世纪60年代之后就明显出现了。门头屯花蓝瑶家中的独子历来是不出赘的，文献资料中没有独子出赘的记载，田野调查也未找到独子出赘的案例。60年代前生育2个以上（含2个）儿子的8个家庭中有7个家庭只留1个儿子在家娶媳妇；只有1个家庭留了2个儿子在家娶媳妇。而60年代后生育2个以上（含2个）儿子而且都已结婚的10个家庭中只有1个家庭出赘2个儿子，留1个儿子在家娶媳妇；有1个家庭出赘1个儿子（这个儿子离婚后回到门头屯父母家），留2个儿子在家娶媳妇；有8个家庭把2个儿子全部留在家娶媳妇。而育有2个儿子且2个儿子还未都结婚的9个家庭全部希望未婚儿子留在家里娶媳妇。而育有2个女儿的2个家庭则希望留1个女儿在家招上门女婿。这样就带来一个矛盾：从整体上看，一个社区因婚姻而发生的人口流动是一个双向的过程，既娶进来媳妇，也嫁出去女儿，既入赘女婿，也出赘儿子，这样才能保持这个社区的人口数量、性别的大致平衡。而目前，门头屯"只进不出"，只希望赘入女婿，而不愿赘出儿子，这必然会降低赘入门头屯的男子的期望，还会影响有女无儿的家庭的地位。

门头屯花蓝瑶赘婚正日渐减少的原因，首先是经济因素。历史上，花蓝瑶由于生产力水平低下，改造自然环境的能力有限，为了缓和、解决与自然环境的矛盾而不得已选择赘婚模式。"花蓝瑶中却有一种限制人口数量的习俗，使一家的人数有一个相当的限度。他们限制人口的习俗是规定每家每代只准留一对夫妻，因之每对夫妇只准留两个孩子，一个留在家里，一个嫁出去……这种习俗显然是对现有瑶山处境的一种适应。瑶山水田面积有限，开田极难，人口数目当不能任其自然增加……当我们询问他们为什么不多留几个孩子时，他们总是回答说：'瑶山田狭，养不起多人。'"① "长毛瑶的家庭组织，一般都是由一个父系血亲的两三代所组成的小家庭。而这种家庭组织形式是和家庭经济密切联系着的。长毛瑶虽然占有瑶山内广阔的山场和在可以引水灌溉的地方开辟许多平田和梯田，在瑶族中占据着经济的优势。但他们正因为从要保持这种优势的观点出发，而采用了'一脉单传'的家庭组织形式。所谓'一脉单传'，即是每一对夫妻所生育的子女，一般都以只留两个为原则：一个留在家娶妻或招赘以继承宗祧；一个嫁出给别人为妻或赘婿以维持社会的存在……由此可以看出：长毛瑶之所以要保持一脉单传的家庭组织形式，主要的是怕穷，怕降低他们在瑶山里的经济地位。"② 而现在，花蓝瑶的经济状况已有了很大改观，粮食、住房不再紧张，而且正朝着小康水平发展：几乎每家都有彩色电视机、电话、手机、电饭锅、摩托车、马、牛，除了耕种好自家的田地山林外，还可在农闲时节贩卖杉木、八角、香菇等山货，帮人做木工、砌房子等手工活，或者外出打些短工，以补贴家用。

其次是观念的影响。在门头屯村民的潜意识里，家长不愿让儿子外出上门，男子自己也不想离开家去别人家做上门女婿。村民

---

① 费孝通、王同惠：《花蓝瑶社会组织》，1~2页，上海，商务印书馆，1936。
② 广西壮族自治区编辑组：《广西瑶族社会历史调查》，第1册，329页，南宁，广西民族出版社，1984。

HJC说:"养女儿是赔本的,嫁女最吃亏的。"那把儿子嫁出去岂不更吃亏了?

案例3:HJC,门头屯人,1954年生,花蓝瑶,农民

现在我们村的男子都不会嫁出去做别人的上门女婿了,做上门女婿就相当于做媳妇。我们瑶歌就这样唱:"做人媳妇受人亏,白天拿来当牛用,晚上拿来当马骑。"不仅男子上门后受气,女子在家也受父母气、受父母压。外出上门,如果没有智慧和能力,村子的人也是看不起你、排挤你的。所以我们村七八十年代出生的男子都没有嫁出去的。

四、结　语

赘婚具有降低农村地区出生人口性别比、解决中国农村有女无儿老人的养老困难等问题的作用。历史上,花蓝瑶由于生产力发展水平低下,改造自然环境的能力有限,为了缓和、解决与自然环境的矛盾而选择赘婚模式。但由于经济的发展、人们观念的变化,具有强大的社会功能的花蓝瑶赘婚正在日渐减少,面临着危机。面对这种危机,学者、政府就应有所作为,不能让这种具有强大社会功能的婚姻模式自行消亡。如在广西出生人口性别比例严重失衡的农村地区,宣传、倡导赘婚模式,从根本上解决出生人口性别比例失衡以及由此带来的社会问题,同时让赘婚模式流传下去,焕发新的活力。

白裤瑶厕所发展的历史与现状研究
——以广西南丹县里湖瑶族乡怀里屯为例①

郭雪霜

一、白裤瑶厕所发展历程

20世纪50年代中以前，大多数瑶族乡村不建厕所，人们到村外偏僻处拉屎，有拉屎"打游击"戏称。中华人民共和国成立前，瑶族的住宅环境由于经济条件限制，缺乏科学知识，因而很差。大部分瑶族宅内，除茶山瑶部分地区较为讲究外，其他地区的瑶族对卫生极不讲究，很少扫地，厅堂、米房、灶上常常鸡屎遍地，东一堆、西一堆，简直不能插足。房屋均缺少门窗，空气阳光不足，一到暑夏，蚊蝇满屋飞扬，嗡嗡之声不绝于耳。花蓝瑶、山子瑶鸡鸭多关在厅堂，夏季炎热，地皮潮湿，跳蚤满屋皆是。由于环境卫生太差，人们身体健康受到很大影响，每年流行性疾病发生不少。除盘瑶和山子瑶外，其他支系的瑶族同样如此，厕所的建筑极其简单，仅用木条架立以竹片木皮围盖。坳瑶厕所更为简单，仅用几块木板架设而成，不围不盖。大瑶山山高林密，空气湿度大，瑶民居

---

① 《白裤瑶厕所发展的历史与现状研究——以广西南丹县里湖瑶族乡怀里屯为例》，广西民族大学中国少数民族史2009届硕士研究生论文，调查时间：2007年1月—2008年12月。作者郭雪霜现为广西壮族自治区转业军官培训中心项目开发部副部长。

住的房子光线和空气不足，室内又经常欠收拾打扫，家禽关在室内，鸡屎满地，每到夏季，地皮潮湿，跳蚤繁殖，苍蝇蚊子繁多。环境卫生很差，猪牛有栏不关，经常放在村口巷口，粪便堆积巷中，日晒雨淋，无人理睬。

位于广西西北部的南丹县白裤瑶山寨20世纪50年代前没有厕所，村民们随处大小便，整体环境卫生条件差，且人畜不分舍，蝇蚊跳蚤繁殖迅速，猪、牛、鸡、狗到处奔走，粪尿遍地。白裤瑶地区主要的流行病有麻风、痢疾、疟疾、水肿、百日咳等。疟疾和痢疾，是白裤瑶地区普遍流行的疾病。当地流行疟疾和痢疾的原因，主要是环境卫生与饮水不洁所致。50年代初，在党和人民政府的关怀下，对环境卫生和饮水条件均有不用程度的改变，这些疾病的危害逐年减少。根据2006年广西年鉴数据统计，2005年河池市因肺结核、痢疾、淋病、麻疹、疟疾死亡的人数为0，比50年代的情况有所好转。在笔者调查中，白裤瑶现在的卫生状况虽比50年代前有很大进步，但是家禽牲畜仍在村口巷尾任意放养，随处可见牲畜粪便的情况未有改观。

据里湖乡民政办公室黎主任回忆，白裤瑶厕所出现的时间大约是70年代，在此之前白裤瑶地区没有厕所。从70年代到2005年生态旱厕建立的期间，白裤瑶厕所形式大致可分为以下三种形式：第一类是简陋的茅草结构；第二类是黄泥冲成土墙的结构；第三类是砖泥结构的厕所。

第一类是简陋茅草结构的厕所。此类厕所出现时间大约在70年代初期，厕所形式简陋，且大部分白裤瑶村民还处在无厕状态。瑶族称为［tsei³］［ku¹］，［tsai³］汉语意思为茅草，［ku¹］汉语意思为大便，此类厕所是由茅草简单遮盖。先在离家较远的位置选好地方，选择搭建的地方要半边靠石头小山，最好能在下风口。不挖便坑，用几根木棍横架在碎石上，做上厕所用的踏板。厕所没有门，四五根木棍扎在一起将茅厕围一半，露出半边狭窄且矮小的入口。茅厕的四周用碎石头和木棍围起来，厕所的顶部用两层茅草盖住。整个厕所简陋，没有对粪便进行覆盖处理，夏天一到蛆虫及蚊蝇滋生，对人的健康极为不利。此类厕所发展至80年代中期占很大比重，70年代至80年代中，怀里屯100户里约有30户修建此类厕所，约占总数的30%。①

第二类是黄泥冲成土墙的结构。此类厕所出现时间约为80年代后期，约有5户，占总数的5%。茅草结构的厕所在怀里屯100户中约有35户，占总数的35%，剩余的白裤瑶村民多处在无厕状态。② 此类厕所用黄泥舂成土墙围着四周，比第一类的茅草结构要宽敞，厕所没有门，内部用木棍架起三角形的屋顶，然后用松树条铺在木架上。厕所通风、采光良好，但是粪便处理未能达到要求，只是挖个简单的便池坑，在便池坑上搭两块简单的木板。春夏之季蚊蝇滋生，嗡嗡之声不绝于耳。雨季来临，厕所环境更糟，粪尿随雨水四溅，环境卫生条件差。

第三类是砖泥结构的厕所。此类厕所出现时间大约于90年代中期，从90年代至2005年生态旱厕建立的15年间，砖泥结构的厕所和前面两类厕所共存于怀里屯，砖泥结构厕所仅有2户，茅草结构厕所约占40户，泥墙结构的厕所约占8户，③ 其余的白裤瑶村民为无厕状态或到学校公厕如厕。这类厕所用砖泥结构做成围墙，没有门，内部用一根大的木头做柱支撑屋顶，屋顶先用稻草铺一

---

① 数据资料由里湖瑶族乡民政办公室黎主任提供，数据参照均以100户为基数，不将实际户数及人口增长纳入计算范围，下面的数据分析同样如此。
② 数据资料由里湖瑶族乡民政办公室黎主任提供。
③ 数据资料由里湖瑶族乡民政办公室黎主任提供。

层，然后再用防雨的油毡布盖上，最后拿竹条竖着压好。在墙外倾斜处挖坑为便池，厕所的蹲位用砖泥铺平。卫生条件比前面两种厕所有所改善。臭味较前面两种相对要小，蚊蝇也少很多，防雨性、清洁性比较高，但是没有化粪池，粪便无法做到无害化处理，蛆虫仍有生长，对白裤瑶环境卫生仍存在很大隐患。

从70年代初至2005年生态旱厕建立，这三类厕所在35年中发展缓慢，茅草结构的厕所增长10户，黄泥土墙结构的厕所增长3户，砖泥结构的厕所仅存2户，余下的大部分白裤瑶村民都是无厕状态。直至笔者调查的2008年9月，怀里屯133户中有130户建生态旱厕，[①] 上述三种传统厕所形式已在怀里屯失去踪迹。总体而言，白裤瑶厕所发展有了很大进步，但他们的如厕状态依旧落后，修建厕所的白裤瑶村民占比很少。即便有厕所，对粪便无害化处理还没有具备相关的科学知识，厕所的卫生环境对白裤瑶村民的生活及身体健康存在很大隐患。

1987年，在政府的号召下，由政府出水泥并提供技术指导修建沼气厕所，但在怀里屯未能产生影响。1987年怀里屯共有100户，而响应号召修建沼气厕所的只有黎德芳和黎文德2户。修建沼气厕所几年后，黎文德逝世，全村就只剩黎德芳一户有沼气厕所，直至1995年黎德芳全家搬到里湖乡，8年时间里全屯的沼气厕所仅为1户。

个案1，访谈对象：黎德芳，现任里湖瑶族乡民政办公室主任

> 1987年怀里屯有100户人，简易茅草厕所有35户，简易的茅草厕所建在离家较远的位置，在石头上搭建简单

---

① 数据来源：怀里村公所2007年统计。

的茅草做遮掩，没有挖坑做简易粪便池，在石头上搭个木板做蹲位的踏板，粪便直接排到石头上，让狗和猪将粪便消化掉，屯里绝大部分人拉野屎。拥有厕所的10户，厕所建有简单粪坑，如厕后撒点火灰在粪便上做些简单处理，作为种玉米和辣椒的肥料。白裤瑶认为厕所建在家附近是对人的不尊重，要把厕所建在离家较远的位置。认为人和家禽的粪便不同，人排泄物比家禽的脏、臭。当初响应政府号召修建沼气池，只是为了方便照明，沼气厕所使用方便，也能供给家庭日常照明，但由于我们的地太旱，放了粪便也种得不好，加上水田离家太远，挑一两担粪给水田施肥浪费人力，所以沼气厕所的粪便不能充分利用，一部分产生沼气用于照明，一部分只能扔掉。

黎德芳认为当地白裤瑶不建立沼气厕所的原因有两个：第一是太懒。大部分村民都不愿意花时间和精力去建，即便大家使用沼气厕所后都说方便，却不舍得花时间建沼气厕所，宁愿上野厕或去别人家上厕所。第二是家庭劳动力有限。白裤瑶女人们只顾做民族衣服，花了太多时间，光靠男人去修沼气厕所太辛苦，白裤瑶男人大部分都觉得不值得。

个案2，访谈对象：LGP，男，60岁，文盲

我们小时候都没有厕所，多是在山上乱拉野屎。至于厕所什么时候有的，记得也不太清楚了。大概我20多岁的时候，我们村都还没有厕所。好像到1980年以后才有厕所，那个时候的厕所就是用几根木棍搭成，后来就是黎德芳家修沼气厕所。沼气厕所好用，还可以亮灯，但是家里人吃都吃不饱,钱都不够养家,哪还顾到修厕所这些。我们都是上山拉野屎的,以前没厕所我们也不这样过日子,那些壮族、汉族不也和我们一样在山上拉野屎?

个案3,访谈对象:LMM,男,30岁,小学文化

沼气厕所黎德芳家有修,我们家没钱当然就不修。那时我们家的厕所是简单茅棚搭起来的,离家估计有50米距离。厕所不就是大小便的地方,没必要搞得那么好。沼气当然好啊,又可以照明,有钱有精力的人才能修建,没有沼气厕所也没什么,反正有地方上厕所就得了。

从访谈的资料整理中发现,大多数人不建沼气厕所的最大理由就是:没有钱。笔者就沼气厕所的资金问题咨询乡政府民政办公室的同志得知,沼气厕所一般由政府全额拨款,有技术人员参与指导修建,白裤瑶村民若想修建沼气厕所只需出人力,但怀里屯的瑶胞对此反应仍很冷淡。笔者随机抽样怀里村其他屯的白裤瑶,化桥屯34户无人修建沼气厕所,化图一队二队共26户,仅有1户修建沼气厕所。[①] 由此看来,此现象不仅存在于所研究区域,在白裤瑶聚居的怀里村其他屯均存在此类问题。黎主任所说的理由虽有些主观却不无道理,他指的懒惰原因,笔者认为主要是受观念影响,传统观念影响他们如厕的行为。

白裤瑶长期存在无厕状态,且无厕状态持续了相当漫长的过程,在这个漫长的过程中,已经形成了固定的如厕观和粪便处理方

---

① 数据资料由怀里村村主任提供。

式,这些行为方式在今后几十年的白裤瑶厕所发展中根深蒂固。这些行为方式使白裤瑶地区厕所使用率一直很低,在缓慢的厕所发展历程中,从无厕到有厕对白裤瑶日常生活已是一个巨大进步,虽然大部分人还保持原始的如厕状态,但是相对几十年前是进步了。在这个进步的过程中,笔者认为是以下两点产生重要作用:

(1) 政府提倡。20世纪60年代政府倡导厕所革命,为了消灭落后原始的无厕状态,在白裤瑶地区展开轰轰烈烈的厕所革命,这是第一次由政府的力量介入改造厕所。以怀里屯为例,当时80户村民,响应政府号召建造厕所的有30户,覆盖整个白裤瑶地区的26.7%。[①] 在相关部门的努力下,厕所最终进入白裤瑶村民的日常生活中。80年代号召建立沼气厕所,政府在纠正白裤瑶如厕观念上起着至关重要的作用。政府提倡建立沼气厕所,对当地村民的环境卫生知识进行普及,并在科学技术上进行指导。虽然怀里屯最终只有2户建立沼气厕所,但在厕所发展历程中白裤瑶也有沼气厕所的存在,这就是进步。在这个进步中,政府的政策推行有着决定性作用。政府以外力作用建立厕所并改变他们的如厕方式,由此改变他们的卫生环境。政府力量的介入是迅速全面的,虽然这些改变未能达到预期效果,但白裤瑶地区存在的几种厕所形式,证明了政府在公共卫生方面所做的努力,这些细微的发展体现在白裤瑶今后的日常生活中。

(2) 外来文化的影响。改革开放以来,现代化进程不断加快,村村通公路,寨寨通电视,缩短了怀里屯到里湖乡之间的距离,让他们清楚地感受到了外面的世界。一些进城打工的白裤瑶青年和在外读书的白裤瑶孩子,他们的思想观念受到巨大冲击。在调查中发

---

① 数据来源:南丹县爱卫办2006年资料。

现，当地白裤瑶不论是收看电视节目信息，还是打工者带回来的信息，都具有直观的冲击效果。就电视节目而言，城市生活的卫生习惯以影像的形式呈现在白裤瑶眼里，成为他们感受、理解和模仿的对象；而打工者和读书返家的白裤瑶孩子，带回村寨的新生活习惯不仅对较老一辈的瑶族有较大冲击，也对本地念书的白裤瑶小孩产生示范性作用。在抽样调查的 20 个青壮年中，认为良好的生活习性有利于身体健康的有 15 个，认为厕所重要的有 12 个，认为厕所是文明代表的有 8 个。从调查结果来看，接受外来文化的洗礼越多，对厕所以及如厕习惯的重视程度就越高。随着文化研究程度的加深和人们旅游意识的增强，外地人纷纷进入怀里屯进行实地调查或观光旅游，受这一部分外来人观念的影响，白裤瑶村民的卫生意识得以提高。

　　变迁的总体过程是（社会文化的、自然的）环境变化—触发新反应—创新—渐变、发现、发明、传播。变迁的历程不是单向的，可能从两端开始，其中各种因素的互动作用是普遍的。如改革开放经济发展，电视机出现在怀里屯（是一种创新）会使怀里屯部分村民外出打工（触发了新反应），外出打工者把新的信息带回怀里屯（传播），原来落后的生活习性在这个时候得到传播。摩托车的出现缩短了村寨间距离，从怀里屯坐摩托车到里湖乡不到半个小时，这样便捷的出行方式为文化的传播提供捷径。所有的变迁者都赞成，文化的某部分比其他部分更抗拒变迁。白裤瑶从无厕到有厕，是在与主流文化交流的过程中产生的，这种选择又不会完全地接受外来文化所提供的一切，这也是白裤瑶厕所发展缓慢的原因之一。厕所的出现是白裤瑶不自觉选择的结果，是白裤瑶村民在当下社会环境中的被选择。随着交往日益扩大，白裤瑶和当地壮汉族交往日渐密切，壮族、汉族的文化观念潜移默化地影响其自觉，这个影响细微不易察觉。无厕到有厕的变化在白裤瑶社会表现不是很明显，一种文化移入所发生的变迁是长期而漫长的过程。从无厕到有厕状态，白裤瑶内部有个体接受，这就体现了外来文化移入的影响，只要继续加深交往就会产生更大的影响，更高级的主流文化终有一天渗透并改变这些落后文化，这是文化变迁的必然趋势。

二、白裤瑶生态旱厕

生态旱厕又称粪尿分集式生态卫生厕所，即把粪和尿分开收集，把数量较多、富含养分且基本无害的尿进行直接利用；把数量较少、危害性较大的粪便单独收集进行无害化处理，处理后的粪便依然作为优良的土壤改良剂用于农业或绿化，实现生态上的循环。生态旱厕是经联合国儿童基金会驻华办事处推荐，全国爱卫办从瑞典引进的一种新型旱厕。从环境保护的高度对这种旱厕进行改革，解决了防蝇防臭的技术难题，具有卓越的环保性能。从1997年开始分别在广西、山西、吉林三个省区开展试点。

在怀里屯建立生态旱厕，是根据当地所处的环境来决定的。怀里屯生存环境恶劣，以裸露的大石山为主，地面无水，当地村民饮水问题只能靠天下雨，或者通过集雨的水柜、水坑解决饮用水问题。大石山区恶劣的生活环境给白裤瑶村民的生活、生产和经济带来很大影响。怀里屯白裤瑶村民居住条件差，人们生活水平低。当地白裤瑶村民一般不使用厕所，如厕方式也比较原始。村民们漫山遍野随处大小便，加上猪无圈、牛无栏，粪水到处流，严重污染环境。生态旱厕作为先进的科学技术在缺水地区孕育而生，经相关部门和专家考察后，针对怀里屯村民无良好如厕习惯，卫生环境差，人均收入低，经济条件差等特点，认为在白裤瑶地区建立改水改厕项目，总体目标是改善当地瑶民生活环境，解决饮水问题和卫生健康问题。生态旱厕作为改水改厕项目重要工程之一，是政府改善白裤瑶生活卫生环境的一个扶助项目。

粪尿分集式生态卫生厕所（以下简称生态旱厕）的核心是粪尿分离，这是通过一种专门设计的便器来实现的。整个结构非常简单，除便器外，由一根塑料尿管、尿桶、粪坑等组成，由于建在户内，排气管是必不可少的。粪坑根据房屋结构及周围环境情况设计为双坑交替、单坑太阳能等多种类型，便器与粪坑可直接连通，也可通过一根粪管连接。与其他厕所相比，生态旱厕有如下优点：

（1）节约水资源。生态旱厕基本不用水冲，排尿部分仅需少量水，每次100—200毫升即可，大便不需要用水冲，这点对缺水地区尤为可贵。

（2）能有效地切断肠道传染病及肠道寄生虫的传播途径。采用干燥脱水的办法从源头来杀灭致病微生物，从臭味对比、大肠菌群及蛔虫卵检测结果的数据来看，生态旱厕能有效地杀死肠道传染病及寄生虫的传播。

表1　生态旱厕与农村旧厕臭度对比

季节	厕所类型	厕所数	臭度				
			无臭	基本无臭	明显	强	极强
秋季	单坑式	4		4			
	旧深坑式	4			2	2	
冬季	单坑式	4		4			
	旧深坑式	4			4		
春季	单坑式	4		4			
	旧深坑式	4			2		

续表

季节	厕所类型	厕所数	臭度				
			无臭	基本无臭	明显	强	极强
夏季	单坑式	4				2	
	旧深坑式	4					4

（注：臭度级别分别为 0 级、1—2 级、3 级、4 级、5 级；每周调查 3 次，每次每厕 5 人，求均值。）

表2　旱厕周围土壤大肠菌检出频度

大肠菌菌值	大肠菌指数	检出频度（%）			总检出频度	评价
		1—5 米	5—10 米	>10 米		
>1.0	10^2	18.5	33.3	48.2	41.8	清洁
>0.1	10^3	29.7	32.4	37.9	28.7	轻度污染
>0.01	10^4	55.2	37.9	6.9	22.5	轻度污染
>0.001	10^5	66.7	22.2	11.1	7.0	中度污染

表3　土壤蛔虫污染状况（平均值）

距离旱厕（米）	蛔虫卵（个/千克）	死亡率（%）
1—5	16.7	89.4
5—10	18.1	85.53
>10	19	92

由表 2 可见，生态旱厕使粪便对周围土壤的污染轻至中度。由表 3 可见，其结果显示蛔虫卵在距离厕所 1—5 米、5—10 米、10 米以上的范围内，其检出数量与存活情况变化不大。[①]

从以上数据来看生态旱厕结构符合卫生厕所的基本要求，结构

---

① 以上数据来源：南丹县爱卫办。

完整，有墙、有顶、有盖、不渗漏；储粪结构有一定的处理粪便的功能；卫生管理得当，臭味不大，用后盖住，合理盖土、严格密封、无蝇无蛆。修建的生态旱厕减少了对周围土壤的污染，所以建造生态旱厕有显著的卫生学意义，对预防肠道传染病也将会起到显著的作用。

（3）把粪尿当作资源经处理后进行循环利用，实现生态上的平衡。与传统旱厕及冲水厕所不同，干燥处理后的粪便干燥无臭，而且全然没有那种污秽的外观。

（4）环境保护。由于不需水冲，故既不会污染地表水，也不会污染地下水。把粪尿中的养分循环利用，不会导致水体的富营养化。

（5）造价低廉。由于不用水冲，同时尿也不进入粪坑，大大减少了粪坑容积，粪坑建立于地上，不需挖坑，不需要进行防渗处理，大大降低厕所造价，也不会发生误入粪坑事故的危险。

（6）旱厕无蝇无臭，方便使用与维护，对改善居住环境的卫生状况，尤其是从根本上降低蚊蝇密度有立竿见影的功效。

在怀里屯研究区域里，现存的厕所形式大致有以下两种：水冲厕所、生态旱厕。生态旱厕覆盖整个区域，怀里屯136户中有5户没有建生态旱厕，相对水冲厕所占有的比例来说，生态旱厕从数量及环境上都不逊于水冲厕所，但生态旱厕在研究区域的使用率一直很低。笔者通过发放问卷、实地考察与访谈，调查了解白裤瑶生态旱厕的建设过程、厕所使用情况及当地人对改厕的看法，找出生态旱厕使用率低的原因。本次随机抽样调查对象覆盖研究区域80%的村庄，研究区域的重点在怀里屯，发放问卷85份，回收80份，有效问卷80份，样本抽样误差3%。问卷内容包括有关日常环境卫生管理，生态旱厕的使用及维护，白裤瑶村民对卫生知识的了解等信息。下面笔者从生态旱厕建设过程、生态旱厕的使用情况及改厕态度三方面来说明生态旱厕使用情况。

（1）生态旱厕建设过程。2005年1月—11月中旬，由红十字会与新月会国际联合会、欧盟人道主义援助部在广西南丹县里湖瑶族乡10个自然屯实施第四期欧盟援助改厕改水健康教育项目。怀里屯、更造屯、蛮降屯、化桥屯、化图屯等分别修建了生态旱厕，任务为422座旱厕，已完成398座旱厕，完成任务的94.3%。南丹县爱卫办和欧盟人道主义援助部共同采购建设材料，新月会国际联合会负责培训中方技术人员，资金运作主要由红十字会负责。先由外方人员培训中方人员关于生态旱厕的建造原理及使用方法，后由中方人员负责修建厕所，包括围墙、屋顶、厕坑还有内部瓷砖装贴，须严格按照生态旱厕的标准建立。然后由外方工作人员测试便坑卫生达标情况，对厕所的便坑及粪尿分离管道安装进行检测。最后由中方人员给白裤瑶村民示范生态旱厕正确使用方法，建好后由欧盟人道主义援助部对生态旱厕进行评估验收，中方人员进行后期维护，每年定期将生态旱厕的使用及维护情况报告送至红十字会，由该机构进行后期监管。

（2）生态旱厕使用情况。怀里屯使用的厕所主要有两种类型：第一类为水冲厕所，粪尿经地面储存槽、地下简易化粪池储存。这类厕所在研究地区极少使用。除了村公所、学校、博物馆外，白裤瑶不使用水冲式厕所。第二类为生态旱厕，建于屋外或者院子里，此类厕所覆盖率为94.3%。此外还存在着无厕状态。通过有效问卷的统计，被访者使用生态旱厕、水冲式厕所（含公厕）和不使用厕所的比例分别为10%、40%、50%。可见，研究区域内白裤瑶仍以无厕状态为主要的如厕方式，由此可见，他们的无厕观念现今为止仍占据其日常生活主要位置。

（3）改厕态度。分析厕所类型与身体健康的关系时笔者还发现，普及生态旱厕后的白裤瑶地区其健康状况比十多年前有很大进步，但相对于当地壮族、汉族地区的人还是有一定差别。笔者认为主要原因还是他们的观念和习惯，白裤瑶原属刀耕火种的游耕民族，在迁徙过程中他们的卫生观念已根深蒂固，如今他们虽过着定居生活，但由于经济和环境的现实状况，使他们使用厕所的比率较低。

分析厕所类型与厕所发展时笔者还发现，水冲厕所和传统浅坑厕所的使用主要集中在壮族、汉族聚居区，而白裤瑶地区较少或没有使用厕所的习惯，由于生态旱厕是政府给予全额的补助，改厕率高。针对厕所使用状况进行了改厕愿望的调查，在白裤瑶地区大部分持"随大流"及"政府安排"的无所谓态度外，绝大部分需要政府补贴才愿意建厕所，而少部分人认为"没必要"。

一开始建设生态旱厕时，白裤瑶村民都是被动接受政府全额补贴，对生态旱厕没有由衷的期盼，认为没必要改厕的占大多数，生态旱厕在研究区域始终没办法全面使用。

白裤瑶地区经历了无厕、简易厕所、沼气厕所、生态旱厕等四种厕所状态，在这四种厕所状态中，生态旱厕覆盖调查区域的94.3%，然而高覆盖率使用率却极低，大部分村民在选择如厕方式时，还存在无厕和到学校公厕两种。从厕所使用情况看，白裤瑶地区的群众对于厕所使用、粪便处理、如厕观念及改厕态度大部分都持无所谓态度。通过对瑶族厕所的调查我们不难发现，即便环境已发生变化，白裤瑶地区如厕习惯的发展依旧缓慢，生态旱厕设立未能达到预期效果。针对生态旱厕使用率低的问题，笔者认为主要有传统生活方式、生态环境、经济因素制约、政府宣传以及封闭的心理因素制约这五个方面的原因。

（1）传统生活方式的影响。瑶族的传统文化是在原始自然经济的基础上产生和积累的，瑶族进入封建社会较晚，受汉族封建文化所强行规范的文化模式控制较少，故其文化一直保存着远古社会模式的残余。在调查过程中，大部分怀里屯白裤瑶村民如厕问题上还是习惯上山"打游击"，和上古穴居而在野外解决的状态相同，这些习惯的形成与他们的原始经济有着密切联系。历史上，白裤瑶一直过着迁徙不定的生活，中华人民共和国成立后，才基本结束迁徙不定的游耕生活，开始定居。但在经济上，传统的刀耕火种耕作方式，仍在自然经济中占主导地位。即使现代化的生产方式已普及，但在白裤瑶地区，还是以传统单一的山地农业经济为主，绝大多数瑶族还局限在家庭范围内，从事"日出而作，日落而息，男耕女织"的传统生产与生活。随着经济不断发展，白裤瑶外出打工的人员日渐增多，可他们传统的生产方式并没产生巨大改变。他们的生产劳动依旧只为了满足自己生活需要，而不是满足社会与市场的需要。在这样的耕种形式下，白裤瑶的生活习惯依旧保持原始方式。

个案4，访谈对象：LL，男，55岁，无文化

我们从小就没有厕所，上山坡放牛就在山上解决。很少到县里面，十几岁到县城住招待所时才第一次上厕所，不知道怎么使用，蹲在厕所里面很久都没办法拉出来，上完厕所没冲水还被招待所的人责骂。那时就觉得厕所不方便、不好用，屙屎还那么麻烦。现在的生态旱厕更加不方便，还要盖草木灰这些东西，麻烦。上厕所原来就是图个痛快方便，这些东西那么复杂，让人在排泄时都没办法轻松。不知道汉人用的那些厕所有什么好。

个案5，访谈对象：LJQ，男，13岁，初中

在学校的时候，老师教上厕所之后要洗手，但是在家都没有专门洗手的水，所以习惯上厕所不洗手，到县城读书久了才养成这个习惯。喜欢上厕所，厕所很干净，而且不臭。厕所很好，方便又卫生。

个案6，访谈对象：LL，男，20岁，大学

从小在外念书，已适应外面的生活，对上厕所已经习惯，反而是每次放假回家后不太能适应现在的厕所。建生态旱厕很好，就是使用太麻烦，不太适合当地实际情况。尿液和粪便分开使用，还要拿草木灰盖，对一般的老百姓来说太琐碎了，而且一般村民们都在山上做工，做工的地方离家又远，不可能要求他们像城里人一样为了上厕所而回家。对于以前上厕所的方式，我认为没什么不好，这么多年以来我们都是这样生活，我认为水冲厕所对我们的影响并不是很大。

传统的生产生计方式，使白裤瑶村民们每天早出晚归上山种地，无法正常使用厕所，也不可能像城镇里的居民一样，想如厕时就能找到厕所，所以他们才会选择就地解决。为了使用生态旱厕而让他们如厕时回家，这种想法不现实。传统的生计方式造成了传统的如厕观念，传统如厕观念的形成又影响厕所的使用率。改善如厕观念可从以下两点着手：一是改善他们的粪便利用观念。首先教会他们对粪便进行简单的覆盖处理，将处理过的粪便作为肥料对田地施肥,可减少粪便的交叉污染。粪便的利用观念得到改善后,如厕观念也会相应地受到影响。二是在白裤瑶村民耕种的田地附近建厕所。耕种田地挨得比较近的家庭可共同使用一个厕所。厕所可选择建立生态旱厕,也可选择建立简易茅草结构的厕所,不一定要将厕所建立在家庭住所的附近。

(2)生态环境的影响。生态环境的结构首先影响了白裤瑶的经济生活,然后通过经济生活作用于社会结构,最后导致民族封闭心理形成,而这种封闭心理一经形成,反过来影响文化的各个层次及其变迁过程。历史上瑶族大多散居或聚居在山顶、山腰或坡岭上。因此,除了少部分有水田外,大部分白裤瑶只有较少的水田,甚至没有水田。白裤瑶的生产方式基本以传统的刀耕火种农耕为主,他们的农产品只能维持自身生活需要,与其他民族进行的物质交换活动较少。白裤瑶传统的刀耕火种,使很多耕地仅能种两三年,然后就要丢荒七八年,甚至十几年。这些耕地上,石头多,泥土少,因此当地就有谚语"七成岩,一寸土"。使用几年后,雨水把泥土冲刷走,就不能再种植。在河流方面,完全没有大河,连小溪也很少。每当秋冬二季,溪水完全干涸。在化图、瑶里、巴地、蛮降等屯,只有里湖瑶族乡有一条小溪,水量很少。居住在这里的白裤瑶,天旱时不但灌溉困难,而且连人畜饮用水也成问题。白裤瑶在这样的自然环境中生存,逐渐形成了白裤瑶自卑内向的民族性格,从而影响其与其他民族的交流。白裤瑶连片居住的方式和社会组织又因为地理位置的闭塞使得他们过度强调民族认同,形成强大的民族凝聚力,阻碍了与其他民族的交往。这种封闭的民族心理是自然形成的,使其文化变迁也不可避免地受到影响。

(3)经济因素的制约。由于历史、地理、经济、文化等因素影响,怀里村的生产、生活条件比较恶劣,经济发展较为缓慢,群众生活水平贫困，村民只能维持基本的生活。全村共 422 户，2087 人，其中白裤瑶占全村人口总数的 99%，人均耕地面积 0.7 亩，年人均收入不足 400 元。① 由于环境恶劣，自然灾害多，白裤瑶群众居住条件差，导致群众生活十分困苦，疾病多，饮水困难，生活水平低。近几年怀里村的基础设施得到一定的改善，水、电、路、厕所等设施都取得一定的成绩，群众得到实惠。但由于受到经济因素的影响，投入力度不够，村民的生活仍存在较大问题。政府部门 2005 年建立的改水工程项目，解决白裤瑶村民饮水问题，改善环境卫生条件。近两年，由于水费的原因，自来水早已停用，生态旱厕也因使用烦琐等原因停止使用。改水工程建立之后，基本废置。

白裤瑶现在居住的房子大致有三种，分别是干栏结构茅草房、干栏结构瓦房和土坯墙瓦房，较少有人居住砖石结构瓦房。在这三种居住结构中，使用较多的是干栏结构瓦房和土坯房。干栏结构的瓦房都是分上下两层，猪、牛、鸡家禽都养在下面，人住上层。房子面积小，一般在火塘旁边用木板围个房间，大多家庭房间的采光和空气都不太好。土坯墙瓦房是用黄泥和一些小石块混合在一起舂成的土坯墙，屋顶盖瓦，墙上开有两扇窗，室内又黑又暗。室内一般分上、中、下三层，上下层用木板隔开，猪、牛、鸡家禽被隔在底层的栏内。屋内用木板隔开的顶层放置一些杂物。现在村里 58.8% 的白裤瑶居住这种房子。居住条件并不是很好，政府曾帮助修建的生态旱厕却是砖瓦结构，且里面都装了瓷砖。访谈调查中问及为什么不使用生态旱厕时，其中最多的理由竟然是担心厕所被弄脏，而持有这种观点的人占被访者的 75% 之多。在调查中笔者还发现一个奇怪的现象：生态旱厕大部分时间是紧闭着的。笔者某日看见一个女

---

① 数据来源：南丹县统计局 2007 年资料。

孩竟然睡眼惺忪地从生态旱厕里走出来，当笔者想要靠近看时，被当地人拒绝。不过从开着的门缝间看到，生态旱厕似乎已经被当作房间使用。接下来笔者针对这个问题询问时，大家都持回避态度，未对此现象给予解释。调查中笔者观察到，把厕所当作房间使用的在怀里村不只一两户。

个案7，访谈对象：LL，女，19岁，初中

建生态旱厕很好啊，帮助我们改变卫生习惯。但是一般我们都不上生态厕所，怕把它弄脏了。因为厕所里面都装了瓷砖，长期用会变得脏兮兮。所以我们家人都选择到学校的公共厕所去，远一点的村民可能到山上。村里人一般都不怎么用生态旱厕，最主要是不舍得。

访谈对象是白裤瑶表演队的成员，经常接触外来人员，有良好的上厕所习惯。对于笔者问的屯里是不是有人把生态旱厕当作房间使用时，被访者微笑着回答：村里人大部分住的都还是黄泥舂墙房，厕所却装瓷砖，村民当然会舍不得拿来作厕所。虽然她没有正面回答问题，但从她的答案中不难看出村民对生态旱厕使用所持的另一种看法。

个案8，访谈对象：怀里村主任

怀里屯的人均收入较低，现在屯里能建楼房的家庭都不多，大部分居住的是泥瓦结构的房子，或是砖泥结构的房子，整体居住的条件比较差。村民使用生态旱厕时老是担心会把厕所弄脏，也认为那么好的房子只当厕所来用太可惜，于是村民们用木板把厕所蹲位盖住后，偷偷地把厕所当自家的房间来使用。

当问及怎么会有人把生态旱厕当房间使用时，村主任回答说，这些是因为当地的经济太落后，厕所又不算是他们日常必需品。他们平时都在山上做工，用厕所的时间很少，政府建那么漂亮的厕所，只是拿来上厕所太可惜，拿来作房间还实用些，所以大部分村民都拿来当作房间，碰到有人来检查的时候就搬出来，等检查完了人又住进去。这种现象也让生态旱厕监管的工作人员伤脑筋。在调查中，问到这类问题，本屯瑶胞们都持回避态度，愿意回答的都是常年在外打工、学习的人，长期在本地生活的人不愿意回答，可能是因为惧怕笔者反映给相关部门。由此可以看出，给经济较差的白裤瑶地区修建瓷砖的生态旱厕，与当地的实际生活环境并不对称，从而造成有生态旱厕不正当使用的奇怪现象。这些都与当地经济有着密切联系。政府只有提高白裤瑶村民的经济发展水平，改善他们居住环境，才能从根本上改变他们的如厕观念。仅仅帮助他们建立厕所是难以改变他们传统的如厕习惯的。

（4）政府职能机构宣传不到位。生态旱厕使用较为复杂烦琐，需粪尿分离，这对于本来就没有如厕习惯的白裤瑶群众来说有一定难度。2005年建立生态旱厕时，政府工作人员曾对生态旱厕的使用进行了3个月的宣传教育，之后再没有相关人员对不会使用的群众解说，也没有相关使用方法方面的咨询。调查中笔者了解到，有些群众不知道如何使用厕所却不好意思问，这证明了政府工作人员的疏忽，这些疏忽造成群众对生态旱厕的陌生，不会使用也不敢问。在调查中，群众对3个月陆续的宣传教育还比较满意，都认为工作人员能耐心认真地讲解，由于生态旱厕在怀里村覆盖范围太大，户数太多，宣传时间太短，群众还没能熟练独立使用就结束宣传，而后来也没有针对关于厕所使用进行培训教育。笔者认为，政府职能机构宣传不到位是造成白裤瑶不正确使用厕所的客观原因。里湖瑶族乡的干部本来就少，管理的村寨又多，不可能将过多时间、精力花费在管理生态旱厕上。王金成副乡长说："农村工作本就烦琐，村民没受过什么教育，而我们的干部又没那么多，较难一户户去解释。我们只能抓大部分，很多时候乡里的干部都下到乡里做工作。不是我们的干部不认真努力，而是对这些没受过什么教育的群众，我们要花费更多的精力，这在时间和人力上都有限。"双方都有自己的难处，笔者认为双方应好好沟通，政府应了解当地群众所想，群众应在宣传教育期间学习利用资源，还可向已经会使用厕所的群众请教，最大化地将生态旱厕的优势发挥出来，不能让生态旱厕形同虚设。在教村民使用厕所时，工作人员要有耐心，认真讲解使用的规则，让瑶族群众真正学会使用，真正能独立使用，工作人员要认真宣传好卫生知识，使瑶族群众加深对厕所卫生的了解。

（5）长期压抑的封闭心理制约。白裤瑶封闭的心理不是一朝一夕造成的，而是一个长期的过程。白裤瑶的发展史是一部受历代封建统治阶级剥削、镇压的血泪史，长期的反抗、迁徙，使得白裤瑶民族心理封闭自卑，加之瑶族地区大多地处偏僻，远离现代文明中心，自给自足的自然经济，使得瑶民们过着一种与世无争的封闭性生活，和外界联系十分微弱。人与人之间交往和感情沟通主要靠参加婚、丧、喜、庆等活动及传统民俗活动来实现，而且大多局限在家族和村寨之间。封闭心理使得瑶民接受外来文化时产生抗拒心理，这些封闭心理不仅阻碍了现代化的文化与观念传入，也对白裤瑶地区经济产生阻碍。南丹县的白裤瑶在莫家土官的 800 年统治和国民党反动派数十年的统治下，生活每况愈下，一代不如一代。从资料可以得知，南丹瑶胞原来不是居住在这个山岭贫瘠的地带，多数是在受汉族地主剥削压迫，受到汉人恶霸官僚和莫家土官压迫后开始迁到高山贫瘠地方。光绪十三年（1887年），南丹土官莫树景闻黎水保誓死夺回大印，即坐轿带兵1000人左右进驻牛栏关村一带，插有大旗，所用都是粉枪。这次战役黎水保战败就义，尸露刑场，没人收埋。1945年日寇投降后，国民党九十三军的残余零星退军来到南丹县怀里一带，打家劫舍，强奸妇女。瑶族人民自卫反抗，与匪军战斗了一天一夜，最后以战败告终。1950年后与土匪进行斗争。中华人民共和国成立后，土匪猖獗，压迫瑶民参加匪军，抢劫勒索，打砸抢烧房屋。瑶民在党和毛主席的领导下，自觉地组织起来与土匪斗争，清匪保家。全民起来拿鸟枪、粉枪参加队伍，誓死抵抗土匪，配合解放军进剿土匪，将土匪击溃至贵州边境。瑶民顽强的斗争精神，在历次的反抗斗争中表现出强大的战斗力。从当地壮族土官剥削，到国民党时期反动派变本加厉地欺压瑶民，加之土匪压迫，加深了瑶、壮、汉族之间的心理隔阂，因此民族关系的性质是影响民族文化变迁的主要因素之一。对民族交往持友好的态度就会把其他民族看成和自己一样，这样可以积极接受外族文化成分，有时甚至不惜排除自己民族的文化成分。相反，强制的消极态度则能保留甚至恢复民族传统某些陈腐的成分，然后这些成分本身就作为民族意识中的消极现象而呈现出来。因此，我们可以说白裤瑶民族封闭心理是解放前历代统治阶级民族压迫和民族歧视的产物。

　　白裤瑶的调适问题要求民族自身要摒弃封闭心理，建立自身文化的开放系统，大胆吸收外来文化因素，然后才能逐步走向现代化。自身文化越是开放，其社会经济就发展越快，越是封闭，就越落后。近几年，政府加大对白裤瑶地区的基础设施建设，对改变白裤瑶所处的生态环境起到一定作用。随着居住环境的改善，他们的卫生条件得到改善，疾病减少。部分瑶民摆脱传统观念约束，加快整体民族心理的开放性，文化价值观念变化加快。我们不能单纯地从经济因素去考虑其心理变化，我们更应从文化整体，特别需要注意其文化背景和深层结构，这样才能从根本上解决白裤瑶如厕习惯的调适问题。

从有厕到生态旱厕，在厕所变化的过程中，白裤瑶群众始终冷淡地被动接受，如厕观和粪便处理方法还是处于原始状态。针对建立生态旱厕后其厕所使用率低的现状，笔者认为要解决当前现状可从以下几个方面入手：要从观念上教育；充分发挥政府职能，教育宣传要到位；加大经济建设力度，加强与其他民族往来。具体可通过政府卫生政策的实施，进一步推进改水工程实施，提高村民环境卫生意识，加强对农村基础设施建设的投入，加大经济建设力度，加强该地区与周边壮族、汉族的经济往来，打破白裤瑶封闭自守的局面。要使瑶民改变传统观念，只能通过群众自觉自愿的行动，任何形式的强迫只会适得其反。只有加强社会主义的物质文明和精神文明建设，实施现代化才能改善瑶民的如厕习惯，改善当地环境卫生。同时要重视教育，提高村民环卫意识。可通过典型宣传、表彰鼓励、文艺宣传、干部宣传、参考观察、现场会、黑板报、广播、标语等多种方式进行教育，宣传环境保护的现实意义、垃圾污染的严重性、粪便交叉感染的影响。倡导移风易俗，转变村民观念，提高村民环卫意识。引导村民树立"人人讲文明、个个讲文明"的新风尚，把保护环境、爱护卫生变成群众的自觉行动。同时村委会要制定有关村中环境卫生保护的规定，建立环境卫生管理制度并纳入村规民约，采取公共卫生门前三包、分段到户、轮流清扫、定期组织村民大清扫等方式来治理当地脏乱差现象。村寨也要形成环境卫生检查机制，可以采取由村民小组组织、农户轮流参与的办法，对公共场所的环境卫生及家庭环境卫生情况进行检查、评比。加强村民自觉意识，让村民自觉投入村中环境卫生建设中来。

综上所述，白裤瑶村民没有如厕习惯，生态旱厕使用率低的原因是受多方面的影响，不能单从某一方面去解释。要使瑶民养成良好的如厕习惯，需要一个长期的过程。如果不采取措施改善瑶民如厕状态，不仅会使投资建设的生态旱厕形同虚设，还使当地卫生状况继续恶化，当地瑶民的身体健康受到极大影响。

当前对白裤瑶的研究，大多是从服饰文化、宗教信仰、组织结构等角度进行研究，对瑶族环境卫生的研究并不多，对厕所的研究几乎没有。本文选择白裤瑶的厕所作为研究对象，探讨白裤瑶从无厕状态到建立生态旱厕的历史，分析生态旱厕优势，对白裤瑶地区生态旱厕使用率低的原因进行分析，希望政府相关部门的决策者对边远瑶族地区的卫生状况有所关注。通过对白裤瑶厕所历史发展的研究，反映现代化文化冲击下白裤瑶的价值观及文化观，改变白裤瑶对先进文化吸收的态度，增加其科学知识性，养成良好卫生习惯，增强体质，增加人均寿命。

瑶族小学寄宿制教育发展状况研究

——以广西都安瑶族自治县隆福乡六山村小学为例[①]

张 蕾

寄宿制学校在贫困地区,特别是少数民族地区,是一种行之有效的办学模式。在国家政策倾斜与关注下,寄宿制学校建设逐步规范化,加上近几年我国针对义务教育阶段实施"寄宿制学校建设工程""两免一补"等政策,西部地区特别是少数民族地区的寄宿制教育得到了快速良好的发展。

一、乡土中的寄宿制

国家早在20世纪80年代大力提倡在民族地区兴办寄宿制小学。1980年教育部、国家民委在《关于加强民族教育工作的意见》中提出:"对于大多数文化教育十分落后的民族,特别是对于边远地区、牧区、山区的民族,必须采取特殊的方法,在相当的时期内,集中力量,办好一批公办的民族中小学,给予较多的助学金,特别要大力办好一批寄宿制学校,采取由国家管住、管吃、管穿的

---

① 《瑶族小学寄宿制教育发展状况研究——以广西都安瑶族自治县隆福乡六山村小学为例》,广西民族大学中国少数民族史2010届硕士研究生论文,调查时间:2018年1月—2009年12月。作者张蕾现为广西警察学院马克思主义学院专任教师。

办法。对这些民族中小学，在经费上要给予必要的照顾，调配较好的教师，校舍和教学设备也要好一些，把这批民族中小学办好了，就可以确保出一些人才，奠定进一步发展的基础。同时，还可以发挥各方面的积极性，实行多种形式办学。"① 这一文件的颁布，翻开了我国寄宿制民族中小学发展的新篇章，是我国寄宿制民族中小学发展的新里程碑。1984年《中华人民共和国民族区域自治法》中作出具体规定："民族自治地方和自治机关可以为少数民族牧区和经济困难、居住分散的少数民族山区，设立以寄宿为主和助学为主的公办民族小学和民族中学。"从此，寄宿制这种办学形式就以法律的形式固定下来。在六山村小学，寄宿制形式也是在20世纪80年代就已存在，只是少数离家远的学生自愿来到学校住宿，学校也只是提供有限的条件供他们生活，生活所需的一切都是学生自带，国家没有给予任何经济上的扶持。

21世纪，为了早日实现西部"两基"攻坚的计划，国家投入了大量的人力、物力和财力，大力发展寄宿制学校。2002年第五次全国民族教育工作会议明确提出要重点支持有关省（区）对民族寄宿制中小学校舍、学生宿舍以及食堂的建设和维修工程，进一步改善民族地区办学条件。2003年国家和地方进一步贯彻落实国务院《关于深化改革加快发展民族教育的决定》和第五次全国民族教育工作会议精神，主张结合民族教育实际，采取有效措施，促进民族教育发展。在今后一个时期，山区、牧区、高寒山区的寄宿制中小学将作为当地教育发展的重中之重，加大人力、物力和财力投入，以进一步改善寄宿制中小学办学和生活条件。2003年全国农村工作会议通过的《国务院关于进一步加强农村教育工作的决定》

---

① 转引自王嘉毅、吕国光：《西北少数民族基础教育发展现状与对策研究》，161页，北京，民族出版社，2006。

提出了西部地区"两基"攻坚的总体目标。① 教育部于2004年2月颁布了《2003—2007教育振兴行动计划》，提出以实施"农村寄宿制学校建设工程"为突破口，加强西部农村实现"两基"目标。农村寄宿制学校的建设成为国家实施"两基"攻坚，提高农村基础教育水平的关键措施和重要保障。从2004年至2007年，中央财政为农村寄宿制学校建设工程投入了100亿元，此项工程已惠及了包括中部地区在内的23个省（市、自治区），广西也包括在内。从2006年起，国家对西部地区农村义务教育学生全部免除学杂费，2007年秋季起全部免费提供国家课程教科书，近50%的寄宿生享受了家庭经济困难寄宿生生活补助，基本解决了农村学生"留得住"的问题。2007年，为了妥善解决农村义务教育经费保障机制改革实施过程中存在的困难和问题，进一步提高农村义务教育保障水平，经国务院批准，财政部、教育部完善了新机制的有关政策，其中包括进一步落实农村义务教育阶段家庭经济困难寄宿生生活补助的政策，明确要求：对中西部地区，中央出台基本补助标准，小学生每生每天2元，初中生每生每天3元，按每年250天计算，所需经费中央按照50%比例给予奖励性补助。2007年，西部地区732万家庭经济困难寄宿生享受了生活费补助，约占西部地区农村义务教育阶段寄宿生总数的63%。②

在正规的寄宿制补助发放之前，六山村小学的部分内宿生也得到了社会上的一些资助。在隆福乡中心小学的档案室里，笔者查阅到一些组织机构对当地学校贫困学生的资助记录。其中摘抄了对六

---

① 王嘉毅、吕国光：《西北少数民族基础教育发展现状与对策研究》，160-162页，北京，民族出版社，2006。

② 中华人民共和国教育部：《中国教育年鉴·2008》，191、445、446页，北京，人民教育出版社，2008。

山村小学的资助情况：

> 致公党在 2004—2007 年期间，每个学期都资助 2 个贫困生，30 元/人。美国海外教育基金会在 2004—2006 年上学期，每学期都资助 6 个贫困生，60 元/人；2005—2006 年下学期分别资助了 6 个贫困生（60 元/人）和 4 个贫困生（50 元/人）；2006—2007 年上、下学期，分别资助了 6 个贫困生，60 元/人。

这些贫困生都是从当时的内宿生中挑选出来的，据学校档案记载，2005 年有 22 个内宿生，2006 年有 14 个，2007 年有 26 个内宿生。虽然部分内宿生得到了社会上的资助，但是六山村小学的内宿生在学校的食宿条件还是没有得到改善，和 20 世纪 80、90 年代的情况一样，吃住都是在教室的后面。2007 年，随着"农村寄宿制学校建设工程"的实施，六山村小学获得专项拨款建设了现在的教学楼，孩子们有了新的教室，学校就把原来的两间旧教室改造成学生宿舍。国家为了进一步提高农村义务教育保障水平，为中西部地区出台了基本补助标准，西部地区的农村贫困学生全部享受"两免一补"政策，政策也惠及了六山村小学的所有寄宿生。这时，六山村小学的"内宿生"才转变成了真正意义上的"寄宿生"。根据《自治区财政厅　教育厅关于确保农村义务教育经费投入　加强财政预算管理的通知》文件精神和国家"两免一补"政策的相关规定，2007 年，都安瑶族自治县结合本县实际，指定了以下寄宿制学生生活补助经费管理的实施办法。

生活补助的对象及条件：补助对象是都安瑶族自治县

全县农村义务教育阶段公办学校就读的贫困中小学生。申请的条件：1. 属孤儿、绝对贫困、单亲家庭子女的在校贫困中小学生；2. 属未解决温饱的低收入家庭子女的在校贫困中小学生；3. 属因突发事件导致家庭困难子女的在校贫困中小学生。

经费来源及预算安排：据都安瑶族自治县提供的信息，每年农村义务教育阶段贫困寄宿制学生生活补助的资金，50%来自中央拨款，40%经费来自广西壮族自治区拨款，都安瑶族自治县负责10%的经费支出。而这10%的补助经费是从农村税费改革财政转移支付65%用于教育的资金中安排，按照补助人数和标准全额列入当年的财政预算。农村义务教育阶段贫困寄宿制学生生活补助工作是由县教育局和财政局组织实施的。

补助对象的资格审核和确认：符合享受条件的学生首先个人填写申请表并附所在村委会证明，然后由学校、学生家长和教师代表参加评审小组准定，准定后将符合条件的学生花名册在乡（镇）、行政村范围内进行公示（公示期不少于7天），公示期满无异议，由各乡（镇）中心学校负责人签名并加盖单位公章后将花名册上报县教育局、财政局审核，经县教育局、财政局审核无误后，确认年度享受补助学生名单。

在隆福乡中心小学的档案室里，保存有近几年六山村寄宿生生活补助的发放名单和具体数额：2008年6月30日寄宿生第一次收到生活补助费用125元/人，共44人，这是2007年的补助费用；2008年春季学期，六山村小学44个寄宿生收到补贴250元/人；

2008年秋季学期，有59个寄宿生得到了210元/人的生活补助；2009年春季学期也是59个寄宿生，但是目前为止家长还没拿到补助经费。通过了解，原来是经费还没有拨款到位。2009年秋季学期，六山村的五、六年级被拆分，寄宿生人数有所减少，只有40人。但总的来看，自从国家实行寄宿生生活补助政策以来，六山村小学的寄宿生人数是在逐年增长的，根据现任苏校长的管理计划，他打算下个学年鼓励家长，让所有的学生（学前班除外）都来学校寄宿，这样便于学校对学生学习的管理。县教育局某领导也提到：现在有些学校大部分都是寄宿生，目前的情况是只要家长愿意申请成为寄宿生，国家都会拨款给补助。

六山村寄宿制的发展过程，其实反映了当地瑶民对学校教育的认同过程。一开始，自愿到学校进行寄宿的学生是家长或者学生自己主动学习的欲望比较强烈，是少部分的，因为当时并不是所有离家远的学生都寄宿。这种主动积极参与学校教育，学习主流文化的意识在当时的六山村是比较少的，所以寄宿制的发展是缓慢的。随着时代的发展，国家政策的大力推行、当地经济的发展、外出接触主流文化的冲击等综合外部环境因素的影响下，当地瑶族民众的内部意识形态开始发生了变化。这些因素的交织影响，让他们对教育的观念有了根本性的改变，从机械式地接受甚至是不重视转变为主动地关注和参与。随着国家政策环境、经济环境有所改善，主流文化不断深入，瑶族民众逐渐意识到接受教育的重要性，对寄宿制的接受和高度认同就是对现代教育重视的表现。

寄宿制给农村基础教育所释放的吸引力当然不仅仅局限于六山村，它的效应在整个瑶族地区甚至是全国农村地区都有同样的热力。如2007年寄宿制学校建设工程的实施，使全国新建、改扩建了7651所寄宿制学校，满足了195.3万名新增学生的就学需求和

207.3万名新增寄宿生的寄宿需求，有效解决了农村学生"进得来"的问题。①

二、寄宿生现状

（一）食宿卫生

规范的寄宿制学校应专门设有负责寄宿生一日三餐的后勤工作人员、管理宿舍内务的生活老师等相关服务人员。但是在条件艰苦的六山村小学，由于校舍简陋、管理人员缺乏等因素，学校没有专门的人员来管理这些寄宿的瑶族学生。2008年之前，学校没有为学生统一蒸饭，学生只有就地取材，在学校附近找几颗石头在室外或者是教室内搭简易的火灶，然后在学校附近找木柴自己生火煮饭，锅是自己从家里带来的，一般几个人共用一个锅。直到2008年秋季学期，学校才买了一个大蒸笼，整理出一个空房间作为厨房，让学生有了统一蒸饭菜的地方。当时是由原来的总务无偿为学生蒸饭菜，学生家长每学期每人负责提供300斤木柴。2009年秋季学期开始，新来的苏校长让两个代课老师负责学生的蒸饭菜问题，每个学生每学期交70元的木柴钱。寄宿生在学校以大米为主食，而家里都是以玉米粉为主食。因为都安瑶族自治县是大石山区，而瑶族居住的地方是最艰苦的深山里，自然环境恶劣，除了居住的地方是相对的平地，种植作物的土地都是山窝石缝地，而且极度缺水，都是靠建蓄水池收藏雨水生活，只能种玉米、红薯、豆类等杂粮。所以为了孩子在学校能更好地学习，家长都是去乡里买大米让

---

① 中华人民共和国教育部：《中国教育年鉴·2008》，446页，北京，人民教育出版社，2008。

他们带到学校。有的时候家里来不及买大米,学生也只有拿玉米粉蒸着吃。菜都是从家里带来的,一般是白菜、豆角、黄豆等,比较单一,而且笔者几乎没见过孩子们吃过肉。每天早上6点多,寄宿生就开始起床洗漱,然后各自准备自己的"午餐"。他们用饭盒装着淘好的大米,放上菜和一点油,加满水用盖子盖好,有的学生用塑料袋套住饭盒,有的拿塑料绳或者是粗的棉线捆好,防止饭菜泼洒出来,蒸好的时候也方便把饭盒从蒸笼中取出。中午放学,寄宿生就直接冲到蒸饭菜的地方取饭盒,由于学校没有供学生统一吃饭的桌椅,他们只能把饭菜拿回宿舍,放在自己的木箱上,蹲着或者站着吃饭。吃完午餐,他们像准备午餐一样装好自己的晚餐,把饭盒又放回大蒸笼,有时寄宿生也会顺便蒸红薯,作为饭后的佐餐。笔者在问卷调查中了解到,每周家长给寄宿孩子的零用钱大部分是在1—5元之间,只有极个别的家长会给10元。由于学校条件艰苦,寄宿生的宿舍是用两间旧教室改造而成的。男生、女生各一间,男生有28人,女生有22人,每个房间只有四张上下两层的铁架床,合并在一起形成通铺,这样才有足够的空间容纳所有的孩子。宿舍的窗户玻璃大部分都已毁坏,房门也是破烂不堪。据老师和孩子们反映,门窗玻璃都是被村民或者是其他学校的学生砸坏的。到了夜里风大的时候,孩子们只能用绳子绑住毯子的两头,然后挂在床前挡风。房间里也没有安装电灯,据说原来是有的,但灯管多次被盗,学校就没再安装。一到晚上,宿舍一片漆黑,孩子们只能自备电筒。10月份的六山村风很大,特别是晚上,刮得门窗啪啪作响,但是那里的孩子都还是只穿一件衣服,而且大部分都还是短袖,脚上穿的是凉鞋。当笔者问他们:"冷吗?为什么不多穿点衣服?"他们的回答基本都是"习惯了就不觉得冷了",孩子们还说:"到冬天的时候还有很多人穿的是凉鞋,最多也是加穿一双袜子。"当笔者到学生家里做问卷调查的时候,发现当地的小孩子(1—4周岁)都是不穿裤子的,笔者感到很惊讶,陪同的韦老师笑着解释道:"即使到了冬天,他们的父母也不会给他们穿裤子,最多上身多穿几件衣服,原因有两个:一是因为小孩子容易尿裤子,家长忙着干活,没时间帮他们换洗,不穿裤子就不会有这些麻烦事;二是因为都比较穷,没有太多的钱帮孩子买衣服裤子。"由此可知,当地瑶族人民生活的艰苦程度,如果没有国家普及九年义务教育、寄宿补助等惠民政策,瑶族孩子的受教育程度和个人素质更难以得到提高。

  六山村由于自然条件恶劣,极度缺水,自来水又很难通到当地,所以学校和当地的瑶族人民都是通过建水池、储蓄雨水来解决用水问题。目前全校师生所有的生活用水都是依靠一个水池,用软胶管接到地面,不用水的时候就用一根木棒把胶管塞住。学校没有为孩子们提供开水,他们日常就是直接饮用池子里的水。到了枯水季节,学校没有水,就让学生自己从家里带水来。学校没有专门的洗漱间,早上孩子们起床后就直接到胶管旁洗漱,有些孩子在晚上睡觉前用桶装水拿回宿舍,早上起来的时候就直接在宿舍门口洗漱,避免拥挤。生活中发现孩子们有时直接饮用桶里的水,而这个桶同时也用于洗澡洗头。学校没有洗澡间,到了晚上,孩子们只能把水提回宿舍,躲在宿舍的后门摸黑洗澡。在和孩子们聊天中了解到,有的同学在学校从来不洗澡,女生的情况要比男生好一些。不过晚上睡觉前,大部分同学还是会自觉地洗脸和洗脚,然后才上床睡觉。学校没有为学生提供热水,冬天孩子们只有等到周末回家了才能洗澡。另外,学校的厕所建在学校围墙的外面,离寄宿生宿舍比较远,不方便孩子们上厕所,特别是晚上的时候。

（二）学习情况

学习文化知识是学生在学校的主要目标和任务，而学习的效果通常是以期考成绩作为衡量标准。六山村小学学生的学习成绩一直以来都是比较差的，据隆福乡中心校的校长反映，每年全乡所有小学的教学成绩排名中，六山村小学的教学成绩都是倒数一、二名。以下是笔者调查时四年级寄宿生上学期的期考成绩：

2009年春季学期四年级寄宿生期考成绩单

单位：分

姓名	成绩（语文/数学）	姓名	成绩（语文/数学）	姓名	成绩（语文/数学）
WDM	52/31	HW	48/56	MJS	49/52
MQ	85/38	MYJ	57/55	MCP	61/52
MGF	71/60	MCN	61/44	MJL	73/71
LJC	47/70	MGL	47/52	LCQ	58/48
MLF	33/27	MJP	36/46	MF	69/53
MCX	57/53	MYH	50/33	MJG	66/64
MYM	35/46	MCY	52/39		
MLX	49/54	MCM	62/49		
MXH	41/31	MD	51/61		

从表中的成绩可以看出，六山村小学的学生基础很差，双科能及格的都寥寥无几。每当问起学生的学习成绩，几乎所有老师的回答都是基础差，有语言障碍，授课效果事倍功半。新来的特岗老师韦老师现在是上四年级的数学，她曾经在南宁市的私立学校上过课，积累了一些好的教学经验。在现在的授课中，她尽量采用以学

生为主的教学模式,以期带动孩子们的学习兴趣,提高他们的学习成绩。以下是第一次数学测试的成绩:

2009年秋季学期四年级寄宿生测试成绩单

单位:分

姓名	成绩	姓名	成绩	姓名	成绩	平均分	56.4
LCL	96	MW	73	MCM	30	90以上	3人
MCH	92	MQ	72	MQC	30	80—89	5人
MYJ	91	MGF	66	MD	26	70—79	4人
MCX	86	MLJ	65	MLF	26	60—69	5人
MC	84	MCP	63	WDM	25	不及格	13人
MJL	82	MJP	63	HW	25		
MJG	81	LCJ	61	MYM	24		
MLX	80	MF	56	WDJ	19		
MCY	76	MCN	48	MYH	19		
MGL	75	LCQ	42	MXH	16		

测试的成绩让韦老师很不满意,因为测试的大部分内容,她都在课堂上反复说过很多遍,但还是有很多同学没有做对。但是,从这次测试的排名可以看出,大部分寄宿生的成绩要比走读生的要好,在教师的调查问卷中,所有老师都认为寄宿制的实施使整体教学成绩都有所提高,可见,寄宿制促进了当地瑶族孩子学习成绩的提高。

(三)课余生活

寄宿生课余时间的活动空间狭窄、内容单调。他们的活动范围只有教室、操场、宿舍、小卖部,这些地方活动空间太狭窄,有些学生在放学期间甚至跑到公路上玩耍。课间，除了上厕所，低年级的同学比较喜欢到操场上奔跑追逐，而三、四年级的同学一般只是在走廊上活动。放学吃完饭后，寄宿生只能在操场上做一些简单的游戏，学校没有其他的娱乐运动设施可供他们玩耍。在《教育部、卫生部、财政部关于印发〈国家学校体育卫生条件试行基本标准〉的通知》（桂教体卫艺〔2008〕94号文件）中，明确规定了小学体育场地、器材配备基本标准：

小学体育场地基本标准表

运动场地类别	小学		
	≤18班	24班	30班以上
田径场（块）	200米（环形）1块	300米（环形）1块	300—400米（环形）1块
篮球场（块）	2	2	3
排球场（块）	1	2	2
器械体操+游戏区	200平方米	300平方米	300平方米

小学体育器材配备基本标准表

序号	器材名称	单位	配备数量
1	跳高横杆	根	2
2	小沙包	个	20
3	垒球	个	20
4	实心球	个	20
5	小体操垫	块	20
6	毽子	个	40

续表

序号	器材名称	单位	配备数量
7	短跳绳	根	40
8	长跳绳	根	8
9	小篮球	个	20
10	小足球或软式排球	个	20
11	乒乓球拍或板羽球或羽毛球拍	付	20
12	乒乓球或板羽球或羽毛球	个	20

注：小学12个班（含12个班）以下必备的体育器材。

但六山村小学的实际情况是，学校总占地面积1320平方米，运动场地面积只有600平方米，就是一个篮球场地。按照规定必备的体育器材中，学校几乎都不具备。据学生反映，曾经有1个篮球，但是已经坏了，老师办公室内有2副羽毛球拍，但是已经破损，而且没有好的羽毛球。但是孩子们懂得自己创造"娱乐器材"，他们可以迅速地在学校附近的山上找来结实的青藤，当作短跳绳和长跳绳，还可以用作跳高横杆；用书本当作羽毛球拍，拍打破烂的羽毛球；把小皮球（某位同学自带1个）当作篮球来玩。六山村小学原来一直没有老师教广播体操，直到这个学期（2009年秋季学期）新来了一位年轻的特岗女教师，才开始教全校的学生做广播体操，在笔者调查期间，孩子们正掀起了一阵学习广播体操的热潮，所以课余时间，广播体操也是他们的运动项目之一。到了晚上，由于宿舍和教室都没有安装电灯，大部分孩子都是到办公室看电视，一般是从19：00到21：00，然后老师关掉电视督促孩子们回宿舍睡觉。有的孩子借着老师宿舍亮灯的余光在操场上玩游戏，通常他们玩捉迷藏、编花篮等，有的孩子也会提前回到宿舍睡觉或者玩扑克牌（用电筒照亮），有时中午他们不睡午觉而是在床上玩扑克牌。

另外，由于学校没有阅读室，孩子们没机会学习课外的知识，加上教室、宿舍没有照明灯，晚上不利于孩子们养成预习、复习功课的学习习惯，部分同学连课后作业都完成不了，这些都对孩子的学习成绩有直接的影响。不过笔者在和寄宿生深入访谈时了解到，大部分孩子觉得寄宿在学校能有更多的时间和同龄人玩耍，而且不用做家务，有时间完成作业。据了解，城镇小学生课余时间一般进行课外阅读、运动、上网等活动，内容比较丰富。相比之下，这群边远山区的瑶族小学生课余生活是如此单调，但是他们的愉快度并不低。调查问卷中，80%的孩子觉得住在学校很好玩，75%的孩子认为住在学校比住在家里好。小学寄宿制不仅有利于瑶族后代整体文化素质的提高，同时对孩子成长社会化也有积极的一面。

三、寄宿制存在的问题

从"内宿生"到"寄宿生"，随着各种环境因素的影响，六山村小学的寄宿制在不断地发展和完善，学校、家长以及教育工作者的高度认可和赞同，让我们看到了寄宿制在农村民族地区的可行性，但在很多方面也暴露出现实存在的问题。

（一）学校因素

1. 学校办学条件不完善

六山村小学唯一的教学楼是2007年国家"农村寄宿制学校建设工程"拨款建设的，现在已经非常陈旧，学生的课桌椅大部分都破烂不堪，有的教室甚至用两颗水泥砖中间搭一块木板作为凳子。教室、走道上的墙壁污渍斑斑。教室里除了有一面黑板用于教学，

◎现代化进程中的瑶族文化教育

其他与学习有关的设施一个都没有。教室没有安装电源和照明灯，更谈不上现代教学设备，老师办公室里有一个喇叭和录音机，偶尔放一些音乐。铃声是自制的（老师用木棒敲打铁块），全校仅有一台电脑，但是不能联网；还有远程教育工程实施时配备的一台电视机，用于晚上给寄宿的孩子们看电视。

《中华人民共和国义务教育法实施细则》第八条规定：实施义务教育，应当具备下列基本条件：与适龄儿童、少年数量相适应的校舍及其他基本教学设施；具有一定的经济能力，能够按照规定标准逐步配置教学仪器、图书资料和文娱、体育、卫生器材。[①] 六山村小学既没有阅览室，也没有供学生阅览的图书，学习资源匮乏。学校内找不到宣传语、宣传画，没有该有的学习和教育氛围；只有一个篮球场，没有单杠、双杠、乒乓球台等相关运动设施。整个六山村小学，校舍简陋，缺乏应有的教育教学设施。

六山村小学没有为寄宿生提供日常吃饭的餐厅，只提供蒸饭菜服务。有时负责蒸饭菜的人员失误或疏忽，饭菜蒸不熟，孩子们就只能饿着肚子，笔者调查期间就出现过两次这样的情况。孩子们一般都是在宿舍里蹲着或者站在外面进餐，导致吃饭姿势不科学，影响孩子的消化和吸收能力。寄宿生宿舍已经属于危房，墙体和天花板上有多处裂缝。宿舍内床位不足，如女生宿舍18人，有8张床位，男生宿舍22人，也是只有8张床位，都是合并起来，三四个人睡两张床。宿舍没有供孩子们保存物品的柜子，每个学生都只能自备一个小木箱，锁存自己的贵重物品——生活用品和现金，没有安全保障。宿舍的门窗大部分破损，窗户的玻璃被破坏，风大的时候孩子们只能自己把毯子挂起来当作帘子遮风。在这样简陋的环境

---

① 袁同凯：《走进竹篱教室：土瑶学校教育的民族志研究》，134页，天津，天津人民出版社，2004。

下生活，加上孩子们自理能力比较差，又没有专门的生活教师负责管理，寄宿生的生活条件极差。由于六山村小学没有专门的生活教师管理寄宿生，寄宿生的宿舍卫生状况极差：寄宿生起床不叠被子，不经常打扫宿舍卫生，垃圾经常堆在角落里，吃饭时掉落的饭菜随处可见，宿舍内有异味。学校没有供学生使用的洗漱台和洗澡间，洗脸、漱口、洗衣服都只能在水池边就地解决，洗澡只能在宿舍内进行。

基础设施的不健全，给寄宿生的生活和学习带来了诸多不便，孩子的学习氛围不够浓厚，校园生活也很单调，而食宿条件和卫生设施的不健全直接影响到寄宿生的身体卫生健康状况。

2. 师资力量薄弱

六山村小学目前有8位老师，其中4位女性，4位男性。六山村小学教师基本情况如下表：

六山村小学教师基本情况表

姓名	性别	年龄（岁）	民族	文化程度	职称
SFZ	男	40	壮族	中专	小一
WDS	男	30	壮族	中专	小一
MJS	男	45	瑶族	中专以下	代课
MMJ	男	41	瑶族	中专以下	代课
HLF	女	42	壮族	中专	小二
WLM	女	30	壮族	大专	小一
WHF（特岗教师）	女	24	壮族	大专	未评
MSH	女	25	壮族	中专	小二

从表中可以看出，六山村小学的教师文化水平普遍偏低，大部

分是中专或中专以下水平。任教的主要是从外面来的壮族教师,当地的只有2个瑶族教师,而且都还是代课老师。这两个瑶族老师主要负责学前班和一、二年级的教学,通常使用双语教学模式。教师的年龄结构偏大,只有一个新来的特岗教师比较有活力,WLM老师的工作成绩比较突出外,其他大部分教师对教学都已缺乏工作激情。在六山村小学,只要工作绩效比较好,成绩突出,没过几年就可以调出去。除了一开始就在这里工作的老师,其他被调进来的老师一般都是因为在工作、生活等某方面出了问题才被"下放"到这里的。师资力量的薄弱,直接导致的后果就是学生的学习成绩普遍较差。

3. 寄宿管理不规范

孩子在学校生活的健康安全问题是家长最关注的。在笔者做调查期间,由于天气变化无常,有几个孩子连续发烧烧到39℃以上而老师都不知道。有一个二年级的孩子从中午就开始生病睡在床上,下午没去上课,老师也不询问,同学们也不知情、不关心,直到晚上8点钟,同宿舍的同学发现他还是没有起来吃晚饭,觉得不对劲才来报告笔者,当校长拿着体温计去给他量体温时,竟已经烧到39.8℃,可是学校没有医疗室,也没有备用的药品,校长只能拿出自己能用的药,笔者也把备用的药品让他一起服用。过了两个小时,学生的体温才恢复正常。碰到学生生病的情况,学校的处理方式是严重的话就联系家长,让家长把孩子领走,学校既没有钱负责孩子的医药费,也不敢承担这个责任。村里的卫生室就在学校旁边,但是从来没见有人来上班,唯一的卫生员都是待在家里面(弄夜队,离学校有半小时山路),村民有事都要亲自去找他才行。

寄宿生经常在中午休息时和下午放学之后擅自跑回家的情况时有发生,但老师却不知情。当询问他们跑回去干吗,他们的回答一般是"回去拿米和菜""不干吗,就是想跑回去"。有时他们还跑去离学校较远的公路上玩耍。由于当地都是陡峭难走的石山路,稍不注意,就很容易被石头绊倒,有些石路看似平稳,其实很危险,寄宿生其实随时可能发生意外事故。而这些情况学校老师很少知情,只有学生主动向老师请假了才知道。如果由于学校管理的疏忽,致使孩子们出现安全事故,这将是非常严重的教学事故。

以上突出的三种情况充分地暴露出,现在的六山村小学没有形成规范的寄宿制管理制度,寄宿生纪律散漫,他们的卫生健康安全无法得到保障。究其原因,主要有几个方面:一是学校没有设立学生保健室,没有应对学生突发医疗事故的措施。二是学校没有按照国家规定,制定相关的寄宿制宿舍管理制度,基本处于无管理状态。国家规定,寄宿制学校应该设有生活老师来负责管理寄宿生的日常生活,保证学生能更好地学习和生活。但是六山村小学在师资力量不足的情况下,无法为孩子们提供专门的生活老师。据孩子们反映,以前是由学校的教导(WLM 老师)负责管理寄宿生的宿舍卫生情况,但是也只是一般的督促作用,也没有制定详细的宿舍管理条例进行管理。三是学校老师责任心不强,校长管理力度有待加强。没有形成班主任负责制,学校也没有把学生的卫生健康安全问题提升到重要高度,大部分时间对学生的管理模式处于"放羊式",没有尽到教师对学生的责任和义务。

(二)社会因素

1. 社会化偏差

"社会化是个人形成社会属性、适应社会生活的过程,是社会按照一定的标准培养、塑照自己社会成员的过程,也是一个社会的文化不断延续和发展的过程。这一过程是否顺利完成,社会化的目标能否得以实现,取决于社会及个体是否具备应有的各种条件。如果缺少了某些必要条件,社会化过程就会受到阻碍或中断,造成个体社会化的偏差和失败,影响社会文化在人类代际间的传递。"[1]家庭是人早期社会化的第一个阶段,也是最重要的环境。寄宿小学生早早就离开了家庭,进入学校生活,缺少父母的关爱和沟通,可以说他们的社会化条件就有所缺失了。而小学阶段是人一生社会化的基础,对人以后的发展有着至关重要的影响。如果学校和家庭不重视这个细节,就会很容易引起寄宿小学生的社会化偏差。

2. 行为习惯的偏差

孩子在学校寄宿,远离家长的监督,行为习惯容易出现偏差。如有些孩子养成乱花钱的习惯,把钱都用于买零食。由于自我约束力和自我控制力差,在学校一起生活的孩子们很容易产生攀比和嫉妒心理,进而引起偷盗行为。还有的孩子没有形成良好的卫生习惯,养成睡觉前不洗脚、在学校不洗澡等不良卫生习惯,而且早上起床没有老师督促整理内务,床上通常都比较凌乱,打扫卫生不定时,宿舍里总是有股异味。这些行为习惯的偏差对孩子以后的成长成人有很大的影响,校方和家长应给予足够的重视和引导、纠正。

(三)情感关怀缺失

小学生阶段是一个人心理成长的重要过程,它可以直接影响到一个人的价值观和人生观。而情感是心理的重要反映,可分为外现型和内现型,一般在青少年时期,孩子的情感多属于外现型,需要和给予溢于言表,这样也表明他们的心理健康度比较高;而一些情感内现型的孩子,可能是本身性格所致,也有可能是受后天的家庭

---

[1] [英]安东尼·吉登斯:《社会学》,赵旭东等译,219页,北京,北京大学出版社,2003。

环境或者外界生活环境影响所形成，这样的孩子就需要更细心的关注和引导，以防成人后导致不良的心理问题。小学寄宿生的心理情感问题应该是学校教育管理不可忽视的一个重要问题。小学寄宿生在本应享受家庭亲情关爱和学校老师关注的阶段，独自来到学校的寄宿群体里生活，学校的寄宿生活给他们带来了各种从未面对过的压力和问题，比如群体和睦相处的潜规则、生活自理能力的培养等，但最主要的还是情感方面的需求缺失。山里的孩子虽然在家里不一定能得到城市孩子那样的亲情关爱，但是在父母的身边总会多一些安全感和家庭的温暖，而独自来到学校后，一起生活的都是年龄相仿的同学，虽然多了玩伴，但是少了长辈的依靠角色，不安和无助情绪随时侵袭着每个小心灵。笔者在六山村小学观察期间，发现学校的责任观念松懈，甚至没有注意到孩子们的心理情感的缺失，老师仅仅机械地完成每天的教学任务，其他时间从不关心学生的事情。同在一个学校生活，寄宿生和老师之间很少交流。寄宿生本来就缺失家庭父母给予的安全感，在学校如果再失去老师的关注，双重的缺失可能会引起我们不可预想的青少年心理健康问题。六山村小学对寄宿生情感关怀缺失不够重视，这不仅不利于孩子们的学习，而且还会影响孩子以后的身心健康发展。

（四）文化环境因素

李书磊认为："从组织与职能来看，小学就是深入村落的国家机构，这正吻合了西方马克思主义者路易斯·奥尔萨瑟'学校是一种国家机器'的判定……小学就是在自然散漫的村居中人为设置的国家环境。它是国家培育人才的工厂，它自身也是国家形象的一种展现。"① 六山村小学里没有五星红旗，附近也没有人家，只是简单几排破陋的房子围成一个空间。在学校，五星红旗是国家形象的标志，六山村小学没有国家意志的气息，也远离村落，从空间位置上给人的感觉是被孤立的。学校和村落之间也存在摩擦甚至是冲突。学校的教学楼和寄宿生宿舍的玻璃经常被人砸烂，学校教师、学生的东西也常被人偷。

家访是实现教育更优化的人性化教育方式，不仅能让父母定期了解孩子在学校的各方面情况，而且老师也可以征求家长的意见，引导孩子在学校更好地学习。相关教育部门规定，每个学期老师要对学生进行家访2—3次，可以以不同的形式开展学校和家长之间的交流活动。在六山村小学，老师的教案本上书面写着家访次数，但在笔者做寄宿生家长的问卷调查时显示，只有两个家长表示认识孩子的班主任，其他的家长表示都不认识学校的老师，而且被调查的所有家长表示从来没有和老师有过来往。据调查，85%的家长表示对孩子在校情况一点都不了解，少数家长了解的也只有成绩单上的成绩。在了解孩子的方式上，只有22.5%的家长表示会通过主动询问孩子的方式了解他们的在校情况，其他的家长都表示自己孩子的情况是通过别人告诉才得知的，甚至个别家长表示不想了解孩子的在校情况。可见，对于孩子的教育，老师和家长都表现得冷漠，寄宿的孩子们得不到老师和家长的关心和重视，学校教育和家庭教育脱节。

家庭的背景以及家长的文化程度也会影响孩子的学业成绩。国内外有关家庭与学校教育的研究都表明，家长接受的学校教育程度

---

① 李书磊：《村落中的"国家"——文化变迁中的乡村学校》，5-7页，杭州，浙江人民出版社，1999，转引自翁乃群：《村落视野下的农村教育：以西南四村为例》，37-38页，北京，社会科学文献出版社，2009。

是影响子女学业成绩的重要因素。有关的研究表明：子女在校成绩优秀的可能性是随着双亲文化教育水平的提高而明显增加的，家长受教育程度的差别也影响到他们是否积极、主动地关心子女的学习，并以不同的方式方法对待子女的学习。[①] 在走访的26户家庭中，家长年龄段是在30—70岁之间，填写调查问卷的大部分家长是男性，他们的受教育程度情况：54%小学程度，27%初中程度，有19%的家长未受过教育。配偶的文化程度情况：46%小学程度，19%初中程度，有35%的文盲。在深入访谈时笔者发现，文化水平比较高的家长在要求和监督孩子学习时言行比较一致。如四年级寄宿生LML的父母都是初中文化水平，在笔者对其母亲进行深入访谈时了解到，每个周末孩子回家她都要另外布置作业，并辅导完成，这在六山村已经算是特例了，其他的父母大都因为自己的文化水平低，内心产生羞愧之情："我们自己都是文盲，想帮都帮不上，只能靠学校的老师教了。"所以即使内心是多么地想关心询问孩子的学习情况，却很少能用言语和行动表达出来。六山村瑶族人民的经济生活水平比较低，每天都忙于农活或者外出打工挣钱，孩子在学校住宿，只有周末才回家，回到家也是忙着帮父母分担家务，能好好交流的时间是少之又少，所以家长很难记得关心询问孩子的学习和在校情况。

　　教师的态度也是导致六山村孩子成绩难以提高的原因之一。教师的消极态度笔者认为有客观和主观两方面的因素。客观上，六山村的交通很不便利，即使现在有一条石渣路经过六山村小学，但是几乎没有车进入六山村，只有弄夜队村民的一辆面包车在乡镇上做生意，偶尔回去。所以现在六山村小学的女老师只能搭车到石渣路

[①] 袁同凯：《走进竹篱教室：土瑶学校教育的民族志研究》，350页，天津，天津人民出版社，2004。

◎ 现代化进程中的瑶族文化教育

口,然后步行到学校（一般需要1个小时），只有校长有一辆交通工具——摩托车,但路面很差,极不安全。六山村小学寄宿生的家离学校都比较远,最远的地方要走5公里的山路,最近的也有1公里的路程。交通的不便利,削减了老师进行家访的积极性。主观上说,六山村小学老师大部分都是壮族,对瑶族人民的文化习俗等都不是很了解,经常会主观地拿壮族习惯作为标准来判断瑶族人民的生活习性,对瑶族群众产生不少的偏见。这些偏见让老师忽略了自己作为人民教师角色的责任和使命感。

环境对于人的发展有着至关重要的作用,虽然地理环境决定论过于偏激和狭隘,但也存在一定的合理度。在这里环境主要是指地理环境和社会环境,它们与少数民族地区的教育发展进程有着密不可分的联系。一般来说,学校是建在村落的中心位置,而且应该是接近生活区的。据六山村当地人说,当年村领导在定六山村小学校址的时候,选定这里的原因就是因为这里就是六山村相对中心的平地位置,可以照顾到每个山里的孩子方便来此上学。现在六山村小学的服务半径是5公里,基本上可以照顾到山里的各个学生,家远的学生基本上都在学校寄宿。但是学校远离村落而孤立存在,空间上的孤立容易造成文化流通的障碍。地理环境和社会环境对文化的传播交流有着媒介的传导作用,六山村小学远离村寨,地理环境造成的社会环境缺失,严重影响当地基础教育发展。学校作为国家教育机构,应和当地的村落融合在一起,才能充分体现国家意志。但是六山村小学的状况却是相反的,远离村落,不管是在地理空间上还是在文化氛围上,都给人孤立隔绝的感觉。

寄宿制形成的大部分原因也是迫于地理环境因素。由于离学校路程太远,所以家长把孩子留到学校生活,是为了便于他们学习主流文化。但是孩子成长阶段,家庭环境和社区环境对孩子以后的行为习惯、价值取向等都有着重要的导向作用。寄宿在学校的孩子和家庭、熟悉的村落民众分离，加上学校和当地村落相隔甚远，本来寄宿制是让孩子有了更多时间学习主流文化知识，却因此带来了一定的负面影响，如渐渐远离本民族文化的母体。孩子远离了本民族文化母体，就难免会对其渐渐形成陌生的感觉和忽视的态度，从而引起"本文化断裂"。这样的预想不是我们实施教育的初衷和期望，而是背离了教育的本质目的和意义。当然，这种现象不是短时期就能看出端倪，但这样的担忧却是现在寄宿制教育机制存在的不可忽视的文化漏洞。

在对寄宿生的调查问卷中，"长大了想做什么？"这个关于理想的问题，90%的孩子都是写上"打工"。"打工"的理想体现了他们对进入主流社会的强烈期盼，这也是现在的家庭环境和周边社会环境给他们对于未来的最高设想。在现行的教育体制下，这些深处大山的孩子们使用的是和县城孩子一样的教材，但是培养出来的人的价值观却大相径庭。在对家长的问卷调查中，100%的家长认为学校教育和本民族文化传承没有冲突。深入访谈时笔者问家长："孩子大部分时间都是在学校，是不是影响到本民族文化知识的传授？"有些家长认为："因为这个时代以赚钱为主，读书也是为了更好地赚钱，所以没有必要去学习那些东西。"MD的父亲也笑着说："我们哪有什么文化哟，没有什么好学的，希望他们多读点书多认得几个字，以后好出去打工算了。我们瑶族没什么好学的，我们那么穷。"从笔者和家长的言语交谈中，可以感受到他们对本民族文化并不是很重视，而是比较热衷于正规教育，积极配合的同时以期从中得到更大的回报。这种观念在现实的情况下大量存在是有其合理性的。在外来强势文化的冲击下，当地瑶族文化的传承主体在观念上发生了变化，甚至对本民族文化产生轻视、疏忽其魅力的现象,他们无视自己的珍宝,对寄宿制的热衷也是因为极力地想吸收和融进当下的主流社会,这种思维模式的蔓延,会影响当地瑶族传统文化的传承。在都安瑶族自治县当年举办文化艺术节的两天活动节目中,只有开幕式的晚会上有一个关于瑶族传说的舞蹈,在接下来的比赛节目中,也只有一个关于瑶族的铜鼓舞,而且还是几个很老的老人家在表演。民族传统节目也只有壮族的对山歌比赛,关于瑶族文化的节目几乎都没有。这也从侧面反映了当地瑶族文化缺乏有知识的瑶族人来传承和发扬,如果现行的教育体制不能帮助瑶族培养自己的接班人,那将面临文化失真甚至失传的严重后果。新主流文化的不断冲击可能会使瑶族孩子们对本民族的文化记忆越来越少、越来越模糊。加上家长对寄宿制教育抱着功利心态,对本民族文化忽视鄙弃,这些都会影响孩子对本民族文化的态度产生偏差,阻碍本民族文化传承进程。

四、反 思

瑶族地区小学寄宿制在给当地瑶族民众的教育发展带来好处的同时,也存在很多现实的问题。加强寄宿制小学的建设和管理,改革当前瑶族地区的教育制度,加强学校和当地村民的沟通,进一步推进瑶族地区基础教育的均衡发展,提高瑶族村民的教育水平,已成为亟待解决的问题。

(一)加强寄宿制小学的建设和管理

首先,国家应继续加大对寄宿制学校的财政投入力度。国家在提供生活补助的同时,要继续加大对贫困地区寄宿生生活设施的建设力度。类似六山村小学的农村地区寄宿制学校普遍存在食堂、宿舍简陋、卫生设施不齐全等具体问题，这些直接关乎寄宿生日常生活的基础设施，要靠国家财政才能解决，所以国家要继续增加教育基础设施的经费预算，对切实有需要的寄宿制学校给予拨款建设。可喜的是，在笔者调查期间，正好碰上国家"学校校舍危房改造工程"正在实施，这一工程的实施，将解决寄宿制学校的基础设施问题。

其次，在国家政策的有力支持下，寄宿制学校也要坚持自力更生、自主创新的精神，科学合理地分配和使用每个学期发放的办公经费，最大效益地为学生提供和营造良好的学习生活环境。笔者去六山村进行调查的时候，苏校长也是刚从其他地方调任过来的，他正积极地对整个学校进行了规划整理。对于整个学期的经费开支预算，他把大部分资金都用在了校舍修缮上。

最后，学校要制定合理的寄宿制管理措施。寄宿制学校应根据具体实际情况制定精细化的寄宿管理制度，要以人性化服务为核心，让寄宿的孩子在学校也能健康快乐地成长。可以实施班主任负责制，要特别关心寄宿孩子的心理健康状况，适当时候要扮演好"家长"的角色，让孩子的情感在学校有所依托。在没有专门的人员担任生活老师的情况下，寄宿生的宿舍管理可以实行老师轮班责任制，值班当天负责监督寄宿生完成内务整理和宿舍清扫，还要维持好休息时间的秩序。学校还应制定符合实际情况的寄宿生管理方案，越细化越好。

（二）加强教育制度的改革

民族教育和谐论的核心概念是"公平、公正、合理"。民族教育的"合理"是指，在教育政策、教育资源配置、教育对文化的选择以及教育布局方面是否既能满足国家对少数民族的教育要求，又能满足少数民族群体接受适当教育的需要。而在讨论民族教育"公平"时，更要从量的要求提升到对质的追求。①

首先，国家应加强教师队伍的建设力度。边远的农村寄宿制学校，由于条件比较艰苦，很少有老师愿意去，所以造成师资力量紧张而且薄弱。国家应加大宣传调动的力度，鼓励优质的教师资源适当地支援农村地区的学校，让教师资源流动起来。比如鼓励年轻的老师到比较艰苦的学校工作，工作绩效好的给予继续深造或者以其他形式进行奖励。让年轻老师的工作激情得到有效发挥的同时，也能促进农村地区教育的均衡发展。根据六山村小学新到的特岗教师的工作表现，笔者看出她并没有因为条件的艰苦而放弃对工作的热情。教师流动制最好设置年限，这样才能提高教师的工作积极性，让瑶族地区的教育水平从质量上得到提高。学校应鼓励老师和寄宿生家长相互配合，老师可以通过家访，及时与家长沟通、交流，让家长及时了解孩子在学校的生活学习状况，同时也让家长体会到学校对自己孩子教育的重视程度，从而调动家长的积极性，使寄宿生在学校能更好地学习和发展。

其次，应鼓励课堂文化与民族文化相结合。少数民族文化是丰富多彩的，民族地区的学校教育应结合实际情况，灵活运用各种方式挖掘当地文化并用之于课堂。比如，老师可以采取主题班会等形式，鼓励孩子们分享老人们讲述的神话传说和故事，这样在增强孩子们表述能力的同时也让他们加深民族文化记忆，使传统文化在学校也有了生存空间。而且可以把课本上的内容尽量扩展，与当地民众的实际生活联系起来，贴近孩子们的生活，这样既能调动孩子们的学习兴趣，也能使教学效果最大化。在开设语文和数学课程的基

---

① 钱民辉：《多元文化与现代性教育之关系研究——教育人类学的视野与田野工作》，350-351页，北京，民族出版社，2008。

础上，可以开设一些传播传统文化的课程。充分利用教师资源，让瑶族老师来负责内容的筛选，或者可以邀请当地有资质的人来给孩子们充当"老师"，讲授一些当地优秀的传统知识，例如瑶歌、民俗、谚语等，这样既可以调动瑶民参与教育的积极性，又可以传承传统文化，使孩子们特别是寄宿生在学校既能学习现代知识，又能学习和巩固传统文化知识，真正体现多元文化理念，使民族教育和谐发展。

除此之外，农村学校可以在可利用的空间内划出一块地，让孩子们自己动手种植蔬菜，把他们在家学到的生产技能也能在学校生活中得到运用和巩固，在提高孩子自己动手能力的同时也增强孩子之间分工合作的意识，而且收获的劳动果实可以用于补充寄宿生的生活膳食，孩子们在体会快乐的同时也能体会到努力后收获的心情，"一分耕耘一分收获"的心得也能感染孩子们的学习心境。

民族教育的合理性应该体现在传承和弘扬民族文化、提高当地的生产生活水平、提升人们的生活方式和质量上。具体体现在教育领域中，其合理性应当在课程内容上多考虑民族文化的特点和促进当地生产劳动所需要的知识技能。民族教育只有在培养人才方面能够为当地经济社会发展有贡献时，这种教育才会与当地的社会、经济、文化等方面产生和谐，进而有利于和谐民族社区以及和谐社会的构建。①

（三）加强学校与社区的互动

学校不仅仅是传递知识的地方，事实上它与其他社会组织也有密切的联系，发挥着更多其他的社会功能，因此，学校不应该是

---

① 钱民辉：《多元文化与现代性教育之关系研究——教育人类学的视野与田野工作》，356-357页，北京，民族出版社，2008。

"无涉社区"的"文化孤岛",社区也不可能不影响学校,社区和学校之间具有教育人类学家们所说的文化"共生"效果。因此,民族学校更应该主动依托所在社区和地域的文化资源,与社区文化建立广泛的联系,使学校发展适应社区经济文化的发展需求。①

首先,要充分发挥校长的纽带作用。校长是连接学校与当地社区的核心人物,学校教育想要更好的发展,特别是寄宿制学校,作为管理者,校长更要加强学校主体与当地社区的沟通和交流,把学校的办学理念及时传递给当地的民众,让他们参与讨论并提出意见,随时了解自己孩子在学校的动态。校长还要加强教师的工作管理,鼓励教师多关心和照顾学生特别是寄宿生,增加家长对学校的信任度。

其次,社区组织也要主动与学校保持联系。社区组织和学校都是体现国家意志的地方,特别是在乡村中,功能更为凸显,所以两个机构在工作上要相互协作。社区组织应积极配合宣传学校制定实施的各种教育管理理念,让当地村民了解学校的运作情况,使学校管理透明化。

学校与社区的互动,可以消除学校与社区的隔膜和冲突,让学校在更好的社会文化环境中发展;社区与学校的交流,使当地人直接参与下一代人发展的过程当中,能更好地提高当地人的文化水平。总之,学校与社区关系的良性发展,最大的受益者就是生活在学校的孩子们。

---

① 白红梅:《论民族学校与社区文化互动关系的构建》,载《内蒙古师范大学学报》(哲学社会科学版),2009(6)。

五、结　语

20世纪80年代以来，全国农村特别是民族地区的教育模式中一直有寄宿制的存在，寄宿制随着时代的变迁不断变化发展，在农村地区特别是边远山区显示出了很强的适应性。21世纪初，国家高度关注农村地区基础教育发展，加大力度发展建设寄宿制学校，《2003—2007教育振兴行动计划》以"农村寄宿制学校建设工程"为突破口，还制定了寄宿生生活补助标准，持续加大"两免一补"的补助金额，这一系列政策的实施，使农村地区的寄宿制小学未来一片光明。笔者调查的六山村小学，正处于寄宿制蓬勃发展的高峰期。在当地寄宿制逐渐引起家长的关注并得到高度的认可，学生主体也显示出比较强的适应性，但是在寄宿制优势凸显的同时也暴露出了很多现实的问题，如寄宿制基础设施不完善、管理欠缺规范性等问题，但更值得我们关注的是寄宿生的内隐问题以及寄宿制给当地的传统文化传承造成阻碍的问题。

寄宿制是一种提高办学效益和教育质量的积极举措，应该坚持和完善。国家在不断完善农村，特别是少数民族地区寄宿制学校基础设施建设的同时，更应该考虑怎样在提高学校教育质量的同时也能保护传承当地优秀的传统文化，使双文化能良好交叉发展，只有这样，寄宿制教育在民族地区才更有张力和活力。

总而言之，寄宿制促进了民族地区的基础教育发展，是一种具有可行性和可塑性的教育模式，只要对其进行不断完善，就会对我国的瑶族地区基础教育发展发挥更大的作用。

参考文献

论文：

[1] 牟方秀．民族地区实行免费义务教育的研究——以恩施州为例．中南民族大学硕士学位论文，2007．

[2] 刁瑜．广西农村寄宿制学校可持续发展研究．广西师范大学硕士学位论文，2006．

[3] 董树梅．藏族牧区寄宿制小学宿舍管理之行动研究．西北师范大学硕士学位论文，2004．

[4] 丁克贤．免费政策实施后西部贫困地区农村基础教育发展面临的困难及其对策研究．西北师范大学硕士学位论文，2009．

[5] 唐宗彪．创办农村寄宿制小学的探索．广西教育，2007（25）．

[6] 唐振柱，钟格梅，刘展华，等．广西农村寄宿制学校饮用水卫生安全状况分析．中国学校卫生，2008（7）．

[7] 同芳娥．西部农村寄宿制学校的发展现状及其对策研究．南京师范大学硕士学位论文，2006．

[8] 李晓平．浅谈农村小学寄宿制教育．雅安职业技术学院学报，2008（1）．

[9] 梁朝辉，杨杰军，吴云娟．寄宿管理有成效　民族教育上台阶——龙胜各族自治县小学寄宿制学校低龄寄宿管理纪实．中国农村教育，2005（5）．

[10] 刘学仁．现行的回民小学寄宿制需要探讨完善．宁夏教育，1988（1）．

[11] 刘辉．对少数民族地区农村寄宿制教育的思考．成都大学学报（教育科学版），2007（7）．

[12] 刘先丽．低龄寄宿对农村小学生社会化的影响．吉林大学硕士学位论文，2006．

[13] 黄龙卫．寄宿制与非寄宿制青少年依恋及其与心理健康关系的比较．青海师范大学硕士学位论文，2009．

[14] 胡延鹏．农村寄宿制小学情感关怀缺失问题研究．东北师范大学硕

士学位论文，2009．

［15］揭定印，谢冰，冯德成．农村小学寄宿制学生养成教育的探索与实践．科学咨询（教育科研），2006（11）．

［16］陈建平．农村小学寄宿制对学生综合素质发展影响的调查和研究．基础教育研究，2004（11）．

［17］廖锦．民族地区应当加强农村寄宿制小学建设．贵州教育，2007（22）．

［18］谢元龙．让"留守儿童"成长快乐——重庆市铜梁县农村小学寄宿制调查．公民导刊，2006（1）．

［19］肖登银．农村寄宿制小学：问题及对策．中小学管理，2008（9）．

［20］储小庆．农村寄宿小学生学校适应问题及其研究．西南大学硕士学位论文，2009．

［21］苏蔷．农村寄宿制小学学生学校适应状况研究．东北师范大学硕士学位论文，2009．

［22］朱应平，刘斌．对欠发达地区农村小学寄宿制的看法．学校管理，2006（4）．

［23］张宏伟，张海东．办好农村寄宿制小学应注意的几个问题．内蒙古教育，2008（18）．

［24］朱霞桃．农村寄宿制学校留守儿童情况的调查研究．合肥工业大学硕士学位论文，2006．

［25］翟月．我国农村寄宿制学校生活教师问题研究．东北师范大学硕士学位论文，2009．

［26］陈新益．关注农村小学"寄宿制"现象．江苏教育，2002（23）．

［27］沙栋．探索小学寄宿制的管理模式．校长阅刊，2007（6）．

［28］中央教育科学研究所课题组．贫困地区农村寄宿制学校学生课余生活管理研究——基于广西壮族自治区都安县、河北省丰宁县的调研．教育研究，2008（4）．

［29］叶敬忠，潘璐．农村小学寄宿制问题及有关政策分析．中国教育学刊，2008（2）．

［30］杨清溪．义务教育阶段农村标准化寄宿制学校问题研究．东北师范大学硕士学位论文，2008．

［31］王丽芳．从师生交往角度看看寄宿生学业不良的成因及对策．首都师范大学硕士学位论文，2007．

［32］王莉．农村寄宿制小学教育的人性化探索．绵阳师范学院学报，2008（4）．

［33］闻待，閰金童．广西贫困地区村级寄宿制完全小学基本建设情况．中央民族大学学报（哲学社会科学版），2002（6）．

［34］白红梅．论民族学校与社区文化互动关系的构建．内蒙古师范大学学报（哲学社会科学版），2009（6）．

著作：

［1］潘春见．公平与效率——广西边远贫困地区基础教育资源优化配置问题研究．南宁：广西人民出版社，2004．

［2］都安瑶族自治县地方志办公室整理．都安县志稿（民国）．南宁市源流印刷厂，2002．

［3］李政涛．教育人类学引论．上海：上海教育出版社，2009．

［4］广西社会科学院课题组．少数民族教育与贫困山区劳动就业问题之研究——以广西壮族自治区都安瑶族自治县为例．铅印，2000．

［5］国家民族事务委员会主编．中国民族年鉴．北京：民族出版社，2007．

［6］葛忠兴，李晓超．中国民族统计年鉴．北京：民族出版社，2008．

［7］高焕祥．人文教育：理念与实践．北京：社会科学文献出版社，2006．

［8］韩达主编．中国少数民族教育史．第3卷．南宁：广西教育出版社，1998．

［9］钱民辉．多元文化与现代性教育之关系研究．北京：民族出版社，2008．

［10］钱理群，刘铁芳．乡土中国与乡村教育．福州：福建教育出版社，2008．

［11］周洪宇．教育公平是和谐社会的基石．合肥：安徽教育出版

社，2007.

［12］翟博．教育均衡论：中国基础教育均衡发展实证分析．北京：人民教育出版社，2007.

［13］余益中主编，广西壮族自治区教育厅编．广西教育年鉴．桂林，广西师范大学出版社，2005.

［14］杨军．西北少数民族地区基础教育均衡发展研究．北京：民族出版社，2006.

［15］韦泰昌主编．都安瑶族自治县教育志．都安：都安县教育局印刷厂，2001.

［16］［意］维柯．论人文教育．王楠，译．上海：上海三联书店，2007.

［17］王嘉毅，吕国光．西北少数民族基础教育发展现状与对策研究．北京：民族出版社，2006.

［18］翁乃群．村落视野下的农村教育：以西南四村为例．北京：社会科学文献出版社，2009.

［19］［德］武尔夫．教育人类学．张志坤，译．北京：教育科学出版社，2009.

［20］袁同凯．走进竹篱教室：土瑶学校教育的民族志研究．天津：天津人民出版社，2004.

边境瑶族农村基础教育发展研究
——以云南省河口瑶族自治县瑶山乡为例①

徐进杰

教育是一个民族文化最重要的组成部分。由于受自然和地理等因素的影响,中越边境瑶族基础教育普遍比较滞后,当地学生辍学现象严重。中华人民共和国成立后,在党的政策支持和瑶族同胞的共同努力下,教育投入力度明显增加,群众思想观念明显提高,但生源依旧得不到保证,学生失辍学现象依然严重。本文主要以云南省河口瑶族自治县瑶山乡为调查点,了解当地农村基础教育发展状况,结合现代教育体制、当地人文观念、经济状况等因素,以数据分析、个案分析作为研究方法,分析学生失辍学的原因,进而总结影响瑶山乡基础教育发展的因素,并指出边境地区瑶族农村基础教育发展方向。

一、瑶山乡概况

瑶山乡是云南河口瑶族自治县的主体民族较为集中居住的山区

---

① 《边境瑶族农村基础教育发展研究——以云南省河口瑶族自治县瑶山乡为例》,广西民族大学中国少数民族史2011届硕士研究生论文,调查时间:2009年9月—2010年12月。作者徐进杰现在重庆市公民局北碚区分局工作。

乡，也是云南省106个边境民族贫困乡之一；位于县城的西北部，最高海拔2354.1米，最低海拔120米，国土总面积256.03平方千米，国境线长10千米，占全县国境线长的5.2%，乡政府驻地位于三岔路；辖牛塘、八角、梁子、水槽、太阳寨等5个村委会，45个自然村，49个村民小组；2004年共2191户，总人口10847人，境内居住着瑶、苗、汉等民族，其中，瑶族人口8677人，占全乡总人口的80%，是一个集边疆、民族、山区、贫困四位一体的山区乡。

瑶山乡属热带、亚热带山地季风雨林湿热型气候，由于海拔高差异常，形成了"一山分四季，十里不同天"的立体气候特点，境内热带、亚热带、温带等多种气候兼备，年平均气温22.5℃，极端最高气温40.9℃，极端最低气温1.5℃，年平均降雨量1600—1800毫米。河谷地区气候炎热，终年无霜、无雪，冬草不枯，雨量充沛，土地肥沃，适宜香蕉、菠萝、柚木、肉桂等热带、亚热带作物的生长；高山地区气候寒冷，终年云雾笼罩，霜期随海拔增高而延长，除种草果外，还宜杉树、八角等经济林木的生长和桃、李、梨等水果的栽种。

二、瑶山乡基础教育发展概况

（一）瑶山乡瑶族传统教育

传统的教育方法，主要分为家庭教育、社会教育和宗教教育三种形式。

1. 家庭教育

家庭教育主要指血缘家族和父母的传承教育。瑶族十分重视家庭教育，主要表现为父母长辈对子女传授生产技能、生活常识、伦理道德、家史家规等。瑶族儿童从小就开始学习狩猎常识、认识各种野菜，为将来获取生存资料做准备。迄今为止，云南的部分瑶族仍将采集野果蔬菜作为一项生产劳动内容。① 刀耕火种以后，在瑶山乡，瑶族男孩一般从八九岁起就在家中帮助放牛，十二三岁开始帮助父母从事田间劳动；瑶族女孩到八九岁就放牛、猪、羊，十二三岁就参加田间生产劳动，并时常协助母亲从事家庭纺织、缝补、炊事等工作。在男耕女织这种传统生活下的瑶族女孩，从小就接受本民族纺织、挑花、刺绣等民间传统工艺训练。她们从七八岁就开始跟母亲、姐姐等人学习绣花，到十四五岁便可以成为一名技艺娴熟的织绣能人，可承担家中成员所穿衣服的制作。其次，瑶族十分重视儿童的伦理道德和家史家规教育。孩子从懂事起，在日常生活中就开始教育以礼待人，尊老爱幼，荣尊敬祖，真诚待人，要诚实，不骗人，不做亏心事，要热爱劳动生产，不好吃懒做，不赌博，不偷盗，赡养父母等。

2. 社会教育

瑶族的社会教育主要有寨老教育、传统优良道德教育、村规民约教育，通过歌谣、故事、传说等方式传授生产知识、历史知识、伦理道德等，是瑶族教育的一种重要形式。20世纪50年代前，瑶族地区的瑶老组织（也叫寨老组织）一直在社会生活中发挥重要作用，各地瑶老自发组织起来，不定期召开集会，对村民讲解本民族的历史，讲述如何为人处世，为规范人们的行为进行社会教育。瑶山乡蓝靛瑶民利用歌谣、故事等方式传授历史知识和生产知识，也

---

① 高发元主编：《云南民族村寨调查——瑶族》，129页，昆明，云南大学出版社，2001。

是瑶族进行社会教育的一种方法。瑶族把本民族发生的重大事件、生活和生产等知识编成歌谣,教给后辈。这些民间作品,不仅充实和美化了他们的精神生活,而且使子孙牢记先祖历史,熟悉生产知识和社会生活,对他们的成长有重要意义。

3. 宗教教育

由于瑶族历史上既没有本民族通行的文字,而绝大多数人又不识字,所以传承本民族历史文化主要靠师公和道公,虽然在保存与传播这些历史文化时,难免带上宗教信仰的烙印,有的加以夸张,有的则被神化,但他们也是在向人们传播传统文化。20世纪50年代前,在瑶山乡的瑶族家庭中,若是有几个儿子,则让聪明点的儿子学做师公、道公。这些孩子拜师受戒后,即以师公和道公写的经书为课本,通过几年的学习,将师父的经书全部念熟抄下才算结业出师。通过师公的传授,可以学到许多汉字。50年代后,随着教育科学的发展,利用宗教传播文化知识才逐渐削减。

(二)民国时期的教育

民国时期,瑶族地区的文化教育水平普遍较低,而且发展也极不均衡,接近汉族、壮族地区的瑶族已采取近代教育模式,但多数瑶族地区,特别是边远山区的瑶族教育仍延续私塾教育模式,有的地区则主要靠传统教育来教育子女。民国初期,瑶族地区的许多村寨仍然处于既无学校也无私塾的状态,除了以传统的"火塘识字"和师公的读经识字外,也有部分的瑶人请私塾先生专教其子女。

在河口瑶族地区,据可查资料,1917年,牛塘曾聘汉族李姓教师办私塾一年;1927年,李发高请一位先生在田鸡塘办学一年;1933年,李春芳请一位先生在戈鸟办学一年;1940年国民党部队一位军官在牛塘寨办学一年。清朝宣统二年十一月（1910 年 11 月），当时的河口县政府行政中心设在瑶山乡。督办许德芬创办河口高、初等小学（今河口小学的前身），为河口现代教育起点，当时在校学生 363 人。1933 年省立桥头完全小学成立，然后又相继建立了南溪、老范寨、坝洒、卡房、马鞍底、老卡等初级小学。民国十九年（1930 年）河口城区建初级中学一所，后因经费拮据，学生数量不足，改为师资班，三年后停办。1933 年全县有市立初级小学 6 所，省立完全小学 1 所，在校学生 745 名，教职工 20 多名。当时河口全县总人口为 59386 人，而在校生仅为 745 名，入学儿童只占总人口的 1.25%。1943 年以后，匪乱兵患，民生不济，老范寨、坝洒、卡房、马鞍底、老卡等小学相继停办。中华人民共和国成立前夕，全县仅存小学 2 所，学生 270 多人，教职工 8 人。10000 多人口的瑶山地区，没有一所中学。①

（三）民族基础教育的建立与发展（1950—1991 年）

1. 民族基础教育的建立

在瑶山乡内地，地广人稀，交通不便。一般十多户为一个自然屯，自然屯之间距离近者 10 余里，远者几十里。中华人民共和国成立前，基本按行政乡村设置学校，学生入学十分不便，基础教育发展极其缓慢。中华人民共和国成立后，实行民族平等和民族团结政策，并颁布《中华人民共和国宪法》和《中华人民共和国民族区域自治法》，规定了全国各族人民都享有平等的受教育权利和义务，要大力发展少数民族地区教育事业。

---

① 河口瑶族自治县概况编写组：《河口瑶族自治县概况》，177 页，北京，民族出版社，2008。

由于中国共产党和人民政府的重视,当土匪初步肃清,局势稍稍稳定后,河口和屏边两县都分别派了老师到瑶山办学,河口县于1951年派梁玉泰老师创办梁子小学,黄锡吉老师创办牛塘小学,1952年派吴恩权老师创办独店小学,屏边县在1952年派胡发昌老师创办了冲头小学,古春才老师创办了白岩小学,吕新民老师创办嘎马小学。1954年3月,瑶山瑶族自治区人民政府正式建立,全区开始对下属七个乡配齐了老师,恢复了因教师回河口县而停办的牛塘、独店小学,又派胡尚武老师创办桂良小学,做到全区七个乡,乡乡有学校。全区从1950年至1959年先后派入瑶山的老师有:高学礼、杜祖鹏、章以林、吕新民、夏永臻、胡尚武、胡发昌、杨培根、李文成、杨贵芬、杨美林、祁观鸣、翟永昌、张永林、韦自发、袁福生、解光瑜、李应良、陈仆等。1956年后,区政府所在地梁子中心小学成立,办成了区完小,开办五、六年级小班,开始接纳各乡初小结业学生就读。

1958年农业"大跃进"中,全区除乡办学校外,又在一些重点村寨,如三十七、古板寨、田鸡塘、千龙井、丫都坡等,办了一批村小。由于各级党委和人民政府对发展民族地区教育事业的重视,一批又一批地从内地和本县其他地方调入教师,他们对开拓和发展瑶山的教育事业立下了汗马功劳。50—60年代中期进入瑶山的一批又一批教师,除极少数外,都具有较高的思想觉悟、政治素质和业务素质。他们进入瑶山后,都能吃苦耐劳,克服山高林深、交通不便、村落分散、语言不通、生活习惯不同等困难,正确执行党的群众路线和民众政策,依靠有威信的寨老头人和广大干部群众,发扬自力更生精神,都经历了从无到有、从简陋到较完善的办学过程。从建盖校舍,到动员学生入学,他们既抓思想教育工作,又抓教学质量,在瑶山办起了一所又一所学校,将瑶山农村的普及教育推进了一大步。

1964年以后，逐步形成全党动手、全民办学的高潮，各个乡公所所在地，已经由村小扩充为乡的中心完小，同时开始在一些较大的村寨办了村小。"文化大革命"时期，由于执行了极"左"路线，瑶山教育又跌入了一个新的低谷，直到"文化大革命"结束，经过拨乱反正，落实民族政策和给广大教师落实知识分子政策，瑶山教育进入一个恢复发展阶段。

2. 民族基础教育的发展

随着三年困难时期的到来，瑶山教育事业跌入低谷，全区除丫都坡、梁子、石板寨等少数地区坚持办学，不少学校都因家长不送子女入学而倒闭，有些勉强维持办学的学校，学生入学人数也有很大下降，这种情况直到1963年，因各级党和人民政府加强民族地区各方面的工作，瑶山地区的教育逐步得到恢复和发展。

学生规模逐渐增加。党的十一届三中全会召开后，当内地已乘改革开放的春风，经济建设和社会进步取得辉煌成就时，河口瑶族自治县尚在战火中紧紧守护着祖国的南大门，错过了发展的一段黄金时期。从80年代中期，全县教育事业才得以稳定发展。1978年，全县共有小学109所，在校学生5073人。1980年，国务院下发了《关于普及小学教育若干问题的决定》，明确提出了在80年代基本完成普及小学的任务。根据此文件精神，河口瑶族自治县认真贯彻以"调整、改革、整顿、提高"为中心的八字方针，坚持两条腿走路的办学方针和公办民助的原则，全县的教育事业逐步得以健康发展。县委、县人民政府批转了县文教局《关于搞好小学普及教育、提高中小学教育质量的报告》，制定了普及小学教育的布点和规划意见，以大队为单位制定了80年代小学普及教育规划。

截至1982年，全县85所小学中，仅有河口小学、马多依大队完成普及。

1985年，全县基本普及初等教育，有小学136所，教学班472个，学生11019人，其中女生4486人，占学生总数的40.7%，民族生6641人，占总数的60.3%。教职工583人，其中女职工259人，专任教师570人（含代课教师59人）。全县中学调整为8所，其中完中5所，高中毕业生269人，初中毕业生978人；新招高中生329人，初中生999人，在校生4115人，其中民族生1640人。

表1 1985—1987年河口瑶族自治县四率情况统计

小学阶段 年度	在校学生总数（人）	校内外适龄儿童（人）	在校适龄儿童（人）	入学率（%）	巩固率（%）	普及率（%）	毕业率（%）
1985	6904	5716	5403	94.5	91.9	92.1	85.1
1986	6979	5425	5113	94.2	88.9	92.6	88.4
1987	7026	5023	4734	94.2	90.0	93.1	95.6

表1反映，1985—1987年间，河口瑶族自治县在校学生总数在逐渐增加。以1985年为例，适龄儿童的入学率为94.5%，巩固率为91.9%，可见当时受其他因素影响，已经有学生失学。而毕业率仅为85.1%，说明学生辍学现象已较严重。

表2　1984—1985学年度河口瑶族自治县全日制六年制小学教学计划

课程 \ 星期		一	二	三	四	五	六
思想品德		1	1	1	1	1	
语文	讲读	10	11	8	6	6	6
	作文			2	2	2	2
	写字	1	1	1	1	1	1
数学		6	6	6	7	7	7
自然					2	2	2
地理						2	
历史							2
体育		2	2	2	2	2	2
音乐		2	2	2	2	2	2
思想品德		1	1	1	1	1	
美术		2	2	2	2	2	2
劳动						1	1
每周课时		25	26	25	27	29	27

1987年，教育部重新修订《全日制小学语文教学大纲》和《全日制小学数学教学大纲》，根据要求，强调语文的基础地位，明确数学是重要学科，加强语文、数学的教学研讨，完善教学目的要求，打牢各门学科的基础；强调学生良好的学习习惯的培养，要求处理好语文教学中的阶段性与连续性的关系，数学教学要渗透思想品德教育。1988年，重点加强教学管理，全县要求教师备课要做到课前准备、重点难点、"双基"知识、课后作业及小结教学效果

等内容，以"双基"为基本点，突出重点、突破难点，提高板书艺术，优化课堂教学结构。讲课要充分体现教师的主导作用和学生的主体作用，向课堂45分钟要质量。

师资队伍逐渐扩大。 河口初建校时教职员仅有4人，1923年增加到16人，教师中初中以上文化程度的10人（其中5人为师范毕业生），高小毕业以上2人。20世纪30—40年代，全县教师28人，一半以上是初中毕业生，部分师范或高中毕业生，其余经师范班短期培训后任教。1954年8月至1955年，蒙自、开远初中和昆明师范、蒙自师范等中师毕业生陆续分配到河口县，充实了教师队伍。从1960年开始，昆明师范学院、云南大学的本科毕业生和其他大专生陆续分配到河口县充实了中学教师队伍。1966年，县属中、小学专任教师82人，绝大部分为中师（高中）以上学历毕业生。本地教师只有11名，占教师总数的13.4%。"文化大革命"期间，学校教学工作一度难以开展，加之许多教师身心遭受伤害，很多人改行，并且大量"倒流"回内地，造成师资严重缺乏。1971年，招收当地初中毕业生21人任教师。1972年从开远县招收32名知识青年（初中毕业生）充任教师。

70—80年代初期，没有大学本科毕业生来任教，只从蒙自师范专科学校分配来少数几人。1966年前分配的71位教师，1987年仅剩下5人；1972年分配的32位教师，1987年只剩下7人。河口瑶族自治县第一中学教师流动居全县之首，"文化大革命"前的10名大专以上学历的教师，1979年仅剩下3人（其中1人因病长期休养）。后来分来的教师，多的5年，少则2年就"流走"。仅1980—1986年的7年中，全县调出教师就有130余人，1976年县属教师中，胜任职务者小学教师为27.4%，初中教师为38.5%，高中教师为31%。

1978年，根据红河哈尼族彝族自治州组织部、劳动局、文教局联合下发的有关文件精神，河口瑶族自治县文教局从小学民办教师和代课教师中，通过全面考核，择优录取，吸收57名为小学公办教师。1980年，全县中小学民办教师经考核全部转为公办教师。1983年10月，根据云南省红河哈尼族彝族自治州教育局下达的分配计划，有大中专毕业生14人，分配到县里从事教育工作，其中，大学专科4人，红河哈尼族彝族自治州民族师范毕业生10人。1984年后，河口瑶族自治县教育局又选送了一批当地青年接受师范专科教育，毕业后回县任教；并以优厚的条件相继从四川、河南、河北、湖南、江苏、江西等省及内地聘请了23位中学教师，基本解决了教师缺乏的问题，教师队伍逐渐充实、稳定。截至1985年，全县（含农场）中小学专任教师1025人，其中，少数民族教师224人，大专以上学历66人，高中、中专以上学历465人。1988年6月职称改革评定工作结束，全县中、小学专任教师919人中，有中学高级教师7人，一级教师58人，二级教师91人，三级教师30人；小学高级教师70人，小学一级教师199人，二级教师160人，三级教师22人。

　　1989年，河口瑶族自治县选送中等师范（59人）和高师（12人）的学生毕业，全部回县任教，据统计，小学教师合格率由1984年的40%提高到1989年的80%，中学教师合格率由1984年的43%提高到1989年的53.6%；小学本地教师由原来的13.4%提高到85.5%（其中民族教师占61%）。截至1990年，河口瑶族自治县中、小学及幼儿园教职工999人，其中民族教师336人，大专以上学历144人，高中和中专及大专肄业学历480人。

　　教育经费逐年增加。1978年以来县公办中小学的经费来源，主要是省、州、县拨款，其次是收缴学杂费、群众集资和勤工俭学收入。民办中小学的经费，主要靠自筹，县教育行政部门给予适当补助。1985年，中央正式发布了关于教育体制改革的决定，确立了"教育必须为社会主义建设服务，社会主义建设必须依靠教育"的指导思想，实行分级办学分级管理的体制。1986年，全国人大四次会议颁布了《中华人民共和国义务教育法》，首次建立了九年义务教育制度。1983年全县开始开展普及初等教育工作，1993年开始开展"普六"（普及六年义务教育）工作，1997年开始开展"两基"（基本普及九年义务教育，基本扫除青壮年文盲）工作。逐年增大了对教育的经费投入，各中小学教育经费列入县财政预算，由县财政直接划拨。教育经费的使用包括教职工的工资福利费、学生生活补助费、基建维修费、图书设备费等。

河口瑶族自治县的教育经费逐年增加，1983年为91.4万元，1984年增加到112.96万元，1985年增加到146.595万元。1985年开始，中央确定"教育拨款的增长要高于财政经常性收入的增长，并且按在校生人数平均的教育费用逐年增长"。（注：预算内教育事业费支出占财政总支出的比例，国家规定不能少于20%。）

1985—1988年，河口瑶族自治县预算内教育事业费支出占财政总支出的比例是：1985年占24.15%，1986年占26.75%，1987年占25.84%，1988年占21.3%。教育事业费逐年增长：1985年支出106万元，1986年支出118万元，1987年支出164万元，1988年支出192万元；生均公用经费：1985年9.76元，1986年12.47元，1987年12.19元，1988年13.21元。全县教职工599人，人均月工资163.26元，年人均工资1959.16元；专任教师501人，人均月工资167.19元，年人均工资2006.28元，其中，中学专任教师人均月工资为182.16元，年人均工资2185.92元，小学专任教师人均月工资为165.77元，年人均工资1989.21元。1985—1989年，中央、省、州、县各级共投入基础设施建设资金112.45万元，其中，中央27.5万元，省、州27万元，县54万元，群众集资3.45万元，教育费附加0.5万元，排除危房4077平方米。①

办学条件逐步改善。1981—1982年全县基本建设共投资353.66万元，新建教室、教职工宿舍1200平方米，修缮校舍3200平方米、打围墙680.2平方米，逐步改善了教学和教职工的住宿条件。1983—1985年，全县教育基本建设总投资达151.54万元（包括战备设施），校舍总建筑面积达10269平方米。

根据《云南省实施小学阶段义务教育必备办学条件的标准和要求》，"八五"期间全县集中力量，有计划、有步骤地大力加强对教育的投入，并重点向农村倾斜，共投入资金310.99万元（省、州专款70.65万元，县财政投入240.34万元），重点解决了全县15所半寄宿制完全小学及部分初级小学的校舍、设备等。据不完全统计（不含初中），先后建盖校舍9795.54平方米，共投入资金17.9万元（省、州专款9.74万元，县财政投入8.16万元），对全县16所完全小学按一类标准配备了数学、自然教学仪器，5所初级小学（纸厂、老董寨、龙堡、水槽、河口镇中寨小学）按三类标准配备到位，为普及六年义务教育打下了坚实的物质基础。

1985—1989年校舍建设情况，中、小学危房数：1987年为3340平方米，占校舍总面积的9.4%；1988年为737平方米，占校舍总面积的1.6%；1989年为1470平方米，占校舍总面积的3.2%。教育费附加0.5万元。1988—1989年共排除危房4077平方米，截至1989年，全县已有校舍总面积45726平方米，有小学生7095人，初中生1243人，高中生328人，中小学生人均占有校舍

---

① 资料由河口瑶族自治县统计局提供。

面积为 5.2 平方米。1986 年 10 月，河口瑶族自治县被教育部评为"全国基础教育先进县"。

（四）口岸经济后的民族基础教育（1992—2010 年）

1. 河口教育发展现状

1992 年，国务院批准河口为沿边开放县，河口口岸为国家一类开放口岸。河口从改革开放的末端走向改革开放的前沿，从战火烽烟的军事前哨成为对外开放的窗口，迎来了新的历史发展机遇，其教育也赢得了前所未有的良好发展机遇。为适应河口经济社会发展的需要，河口县委、县政府提出了"振兴河口经济，科技是关键，人才是核心，教育是根本"的"科教兴县"战略，把教育摆在优先发展的战略地位，牢固树立教育投资是战略性投资的思想，始终把教育作为先导性、全局性、基础性的产业来抓。

学生人数发展情况。1992 年，河口瑶族自治县教育管理体制由"学区"改为"乡镇教育管理委员会"，进一步落实教育分级管理。为了加强基础教育，县人民政府根据《中共中央关于教育改革的决定》，颁发河政发〔1992〕22 号文件《河口瑶族自治县人民政府关于贯彻〈云南省基础教育分级管理暂行规定〉的实施意见》，明确了县、乡（镇）、村分级管理的职责，改革教育管理体制，使各级政府挑起当地基础教育的担子，加强了基础教育的发展。1992 年河口瑶族自治县共有小学 107 所，学生 10774 人，适龄儿童入学率达 98.11%，升学率达 93.46%，普及率为 72.2%，巩固率为 91.96%。

表3 1990—2005学年度河口瑶族自治县中学发展情况统计表

学年度	毕业（人）	招生（人）	初中毛入学率（％）	在校（人）	少数民族（人）	初中升学率（％）
1990	978	999		2607	1640	
1991	657	968	71.20	2770	1738	58.30
1992	799	1002	60.10	2773	1854	45.80
1993	792	937	58.10	2621	1792	38.40
1994	753	927	59.99	2481	1686	32.13
1995	680	883	95.20	2243	1636	49.10
1996	633	832	57.90	2152	1412	50.70
1997	628	1029	61.97	2451	1686	52.70
1998	673	594	63.90	2566	1696	43.68
1999	683	1139	81.03	2964	1838	54.61
2000	884	1493	95.19	3719	2559	63.12
2001	1005	1536	95.38	4215	3034	
2002	1209	1400	95.01	4361	3193	37.88
2003	1430	1602	97.07	4531	3404	29.93
2004	1491	1339	98.02	4358	3356	30.11
2005	1367	1398	98.51	4360	3391	37.09

从表3可以看出，不论是河口瑶族自治县在实行口岸经济前，还是实行口岸经济后，每年都有不同程度的学生辍学。1990年招生人数999人，这些学生学习三年后也就是1993年应当毕业，但当时毕业人数为792人，也就是说，以1990年招生为例，到毕业时失辍学约200人，将近占20％。1992年招生人数也首次超过千人，但到1995年毕业时人数只有680人，可见辍学现象在河口瑶

族自治县表现明显。以2003届的学生为例,当时招生1602人,到2006年毕业时只有1367人,辍学率为14.67%,虽然这只是对中学阶段学生的统计,代表不了整个河口瑶族自治县基础教育阶段,但起码能证明辍学是制约当地教育发展的重要因素。近年来,辍学现象虽有所好转,但形势依然不容乐观。2009年瑶山乡有学校22个,其中县属中学一所,半寄宿制完小3所,教学点18个,共有学生1936人。全乡小学和初中辍学率分别为8.58%和10.42%,与河口瑶族自治县整体义务教育相比,小学的低入学率、高辍学率特点更加突出。

表4 2009年河口县普通小学基本情况表

单位:人

数据\项目\地区	学校	教学点	毕业生	招生	在校学生		
					总计	女学生	少数民族
合计	21	65	1434	1183	7157	3407	5202
河口城区小学	1	2	139	130	832	403	281
南溪镇中心小学	1	7	138	139	741	358	536
桥头乡中心小学	9	11	405	267	1998	993	1550
老范寨乡中心小学	1	9	75	114	403	174	398
瑶山乡中心小学	3	18	228	275	1206	537	1185
莲花滩中心小学	2	18	198	78	779	392	750
河口农场小学	1	0	83	39	285	138	56
蚂蝗堡农场小学	1	0	43	47	260	124	88
南溪农场小学	1	0	55	30	234	99	141
坝洒农场小学	1	0	70	64	419	189	217

从表4可以看出，不论是整个河口瑶族自治县，还是各乡镇，招生人数和毕业人数都不相同，除每年招生人数不等这个因素外，最主要因素还是学生辍学。如2009年瑶山乡招生275人，毕业228人，可见辍学现象确实存在。另外，瑶山乡在撤校并点后基础教育出现了学生上学路途遥远、家长负担加重、失辍学人数上升等新的问题，基础教育出现失衡现象。

基础设施建设情况。2006—2010年来全县共新建校舍16775平方米，排除危房17477平方米。先后实施了"1650""1150"工程，建了河口瑶族自治县高级中学、一中教学综合楼、二中教学综合楼、学生宿舍楼、三中教学综合楼、南溪小学学生宿舍楼、老范寨小学逸夫楼等大型工程，使全县校舍总面积达到94020平方米，生均校舍面积小学达到7.35平方米，中学达到6.70平方米。同时，为适应新时期教育改革和发展的要求，河口瑶族自治县在资金十分有限的情况下，加强了信息基础设施建设，五年来，共争取省州配套资金207万元，自筹160万元，共装备语音室2间，微机室13间，多媒体教室18间，微格教室2间，按规划组织实施教育部远程教育试点示范项目：光盘播放点（模式一）102个，卫星收视点（模式二）233个。目前全县中小学已配备计算机470台，生均机比已由2002年的106：1提高到26：1。2003年在全县在职小学教师中选拔29位教师转岗学习计算机专业，目的为培养现代信息技术教育师资，实现全县乡镇中心完小以上学校开设现代信息技术教育课的目标。

教师队伍建设情况。实施口岸经济后，河口瑶族自治县师资力量也有所改变。据资料可查，1991年全县教师361人，到1992年人数增加至404人，增幅11.91%。河口瑶族自治县采取招考录用、引进培养等办法不断充实扩大教师队伍。五年来全县共招收、引进新教师 224 人，2010 年全县教职工总数已达 1233 人。到 2010 年已取得大专以上学历的中、小学教师达 636 人，占在职教师总数的 66.25%，已取得大专以上学历的小学教师达 354 人，占在职小学教师总数的 52.91%。目前全县专任教师学历合格率小学 96.86%、初中 99.02%、高中 100%、幼儿 100%。① 在任用干部上坚持校长岗位培训和校长持证上岗制度，同时不断深化学校人事制度改革，建立完善全员聘任、绩效分配制度，充分调动了广大教师的工作积极性和主动性。

民办教育发展现状。河口瑶族自治县民办学校已由 2002 年的 1 所发展到现在的民办幼儿园 6 所，民办小学 1 所，在校小学生 209 人，在园幼儿 373 人，教职工 53 人。

"两基"阶段巩固情况。2003 年撤销了全县四乡两镇教育管理委员会，将其管理职能全部归入乡镇中心完小，教育管理体制改革不断深化，农垦企业分离办学工作顺利完成，农垦企业 4 所中学、4 所小学全部移交地方管理；同时始终坚持"两基"重中之重的地位不动摇，有效保障了适龄儿童入学接受义务教育，提高了普及程度。2007—2008 学年，全县小学适龄儿童入学率为 99.72%，比 2000 年实现"两基"时的 99.08% 提高了 0.64 个百分点；小学辍学率为 0.01%，比 2000 年实现"两基"时的 1.37% 下降了 1.36 个百分点。初中毛入学率为 98.94%，比 2000 年实现"两基"时的 97.75% 提高了 1.19 个百分点；初中辍学率为 0.39%，比 2000 年实现"两基"时的 1.57% 下降了 1.18 个百分点。15 周岁初等教育完成率为 99.87%，比 2000 年实现"两基"时的 84.77% 提高了 15.1 个百分点；17 周岁初级中等教育完成率为 97.17%，比 2000

---

① 资料由河口瑶族自治县教育局提供。

年实现"两基"时的84.72%提高了12.45个百分点。

2. 实施"兴边富民"解决读书难

2007年,全县经济总量首次突破10亿元,对外贸易首次突破10亿美元,继续巩固了经济发展、社会进步、文化繁荣、民族团结、边境安宁,人民生活水平不断提高。全县各项主要经济指标保持快速增长的良好势头,全年实现国内生产总值10.3亿元,增长14.7%;完成固定资产投资6.3亿元,增长66.9%;社会消费品零售总额1.4亿元,增长25.8%;财政总收入1.1亿元,下降8.7%;地方一般预算收入6289万元,下降20.2%(其中地税完成3282万元,完成年初预算的125.6%,比2006年增长44.3%,国税完成县级收入1006万元,比2006年增长2.1%,政府其他部门非税收入因对外贸易收费政策调整等因素比2006年下降56.7%);全县财政地方一般预算支出2.5亿元,增长4.8%。金融机构存贷款余额分别为15.3亿元、6.1亿元,分别增长1.1%、19.3%。

此外,河口按照上级要求认真落实"两免一补"和"农村义务教育经费保障机制改革"政策。2007年全县享受"两免一补"的人数8560人,其中,小学5001人、初中3559人。春季省下拨给河口瑶族自治县"两免一补"杂费47.32万元(其中,小学28.156万元、中学19.164万元);贫困生、寄宿生生活补助费76.84万元(其中,小学36.35万元、中学40.49万元)。自2006年春季开始实施,在"两免一补"的基础上,对全县义务教育阶段的中小学生给予杂费和生均公用经费补助。杂费补助标准:农村小学生54元/生年,城镇小学生84元/生年;农村中学生104元/生年,县镇中学生134元/生年。公用经费补助标准:小学生70元/生年,中学生100元/生年。全县有11245名中小学享受减免杂费。

河口瑶族自治县实行住校生生活费补助和设立"贫困学生救助基金"。自1996年以来，县财政对全县所有住校生给予生活费补助，小学生每生每月补助生活费17元（其中有15元是省州补助），初中生22元，高中（职高）生27元。全县有6000多名中小学享受生活费补助。从2004年开始，县财政每年拨款5万元设立"贫困生救助基金"，对家庭经济困难的学生给予经济资助，三年来共资助贫困大、中、小学生1146人。全县认真贯彻落实"一费制"，遏制了学校乱收费行为，切实减轻了那些没有享受"两免一补"学生的家庭负担，维护了人民群众的根本利益。同时，积极争取"爱德""朝霞"等项目援助，共解决了1000多名贫困学生读书难的问题。2009年，全县办公经费小学每人每年300元，中学每人每年500元，由中央、云南省、红河哈尼族彝族自治州分摊；县级财政也根据学校教师人数，按每名教师每月分别小学30元、中学40元，划拨给各学校，作为日常公用经费支出，这样，全县生均预算内公用经费小学达到333元，中学达到541元。

近年来，全县大力发展农村教育，切实提高教学质量和办学效益，促进教育持续、健康、协调发展。2010年，全县有普通中学7所，其中，高级中学1所，初级中学4所，九年一贯制学校2所；职业高级中学1所；普通小学93所，其中，完小21所，教学点72个（其中一师一校点49个）。有各级各类学校在校学生12371人，其中，小学在校生7581人（其中难民生345人，外来务工子女204人），普通初中在校生3966人（其中难民生58人）。幼儿园11所，在园（班）幼儿1507人。共有教职工1226人，其中专任教师996人，专任教师中，小学667人（其中民办13人）、初中206人、高级中学50人、职业高级中学19人、幼儿园54人（其中民办29人）。专任教师学历合格率：小学97.09%，初中99.51%，高中

92%，幼儿园 100%。

三、瑶山乡基础教育发展存在的问题

（一）学生失辍学现象严重

学业失败现象可以看作是学生由于经济贫困、文化冲突或其他因素造成的失学、辍学现象，还有在学业成绩上不良无法跟上教学进度的，以及不能适应学校生活等现象。总的来看，学生学业失败除了个体差异因素外，主要与社会环境有着密切的关系。对于学生来说，家庭环境是社会环境中的重要变量，有关研究强调家庭环境对学生的学习成绩影响有着五方面的特点：（1）文化方面的特点（家长的受教育程度与阅读情况）；（2）物质方面的特点（家庭的收入、家长的职业、家庭规模、住宅面积）；（3）态度方面的特点（家长对其子女学习生涯和职业前途的态度，以及对子女的鼓励）；（4）家庭环境异常程度（例如，家庭气氛、家庭是否"破碎"、母亲是否在户外工作，等等）；（5）地理位置因素（例如，边境地区，居住分散等）。① 根据这些特点，笔者对所选的瑶族地区调查点社会环境和家庭环境进行了调查，试图找到影响学生学业失败的原因。

中华人民共和国成立后，于 1951 年 3 月在原瑶山的中心地带——梁子寨，创办了第一所公办小学（即现在的瑶山小学的前身）。1954 年将瑶山地区划为瑶山区，区政府设在梁子，因此梁子小学便成为瑶山地区中心小学，教员 7 人，学生发展至 150 多人，

---

① ［瑞典］托尔斯顿·胡森：《社会环境与学业成就》，张人杰译，170～171 页，昆明，云南教育出版社，1991。

1958年教职工增至11人，学生达250多人，是梁子小学最兴旺的时期。1962年因调整生产关系，梁子小学处于衰败阶段，教职工仅剩5人，学生只剩3人，直至1964年才有所回升。70年代初瑶山区政府搬迁至五道河，瑶山中心小学随之搬迁至五道河，梁子小学降为普通完小。后因五道河所在地离其他村寨较远，当地人口稀少，只办成一般的村小。后因该地，没有发展前途，对越自卫反击战后，铺通了国防公路干线。1985年，学校随着区政府又迁往三岔路至今。受地理位置等因素，办学条件落后，生源得不到保证，现梁子小学只开设二年级和四年级，每个年级均为11人，其余年级的学生都在瑶山小学寄宿就读，这就导致了大龄儿童入学，部分学生辍学等现象。

根据河口瑶族自治县2006—2007学年"两基"复查年审验收表反映：瑶山乡小学、初中学年内辍学学生人数均为0；瑶山乡17周岁以下总人口数277人，完成初中学业人数270人，占97.47%。而笔者2010年调查时，这一阶段年龄已满20岁，仅梁子寨13—20岁共27人，其中6人在读小学，15人读过中学，而中途辍学的就达5人，3人高中在读，3人中专在读，大专2人（其中1人在读）。这些数据虽然代表不了整个瑶山乡、河口瑶族自治县基础教育阶段的受教育状况，但至少说明基础教育阶段学生失辍学现象是存在的。这一点反映出我们教育体制管理中存在的问题，普及九年义务教育工作中管理与实际相脱节的程度。

随着"义务教育工程"的实施，河口瑶族自治县在解决办学条件、资助贫困生入学、师资队伍建设等问题方面有了很大的改观，基础教育本身存在的问题有望得到解决。但是，小学阶段随着"撤销并点"以及基础条件的改善，小学毕业后升入初中的人数也随之增加，这就使得与过去的小学教育配套的中学难以负荷。在笔者调查河口三中时，由于多年来教育投入的重点都放在小学，该校现在就存在师资力量、学生宿舍、教学用房、操场建设、仪器设备等严重不足的问题。看到那些"防辍保学"的一组组数据，听到"惠民政策"给农民带来的心声，笔者也难以掩饰喜悦之情，不过深入了解全国情况后发现，实施"两免一补"后，有些失辍学学生重新走到校园，但初中的辍学率高得依然惊人，这不仅仅是一个局部问题，而是一个全国性问题。

个案1：DSM，男，蓝靛瑶，瑶山乡梁子村人

让娃读书的目的就是识几个字，当然更希望将来有出息，要能吃上"皇粮"就更好了，后来娃初中毕业就不读了，现在是我们寨子里的电工呢，虽然工资有点少，但是还不耽误干农活。有文化还是好啊！

（根据2010年5月笔者访谈录音整理，地点：受访者家里）

个案2：DYA，男，65岁

我们那时候家里穷，兄弟姐妹多，都没有钱读书，现在经济条件好了，农民收入高了，说什么也要让娃多念点书，可是大娃不争气啊，初中没有毕业就跑出去打工了，为此，我还打了他一顿，可是他死活也不去读了，说是学不进去，读书没有用，还耽误挣钱……

（根据2010年5月笔者访谈录音整理，地点：受访者家里）

上述现象很值得我们思考：在一些民族地区，由于社会本身的就业资源有限，社会能够提供的工作岗位有限，一些人完成了学校的初中或高中教育后，却找不到工作，因此，他们发现自己遵循规律性的行为规范，却找不到工作，不能实现改变自己的身份和生活处境的目标，因此失去接受教育的信心。边境瑶族地区亦是如此，农村地区学校的升学率低，社会吸纳人才的能力也低，农民们希望通过升学就业以改变现有农业身份的愿望难以实现的客观现实，就直接影响了家长和孩子们对升学读书的态度和积极性。根据在河口瑶族自治县的调查，从全县情况来看，每年的高中毕业生的70%，初中毕业生的60%，都走向社会务农或务工。当地农民普遍认为，读书是很有用，但他们读书的目的就是希望子女将来能吃上"皇粮"，有一个稳定的工作，如果吃不上"皇粮"，就不能带来现实的利益，上学也就没有什么意义了。在笔者和当地政府干部座谈中，有人提出建议，如果国家能保证读书后分配工作，学生辍学也就没有现在这么严重，尤其是初中生，很多也不会中途辍学出去打工。教育改革的深入在民族地区却成了新的发展障碍。在瑶山乡，很多人不仅不能通过受教育这样的手段获得社会上的成功，而且很多小学没有毕业甚至没有进过校门的人通过大规模种植香蕉、菠萝，或者做生意，依然在当地小有成就。而那些初中生、高中生，入大学无望的人，错过了投资的良机，只能选择外出打工或在家里务农，收入也只能维持生计。这些例子也使得人们对教育给予孩子们的能力培养和就业机会及其现实意义产生了怀疑。

（二）学生家庭经济负担加重

瑶山乡在河口瑶族自治县属于贫困乡，村民大多从事农业劳动生活，近几年才开始种植香蕉、菠萝、橡胶、桂皮等经济作物，生活才有了明显的变化。虽然如此,由于经济作物投资巨大,而且受天气影响明显,2008年全国大面积大规模降雪,许多种植经济作物的瑶民因此几乎倾家荡产,"靠天吃饭"这一状况在瑶山乡体现得越来越明显。

到山外就读的学生,每个学期必须缴纳住宿费、生活费、交通费。这些费用的增加,无疑让那些贫困的家庭雪上加霜,致使部分家庭失去承受能力,有些家庭不得不借款供子女读书,有些家庭则选择让孩子辍学。笔者在对寄宿的学生进行调查时发现,由于家庭居住太远不得不住校的学生中有较高的辍学率,达22%。这可能是寄宿生的费用增加,居住条件差导致他们辍学。在访谈中,有些家长担心的不是经济问题,由于居住山区,离学校太远,学生在校的安全问题也成为学生辍学的一个因素。

个案3：PGF 的家长

我家儿子今年15岁了,我跟他这么大的时候都跟着师傅出去干活挣钱了。我也没咋读过书,现在日子不也照样过得好好的?他表哥16岁就出去闯了,一直在深圳打工,一年能挣两三万块回来呢,看现在他家里房子也盖起来了,明年就准备结婚了。现在呀,读书不如早打工哪!现在读高中、读大学,学费就是一个天价,读下来得好几万块钱呢!看新闻都说现在大学生找工作都难,有的大学生毕了业不也去养猪、养鸡了,跟村里小学毕业的有啥两样?钱花了这么多连个体面的工作都找不来,读书那还有啥用?我家狗子估计也不是读书那块料,他这几年读书也花了家里不少钱,将来还不知道能挣多少呢,还不如让他跟他表哥出去打工,也别费我那么多学费钱,早点挣钱也能贴补贴补家里。

（根据 2010 年 5 月笔者访谈录音整理，地点：受访者家里）

个案 4：DGX 家长

小女儿今年上初一。村里只有小学，上初中得到镇上读。我们村离镇上远，学校也没有住宿条件，孩子只能住在家里，早上 5 点钟就得从家走，骑自行车两个小时才能到校，正好刚赶上 7 点上早自习；晚上放学到家都 9 点了，孩子还是饿着肚子回来。夏天还好，早上天亮得早，也凉快些。到了冬天就不行了，早上又冷又黑，路上又没啥人，一个女孩子家的去学校也不安全。我跟她妈白天也得干活，家里也没摩托车啥的，也不能天天接送。孩子读个书太受罪了。村里还有一些孩子也是这情况，家长都在犹豫着要不要先不让孩子去上学了。前年就听说我们村和隔壁村要合建一个中学，这样这两个村子的孩子上学就方便了，但是后来这事就没了下文，有的说是县里没资金，拨款下不来，建不成，有的说是没老师，教初中的老师都不愿来我们这山里，能调来的老师水平不够，也只能教小学，初中的课教不了。资金和教师的事情解决不了，我们村就建不了学校。后来就没人再提这事了。我们也一直向上头反映我们村的情况，但是一直也解决不了。现在，我们村里的孩子上学成了难题了。我们想让孩子读书，但学校确实离我们村太远，孩子太遭罪了，再加上这路上也不安全，我跟她妈就想着要不就先不让孩子上了，等附近村里或者我们村有学校了，再让她读算了。

（根据 2010 年 5 月笔者访谈录音整理，地点：受访者家里）

在调查过程中了解到，河口三中认真落实好教育惠民政策，对于特困生、残疾生或品学兼优的贫困生，学校给予他们特殊照顾，免去他们的住宿费，同时用学校勤工俭学资金为他们支付教辅费，号召教职工捐资助学。从国家实行"两免一补"政策以来，学校累计为 1393 名贫困生减免书杂费 14.3382 万元。学校有专人负责，各班班主任具体实施，每周按时发放寄宿制贫困家庭学生生活费 40 元/人。从根本上讲，实施"两免一补"后，确实减少了学生失辍学现象，尤其是在贫困地区。但瑶山乡属于整体贫困乡，部分家庭还是为教辅费、交通费、生活费而担忧，对经济欠发达的瑶山地区人民而言也是一笔较大的经济负担。对于到外地就读高中、大学的学生，支付更多的费用也成为引发他们失学、辍学的一个重大因素。

（三）基础教育发展失衡

基础教育失衡状况无论从范围、影响程度还是从波及人群来看，都已经从一般性的教育现象上升为政策性问题，并时时以其破坏性的功能警示着现行政策。2003 年，当东部发达城市已经在学校教育中实行星级服务时，而北方及西部地区竟出现小学生徒步 5 公里拿着板凳去上学的现象，两者形成鲜明反差。[①]

瑶山乡瑶族的小学生虽然没有自带桌凳去上学的现象，但是和

---

① 郭丹丹：《基础教育均衡发展的政策思考》，载《教育发展研究》，2003（4）。

发达地区相比有很大的反差。这种反差主要表现在民族基础教育布局、实施的失衡。区域经济和社会发展的不均衡是中国国情的一个重要特征。改革开放以来，国家针对经济制定政策倾向于东部地区，导致不同地区的教育发展水平和普及程度的差距与当地经济发展水平有密切关系。东西部在教育投资上的差距，加大了教育资源配置的失衡。政府财政转移支付机制不够完善，难以有效地调节地区之间教育水平的差距，所以导致贫困地区的公共教育资源配置偏少，教育水平偏低，尤其如瑶山乡这样边远贫穷的少数民族地区，受历史及地理位置等因素的影响，其经济发展缓慢，社会发展处于落后状态。2009年全乡农村经济总收入1542.9万元，增长13.9%。农民人均纯收入1295元，增长12.3%。粮食总产量441万公斤，人均有粮421公斤。粮食综合直补面积13985亩，补贴资金57.1万元。非公有制经济增长喜人，全乡企业总产值300万元，同比增长87.5%。实现地方财政一般预算收入74万元，比县下达任务数40万元超收34万元，完成年初预算的185%。但是瑶山乡经济建设和社会各项事业发展对财政资金的需求量越来越大，刚性支出增多，尤其是实施农村税费改革后，乡政府运转主要依靠上级财政，尽管上级给予了一定的转移支付，但和实际支出差距甚远。瑶山乡经济导致教育公共资源配置较少，其教育水平也与周边其他乡镇差距明显。瑶山乡民族基础教育的特点是以乡为单位，一个中学、一个中心小学、一个私立小学和10个散落在各个村屯的教学点，这种散射型的特殊教学方式，使当地基础教育发展具有一定的艰巨性与特殊性。这种艰巨性和特殊性也决定了瑶山乡的基础教育的发展不可能与周边经济较发达的地区同步。从某一方面讲，教育布局不均衡又阻碍了民族地区基础教育的发展，民族基础教育的发展会直接影响本地区的经济社会发展，间接引起经济社会发展的失衡。

在我国，随着免费义务教育的实施，适龄儿童入学率不断提高，但还是有少数儿童因各种原因而失辍学，丧失了受教育的权利。这主要集中在少数民族地区、西部地区、农村地区。任何民族的学龄儿童都有受教育的权利是我国宪法明确规定的一项重要公民基本权利。国际人权公约在《世界人权宣言》将受教育权表述为"人人都有受教育的权利"。受教育权是发展权的主要内容，发展权包括"保证在教育制度和教育方式方面不断改革和促进良好教育环境的形成，提高全民族的教育文化水平"[①]。瑶山乡适龄儿童受教育权的失衡必然会导致本地区经济社会发展的失衡。在教育体制改革中，应该以促进良好教育环境为前提，以提高教育改革的质量和效率为基础，保证教育的均衡发展。这就要求通过布局调整，集中资源办学，采取灵活多样办学模式的原则，因时、因地采取相应的倾斜政策，尽可能调整失衡的局面，使本地区适龄儿童都有上学的机会，即受教育的权利。

四、影响瑶山乡基础教育发展的主要因素

河口瑶族自治县在全面普及义务教育进程中，暴露出来的一些问题，并非是河口独有的现象，而是云南少数民族贫困地区乃至全国少数民族贫困地区义务教育发展中具有的共同现象。义务教育是整个教育体系重要的组成部分，必然与社会诸多因素存在着复杂的、多元的、紧密的联系。要深刻剖析影响河口瑶族自治县义务教育发展因素，必须将河口教育发展情况置于社会大环境中去研究。

---

① 杨成铭：《受教育权的促进和保护》，52页，北京，中国法制出版社，2004。

(一) 教育体制与社会需求相矛盾

1. 教育体制自身问题

政府的作用主要在于解决市场失灵和促进社会公平两个方面，追求教育领域的社会公平和保证教育领域的公共利益是政府管理教育基础性的责任。但是，现实中由于政府治理错位而造成的失误现象较为普遍，错位包括缺位和越位。① 政府职能的"缺位"主要表现在：对义务教育投入严重不足，对弱势群体的优先教育扶持力度不够，没有协调好教育培训与人力资源需求之间的关系，缺乏对教育需求与老百姓需求的必要了解，政府未能对教育与人力资源开发起到应有的规范和引导作用。在我国农村，每年约有400万小学毕业生、600万初中毕业生回乡就业，这种状况在短期内是难以改变的。他们将来的出路，是由所处的环境决定的。对城市学生来说，他们中间95%以上的人要进入高一级的学校学习，这些人将大约按1∶1的比例接受普通高中教育或职业教育（含中专、技校），因而，在城市义务教育阶段应以升学教育为主，同时附加一定的职业倾向、职业意识教育；而对于大多数的农村学生来说，义务教育的结束就是他们学校教育的终结。②

在河口瑶族自治县，60%—70%的农村青少年在完成或不彻底地完成义务教育后，将结束他们的学校教育，面临的出路是外出务工或在家务农。因此，在少数民族地区义务教育阶段，既要照顾少

---

① 中国教育与人力资源问题报告课题组：《从人口大国迈向人力资源强国》，306页，北京，高等教育出版社，2003。
② 覃琼：《大化瑶族自治县义务教育发展研究》，广西师范大学，硕士学位论文，2000。

数学生升学的需要,又要兼顾大部分学生的就业需要,为他们以后参加社区建设夯实好基础。但在现实生活中,谁不希望自己的孩子能上大学呢?对农村孩子来说,读书不仅意味着学点知识,考上大学还意味着"鲤鱼跳龙门"。因此,学校间的等级分化开始日益严重,但又那么顺理成章。全县几乎所有的优秀教师和有望考上大学的学生聚集于某一两个重点中小学,与其他兄弟县市展开升学率的竞争也就成了现实需要与必然选择。正是因为这种现实的强烈需要,使得农村地区初中阶段教育目标变得模糊起来,在办学思想和培养目标上没有着眼于培养当地急需人才,反而不切实际相互攀比升学率,以至于始终未能完全摆脱传统的教育模式。这种教育模式一方面给有些学生造成沉重的学习负担,使学生在书山题海中疲于奔命,大大降低了他们的学习兴趣;另一方面导致了家长不能正确评价子女学习能力,忽视培养他们的兴趣特长,甚至有些家长见其子女升学无望,让他们回家务农或外出工作挣钱,觉得这是一种更实惠的决策。随着"普九"的逐步推进,毕业生成倍增加,大量的初中毕业生回乡或外出务工,县乡村政府看不到教育给经济社会发展带来显著效益,群众看不到教育为自己带来的实惠,所以教育积极性必然受挫,农村义务教育事业必将失去活力。[1]

我国的教育资源非常紧缺,但在各级各类教育中校际资源共享、教育层次之间的联系等方面缺乏有效的举措,难以对资源实行共享。[2] 相对封闭的学校教育不适应人们受教育机会的增加,知识的传授依然主导着我国的学校教育,这一基本模式至今还停留在重

---

[1] 覃琮:《大化瑶族自治县义务教育发展研究》,广西师范大学,硕士学位论文,2000。

[2] 周洪宇:《教育公平是和谐社会的基石》,112页,合肥,安徽教育出版社,2007。

学历、轻证书，重知识、轻能力的教育模式上，学校教育的发展面向社会的教育、培训能力建设的严重滞后。特别是职业教育发展的瓶颈无法满足社会的有效需求，就业和再就业培训供需脱节。

2. 教育不公的社会原因

虽然教育发展自身存在诸多问题，但有些问题不能只靠教育自身来解决，需涉及社会各方面的协作，更需要全社会的关心和支持。如职业教育的发展需要企业的参与，并适当分担职业教育成本，保障职业教育的发展，最大的受益者终将是企业。当前我国企业参与开办职业学校和支持职业教育发展的积极性并不高，有关企业承担职工培训费的政策也没有得到良好的落实，这种现状既影响职业教育的经费投入，也影响职业教育人才培养质量，从而严重影响了职业教育发展的速度和质量。

社会劳动分配制度不公，接受同等教育年限的职业教育者和普通教育者，在企业工作和机关事业单位工作的收入差距太大，接受职业教育者的待遇偏低。[①] 这一现象的直接危害是进一步弱化受职业教育者的地位，导致接受职业教育者的经济利益分配不均衡，既影响人们利益的和谐，也影响经济发展的和谐和社会公平。受传统观念的影响，社会媒体过多地关注和渲染精英人才，而缺乏对职业教育培训的人们的关注，从而加重了人们对职业教育的鄙视，也影响了职业教育的发展。尽管如此，河口瑶族自治县仍坚持开门办学，走联合办学之路，拓宽办学路子，以学历教育为主，以培训和继续教育为辅，大力开展岗位培训和实用技术培训。2003 年红河电大河口工作站在河口瑶族自治县职业高级中学成立，2004 年民

[①] 周洪宇：《教育公平是和谐社会的基石》，112 页，合肥，安徽教育出版社，2007。

革云南省委河口中山农村科技讲习所在职中成立，2005年"中华职教社温暖工程百万农民培训计划"在职中开始实施，河口县教师进修学校通过了教育部考试中心及云南省招生考试委员会的审查验收，成为全国计算机等级考试云南省第60个考点。从2003年开始，职中与红河学院、个旧电大、陕西师范大学联办了法律、教育管理、行政管理、汉语言文学等专业的大专、本科班8个，截至2010年，在校学生有863人。由于河口瑶族自治县职业教育起步晚，规模小，生源少，办学条件差，影响了职业教育的进一步发展，已不能适应河口口岸建设和改革开放的需要。

（二）有效需求与投资力度不同步

义务教育作为基础教育，从长远看，它虽然有利于生产力水平的提高和经济的发展，但义务教育的年限范围内和社会生产对劳动力的需求是相矛盾的。可以看到，在农村地区普及义务教育是把差不多四分之一到三分之一的人群从劳动力或半劳动力转为非劳动力。就农民而言，有经济发展水平的制约，也由家庭劳动力状况决定。在贫困地区，劳动力价值的低下造成对劳动力需求的增大，特别是家庭联产承包责任制条件下，农户为保障家庭成员基本生活，迫使许多贫困户投入尽可能多的家庭成员参加创收劳动，现在贫困家庭儿童上中学的机会并没有比过去有较大的提高，从某一方面讲这也是贫困地区特殊性造成的。

1. 教育发展有效需求

河口瑶族自治县落后的生产力水平和生产方式使家庭可支配收入有限，经济水平的发展缓慢制约更高的教育需求。仅靠农业为主，口岸经济为辅的经济增长方式很难适应当今体制下河口各项发展需求。以瑶山乡为例，2009年全乡农村经济总收入1542.9万元，增长13.9%。农民人均纯收入1295元，增长12.3%。粮食总产量441万公斤，人均有粮421公斤。全乡粮食种植面积11448亩，粮食产量保持平稳，完成香蕉种植面积28500亩。但在产业结构中，第二产业、第三产业的比重虽然有所增长，但吸收社会剩余劳动力的能力却很差，造成这种现象是多方面的，由于地理位置等因素的制约，河口瑶族自治县工厂企业的数量很少，技术含量不高，科技创新能力不强，使得这些企业经营状况不佳，有些被迫倒闭，从而无法再吸纳更多的社会剩余劳动力。

前几年，河口瑶族自治县在扶贫工作中推出优质香蕉品种和科学种植方法，这种香蕉品种使当地村民收入有所增加，但投资成本也相应提高，而且对管理技术要求也提高。尽管如此，许多村民还是多方筹措资金，有的家庭申请抵押贷款，全部用于投资香蕉和菠萝的种植。然而2008年的一场雪灾让大多农户的梦想破灭，迫使他们又回到了要解决温饱的境地。农业的发展主要是利用先进的生产技术，扩大农作物种植面积，增加牲畜养殖规模等途径来获得。这种近千年传统的小农经济模式具有很强的封闭性和延续性，对生活在大山里面的农民来说，世代相传的生产经验足以应付一切，他们一般是很难自觉地追求现代科学文化知识。许多农民局限于自身的生活经历和狭窄的生存空间，似乎对科学技术文化有一种天然的排斥性，有些人甚至对回乡务农的初、高中毕业生冷嘲热讽，极大地挫伤了部分农民及其子女的入学积极性。这实际上也是生产力发展水平与文化需求相互矛盾的反映。"没文化的也能挣钱，不读书照样挣钱"。这种观点或通过家长作用于少年儿童，或直接影响少年儿童，从而使得许多学生感到前途未卜，读书无用，最终导致学生厌学、失学。

在河口瑶族自治县，农村孩子不仅需要学好知识，而且还是家庭生活的承担者和辅助者，有些甚至在初中阶段就要背起养家糊口的重担。

个案5：PLZ，女，15岁，河口第三中学九年级学生

（这是一个普通的农村女孩，8岁的时候母亲因病就离开了人世，后来爸爸就外出打工了。爷爷奶奶年纪越来越大，老两口做工越来越辛苦，所以就想叫爸爸回来帮忙，但他死活都不肯回来。）我在学校读书，回到家里帮家里做些家务，家里赶上忙不过来的时候，我向老师请假回家干活，减轻爷爷奶奶的负担。听爷爷奶奶说，妈妈那时候生病欠下了很多债，现在的日子过得很紧，所以我平时都不乱花钱。

（根据2010年5月笔者访谈录音整理，地点：受访者家里）

个案6：DYB家长

看到有的家长不让孩子读书，我都不知道他们是怎么想的。我那个年代很多人家庭经济条件不好，想读书都没条件读。我上学那时候，家里状况也不好，父母是农民，也没什么文化，家里收入也很低，但是我父母没让我放弃读书，并且支持我读书，一直把我供到读大学。我大学毕业之后被分到一个不错的单位。可以说，是读书改变了我的人生。要是我没坚持读书，也就和村里的同龄人一样，要么在家守着那份田，要么在外面给人做体力工。现在生活普遍都好了,再加上国家免了学费,孩子读书基本上不存在经济困难了。但是我知道有些父母,尤其是在农村的父母,总想让孩子早点出去打工,不想让孩子读书,觉得读书没用,读出来也不好找工作。我就不赞同这种说法,知识就是力量,读过书的人文化程度高、思想境界也高,人的素质和层次明显比没怎么读书的人高。并且,人只有有了知识,才能更好地在社会上立足。千万不能只看眼前,让孩子出去打工挣那么点钱就意味着孩子将来的生存就没问题了?社会竞争这么激烈,没文化很容易被社会淘汰掉的。

(根据2010年5月笔者访谈录音整理,地点:受访者家里)

正如马克思所说:"超过劳动者个人需要的农业劳动生产率,是一切社会的基础。"① 当人们衣食住行尚无保障的情况下,还要他们去送一个可以帮助糊口谋生的孩子上学,如果得不到免费教育,反而要支付相当高的费用,那也是不现实的。

2. 教育投资力度不足

近年来,国家在发展教育同时增加了教育经费投入。随着国家普及九年义务教育,先后出台了"一费制"和"两免一补"惠民政策。这些政策对减轻家长负担效果明显,但对于学校而言,办学经费严重不足的窘境并没有因此得到任何改善,反而是这些政策在一定程度上堵住乱收费的口子,而财政性教育经费的投入又没有相

---

① 马克思:《资本论》(第三卷),289页,北京,人民出版社,1975。

应的增加，促使农村中小学办学经费更为紧张。

河口瑶族自治县是国家级贫困县，长期以来一直依靠国家的扶持。1978年以来县公办中小学的经费来源，主要是省、州、县拨款，其次是收缴学杂费、群众集资和勤工俭学收入。民办中小学的经费，主要靠自筹，县教育行政部门给予适当补助，逐年增大了对教育的经费投入，各中小学教育经费列入县财政预算，由县财政直接划拨。

2000年政府出台了《河口瑶族自治县农村教育事业费附加征收管理使用办法》（河政发〔2000〕22号文件），进一步规范了农村教育费附加的征、管、用，根据《云南省红河哈尼族彝族自治州民族教育条例》，按上一年农民人均纯收入的1%计征农村教育费附加。1997—1999年，三年共计征收农村教育费附加11.58万元，其中1997年应征14.96万元，实征2.98万元，1998年应征15.69万元，实征3.42万元，1999年应征15.69万元，实征5.18万元，全部用于补充教育经费的不足。

"两基"阶段，也加大了教育经费的投入。教育经费总支出由2003年的2676万元增加到2005年的3533.1万元；人均教育经费支出由2003年的382元增加到2005年的388元；财政对教育的拨款由2003年的2239万元增加到2005年的2491.90万元；年生均教育事业经费小学由2003年的1806元增加到2005年的2842.75元，初中由2003年的1171.30元增加到2005年的1872.63元；这三年共征收教育费附加285.61万元（其中，城市教育费附加271.71万元，农村教育费附加13.9万元），全部用于义务教育基础建设。2009年，全县办公经费由中央、云南省、红河州分摊；县级财政也根据学校教师人数，划拨经费给各学校作为日常公用经费支出。

教育工程是一个庞大的工程，随着社会的发展，教育需求也在不断增加，学校日常支出、购买办公用品、修缮、基建等必要支出在这些经费面前就显得捉襟见肘。

五、瑶山乡基础教育发展的方向

文化变迁是文化人类学研究的主要课题之一。任何一个民族都在发展变化，体现民族特征的文化特点也随之变化。文化变迁与社会变迁密切相关，"社会变迁是人类社会普遍存在的事实，社会学家把现代社会的种种变化不定的现象称为社会变迁，形成了相应的社会变迁理论"[①]。社会变迁有各种不同的变迁形式：既有社会整体层面的，又有局部层面的变迁；既有进步的，又有倒退的变迁；既有有计划能控制的社会变迁，又有自发难以控制的社会变迁；既有结构性的变迁，又有具体因素的变迁。而影响社会变迁的原因主要有自然环境、人口因素、科学技术和文化等四个方面要素。[②] 社会学家帕森斯从结构功能观点出发，提出社会变迁均衡理论，认为社会是以各个部分相互协调的系统永远朝着均衡的状态运行，社会的平衡、不平衡、恢复平衡就是社会变迁的形式。教育的发展受社会变迁的影响，教育在社会变迁中不断地调整与社会生产力发展的关系，我国学者对教育与社会变迁的关系有以下观点：教育是社会变迁的结果，是社会变迁的条件之一，是社会变迁的动因。社会变迁对教育的发展变化有着直接的影响，最终导致教育变迁。有学者认为社会变迁有渐变和剧变等形式，社会渐变包括系统水平渐变和因素水平渐变，它促使教育的微调，表现为教育目的取向的调整、

[①] 杨昌勇、郑淮：《教育社会学》，148页，广州，广东人民出版社，2005。
[②] 杨昌勇、郑淮：《教育社会学》，150页，广州，广东人民出版社，2005。

入学资格化、教育资源和教育手段的改变等。①

瑶山乡的民族基础教育在社会变迁中,从无到有、从小到大、从发展壮大到发展失衡的渐变过程中,瑶山乡基础教育的发展应结合当地实情,才能发展为现代化的教育。

(一)教育的调整务必体现均衡

教育均衡发展是当前教育发展的主题,每个学生都应该具有平等享有受教育权利。教育布局调整主要是以提高农村教育办学水平为目的,其均衡与公平是社会公平的基础,广泛集中资源进行布局调整,所以必须与教育的发展相协调。

教育的调整与发展应该使学校担负起周围地区教育服务的职责,并且应当遵循就近入学原则,以便学生上学。对于学校布局调整而言,从效率考虑,需要一定的规模,而学校规模取决于生源的数量、师资力量和办学条件等。从服务的范围而言,应覆盖到乡镇。②

目前,河口瑶族自治县教育服务范围主要以乡为单位,即每个乡设立一所中学、一所中心小学、若干教学点。由于瑶族的计划生育工作都做得比较好,地广人稀,人口增长极其缓慢,许多学校的生源得不到保证。像瑶山乡这样边远贫困地区,调整教育布局必须根据实际情况、因地制宜地进行调整。事物发展都具有两面性,教育布局调整对教育发展的正面作用很明显,既能够发挥教师资源的优化效益,又能够加强学生之间的竞争意识;负面影响也不容忽视,直接加重了山区学生家长的教育投资,间接造成瑶山乡失辍学

---

① 吴康宁:《教育社会学》,166页,北京,人民教育出版社,1998。
② 骆洋:《变迁与调适:民族地区基础教育的历史人类学考察》,广西民族大学,硕士学位论文,2007。

率上升。

诚然,教育布局调整可以提高办学质量,但是前提是所有适龄儿童都能进学校读书,并且能适应远离家庭的寄宿制生活。瑶山乡目前的状况:虽然实行了"两免一补",一部分学生家长因经济能力有限,无法把自己的孩子送进集中办学的学校就读,到山外就读的学生因为无法适应山外的生活习惯,无法适应生活自理方面的问题,难以适应寄宿学校的生活。布局调整在集中教育资源方面有优势,有利于学校的规范化和管理,但是不能忽视当地农村的地理特点、生源分布特点、生产生活特点等,不能忽视当地农村经济、社会、教育、人口的发展规律。教育资源不均衡现象突出,公平问题有待进一步解决。针对瑶山乡民族基础教育的现状,在教育的调整与发展上应该做到以下几点:首先,在集中资源办学、布局调整过程中,应以乡为单位设立完整的基础教育制度,2011年两会上,有关专家强调"教育布局现在是以实际行走的距离来核算,而不是以半径核算,来保留适当的教学点",教育的调整与发展应根据当地的实际情况,需要保留的尽量保留,对撤销了的学校,有必要恢复的予以恢复。其次,调整师资力量的均衡。让有丰富教学经验的老师轮流到瑶山乡支教,培养有现代教学意识的师资队伍,提高教师的教学质量,让更多的老师有外出参观、接受培训的机会。再次,在资源配置上均衡。应该更多地考虑瑶山乡基础教育薄弱的学校,适当地给予政策上的倾斜,把资源倾斜到边远贫困民族地区,使生活在社会边缘的瑶山乡学生在政策倾斜的关照下,能得到更好更健康的教育。

(二) 构建人与人、人与社会和谐发展的基础教育

人是社会关系中生活的、良性互动的人际交往关系是促进人和

谐发展的有力手段。人们借助于交往建立了人与人的共处关系，同时也形成了人与人之间的全面依存关系。① 笔者两次在云南省河口瑶族自治县瑶山乡村考察时，总是被那里的乡土民风、团结互助的人际关系所折服。在瑶山乡梁子村，近30年来从来没有发生过刑事案件，既没有打架斗殴之事，更没有偷盗之事。晚上每家每户家门也只是虚掩，自家的摩托车为了方便出行都是放在家门口，均不上锁，白天黑夜都是如此。每当客人来村时，虽然有点好奇，但也是笑脸相迎，邀其到家中做客，其乐融融。人生活在此，似处身于桃花源之境。因此，在边境瑶族地区发展基础教育，应当充分挖掘当地民族文化中的优秀资源，构建具有民族特色的民族基础教育类型，推进基础教育稳步发展，促进人与人的和谐发展。

　　人的本质是一切社会关系的总和，社会作为人构成的存在物，人安身立命的生长家园，人与社会的相互关系构成了人类社会的现实存在状态。任何人都是生活在一定社会中的，任何人的发展都必须以社会的发展为前提，任何社会的发展也必须以人自身的发展为基础，个人和社会的发展是一个交互作用的动态发展过程。如果个人与社会互不相容，则个人的和谐发展就无法得到保证，社会的和谐发展也就不可能实现。因为人和社会只有在互为前提和基础的动态平衡中才能相互促进地向前发展，人的和谐发展与社会发展是相互耦合、不断提升的互动过程。只有二者同步推进、互为因果，才能实现人的全面和谐发展和社会全面进步。② 对于西南民族地区来讲，发展民族基础教育，应构建有促进个人与民族社区、个人与全

---

　　① 孟小军：《断裂与链接——西南民族地区基础教育类型研究》，222页，桂林，广西师范大学出版社，2007。
　　② 孟小军：《断裂与链接——西南民族地区基础教育类型研究》，223页，桂林，广西师范大学出版社，2007。

社会和谐发展目标实现的类型体系，使之达成个人与民族社区促进本民族、本村寨的发展，又能融入整个社会主义大家庭中推进整个社会、整个国家的发展，也就是发展每个民族成员既能融入民族社区又能融入民族国家的主体能力和主体意识。

（三）保障少数民族学生的受教育权

人是社会发展的主体，推动社会发展的动力。构建和谐社会，必须提高适合和谐社会发展的人的素质。教育对构建和谐社会的作用，主要表现在教育可以帮助人们发展经济，摆脱贫困。1992年初，邓小平在南方视察时指出："经济发展得快一点，必须依靠科技和教育。"发展教育，提高贫困地区人民科学技术和文化素质，帮助他们发展经济，缩小贫困地区的差距。教育可以促进社会的繁荣稳定，建立祥和的社会。[①] 要发展教育，就要使每个人都有受教育的权利。温家宝总理在2007年两会中说道："让所有孩子都能上得起学，都能上好学。"受教育权作为基本人权，已经成为现代教育的基础价值之一。受教育权已经成为现代公民权的一部分，"人人都有受教育的权利……教育的目的充分在于发展人的个性并加强对人权和基本自由得到尊重。"[②] 农村教育改革的发展，它的质量和效益怎么样，直接关系到我们对科学发展观的认识，和谐社会的构建，农村基础教育的阶段和其他阶段的教育不同，受教育权得到公平对待，社会弱势群体才有可能与社会其他阶层在同一起跑线上，才有通过知识改变命运的可能，社会各阶层才有正常流动、合

[①] 玉时阶、胡牧君：《公平与和谐：瑶族基础教育研究》，185页，北京，民族出版社，2009。

[②] 北京大学法学院人权研究中心：《国际人权文件选编》，北京，北京大学出版社，2002。

理分层的可能，全社会才有活力、安定有序。①

瑶山乡教育改革布局调整，原本是近年的优化农村资源配置，农村教育改革发展的一项重要决策，由于是在对这项政策缺乏完全理解的基础上推行的，盲目求多求快，出现了一些消极的效果，使许多原本能就近入学儿童陷入困境，遇到刮风下雨甚至自然灾害，孩子的人身安全得不到保障，出现了一些上学难和上学远的问题。而因上学难和上学远，导致有一些孩子得住校，住校带来的交通问题、吃饭问题、日常用品问题等又加重了家长经济困难，有一些家长不得不让孩子退学，造成辍学现象。这在一定程度上伤害了群众的利益和感情，不利于构建新农村和谐社会的发展。在教育制度改革中，国家对西部少数民族边远地区应采取相应的措施：首先，填补边境瑶族地区基础教育发展的"真空"。在基础教育中，农村小学生均费都大大低于全国平均水平，健全教育经费投入机制，为农村基础教育的发展提供可靠的经费保障，对有困难的地区，上级政府可以通过财政转移支付给予适当的补助。其次，因地制宜地调整农村小学布局，促进教育资源的优化配置。在资源的配置上，适当地采取政策倾斜，优先考虑基础薄弱的学校，改善办学环境，加强师资力量，使教育改革更好地为西南农村地区服务。

"为受教育者提供相对平等的教育机会与条件，在就学过程中得到同等的对待与支持；在制度层面上保障受教育权利平等的实现，获得平等的入学机会和就学机会；在意识层面上关注每个儿童潜能的最大限度的发展，并为之提供最适宜的发展环境及条件。"②中国是世界人口第一大国，农村人口占相当大的比例。经济的发

---

① 玉时阶、胡牧君：《公平与和谐：瑶族基础教育研究》，185页，北京，民族出版社，2009。

② 申仁洪：《基础教育均衡发展的问题和对策》，载《教育导刊》，2002（12）。

展、社会的进步必须依赖高素质人才，培养高素质的人才成为发展永恒的主题。人才的培养依赖于基础教育实施的效果，只有同等享受受教育权，教育公平才能更好地体现，新农村社会才可以和谐地发展。

红瑶小学双语教育研究

——以广西龙胜各族自治县红瑶为例[①]

杨 军

瑶语的使用有利于当地教育的发展,学校是传播瑶语的最佳场所,有必要通过学校教育进行传承。发展双语教育,不但是红瑶群众的需求,更是激发少数民族创造活力,构建和谐社会的需要。本文所指的双语是在瑶族群众中使用瑶语和汉语的双语现象。双语教育是指国家通用语言文字和本民族语言文字的教育。本文选取居民居住分散,交通不便,没有班车,学生要走两三个小时山路才能上学的龙胜各族自治县泗水乡潘内小学和周家小学为田野调查点进行研究,以期通过对红瑶小学双语教育研究,进一步优化少数民族地区基础教育,未来,瑶族同胞能够用知识改变家乡,奉献社会。

一、红瑶小学双语教育的必要性

瑶语是瑶族群众进行交流的工具。在瑶族地区的教育过程中,时常会出现部分适龄儿童到了入学年龄不去上学的现象,究其原因

---

① 《红瑶小学双语教育研究——以广西龙胜各族自治县红瑶为例》,广西民族大学少数民族史2009届硕士研究生论文,调查时间:2008年1月—2009年5月。作者杨军现为广西师范学院《广西师范学院学报》研究员。

是怕到学校听不懂教学语言。语言不通成为瑶族地区基础教育中的一大障碍。汉语作为主流语言，已成为国内外交流的主要沟通工具，如果瑶族的学生不掌握汉语，势必对瑶族的发展不利。瑶族语言是瑶族传统文化的重要组成部分，在世界大范围内重视非物质文化遗产保护的今天，有必要对其进行相关保护，而保护的最有效方法，就是使其在学校教育过程中，潜移默化地使瑶族学生掌握好、运用好瑶族语言。

1. 红瑶双语教育有利于"中华民族多元一体格局"的落实和发展

从文化多元化来看，红瑶双语教育有存在的必要。从全球的语言濒危现象来看，弱势民族的语言濒危很严重，如不保护，不需要过多久，民族语言就会消亡。红瑶也存在语言濒危现象，应该教育本民族有意识地保护自己的母语。目前广西龙胜各族自治县红瑶中很多年轻的父母从小就教育自己的小孩学桂柳话，而不学本民族的母语，时间一长这批红瑶后代就不懂母语了，很多传统民族文化就会失传，必须引起各界的高度重视。尤其是一些民族传统文化的精华，如红瑶喃经的经书（自编），几乎是用汉字与红瑶土俗字记录保存流传下来的，只有学会瑶语才能看懂，如用汉语翻译就会失去原有的风格和意思。

中国56个民族在文化上应保持多样性和多元发展，才能构成统一和谐的中华民族大家庭。这本身就意味着各少数民族除了传承并发展本民族独特的优秀传统文化外，还应积极接受汉文化的教育，实现各民族互通有无，而中国少数民族双语教育就是以培养"双文化人"为目的，掌握瑶语和汉语两种语言是红瑶双语教育追求的目标。红瑶地区实行双语教学可以促进其教学成绩的提高，在广西龙胜各族自治县,潘内小学由于使用双语教学,学生的成绩比不使用双语教学的周家小学好,由此可见,红瑶双语教育对于提高民族教育、加速培养 21 世纪复合型人才起着关键作用。

2. 红瑶双语教育是贯彻落实我国民族语言文字政策、法律与法规的具体表现

红瑶双语教育是国家在民族教育中实施"少数民族语言和汉语言兼通"语言文字教育目标的具体实现途径。红瑶地区由于历史和地理因素的影响,瑶语是他们平时交流的主要工具,这也导致了红瑶学生入学后不能快速适应汉语教学。因地制宜,实行瑶语和汉语相结合的方式进行教学,有效地弥补了红瑶地区单纯使用汉语教学带来的影响。红瑶地区实施的瑶汉双语教学模式,完全符合党和国家的民族政策及语言政策,完全符合红瑶地区社会及语言环境,是红瑶教育必要可行的教育体制。

3. 红瑶双语教学为西部大开发建设培养优秀的复合型人才

西部大开发,人才要先行。人才教育、人才成长、人才交流无一不与双语教育息息相关。红瑶地区的教育事业要想发展,必须首先具备科学合理的瑶族双语教育体制。而瑶汉双语教学模式不仅符合广西瑶族地区存在的语言实际情况,符合教学用语和学生基础语言的过渡衔接,有利于提高瑶族地区教学质量,并且有利于学校教育的进行,有助于民族教育和民族文化的发展。实践证明,红瑶双语教学能够充分发挥母语的启蒙作用,提高教学质量,还能帮助提高红瑶地区的教学水平,从而为西部大开发加速培养优秀的复合型人才。

4. 红瑶双语教学完全符合瑶族群众的语言态度，符合瑶族师生及家长的语言态度

实施瑶汉双语教学与否，红瑶群众及广大师生的语言态度也是重要的决定因素之一。笔者在调查过程中，走访了周家村和潘内村瑶族群众，一方面，他们对母语强烈的感情决定了他们对母语持维护态度，另一方面，他们又认为第二语言即汉语的社会功能大于母语的社会功能，所以又对第二语言持积极接受态度，因此，他们希望把汉语作为主要的社会交际用语，同时也不愿抛弃母语。从他们的语言态度中我们可以看出，几乎所有的红瑶同胞都希望把红瑶地区建设成既有红瑶文化特色又兼具外来文化特质的和谐文化社区。而广大的教师及学生，也对汉语及汉文化持接受态度。因此，他们共同的语言态度决定了瑶族教育必须走双语教育的道路。

5. 红瑶双语教育是红瑶同胞自身的要求

中国社会改革开放的大潮中，红瑶地区的政治、经济、文化、教育不断发展，红瑶同胞大多愿意学习双语。笔者在走访过程中对潘内小学与周家小学80余名学生进行了问卷调查，在"是否要进行双语教学"的回答中，选择"是"的占92.1%，选择"无所谓"的占6.6%，选择"否"的占1.3%。瑶族传统的瑶语的保留，符合当地人的意愿，他们愿意在学校这个环境中得到传承，而不是抛弃。

二、红瑶小学双语教育现状

红瑶地区小学的双语教育，是学习瑶语的同时学习汉语，并进

一步实现汉语水平的大幅度提高。红瑶双语教育现状不容乐观，为了真实了解红瑶地区教育的现状，笔者选取了红瑶聚居的龙胜各族自治县潘内小学和周家小学作为个案进行研究。

潘内小学1948年建校，是龙胜各族自治县泗水乡边远山区的一所中心完小，红瑶学生占95%以上。潘内小学建校初期，由于当地不重视教育，学生数量极少。随着党和政府政策扶持及当地经济社会发展，教育逐渐受到重视。现有14名教师，其中8名是本地瑶族老师，该小学从学前班到五年级共6个班，有学生115人。瑶语是当地的通用语，日常生活中基本不使用汉语。这个地区几乎与外界隔绝。因不懂汉语，村民们不识汉字，无法学习文化知识，意识陈旧，长年过着"倒鸡蛋换盐"的贫困生活，大部分家庭常年靠政府救济。在学校教育中，不通汉语却又只用汉语教学，潘内小学的教学质量一直位于全乡的末位。为了改变潘内小学教学质量长期落后的局面，1991年，该校开始尝试瑶汉双语教学。

1. 瑶族双语教育效果

尽管当前潘内村是一个封闭的瑶族社区，但从当地瑶族群众的语言使用态度来说，在以汉语为主要发展趋势的前提下，以"汉语为主而当地瑶语为辅"的"双语"教学模式在当地的小学教育中不但是可行的，而且是十分有必要的。

表1　潘内小学成绩纵向比较表

学年/学期	项目/科目	平均分（分）			及格率（%）		
		语文	数学	两科平均分	语文	数学	两科都及格率
1989—1990学年	上学期	35.30	40.10	37.70	30.20	28.50	29.50
	下学期	79.07	75.48	77.28	93.40	89.50	89.45

续表

项目/科目 学年/学期		平均分（分）			及格率（%）		
		语文	数学	两科平均分	语文	数学	两科都及格率
1990—1991学年	上学期	83.10	85.23	84.17	96.40	95.70	96.12
	下学期	88.30	85.80	87.05	99.00	95.20	97.41
1991—1992学年	上学期	86.90	86.70	86.80	97.50	96.00	93.96
	下学期	87.20	85.90	86.55	98.80	97.60	94.58
1993—1994学年	上学期	88.10	87.20	87.65	100.00	98.20	95.79
	下学期	87.69	86.54	87.12	100.00	99.50	99.20
1995—1996学年	上学期	88.89	90.02	89.46	100.00	100.00	100.00
	下学期	89.91	91.42	90.67	100.00	100.00	100.00

由表1可以看出，潘内小学在实施双语教学后，学生的成绩有较大提高。

潘内村只有1个村民小组是壮族，红瑶人口约占75%以上。

潘内小学在瑶汉双语教学的实施中，针对当地瑶区的学生入学前汉语程度较低或基本不懂汉语的实际情况，在一到三年级用瑶语上课，用瑶语上课的课时由一到三年级逐年减少，汉语课时从一到六年级逐年增加，采取先瑶后汉、瑶汉并进、瑶汉兼通、共同提高的教学方法。在一到三年级，其教学语言有瑶语和汉语两种。而在四年级以后，教学语言和目的语言都是汉语。

从1991年至今，潘内小学一直坚持实施瑶汉双语教学。在总结瑶汉双语教学经验的同时，他们也不断吸收新的教学信息并制定新的教学政策和教学目标。有多名教师被桂林市教育局评为优秀教师、优秀教育工作者。

周家小学是龙胜各族自治县泗水乡的另一个村完小,该小学1951年建校,由于周家村是瑶族、侗族和汉族杂居村,学生入学前在家使用瑶语、侗语等多种语言,瑶族人口占75%左右,与潘内小学相比,双语教学环境不是太好,语言障碍成为当地教育的一大障碍。因此,在周家小学没有采取双语教学以前,周家小学的成绩与潘内小学相比有明显的差别。

表2 潘内小学与周家小学全校学生部分学期统考成绩比较表

学年/学期	科目	潘内小学	周家小学
1991—1992学年上学期	语文统考平均分	86.2	73.4
	数学统考平均分	85.6	71.1
	两科合计平均分	85.9	72.25
1993—1994学年下学期	语文统考平均分	86.7	79.3
	数学统考平均分	88.4	64.5
	两科合计平均分	87.55	71.9
1994—1995学年上学期	语文统考平均分	88.2	82.1
	数学统考平均分	90.1	76.7
	两科合计平均分	89.15	79.4
2007—2008学年上学期	语文统考平均分	92.5	92.1
	数学统考平均分	90.3	91.2
	两科合计平均分	91.4	91.65
2010—2011学年下学期	语文统考平均分	89.8	90.4
	数学统考平均分	92.7	91.2
	两科合计平均分	91.25	90.8

续表

学年/学期	科目	潘内小学	周家小学
2014—2015学年上学期	语文统考平均分	93.1	90.4
	数学统考平均分	92.4	92.3
	两科合计平均分	92.75	91.35

2001年，该校借鉴潘内小学双语教学经验，对教师提出用瑶语与汉语相结合的教学方法，此后几年，学生成绩逐步上升，尤其是这几年学生成绩达到与潘内小学同等水平，有时还会超过潘内小学的学习成绩。

2. 双语教学的教学方法

以潘内小学为例，潘内小学决定在小学一、二年级偏重于瑶语的教学，同时在瑶语的疏通下学习汉语，即以汉语和瑶语为目的语，以瑶语为教学语言，着重处理好教育内容和教学用语的关系。如此一来，学生听得懂、感兴趣，在瑶语的疏通下，对汉语的学习也得心应手，从而达到事半功倍的效果。

小学三、四年级，是双语教学的衔接过渡阶段。经过了小学一、二年级民族语文的教学和母语疏通汉语的学习，小学三、四年级的学生汉语程度已经有所提高，基本能进行简单汉语的听说读写。因此，潘内小学因地制宜，在此过渡阶段以汉语基础教育为主，瑶语教育为辅，以对比教学为重点，架起瑶语和汉语的桥梁，着重处理好两种语言的衔接和转换。课时安排上，汉语课时增加，教学语言也尽量多地使用汉语，而只在三年级开设瑶语课，且课时很少。这样，到了小学五、六年级，学校基本达到双语教学的目的，学生的汉语水平也已基本达到国家义务教育初等教育标准，升入中学后就能接受普通汉语教育。

在多语言共存的民族地区，母语在教育中将会起到重要的疏通作用。自2001年潘内小学尝试瑶汉双语教学以来，瑶语疏通汉语一直贯穿始终，而且收效显著。双语教育能有效解决语言障碍问题，促进语言能力和知识水平发展。

三、红瑶小学双语教育中存在的问题及原因

1. 师资不适应双语教学发展需要

2016年，潘内小学有专任教师14人，有10名大专和4名高中学历，瑶语讲得一般，标准汉语水平测试过关的人更是凤毛麟角。由于师资力量不够，该小学教师平均周课时为18.2节，而国家小学专任教师的周课时的标准平均为16节，小学教师每周超课时2.2节。由于小学规模过小，班数少，班师生比无法达到国家要求，但小学只有14名在职教师，需要调整编制，吸引更多的优秀教师来这里任教。

2. 双语教育经费缺口严重

据统计，免除农村义务教育阶段学杂费后，全县教育经费全年出现资金缺口60多万元，教育经费紧张，学校经费比以往更紧张。双语教学工作若没有稳定的、充足的经费来源，就会影响教学工作的正常开展、影响教师的工作积极性、影响双语教学质量。潘内小学因双语教育经费严重短缺而导致校舍与教学设备不足、教师待遇低等一系列问题。

由于当地政府及教育财政部门用于发展教育的资金较少，致使

潘内小学改善办学条件心有余而力不足。目前，教师没有宿舍，没有休息室，没有少先队活动室，没有自然实验室，校园内的篮球场是师生室外活动的唯一场所。该校的娱乐设备就是能供学生观看的一台电视，谈到教学必需的多媒体、广播音响等设备的时候，该校大部分教师都说想都不敢想，遇到大型的活动或是上级领导来视察，他们只好去别的学校或单位借。另外，由于教育经费不足，教师待遇也较差。

总之，"百年大计，教育为本""学校教育，教师为本"。各级政府应该深刻认识到教育对于一个国家、一个时代的进步的重大意义，应该认识到少数民族地区的民族教育更是少数民族地区兴旺发达的关键所在，应该认识到双语教育只有在政府部门的重视下、在各级教育主管部门的支持下、在双语教师的辛勤努力下，才能走得更远。

3. 第二语言过渡困难影响教学效果

瑶语是瑶族学生的优势语言即第一语言，会随着年龄的增大而使用率下降。语言环境及文化因素对语言的获得和发展起着重要的作用。而瑶语与汉语的语言差异、瑶族与汉族的文化差异均给潘内小学瑶汉双语教学的实施带来了困难。

关于学习第二语言汉语的时间。30.33%的学生入学前开始学习汉语、54%的学生从小学一年级开始学习汉语、6.17%和9.5%的学生分别从小学二、三年级开始学汉语；占84.33%的人主张小学一年级前学习汉语，认为第二语言过渡困难影响教学效果，年龄越大对学习汉语越不利。

4. 红瑶传统文化对接受汉文化的影响

红瑶拥有独特的传统文化，对接受汉文化有着重要影响。笔者认为，瑶族学生在接受多元文化教育时，如何对待本民族传统文化与社会主流文化之间的差异或冲突，如何把这种文化差异作为接受多元文化教育的契机而不是阻碍。经过对潘内村286名受访者的调查，有90%以上的人认为应该传承瑶语；有30%左右的人认为汉语难学，不愿意接受；只有5%左右的人反对双语教学。也就是说，一方面，从民族感情上讲，瑶族传统文化的根深蒂固使得汉文化的顺利推进有些力不从心；另一方面，千百年来的瑶族传统文化仍然以其特有的模式，或多或少地影响人们的思维习惯、行为方式、价值观念等等。虽然表面上他们也愿意接受汉文化及其他外来文化，但红瑶传统文化对接受外来文化的影响依然存在。

四、龙胜各族自治县红瑶小学进一步搞好双语教育的思考

1. 认真落实党的民族教育政策

语言不仅是人类社会交际、交流思想的重要工具，而且语言也是民族文化的重要因素。中华人民共和国成立后，党和政府制定了一系列保障少数民族地区教育的法律，各地方政策也出台了相关政策。《广西壮族自治区人民政府关于加强民族语言工作文字工作的通知》（桂政发1992〔81〕号）规定："抓紧做好《瑶文方案》的试验以及其他少数民族语言的试行与研究工作。"2007年由广西壮族自治区民委、发改委印发的《广西少数民族事业"十一五"规划》中指出："加大'双语'教师培训力度，编写和使用适合民族地区实际的'双语'教材。"搞好瑶汉双语教育的有利条件：一是党中央、国务院的支持；二是有宪法、民族区域自治法作为法律保证；三是264万瑶族同胞的拥护；四是我们已经积累了有关瑶汉双

语教育的实践经验。只要统一认识，同心同德，艰苦奋斗，落实好党的民族政策，一定能够开创推行瑶汉双语教育工作的新局面。

2. 编写瑶文教材，培训瑶语师资

当前，龙胜各族自治县红瑶的小学双语教育虽然取得了一些成绩，但还不能称之为完美。尤其是自从20世纪80年代的制定《瑶文方案》后，没有出版针对红瑶双语教育的教材，因此，龙胜各族自治县红瑶的小学双语教育也仅仅是局限在口语上，没有做好试验推广工作，没有能够将瑶文编写成教材与学校教育很好地结合起来。笔者经过对广西、云南两地调研后发现，瑶文教材和师资培训方面，云南瑶汉双语教学方面做得更好一些。云南除制定专门政策支持瑶汉双语教学外，还组织相关瑶语专家——盘金祥、盘金乾等人编写了瑶语勉方言语文教材。调查中得知，云南还加强了对瑶汉双语师资的培养，每年都会培训一批瑶语教师。

由龙胜各族自治县红瑶小学双语教育的发展可以看出，瑶汉双语教育虽然取得了许多成绩，但由于缺乏有力的政策支持，没有针对红瑶教育而出版针对性教材，因此，想把瑶汉双语教育工作抓好，是一件困难的事情。鉴于此，有必要学习一下云南有关瑶汉双语教育的经验，尤其是政策支持、编写教材和培训教师等方面。建议国家重新核定中小学的编制标准，红瑶等山区学校的编制标准要高于平原地区学校的编制标准。还要注意培训各级各类瑶文骨干，建立一支坚强的瑶文人才队伍；认真做好小学使用瑶文教学试点；在红瑶聚居的农村全面开展瑶文扫盲工作；培训各级机关单位瑶文翻译人员，组织在职瑶族干部职工学习使用瑶文，为机关使用瑶文做好工作；做好各种瑶文图书（包括各种教材、教学参考书、课外读物、工具书）的编辑出版工作。

3. 因地制宜，选择最佳的双语教学模式

瑶汉双语教育，对于推行使用瑶文有重大意义，做到以瑶促汉，瑶汉结合，达到瑶汉兼通。要根据学生意愿，先进行试点，认真总结经验，逐步推行，绝不可以简单行事，采取硬性办法。潘内小学、周家小学等瑶语为主进行教学的学校，继续努力办好。对红瑶聚居地区的学校未能以瑶语为主进行教学的要积极努力为红瑶学生开设瑶语必修课。同时，要注意不会讲汉语的红瑶学生要重视学习汉文，以利于提高红瑶人民文化素质。瑶汉双语教学必须注重效果，保证质量，要量力而行，根据主客观条件确定铺开面，防止急于求成，只求数量，忽视质量的倾向。

4. 努力营造瑶汉双语教育的良好氛围

首先，各级政府和管理部门要营造双语教学的氛围。在使用瑶语作为交际工具的红瑶聚居地方，政府部门根据需要可配备必要的瑶文翻译，逐步做到在工作上的用语为瑶汉双语并用；使用瑶文参加考试与汉文具有同等效力；职称评定时，通过瑶语文者可以免考一门外语；鼓励各民族的干部学习瑶语；同时作为自治区级的少数民族语言工作部门要发挥职能作用，为营造有效的学习环境而努力，可适时组织瑶语大赛，以促进瑶汉双语的发展。

其次，要营造良好的家庭、学校环境。为红瑶学生营造良好的汉语学习环境是很有必要的。俗话说："课堂小天地、社会大课堂"，除了为学生的汉语学习提供良好的学校环境外，还应努力营造良好的社会环境。因为，只有在充满汉语氛围的社会大环境里，学生的汉语水平才会取得很快进步。随着红瑶农村生产力的发展水平不断提高，带来文化环境的不断改变，红瑶地区同胞们的传统文

化心理结构也在不断更新,红瑶地区农村教育工作者必须以社会为依托,把学生家庭教育、学生个体教育、学校课堂教育三者进行密切结合,为红瑶教育的可持续发展营造有利环境。

5. 搞好民族语文宣传和科技电影下乡活动

网络是对当前比较有影响的媒体,在瑶语瑶文推行过程中发挥着独特的作用。搞好瑶汉双语教育,推行瑶文,除了传统的媒体的宣传外,在网络上的宣传对于瑶汉双语教育有着特别重要的意义,也有着较好的实效性,所以,要努力将瑶汉双语教育形成网络主流声音。当前,有热衷于瑶语、瑶文的相关专家、学者为了瑶文的发展,自发、自愿开通了瑶族在线网站,专门开设论坛并设"瑶文瑶话"专栏,并开通了瑶语文学习QQ群,听取瑶族同胞和各界专家学者的声音,交流经验教训,这必将对瑶文推广、双语教育起到重要推动作用,但目前各官方网站还没有对瑶文予以重视,还有待加强。

搞好双语教育,有必要通过科技电影下乡活动,通过电影这个特殊的媒体和当地红瑶母语优势及影响力,为红瑶群众服务。使用瑶汉双语,通过电影的形式,大力宣传党的路线方针政策,进行农村思想道德教育,传承弘扬瑶族文化,提高红瑶同胞的科学文化素质,普及农村实用科技知识,促进农民增收。学习金秀茶山瑶的经验,译制适合红瑶经济发展的瑶语科教片和故事片,大力开展民族语文科技电影下乡活动,为红瑶经济社会发展做出更大的贡献。

今后要进一步发挥瑶语在经济文化建设中的作用和影响力,丰富广大红瑶同胞的文化生活,这将对红瑶经济社会全面发展,构建和谐平安红瑶寨起到巨大的推动和促进作用,还能体现出党和国家对少数民族的关怀,激发广大红瑶同胞对本民族及语言文化的热爱和自豪感，进一步扩大瑶语的魅力和影响力。

6. 积极探索和改革瑶汉双语教学方法

龙胜各族自治县红瑶小学双语教学中，要充分发挥瑶语易学易懂易用的优势，学校的全部课程均用汉语普通话授课，但在教学过程中不同程度地使用瑶语进行辅助教学。提供汉语会话，注重听说能力训练，注重培养学生的学习习惯。这有利于培养学生的自学能力，提高教学质量。

要转向合作学习，课堂教学阵地要坚持，但合作学习更强调互动和学习者在相应环境中互相学习，是自发产生于学生和周围他人的日常交往之中的。

7. 改革教学评价机制

应根据红瑶学生的实际情况，对瑶汉双语教学制定不同于其他一般全日制教学的评估机制。红瑶小学的瑶汉双语教育，虽然成绩明显，但与发达地区学校相比，各方面都还有欠缺。因此，要建立一套与之相适应的评价机制，避免用发达地区的评估办法来对瑶汉双语教学进行评估，这是激发师生活力，鼓励他们为瑶汉双语教育做贡献的有效方法。瑶汉双语教育需要学者、专家和有关部门不断的研究，落实好相关政策，维护红瑶群众的利益，促进红瑶发展。根据评价的导向作用可以依据红瑶教育实际状况，设计出有利于促进民族教育质量快速发展的发展性评价的指标和标准，建构文化适切的民族教育评价体系。

五、结　语

1. 党和政府历来重视双语教育

在宪法和相关法律、法规中都明确规定了保护少数民族语言的政策，而且投入了大量的资金、人力，进行调研，努力摸索更好的双语教育方法。

2. 双语教育在红瑶地区是必要的

通过对学生、老师、家长的访谈，展示了他们对双语教育的各种观点，访谈和问卷调查的结果显示出红瑶地区学校实施瑶汉双语教育具有明显的社会民意基础，红瑶地区进行双语教育是必要的，红瑶同胞对双语教育的态度是肯定的。

3. 红瑶双语教育具有挑战性

红瑶地区封闭的自然环境逐步被打破，随着与外界其他民族接触逐渐增多，语言交流的频繁，使他们逐渐认识到汉语的重要性，从而开始忽视红瑶语言的重要性，有个别人开始不重视保护本民族语言。

4. 红瑶双语教育具有可行性

改革开放后，红瑶同胞更频繁地走出大山，接触外面的世界。他们的接触使得既通汉语又通瑶语的教师存在，使双语教育成为可能性。

5. 双语教育在红瑶民族教育中具有重要意义

瑶族是55个少数民族之一，其中传统教育包括家庭教育、社会教育，学校教育包括私塾教育和现代教育。不论是传统教育还是学校教育，要使学生们掌握这些以汉文化为主的知识内容，就必须辅以瑶汉双语教育的手段。

6. 学校是双语教育的最佳地点

学校是学习知识的最佳场所，知识掌握得较系统，同时学生的心理认同度高，掌握的主动性强，在学校推行双语教育，有利于红瑶学生掌握瑶语、汉语两种语言。

白裤瑶经济社会变迁中的职业教育

——以南丹县里湖瑶族乡怀里村为例[①]

马志伟

一、里湖瑶族乡怀里村社会地理环境、人口、教育、经济状况

（一）里湖瑶族乡概况

里湖瑶族乡位于南丹县东北部，东与贵州省荔波县交界，西与本县小场乡接壤，南与八圩瑶族乡毗邻，北与本县芒场乡相连，地处云贵高原东南缘的尾端。该乡属于岩溶峰丛地貌，四周低中间高，平均海拔800—1000米之间，冬无严寒，夏无酷暑，年平均气温17℃—18℃，气候宜人。该地属于亚热带气候，宜于农作物生长，主要农作物有水稻、玉米、豆类、荞麦、高粱、谷子（小米）等。

里湖乡总面积38375平方千米，辖12个村民委员会和一个社区居民委员会，247个自然屯，居住着瑶、汉、苗、水、侗、回、

[①]《白裤瑶经济社会变迁中的职业教育——以南丹县里湖瑶族乡怀里村为例》，广西民族大学中国少数民族史2009届硕士研究生论文，调查时间：2007年1月—2009年3月。作者马志伟现为广西民族大学党委办公室、校长办公室副主任。

布依、毛南、仡佬等9个民族，其中白裤瑶人口1.3万人，占总人口的67%，素有"中国白裤瑶之乡"的美称。全乡耕地面积22919亩，其中水田6820亩，旱地16099亩。①

怀里村位于里湖瑶族乡东部，距乡政府所在地5千米，地处白裤瑶分布范围的腹地。东与董甲村交界，南与瑶里村毗邻，西与里湖社区接壤，北与纪后村相邻，有怀里、化里、蛮降、化图、化桥、里摆、牛皮洞、更造、灰乐、板劳、弋扎等11个自然屯。全村总面积26.6平方千米，白裤瑶人口占全村总人口数的99.14%。

（二）人口状况与文化教育

据2006年统计，怀里村人口总数2287人，其中瑶族2268人，汉族10人，壮族9人，分别占99.17%、0.44%和0.39%。其男女人口数量、农业人口与非农业人口比重、人口出生率等具体情况见下表统计：

表1　2006年怀里村人口数量统计表②　　单位：人/‰

人口总数	男	女	农业人口		非农业人口		当年出生人数	
			男	女	男	女	男	女
2287	1116	1171	1116	1171	0	0	20	13
年人口自然增长率							14.64	

从上表可以看出，该村男女比例为95.3∶100，比较均衡，没有出现男女比例失调现象，情况要好于全国总体状况（116.9∶100）；人口全为农业人口，是典型的传统农业社会村落；年人口自然增长率要明显高于全国6.01‰的平均水平，是人口增长

---

① 里湖瑶族乡人民政府办公室：《里湖瑶族乡概况》，2页，2007。
② 里湖瑶族乡人民政府：《2006年里湖瑶族乡统计表》，2页，2006。

较快的地区。

怀里村的整体文化教育程度有三个明显特点：一是整体水平低；二是男性文化程度明显高于女性；三是与年龄段成反相关关系，年龄段越高文化教育程度越低。具体情况如下表：

表2　2006年怀里村人口文化教育状况（按性别划分）①

单位：人/%

教育程度	全村	文盲		半文盲		小学		初中		高中或中专		大专及以上	
		男	女	男	女	男	女	男	女	男	女	男	女
人数	2287	256	503	154	312	357	242	321	110	24	4	4	0
比例		11.2	22.0	6.7	13.6	15.6	10.6	14.0	4.8	1.0	0.2	0.2	0
		33.2		20.4		26.2		18.8		1.2		0.2	

表3　2006年怀里村人口文化教育状况（按年龄段划分）② 单位：人

教育程度	全村	年龄段（岁）					
		>55	45—55	35—45	18—35	6—18	<6
文盲	759	263	234	137	14	11	100
半文盲	466	146	108	83	67	62	20
小学	599	42	103	143	207	204	0
初中	431	19	53	74	181	104	0
高中或中专	28	0	2	6	14	6	0
大专及以上	4	0	0	1	3	0	0
合计	2287						

---

① 源于笔者2007年8月田野调查资料。
② 里湖瑶族乡人民政府：《2006年里湖瑶族乡统计表》，2页，2006。

白裤瑶文化教育发展水平不仅与全国人口的平均文化教育水平存在较大差距,而且与全国瑶族的平均文化教育水平也存在不小的差距。白裤瑶受教育程度之低、文盲率之高,非同一般。具体统计情况见下表:

表4 全国、瑶族15岁及15岁以上人口文盲与怀里村18岁及18岁以上人口文盲统计表　　单位:人/%

	全国	瑶族	怀里村白裤瑶
人口	958084632	1925078	2287
文盲	86992069	179343	648
比例	9.08	9.32	28.33

(说明:怀里村数据源自2006年笔者统计,全国及瑶族数据源自2000年第五次全国人口普查数据)

(三)经济发展状况

怀里村经济发展水平比较落后,以农业为主,二、三产业发展滞后,2006年人均纯收入1826元,尚处在温饱线以下。各产业从业人数、收入状况及农业主要产品的生产情况见下表:

表5　2006年怀里村三大产业从业人数①　　单位:人/%

产业	第一产业	第二产业		第三产业		
	农林牧渔业	工业	建筑业	交通运输邮电通信仓储	批发零售贸易及餐饮	其他劳务(含外出劳务)
从业人数	892	15	7	3	3	61

---

① 里湖瑶族乡人民政府:《2006年里湖瑶族乡统计表》,8页,2006。

续表

产业	第一产业	第二产业		第三产业		
	农林牧渔业	工业	建筑业	交通运输邮电通信仓储	批发零售贸易及餐饮	其他劳务（含外出劳务）
占三大产业总人数的比例	90.9	2.2		6.9		

表6 2006年怀里村三大产业收入状况① 单位：万元/%

总收入	第一产业				第二产业		第三产业		
	农	林	牧	渔	工业	建筑业	交通运输邮电通信仓储	批发零售贸易及餐饮	其他劳务（含外出劳务）
321	118	23	145	5	5	5	4	3	13
比例	90.7				3.1		6.2		

表7 2006年怀里村农业主要产品生产情况②

类别		播种面积（亩）	亩产量（千克）	总产量（吨）
粮食作物	谷物 水稻	1010.0	288.0	291.0
	玉米	1725.0	172.0	297.0
	豆类	310.0	82.0	25.0
	红薯	245.0	78.0	19.0

---

① 里湖瑶族乡人民政府：《2006年里湖瑶族乡统计表》，9页，2006。
② 里湖瑶族乡人民政府：《2006年里湖瑶族乡统计表》，13页，2006。

续表

类别		播种面积（亩）	亩产量（千克）	总产量（吨）
经济作物	烟叶	35.0	151.0	5.3
	木薯	15.0	533.0	8.0
其他作物	蔬菜	990.0	323.0	320.0
	瓜果	35.0	371.0	13.0
	青饲料	325.0	\	\
	其他	165.0	\	\
总计		4855.0	1998.0	978.3

二、里湖瑶族乡怀里村职业教育的历史沿革与发展现状

（一）白裤瑶职业教育发展的历史沿革

怀里村白裤瑶在中华人民共和国成立之前学校普通教育几乎为零，没有像职业学校教育和成人职业技术培训等之类的职业教育。家庭在漫长的历史时期承担了成人教育和成才教育的双重角色。这里的成才教育就相当于我们今天所说的职业教育。当然，仅局限于家庭父母传授子女如何种田打猎、如何纺纱织布等较为简单的生产技能，仅以个人生存为目的，谈不上个人的发展，与今天的职业教育的内涵有很大的区别。

中华人民共和国成立后，白裤瑶的职业教育开始起步。从职业学校教育来看主要有：

（1）1963年在南丹县城五枫坡（今农业局处）创办南丹农校，首届招收初小、高小、初中一、二年级各一个班，学生100多人。

其中初小班是少数民族班，专为里湖、八圩两个瑶族地区培养生产队记分员，一共招收了 20 多名白裤瑶学生。1968 年 9 月该校因部分老师被揪斗而停办。

(2) 1982 年 7 月，河池地区农业学校在南丹县农科所办教学点，面向县内少数民族地区瑶、苗、壮、水和毛南族的初中毕业生招收 1 个班 38 人，称"河池地区农校南丹民族中专班"，其中白裤瑶学生 27 人（怀里村人数不详）。学制 3 年，毕业后纳入国家分配计划。课程有政治、语文、数学、物理、化学、农业、经济、农机、植物栽培、植物保护、土肥、气象、畜牧兽医等 13 科。教学经费由地区财政开支。1985 年，38 名学生毕业分配后，教学点停办。

(3) 1984 年秋筹建成立南丹职业中学，1986 年秋从瑶寨中学民族高中班二年级接收白裤瑶学生 18 人，专门学习园艺和畜牧兽医知识，学制为两年。[①] 之后学校多次更名，1991 年学校更名为南丹职业技术学校，1999 年与南丹民族中学合并，更名为南丹县民族职业中学，2005 年又易名为南丹县民族职业技术学校。据该校招生办负责人梁主任回忆说，自 1991 年学校第一次更名以来，学校发展遇到了许多困难，生源一直严重不足，白裤瑶的学生更少，1991—2005 年 15 年间，所招收的白裤瑶学生不超过 30 人，平均一年不到 2 人（由于该校具体统计资料不详，只能根据她的记忆提供大概数字）。从 2005 年起，南丹县委、县政府加强了对职业教育的重视力度，招生规模开始扩大，白裤瑶的学生数量也随之增加。2008 年 3 月统计，在校学生总数为 1068 人，其中少数民族学生为 428 人，白裤瑶学生为 56 人，少数民族学生、白裤瑶学生人数分别

---

① 南丹县地方志编撰委员会：《南丹县志》，745－746 页，南宁，广西人民出版社，1993。

占学生总数的 40.1% 和 5.2%。学校现今开设了旅游服务与管理、汽车修理等 5 个专业。2007 年之前该校少数民族学生尤其是白裤瑶学生每年都能从广东省部分扶贫企业、单位和南丹县民族局得到生活补助，2007 年开始实施国家助学金后，白裤瑶学生每年能从国家获得 1500 元的助学金资助。

党的十一届三中全会以后，我国广大农村地区率先开始了分田到户的土地改革，家庭联产承包责任制极大地调动了农民的生产积极性，激发了他们的创造性，农村经济社会得到了前所未有的飞速发展，但在迈向全面小康社会的征途中，广大农村特别是少数民族居住的山区农村，开始面临产业结构调整、经济增长方式转变的问题和困难。产业结构单一、农业比重过大是 20 世纪 90 年代以来制约广大农民致富的一个关键因素。所以，产业结构的调整和农民致富的要求，使得瑶族地区的农民教育已从过去的单纯学文化知识发展为学农、林、牧、副及工、商、建筑、运输和服务等实用技术的培训。

白裤瑶地区农民的技术培训教育始于 20 世纪 90 年代初，进入 21 世纪以来，其培训次数、规模、技术含量不断地呈上升趋势。从培训的类别来看，主要体现在农作物种植技术培训和家庭养殖技术培训两个方面。

第一，农作物种植技术培训包括粮食作物种植技术培训和经济作物种植技术培训。粮食作物种植技术培训主要是玉米、水稻种植等技术培训。据怀里村前任村委会主任黎方才回忆，最早始于 1991 年 3 月的玉米定向移栽技术培训，是由自治区工作组组织的，在怀里小学组织了 160 多人进行了集中一天的培训。1995 年 3 月里湖瑶族乡农业科技推广站也开始对怀里村农户进行玉米种植技术的培训，至今已举办过 4 次，每次培训农户数量 10 户左右，最近一次是在2003年3月。经过间隔性的培训，再加上农户的传帮带，现在怀里村已有超过60%的农户种上了玉米。水稻种植培训始于1995年4月，由该乡农业科技推广站组织，怀里村参加培训的农户有30户左右，至今已培训过6次。最近一次是2005年4月，有约40户的农户参加。从1995年开始，乡农业科技推广站也组织农户培训反季节蔬菜种植，至今也举办过5次，但由于水源不够，田距离村又比较远，一般有3—4千米，加之农户技术掌握不够娴熟，抗灾能力不强，种植反季节蔬菜效果不太理想，所以种植户锐减。如该村灰乐屯2006年有42户种植反季节蔬菜，2007年却只有3户。经济作物种植培训主要是烟叶种植培训。烟叶种植培训始于1989年，一年两次，第一次在1月育苗期间，第二次在4月的移栽期间，由乡烟叶站组织，当年只有7户参加。2004年3月，乡烟叶站在乡政府举办烟叶培训班，为期两天，怀里村有28户参加。在种植技术的推动下，该村种植烟叶的农户逐年增加，2007年已发展到约40户。

第二，家庭养殖技术培训。主要集中在养鸡技术培训和养猪技术培训上。据该村怀里屯农民LGX讲述，养瑶鸡技术培训始于1995年，由南丹县畜牧局、农林委与里湖瑶族乡农推站及怀里村委会三级联合组织农户培训。从当年到1997年三年期间，每年两到三期培训，每期有100余人。培训主题是如何在山上放养瑶鸡。1999年4月怀里村村民LFC、LDF到南丹县第二招待所接受养瑶鸡培训。2003年4月南丹县兽医站与里湖瑶族乡兽医站联合抽调50多人花费一天的时间在怀里村家家户户分发养瑶鸡的培训资料，并于当年举办瑶鸡养殖技术培训班15期，全村有200余户受训。当然，由于该村村民文化程度总体不高，有一半以上的中年劳动力是文盲或半文盲，养瑶鸡技术过不了关，尤其是在人工孵化成功率和放养成活率上很低，许多村民养瑶鸡都亏了本，所以到现在该村没有了在山上搭棚成规模养殖瑶鸡的农户，只是农户在家里零星喂养几只或十几只。养猪技术培训并不限于养殖当地的瑶山黑猪种，还有白猪种。培训始于1995年，由该乡兽医站分春秋两季组织进行。首先由兽医站对怀里村委会干部进行培训，然后由村委会干部把学到的技术传授给各个生产队干部，再由他们传授给农户。他们采取这种培训模式主要是基于文化素质和生产经验来考虑的。他们认为村委会干部在文化素质上相对而言最高，生产经验也最为丰富，生产队干部其次，农户再次。当年有80余户从培训中受益。后来该乡兽医站不间断地组织该村村民培训养猪技术，据该村现任村委会主任介绍，至今已培训了7—8期，但仍没有一户形成养猪专业户，还是呈各户零散喂养状态，所以养猪效应还没有凸现出来。

（二）白裤瑶职业教育发展现状

白裤瑶的职业教育发展相对于自身的过去来讲，发生了很大变化，取得了不小的成绩，但与其他民族地区相比较，差距还很大，其现状不容乐观。从里湖瑶族乡最近的调查来看，职业学校教育几乎是空白，职业教育进课堂还只是停留在愿望上。由于资金极度短缺和师资严重不足等原因，该地区在全力抓好"普九"上尚有不少困难，抓学校职业教育这一块就更显得心有余而力不足，目前在全乡有1所初级中学、12所小学，但没有一所完全或与职业技术教育有关的职业技术学校，而现存的13所中小学也没有1个年级或1个班开设了相关的职业技术课程。里湖中学只是从2007年开始，在每年4月毕业生会考后把一部分上高中无望的学生分流出去就读不同类型的中等职业技术学校。从该校统计来看，2007年包括白裤瑶学生在内共有46人分别就读于广西、广东12所省、市、县不同级别和专业的中等职业技术学校。

在成人职业教育这一块,近年来各级政府尤其是当地乡政府投入了一定的资金和人力,举办玉米、水稻、番茄、烟叶等农作物和经济作物栽培和稻田鱼、瑶鸡、瑶山黑猪等养殖技术培训班,白裤瑶农业生产力得到了一定程度的提高,家庭收入也相应增长。以2003年为例,当年举办瑶鸡养殖技术培训班15期,夏秋番茄种植技术培训班4期,水产养殖培训班2期,受训人数达1860人次。[①]但由于白裤瑶农民文化教育程度不高,加之培训班有时流于形式,真抓实干的不多,很多实用技术都没有真正掌握,所以职业技术培训对白裤瑶农业产业结构调整与优化、农民增收、农村稳步发展的促进功能还没有充分体现出来,当地农民尤其是妇女对职业技术培训的认识还没有上升到应有的高度,甚至部分农民认为有和没有一个样。

三、主位研究:与职业教育决策者、实施者就职业教育存在问题的访谈

(一) 访谈情况

为了更真切地把握南丹白裤瑶的职业教育发展现状及人们对白裤瑶职业教育的看法,在调查期间,笔者访谈采取了人类学中的结构式访谈和非结构式访谈。下面采取文化人类学中文化唯物论倡导者马文·哈里斯的主位研究方法,直接展示与白裤瑶有关的人士对该地区的职业教育的观点。这里值得说明的是,为了克服调查的偏

---

① 里湖瑶族乡人民政府:《2003年里湖瑶族乡统计表》,12页,2003。

见和盲点，提高资料的真实性和可信度，笔者还对一些有存疑的资料进行了重复验证，如在政府部门提供的数据与村民提供的数据不符时，笔者可能更多地倾向于村民提供的数据。笔者认为，村民提供的数据也许更符合他们的现实生活。

1. 与南丹县分管教育工作的县委常委、宣传部长、副县长隆美云座谈

与隆部长的座谈主要是围绕白裤瑶的基础设施、生活条件、基础教育、职业教育、社会发展等话题进行，访谈整理如下：

问：白裤瑶生活的地区曾被人们认为是"不适合人类生存的地区"，交通不便，水、电奇缺，卫生状况差，请您谈谈政府是怎样解决这些困难的？

隆：交通、水和电是白裤瑶生存必需的条件。为了解决交通问题，县交通局积极争取上级的支持，多方筹集资金，投入2500万元建设好小场至贵江途经生态博物馆的四级柏油路。目前，该路段已经全线通车。里湖乡政府至生态博物馆的道路曾经崎岖不平，路面小，县计划局负责向上级部门申请项目，投资150万元修建里湖乡途经生态博物馆至董甲村的乡村四级路，此路段目前已经竣工验收并投入使用。与此同时，为解决生态博物馆保护区蛮降、化图、化桥3个自然村寨内道路问题，县财政争取到自治区财政厅10万元铺设了贯通5个自然村屯的石板路，解决了村屯道路不平、行走不便的问题。

饮水困难一直是困扰当地白裤瑶生产和生活的一个突出问题。因为饮水不卫生，1992年这一带曾经发生过霍

乱。然而要把水管从里湖乡政府接到怀里村，预算投资要85万元，这对我们来说不是一个小数目。我充分利用在南宁挂职学习的机会，积极到区财政厅、区红十字会等单位汇报争取资金扶持。经过努力，自治区财政厅拨付了25万元专项资金，自治区红十字会帮助争取国际红十字会、欧盟联合会办公室援助35万元，同时县水电局争取市水电局拨款5万元，再加上当地群众投工投劳，我们解决了3个自然保护屯及附近8个屯422户的人畜饮水问题。目前，该项目已竣工，彻底改变了这里的白裤瑶群众祖祖辈辈吃望天水、地面水不卫生的问题。

解决怀里村群众的饮水问题以后，我们又着手解决村屯的卫生问题。其中，一个重大问题就是保护区内白裤瑶居民上厕所难的问题。通过努力，在自治区红十字会的帮助下，我们又得到了国际红十字会欧盟联合会办公室援助33万元，为当地群众建设了旱厕422座，改变了当地群众长期无厕所"野外作业"的不良习惯。更使我们感到高兴的是红十字会欧盟联合会援建的改水改厕项目不仅拨付了专款，还组织了健康教育志愿队，培训了志愿者30多人，以志愿队为教育者、组织者、实施者，教育引导几个村屯村民搞好环境卫生，提高素质，提高自我健康的保护意识，建立起了村民自治的长效管理和教育机制，为全面提高村民的健康水平和身体素质奠定了良好的基础。

问：南丹县在"两基"攻坚方面做了哪些工作呢？

隆：首先是我们建立健全机构，我们南丹县的"两基"攻坚是在2005年通过了自治区的验收，2006年又通过了自治区的"普实"验收，然后我们能够做到机构不撤，人员不散，经费增加，全县投入了5000多万元。仅县财政投入是2000多万元，然后各个慈善机构、全县的企事业单位和个人，我们捐资捐款达到了将近1000万元、上面补助是1000多万元，总的构成5000多万元。今年为了迎接国家级的"两基"攻坚验收，我们这个机构仍然是在加强当中，在经费上仍然倾斜，仅财政预算安排是1000多万元。

通过"两基"攻坚，我们全县教育的基础设施得到了非常大的改善，全县现在D级危房没有了。我们对控辍保学这一块，实施了一个"321"工程，就是处级干部帮扶3个，科级干部帮扶2个，一般干部帮扶1个。通过实施这个工程，大大地减少了学生的流失的问题、辍学的问题。国家实行"两免一补"政策以后，南丹县每年还从财政预算中拿出160多万元改善学生的宿舍、伙食等。在完善了硬件设施以后，南丹县还实施了软件建设，采取"走出去""请进来"的办法抓了校长工程和教师队伍的培养，形成了品牌，以提高教学的质量。现在南丹县初中的升学率排在河池地区的第四位。对一些农民工的子女和留守儿童，他们采取"一帮一"的办法，解决入学问题。

问：针对南丹县的职业教育特别是白裤瑶的职业教育，请您谈谈具体情况与做法。

隆：受历史条件的制约及其他诸多因素的影响，我县职业教育发展可谓在曲折中前进，曾经在20世纪80年代末90年代初有过辉煌时期，但自90年代中后期出现过低潮，职业教育一度陷入低谷。尤其是白裤瑶的职业教育受自身基础教育的严重制约，发展水平很低。职业教育的相对滞后确实给我们的群众尤其是白裤瑶群众生产、生活带来了很多负面影响。但进入21世纪以来，县委、县政府加大了对职业教育发展的重视力度，提出了全面实施职业教育攻坚，事关南丹县发展全局的发展战略思想。今后我们要着力抓好四点：一是迅速扩大办学规模，提高技能型人才的供给能力；二是加大经费投入，加强基础能力建设，大力改善办学条件；三是加强与区内部分高校合作，通过培训、支教等方式来加强师资队伍建设；四是加大对贫困学生尤其是白裤瑶贫困学生的资助力度。

问：请您谈谈目前南丹县青壮年文盲的扫盲情况。

隆： 我们是在1997年的时候就通过了国家级的"扫除青壮年文盲"验收，我们扫除青壮年文盲达到97%，但是我们一直没有放弃，所以我们在抓"普九"的同时，也把扫除青壮年文盲列入重要课题，充分发挥乡镇成人学校的作用，然后学校和我们农业部门结合起来办各种培训班，每年定期给农民进行培训，培训种烟叶、种桑养蚕技术性的东西，在扫除文盲的基础上，通过这种技术性的东西、掌握一种技能的东西就引导他们去爱学习。

问：南丹县今后白裤瑶的发展问题上有什么计划与打算？

隆： 我们下一步的工作计划主要有两个。一是加大白裤瑶民族文化的保护力度，充分挖掘白裤瑶的优秀文化内涵，消除一些人对白裤瑶贫困落后的认识，增强白裤瑶民族同胞的自尊心和自信心，提高白裤瑶民族自豪感，以达到自我保护的意识。在这方面，我本人拟酝酿写一篇题为《我心目中的白裤瑶》，全面反映白裤瑶优秀文化，弘扬白裤瑶民族精神，吸引世人了解白裤瑶、热爱白裤瑶、研究白裤瑶、支持开发保护白裤瑶，提高白裤瑶知名度。二是在保护传承的基础上，研究开发白裤瑶旅游，以生态博物馆为中心，抓好文化中心户建设，开发农家乐，开放白裤瑶四宝粮库，开发白裤瑶粘膏画、刺绣、蜡染，开发白裤瑶饮食文化、宗教文化、铜鼓文化、婚俗文化、葬礼文化等项目，逐步把白裤瑶生态博物馆及周围村寨打造成为集游、购、娱、吃、住、行的旅游景点景区，让这里的白裤瑶同胞和通过他们带动全县的白裤瑶，通过旅游扶贫的形式和方法脱贫致富奔小康过上幸福的生活，提高民族素质和生活水平。

2. 与南丹县教育局局长罗宗福、普教股股长黄高隆、职教股股长李运祥等座谈

在教育局主要就白裤瑶的基础教育、职业教育现状、问题及规划进行了访谈，其观点与意见整理如下：

罗： 白裤瑶主要集中居住在我县八圩和里湖两个瑶族乡，其生存条件比较差，文化教育一直十分落后，在整个南丹县是最为薄弱的一个地区。我们局历届领导都十分重视我县的民族教育，特别是白裤瑶的基础教育和成人扫盲教育，取得了较大成果。在白裤瑶的职业教育方面，我们也倾注了一定精力，但由于历史和现实条件的限制，特别是资金和师资的极度短缺，白裤瑶的职业教育发展相对滞后。但近几年来，随着党和国家实施职业教育与普通教育

发展并举的战略，尤其是自治区、市和县三级政府全面实施职业教育攻坚战的陆续打响，我局也相应地做出了工作重心的调整，提出了在巩固"两基"的基础上，着力抓好我县的中等职业教育，搞好县民族职业学校建设，扩大招生规模，力争在 2007 年完成中等职业本县招生 300 人，向市内输送 500 人，向区内输送 715 人的目标。对白裤瑶地区要采取政策上的倾斜，力争让更多的上不了普高的初中毕业生进入各类中等职业技术学校学习，将来能用一技之长发家致富，同时有力推动白裤瑶地区经济社会的发展。

黄：目前我县在少数民族的基础教育工作上做得十分扎实，特别是对白裤瑶照顾很大。县委、县政府十分重视，对白裤瑶学生一直实行"两免一补"优惠政策，而且近几年每年拨 140 万—200 万专门解决他们的吃住困难的问题。白裤瑶以前不愿意读书的局面得到一定改观。但由于思想太落后，要求进步少，中途辍学现象严重，尤其是里湖瑶族乡，从每学期开学到放寒暑假，老师都要不停地进行家访，疲于劝学工作，很是辛苦。当地部分学生还设置各种困难阻碍老师开展劝学工作，对此我们感到很无奈。所以在白裤瑶控辍保学上难度非常大。

李：近几年来特别是从去年以来，我局在职业教育上重视力度加大。在学校这一块，我们加强了对我县民族职业技术学校的建设，第一，教育局副局长黄荣宾亲自担任该校校长，以加强领导；第二，加大了学校的教学设备、教职工和学生宿舍等硬件建设；第三，加大了引进优秀教师的力度；第四，不断地扩大办学规模，尤其是加大对白裤瑶的招生力度。在成人职业技术培训这一块，加大了对各厂矿及其他部门的培训基地整合力度，一并放在县民族职业技术学校，让资源更集中，以保证成人培训的效果。

3. 与南丹县民族事务局局长黎明光座谈

黎局长系白裤瑶，里湖瑶族乡董甲村人，在里湖从事基层工作20多年，曾担任过该乡党委书记，对白裤瑶情况了如指掌。

问：您是白裤瑶人，生在白裤瑶，长在白裤瑶，工作也在白裤瑶，请您谈谈白裤瑶经济社会情况。

黎：里湖瑶族乡自然条件恶劣，基础设施偏差，教育文化落后，导致了里湖白裤瑶经济发展的滞后，人们的生活水平还处在温饱线以下。各级党委、政府都十分重视白裤瑶的扶贫工作，但自然条件的艰苦和历史欠账太多，加之当地群众观念进步缓慢，很多发展措施在实施过程中都打了折扣，效果不是很好。作为一个白裤瑶人，我为此忧心忡忡。但随着国家西部大开发战略的深入展开，尤其是我国与东盟泛北部湾经济圈开发与合作，给广西发展注入了新的动力，也给我们这些落后的民族发展带来了新的机遇。

问：谈到白裤瑶的教育，很多人都感到是一个棘手的问题。请您谈谈您对白裤瑶的教育的感受。

黎：白裤瑶教育在中华人民共和国成立前几乎是一片空白，中华人民共和国成立后特别是改革开放以后才有了较快发展。但是，这种发展还是比较有限的，相对于其他民族来说差距还是比较大。这主要是基于白裤瑶落后的思想和一些旧的风俗习惯等造成的。各级党委和政府都十分重视白裤瑶教育，投入了很多精力和资金，目前小学初中入学率比较高，但巩固率不高，中途反复辍学现象比较严重，而且高中升学率很低。至于职业教育方面，发展更加滞后，尤其是中等及以上职业教育在里湖瑶族乡还是一个很薄弱的环节。所以，白裤瑶教育发展任重道远，还有很长一段路要走。

4. 与南丹县民族职业技术学校校长黄荣宾座谈

在南丹县民族职业技术学校就该校发展现状、对白裤瑶招生情况等与黄校长进行了访谈，整理如下：

问：请您谈一下贵校的发展现状。

黄：我校自1984年建校至今先后更名5次，发展并非一帆风顺。但自2005年更改现名以来，特别是2008年3月县委、县政府召开全县职业教育攻坚工作动员会以后，学校发展迎来新的春天。学校现有教职工100人，学生1068人，少数民族学生占40%左右，开设有电子电器应用与维修、工艺美术、计算机应用、旅游服务与管理、汽车摩托车使用与维修等专业。学校硬件设施建设步伐加快，师资引进与培训力度加大，招生规模不断扩大，对当地经济建设和社会发展的作用越来越明显。

问：贵校对少数民族学生尤其是白裤瑶学生有什么政策与做法吗？

黄：目前白裤瑶在我校的人数有五六十人，为历史之最。今后人数也会越来越多。对白裤瑶学生，学校在收费和生活费用上一直有照顾，以前主要是从广东一些对口支援单位和我县政府民族事务委员会办公室那里得到资助，去年国家实施中等职业技术学校贫困生助学金后，他们每年都能拿到1500元的资助，所以他们在这里基本能做到安心学习。当然，由于白裤瑶地区经济比较落后，文化教育不发达，出来就读职业学校的人还很少，所以今后如何扩大对他们的招生，让更多的白裤瑶孩子能学到一技之长，毕业后能改变家乡的贫穷面貌，是我们一直在考虑的问题，也是响应县委、县政府号召的必然举措。

5. 与里湖中学副校长莫仁庆、怀里小学校长韦建才等座谈

就学校职业教育课程开设情况与两位校长做了访谈，他们分别谈了各自学校的情况。

莫：我校由于师资力量的不够，加上资金的短缺，在三个年级都没有开设职业技术课程，只是从2006年开始实行普职（普通高中与职业中等技术学校）分流，就是把一部分考高中无望或自身有意愿上职业中专的学生从参加中考的学生中分离出来，去报名参加中等职业技术学校的录取考试，当然也有一部分未参加考试就直接去上了技校。2007年我校有56人报名，实际去了46人。

韦：想开设一些有地方民族特色的职业技术课程，像打铜鼓、做手工艺品等等，但条件不成熟，主要是缺钱。

6. 与怀里村支部书记黎光耀、村委会主任黎芳成及部分村民座谈

主要就成人职业技术培训及他们个人对成人职业技术培训的看法来进行访谈，整理如下：

黎光耀：这些年，县农林委、畜牧局、扶贫办等与乡农推站、兽医站、烟叶站等部门协作为我们白裤瑶农民办过不少养殖、种植技术培训，我们从中学到了不少知识，生产技能得到了较大提高。但由于我们白裤瑶整体文化素质不高，还有很多文盲，所以很多技术没有真正掌握，只知其表，不知其里，不得要领，最终效果不是很好。所以我认为，应该把农民的扫盲教育与职业培训结合起来，在巩固文化知识的基础上来提高种养技术。

黎芳成：各级部门组织的职业技术培训，给我们农民确实带来了创收。村里越来越多的农民开始认识到技术对脱贫致富的重要性。但有几点：一是部分农民认识不足，对培训不够重视，甚至认为可有可无；二是缺乏资金，一些技术因资金不足不能很好地发挥实际效应，比如养瑶鸡和瑶山黑猪；三是农民缺乏耐性，在新技术的运用上稍有不顺就放弃了。我认为，这些都是今后我们村民必须要改进和克服的，这样才能更好地让先进的技术带动全村脱贫致富。

LJZ：我们农民确实渴望多学点种养技术，各级政府

为我们举办的不同类型的职业技术培训，使我们受益匪浅。但由于我们文化底子太差，很多技术要真正掌握，需要一些时间，所以，我总感觉上面办的各种培训时间太短了，不够学。希望政府在今后的种养技术培训上把时间放长点。

LXT：我是一名就读广西银行学校会计专业的学生，我在外求学的经历让我感受到了家乡与外面的巨大差距。我深刻体会到，我们村民没有一技之长是贫穷的一个关键因素。希望政府在这点上多想想办法。

（二）观点归纳与概要

上述人士对白裤瑶的经济社会发展状况及教育发展问题尤其是职业教育发展所存在的问题都谈了自己的真实看法，其观点归纳如下：

（1）白裤瑶地区自然条件恶劣，基础设施偏差，经济发展缓慢，人民生活贫困；

（2）部分群众对职业教育的地位与作用认识不足，尤其是发展职业教育对开发白裤瑶经济的作用认识不足；

（3）各级党委、政府对白裤瑶发展经济和职业教育重视程度越来越高，倾斜与照顾政策也越来越明显；

（4）职业教育资金投入严重不足，硬件与软件建设严重滞后；

（5）职业教育体系很不健全，尤其是初级职业教育在白裤瑶地区几乎是空白；

（6）中等职业技术学校专业设置比较单一，而且切合白裤瑶当地农业发展的专业更少；

（7）师资力量十分薄弱，严重影响当地职业教育的质量；

（8）白裤瑶初中毕业生流失严重，升学率低，就读中等职业技术学校人数少；

（9）由于文化基础差，白裤瑶农民职业技术培训效果不明显；

（10）职业教育对白裤瑶地区人力资源开发、推动当地群众脱贫致富的作用还不明显；

（11）白裤瑶群众在发展职业教育上对各级政府寄予厚望。

四、客位研究：白裤瑶职业教育问题成因、与经济社会发展关系及发展对策

（一）白裤瑶职业教育问题成因

白裤瑶的职业教育发展严重滞后，人力资源的开发极其有限，严重地制约了当地经济社会的发展。白裤瑶职业教育发展落后是多种因素所致，有历史的，有现实的；有内部的，有外部的；有自然的，有人为的。具体表现如下：

1. 历史因素

地域的封闭性造就了文化的封闭性。中华人民共和国成立前的白裤瑶历史是一部受压迫受剥削的饥寒交迫的历史。中央封建王朝和当地壮族土司的双重欺压，使得白裤瑶被迫迁居至崇山峻岭之中。由于山高路险，白裤瑶很少与外界有联系，外来文化也很难传入，所以白裤瑶生活在几乎与世隔绝的世界里，这样就逐步变成了一个封闭性极强的民族。长期的筑篱自封使得白裤瑶民族文化具有极强的排他性，域外文化很难插足，其最终结果是自身的文化很难

有所发展，在许多方面依然停留在非常落后的阶段。所以在1949年之前，白裤瑶的文化教育发展水平十分低下，几乎是一个文盲的民族。历史上文化教育的几乎空白，给中华人民共和国成立后发展白裤瑶教育带来了极大的困难，严重地制约了普通教育和职业教育的发展。

自然经济孕育守旧、狭隘的时空观。马克思主义政治经济学告诉我们，作为上层建筑的文化是由经济基础决定的，所以文化的发达程度与社会经济发展水平有着直接关联。历史上的白裤瑶经济长期是一种刀耕火种的自给自足的自然经济，因而，与自然经济相适应的思想观念在白裤瑶的头脑中根深蒂固。自然经济以守旧、狭隘为特点。守旧是自然经济的时间观，人们进行的一切经济活动习惯于按照过去的老传统、老经验，并以过去的价值观衡量眼前的得失，不善于放眼未来，或者对新的事物难以接受；狭隘是自然经济的空间观，人们所进行的经济活动面对的是自己耕作的土地或自身周围的小环境。在这样的时空观念下，人们缺乏进取精神，忽视教育、轻视知识，不求生产方法的进步，不求耕作技术的改进，处于一种万事不求人、与世无争的状态中。① 所以，经济形态的落后无法激发白裤瑶求知办教育的动力，各种教育尤其是与农业生产有关的职业教育因而长期处于落后状态。

2. 现实因素

经济发展的落后不能提供足够的资金保障。由于白裤瑶地区大多为石灰岩溶蚀峰丛洼地石山区，再加上长期不注意生态平衡的保护而造成的保水不良、严重缺水状况，使得该地区发展农业十分困

---

① 朱荣、毛述凡、周可达等：《中国白裤瑶》，223页，南宁，广西民族出版社，1992。

难。虽然该地区气候、光照等自然条件都不错,但缺少了水这个"命脉",该地区农业生产就根本不可能有什么大发展,只能长期处于落后状态。中华人民共和国成立以来,国家扶助兴建了不少水利工程,但收效甚微。所以,恶劣的自然条件严重地制约了当地农业生产产量的提高,也就制约了当地经济收入的提高。收入的有限性使得当地政府和群众在教育的投入方面捉襟见肘,导致教育的基础能力建设严重滞后,教学硬软件跟不上,优秀师资引进不来,当地教书人才又留不住,职业教育发展因而举步维艰。

当地一些风俗习惯的制约与影响。白裤瑶是一个保留民族传统风俗习惯最为完整的族群,其中一部分对教育发展是不利的。如白裤瑶的特有的恋爱方式,使众多年轻学生花去许多精力,其结果是影响读书学习;舅权干预下的姑舅表兄弟姐妹结亲成婚,直接影响了白裤瑶后代体质的提高和智力的发展;饮酒作乐、养鸟狩猎浪费了白裤瑶大量时间与精力,懒惰思想随之产生,对求学上进失去兴趣;还有一些娱乐活动,"春天抓小鸟,夏天捅蜂窝,秋天捉老鼠,冬天打陀螺",根本不把学习放在心上。这些都相当程度地影响了当地基础教育的发展,从而制约了职业教育的发展。

当前全国就业形势的影响。由于我国人口基数巨大,近年来劳动力供给较劳动力需求出现比较严重的剩余,就业形势十分严峻。据国家统计局统计,仅2006年我国城镇劳动力供给人数51005891人,而城镇登记失业人员就多达17161752人,占当年劳动力供给人数的33.65%。[1] 农业人口尤其是地少人多的山区农村人口就业形势更不容乐观,就业压力更大。就业行业的好坏是大中专学校专业设置的晴雨表和试金石,哪行好就业,哪门专业就好发展——在

---

[1] 国家统计局:《2006年中国统计报告》,见国家统计局网站,www.stats.gov.cn.

我国早已成了不争的事实。所以就业难的大环境直接影响和制约了当前职业教育尤其是中等职业教育的发展。在白裤瑶这样欠发达的少数民族山区，教育基础十分薄弱，加之受当前大环境的影响，经费投入、人才输入等资源投入均极其有限，本来起步就相对较晚的职业教育发展严重受阻，缓慢与滞后就成了如今白裤瑶职业教育的突出特点。

白裤瑶职业教育师资匮乏也是重要原因。白裤瑶职业教育师资问题突出表现在数量不够、整体素质不高和流失严重。由于白裤瑶地处我国西部地区，经济发展水平相对比较落后，教师工作待遇较低，这在相当程度上挫伤了从教人员的工作积极性，致使大量教师资源转流其他岗位。加上白裤瑶职业教育教师队伍的年龄结构和知识结构的不合理，导致了整体师资素质较低。这些因素造成了白裤瑶地区的职业教育工作无法正常有序地开展，严重制约了瑶族职业教育的可持续发展。

3. 主观因素

"读书无用论"思想在白裤瑶中还存在影响。白裤瑶千百年来形成的惰性使他们安于现状的思想比较严重，许多村民只满足于一日两顿粗饭和水酒。比较落后的农业耕作，也不需要他们有太多的知识与技能。[①] 据了解，乡、村干部和教师，为发展白裤瑶教育事业跑村串寨地做家长的思想工作，劝他们的孩子上学。教师花在思想动员工作的时间占三分之二，教学时间只占三分之一。很多群众并没有意识到接受教育尤其是职业教育是改善生产和生活方式的前提。很多白裤瑶群众满足于落后的现状，认为读书与否没有什么区

---

① 朱荣、毛述凡、周可达等：《中国白裤瑶》，157页，南宁，广西民族出版社，1992。

别,没有看到读书的好处。

党和政府工作中一些脱离白裤瑶现实的主观主义失误。中华人民共和国成立以来,各级党委和政府都十分重视白裤瑶的教育发展,但有些政策却因脱离白裤瑶实际反而弄巧成拙,尤其是在办学形式、教材设置和学制结构等方面,盲目照搬城市学校模式,注重了一般性而忽视了特殊性,造成了白裤瑶学生很大的不适应,结果却挫伤了他们学习的积极性。如教材设置方面,里湖全乡从小学到中学,全是根据国家课程设置标准开课,没有一个年级或班级根据当地实际尤其是农业生产实际开设一些农业技术专业课程,结果学生因基础知识太难、看不到读书的实际效果而纷纷打退堂鼓。所以只有办符合白裤瑶实际需要的教育,它才能蓬勃发展。

(二)白裤瑶经济社会发展对职业教育的需求分析

1. 科技发展对职业教育的需求

白裤瑶地区在资源禀赋方面的特点就是充裕的一般劳动力,缺的是资金和人才。经济增长方式从粗放型向集约型转变,在一定意义上,就是经济增长方式从物质资本依托型向人力资源依托型的转变。而白裤瑶地区经济落后的深层原因正是科学技术落后导致人力资源的匮乏和比较低的利用率。因此,白裤瑶地区只有真正重视科学技术和教育,在人力资本的开发利用上有所突破,才能为经济增长方式的转变打下坚实的基础。

在科技方面,要把重点放到科技成果的推广和实用性、开发性为主的应用性研究工作上,开拓既符合民族地区科学技术生产力发展水平,又能便捷迅速地提高科技对经济增长的贡献率的发展道路。而职业教育正好承担了开发和推广实用科技成果的角色和任务。其具体表现在：一是职业教育从事者可以充分利用现有资源，结合当地实际需要，研发新的科技成果；二是受教育者通过学习或接受培训，掌握新的科技知识和技能，吸收和消化新的实用科技成果；三是通过受教育者的成功示范效应推广已掌握的实用科技成果，从而最终达到科技运用的普及化。

2. 产业结构调整对职业教育的需求

在白裤瑶地区，经济发展水平十分落后，农业比重偏大，工业基础薄弱，第三产业发展严重滞后，产业结构极其不合理，这也是该地区经济增长方式难以实现由粗放型向集约型转变的根本制约因素。白裤瑶地区三大产业从业人员构成情况及三大产业收入状况从以下几表和前文表5、表6可见一斑：

表8 2006年里湖瑶族乡三大产业从业人员构成情况统计表

单位：人/%

从业人员	第一产业	第二产业	第三产业
10128	8698	253	1177
比重	85.9	2.5	11.6

表9 2006年里湖瑶族乡三大产业收入状况统计表

单位：万元/%

产业	第一产业	第二产业	第三产业
收入	1837	84	676
比重	70.7	3.3	26.0

对于白裤瑶地区广大农村来讲，要扭转这种落后的局面，其基本途径有：一是发展农业，增加农产品产量；二是发展非农产业。

在非农产业中,有些是围绕农业生产展开或者是由农业生产延伸出来的产业,有些是涉农产业,如地下矿藏资源开采,工业机械生产等。而地下资源的国有性质和国家开采及产品外调使地方不易获利,机械工业或其他与农业关联极小的非农产业又因其投资大、技术要求高,亦难以在该地区大力发展。所以加速发展白裤瑶地区农村经济,就必须从实际围绕农业生产来开展的农业产业化之路出发,逐步实现农业产业化。所谓农业产业化,指以农业为基础,以国内外市场为导向,以提高经济效益为中心,以农业增产、农民增收为直接目的,围绕当地农业已经形成或有可能形成的支柱产业和主导产品,优化组合各种生产要素,实行区域化布局、专业化生产、一体化经营、社会化服务、企业化管理的农业生产经营方式。[①]而要实现农业产业化经营,需要广大农民具有强烈的市场意识、先进的农业生产技术和科学的管理方法,这些都需要通过一定的学校职业教育和成人职业技术培训来解决。所以,白裤瑶地区的农业产业化发展战略,既给职业教育提出了新的挑战,也带来了新的发展机遇。

3. 提高劳动者文化素质对职业教育的需求

职业教育承担着为初、高中毕业生和城乡新增劳动力、下岗失业人员、在职人员、农村劳动者及其他社会成员提供多种形式、多种层次的职业学校教育和职业培训的重要任务。大力发展职业教育,提高广大受教育者的科学文化水平,促进先进科学文化知识的传播和运用,创造先进的生产力,而且能够有效地提高广大劳动者的职业技能和就业创业本领,增加劳动收入,提高生活水平,同时,通过对受教育者进行有针对性的思想政治教育和职业道德教

---

① 聂春霞:《西北民族地区职业教育现状与对策研究》,45页,天津大学,硕士学位论文,2003。

育，还可以进一步提高广大劳动者的思想觉悟和职业道德水平，进而提高他们的综合素质。

从整个里湖瑶族乡受教育程度和接受职业技术培训人数来看，怀里村所在的白裤瑶地区整体文化素质是偏低的，这严重影响了当地经济社会的发展。受教育状况前文已有分析，再看全乡成人职业技术培训情况，据不完全统计，该乡至今接受各种职业培训有7400人次①，排除重复参加人次，实际参加培训人数不超过3000人，培训覆盖面仅占全乡劳动力（10239人）的29%左右，这个比例是比较低的。可见，白裤瑶劳动者的文化技术素质亟待提高。

有关调查显示，农民最有效的技术学习途径排在前三位的分别是乡技术员下乡指导，看电视，看书、看报。事实上，农民在生产生活中获得信息最方便的渠道是村民相互传播，特别是科技示范户是推广农业技术必不可少的榜样。而恰恰职业技术学校在培养科技示范户和成人实用技术培训中发挥着独到的作用。"办活一个专业，培养一批人才，推广一项技术，带动一个产业，致富一方群众。"②职业技术学校成功地培养一个毕业生，就是培养了一个专业户、科技示范户，当他们成功创业的时候，不仅让个人家庭富裕，而且把技术及时地传播给周围的农民，共同分享技术成果，从而带动了整体技术素质的提高。

所以，提高劳动者素质，关键在教育，尤其是要大力发展职业教育。只有大力发展职业教育，加快人力资源开发，提高劳动者整体素质，才能有效地促进白裤瑶经济和社会各项事业的发展。

---

① 里湖瑶族乡人民政府办公室：《里湖瑶族乡概况》，14页，2007。
② 邹文泰、王凌：《边疆民族地区职业教育》，58页，昆明，云南民族出版社，2000。

4. 劳动力市场的变化对职业教育的需求

随着我国社会主义现代化建设的不断加快、市场经济体制的建立与完善、经济结构的战略调整、西部大开发战略的深入实施、高新技术产业的迅猛发展、信息技术的广泛应用和加入世界贸易组织后我国进一步对外开放，我国劳动力市场在发生着深刻变化，数以亿计的高素质劳动者亟须成为新的劳动力市场的主力军和生力军。然而，我国劳动力文化和技术素质整体偏低，还远不能满足目前劳动力市场的正常需求。据全国第五次人口普查资料显示，2000年我国25—64岁劳动力人口中受过高中及以上教育者只占18%，而在美国这样的发达国家和韩国这样新型工业化国家中，25—64岁劳动力人口中接受过中等教育的人口所占比例已分别达到87%和66%。另据资料显示，目前我国7000多万技术工人中，中级的占35%，高级的仅占0.5%，劳动力结构中的中高级技术人才比例相当低。另外，我国每年平均有800多万初中毕业生未能升入高中阶段各类学校而直接进入劳动力市场，缺乏必要的职业资格教育和技术培训。[①] 劳动者文化技术素质偏低的问题在西部少数民族地区更加突出。以怀里村为例，笔者在该村的怀里屯就劳动力素质状况进行了抽样调查，其结果如下表：

表10　2008年怀里村怀里屯劳动力素质抽样调查表[②]　单位：人/%

户主	劳动力人数	文盲	半文盲	小学	初中	高中或中专	大专及以上
LMY	4	2	2				

---

① 翟海魂：《对中等职业教育的分析》，载《职教轮坛》，2003（10）。
② 源自笔者2008年1月田野调查资料。

续表

户主	劳动力人数	文盲	半文盲	小学	初中	高中或中专	大专及以上
LGC	4	1	2	1			
LYK	12	4	2		6		
LFC	4	1		2	1		
LXT	4	2		1		1	
LFC	6	2			2	2	
LGY	4	1			3		
LCJ	9	2	1	4		1	1
总数	47	15	7	8	12	4	1
比例		31.9	14.9	17.1	25.5	8.5	2.1

从上表看出，现有劳动力里面只有10.6%的人接受过中等及以上教育，这要远远低于全国平均水平，与东部地区相比差距更大。

中等文化程度人口比重偏低，中等阶段教育落后已成为制约我国人力资源开发的瓶颈。我国劳动力资源的整体素质还远不能满足当今劳动力市场变化的需求。所以，加强中等教育，尤其是中等职业技术教育，特别是在像白裤瑶这样的西部少数民族聚居地区已刻不容缓。

(三) 白裤瑶职业教育的发展策略与对策

从白裤瑶经济社会发展的历史和今天看来，始终处于落后状态，其根本原因在于人力资源开发极度不够，所以大力发展职业教育，充分挖掘人的潜力，发挥人力资源的潜在优势势在必行；从白裤瑶职业发展现状来看，发展极为缓慢，这更是提出了加快发展白裤瑶职业教育的紧迫性。

1. 各级政府应高度重视对白裤瑶职业技术教育的发展，加强基础能力建设，加大对其职业教育的硬件与软件建设的投资

自改革开放以来，党和国家对职业教育的重视程度越来越高，各项发展战略与政策纷纷出台。早在1980年，国务院批转教育部、国家劳动总局《关于中等教育结构改革的报告》中就指出，要改革中等教育结构，发展职业技术教育，促进高中阶段的教育更加适应社会主义现代化建设的需要。1985年，中共中央《关于教育体制改革的决定》提出建立一个能与普通教育相互沟通的职业技术教育体系。1993年，中共中央、国务院印发的《中国教育改革和发展纲要》指出："各级政府要高度重视，坚持统筹规划、积极发展的方针，充分调动各部门、企事业单位和社会各界的积极性，形成全社会兴办多形式、多层次职业技术教育的局面。"1996年，中国第一部《中华人民共和国职业教育法》正式颁布实施。1997年党和国家把"发展职业技术教育，促进'三农'问题的解决，实现第三步发展战略目标"纳入"十五"计划。1999年，《中共中央国务院关于深化教育改革全面推进素质教育的决定》颁布，强调"大力发展高等职业教育"。2002年，《国务院关于大力推进职业教育改革与发展》颁布，指出："农村和西部地区职业教育是今后一段时间职业教育发展的重点。"2005年《国务院关于大力发展职业教育的决定》颁布，进一步指出"职业教育要为建设社会主义新农村服务"。2007年国家实施中等职业教育助学金政策，家庭经济困难学生每年资助金额为1500元。

随着党和国家对职业教育发展尤其是少数民族地区的职业教育

发展重视力度加大，广西地方各级政府也相继出台了关于职业教育发展的重要政策与措施。尤其是 2007 年 12 月自治区党委、自治区人民政府出台了《关于全面实施职业教育攻坚战的决定》，吹响了全区着力发展职业教育的号角。2008 年 1 月河池市委、市政府召开了全市职业教育攻坚动员大会，指出全面实施职业教育攻坚，事关河池全局。同年 3 月南丹县委、县政府也召开了全县职业教育攻坚动员大会，提出要高度重视民族教育，要整合资源，大力发展职业技术教育。

要发展好职业技术教育，必须加强基础能力建设，因为加强基础能力建设是办好职业教育的前提。没有基础能力的提高，扩大教育规模、提高教育质量就无从谈起。必须坚持硬件、软件建设并举，大力改善办学条件，提高办学质量，推动职业教育上档次、上水平、上地位，让群众满意、学校满意、学生满意。[1] 但事实上，近年来广西各级政府对职业教育的投入尤其是少数民族聚居地区的职业教育投入是极其有限的，与普通教育的投入很不成比例。就拿全区教育经费投入来说，2006 年自治区投入教育经费 13.85 亿元，其中职业技术教育投入 0.56 亿元，仅占总投入的 4%。[2] 到了县、乡两级政府，尤其是山区最基层政府，由于受财政收入的限制，教育经费投入很有限，职业教育投入就更少。里湖瑶族乡 2007 年财政收入 81.46 万元，仅占全县财政收入的 0.1%，当年用于职业培训支出经费不足 3000 元。极其有限的投入严重地制约了当地职业教育的硬件和软件建设。所以要改变这一现状，提高基础能力，就

---

[1] 郭声琨：《提高认识　迎难而上　努力打好职业教育攻坚战》，载《广西教育》，2008（Z3）。

[2] 郭声琨：《提高认识　迎难而上　努力打好职业教育攻坚战》，载《广西教育》，2008（Z3）。

必须要做好以下工作：一是要多方筹措资金，确保对职业教育的投入。要考虑到里湖瑶族乡财政的困难性，县级以上财政要加大倾斜力度，确保必要的资金投入，同时乡政府要拓宽发展思路，多方寻求行业、企业和个人的资金支助。二是要让职业教育进课堂，结合当地实际，分层次、分档次地搞好初小、高小和初中三个不同起点的学校职业教育。三是要抓好县级职教中心和乡级职教站的建设，使之成为实施农村劳动力转移培训、开展实用技术培训与推广、促进扶贫开发的重要基地。四是要加强职业教育信息化建设。要以职业教育信息资源的开发和应用为核心，以加强信息化技术等现代教学手段为重点，发展远程职业教育，把职业教育延伸到边远山区，努力满足农民终身学习需要。

2. 坚持科学发展观的指导，更新教育观念，培育现代教育价值观

怀里村白裤瑶的职业教育之所以落后，与自身教育观念的落后有很大关联。进入21世纪以来，党和国家提出了用科学发展观来统领全局的指导思想，尤其是实施西部大开发战略中，边、少、贫地区更要用科学发展观来指导自己实现超常规发展，以迎头赶上东部地区，因而民族地区的职业教育的发展也离不开科学发展观的指导。

要用科学发展观来指导民族地区的职业教育发展，首先要树立教育为经济服务的观念，要树立大教育观，摒弃"唯普教为教育，为教育而教育"的旧思想，把职业教育发展放到关系民族地区经济社会发展全局的高度去考虑。发展民族地区职业教育的根本点是发展民族经济，它实际上已经成为解决"三农"问题的重要手段之一。民族地区职业技术教育要优先、加快发展，这是迅速改变民族

地区经济落后面貌的有效途径之一。[①]

所以在白裤瑶地区，更新教育观念，需要自上而下不同层级的参与者在教育观念上的大变革与重新构建，需要政府、教育主管部门、职业技术学校和农民多级联动。对于当地政府来说，应该树立民族地区职业教育不仅仅是纯粹的教育问题，同时也是农业问题、科技问题、就业问题，是民族地区经济和社会发展的大问题的观念。对教育管理部门来说，民族地区职业教育也不仅仅是一般意义上的教育，它不同于基础教育，人才培养只是它的一个方面，它还与"三农"问题紧紧地联系在一起。对当地职业学校来说，应该面向农村、面向少数民族地区，服务农业、服务少数民族，把振兴民族经济作为学校发展的基本战略。[②] 对农民来说，教育不再是单纯地摆脱文盲的简单问题，职业教育也不再是走过场、可有可无的问题，而是发家致富奔小康的法宝。

要用科学发展观来指导民族地区的职业教育发展，还要培育现代教育价值观。所谓教育价值观，就是一种人类对教育功效的追求。对民族来说，是对民族精神的一种创造或构建，是为了民族发展而设计的一种文化形态，它深刻体现民族文化模式和民族精神内核。[③] 教育是人类得以形成、延续发展所必不可少的重要条件。教育发展与民族发展有很强的对应性，一个民族的价值观决定其民族教育的价值观。反过来，民族所具有的不同教育价值观，又制约这个民族的发展。千百年来，白裤瑶深居大山，几乎与世隔绝，文化

[①] 张守平：《论民族地区职业教育的科学发展观》，载《成都教育学院学报》，2005（8）。

[②] 杨秀军：《21世纪民族地区职业教育的问题与对策》，载《民族论坛》，2004（11）。

[③] 冯增俊主编：《教育人类学教程》，215~216页，北京，人民教育出版社，2005。

教育几乎一片空白，教育长时间地停留在以家庭和宗族为单位、传承最基本生产和生活知识和技能的低水平上，因而白裤瑶的教育价值观是一种封闭性极强的安于现状、自我满足的价值观。这种价值观在白裤瑶过去的历史中长期阻碍和制约着他们的发展与进步，并且这种影响由于思维的惯性和观念的相对独立性，一直持续到现在，只是程度有所减轻而已。所以要改变白裤瑶落后的状况，必须在教育价值观上进行革新，要树立现代教育价值观，即人文的价值观、经济的价值观和技术的价值观。人文价值观就是要把人的和谐发展作为第一要旨，经济价值观就是要把教育作为经济发展的基础，技术价值观就是要把技术看成是民族发展和社会进步的关键。从当前白裤瑶职业教育及其落后的现状来看，笔者认为，尤其是要强化经济价值观和技术价值观的重要性，要把它们放在最突出的位置，让它们深深地植入白裤瑶的心里。只有这样，怀里村所在的白裤瑶地区才能真正地牢牢抓住经济发展这个中心，致力于职业技术教育的发展。

3. 建立比较完善的职业教育体系，重点发展初、中等职业教育

落后的经济和不发达的文化教育以及分散型的生产方式，决定了教育的重心现在应是在初、中级层次。[①] 怀里村白裤瑶经济是典型的农业主导型经济，以传统农业种植为主，生产力水平低，人均纯收入不高，是落后中的落后地区。历史上的欠账再加上近几十年发展中不良顽疾根治的不彻底性，也使得该地区的民族文化与教育发展比较缓慢，"普九"巩固十分困难，职业教育尤其是学校职业教育几乎是空白。面对这样的现实，要发展好职业教育，必须降低

---

① 周宏、周谊：《努力发展西部山区少数民族的职业教育》，载《农业科学管理》，2003（1）。

教育重心，要以培养初级技术人才为主，兼顾中级人才的培养。从实用的角度看，初、中等职业教育最能够起到立竿见影的效果。开发白裤瑶山区，提高农、林、牧、副、工、商等的层次、效率和效益，必须用到多方面的初、中等知识和技能，用到各种机械和电器，因而对具备中等职业技术的操作型人才需求很大。对于白裤瑶山区规模较小的工农业生产，初、中等层次的管理人员和专业技术人员是主要力量。

同时，发展初、中等职业教育的过程中，要注重专业的设置，要突出专业的地方特色性和实用性。要根据白裤瑶地区农业型社会的特点，突出抓好农科类专业设置，要根据当地农、林、牧、副、工、商等具体产业的结构状况及发展动态来合理地设置专业。同时初、中等职业教育要体现出"学有所用、用能致富"，这样才能最大限度地吸引白裤瑶学生，所以在小学、初中教育巩固率比较低的情况下，要在小学高年级和初中阶段增加实用技术培训，在先办好职业学校和职业高中班，使学生真正学到一技之长，回乡后成为致富能手，能带领广大群众脱贫致富。

另外，要把发展学校职业教育与发展成人职业技术培训结合起来。可以充分利用职业学校现有的教学资源及地方各级政府农业推广站、兽医站、职业培训中心等机构与专业技术人员，抓好各村寨的成人职业技术培训，这样才能真正在白裤瑶地区建立起比较完善的职业教育体系。

4. 基础教育与职业教育相结合

基础教育与职业教育相结合是当今世界职业教育改革的重要趋势之一。无论是美国、德国这样的发达国家，还是马来西亚、泰国这样的发展中国家，都积极采取措施促进和加强两者的结合。① 近年来，我国也开始倡导并推行基础教育和职业教育相结合的教育发展策略，尤其是在贫困的少数民族地区。

目前在包括怀里村在内的里湖瑶族乡，基础教育与过去相比取得了很大进步，整个里湖瑶族乡小学生、初中生在校总数分别为1021人和632人，白裤瑶学生分别为759人和346人（怀里村分别为131人和96人），分别占学生总数的74.3%和54.7%，其中白裤瑶小学生所占比例还超过了全乡白裤瑶人口所占比例。但职业教育发展尤其是职业学校教育的发展还十分薄弱，使得职业教育与基础教育在发展上极度不平衡，出现了"唯普教为教育，为教育而教育"的老毛病，缺乏大教育观，从而形成了单腿走路的不良局面。就以学校职业教育为例：该乡1所初级中学，12所小学，没有职业初中或职业中专及以上的职业学校。同时笔者从里湖中心小学、怀里小学等学校了解到，全乡由于办学条件的限制，没有一所学校开设职业技术课程。据里湖中心小学教导主任MZY介绍说，按上面要求，应该从小学三年级开始就要开设一些职业技术课程，但由于师资、设备等方面的原因，均开设不了。里湖中学也没有开设职业技术课程，据该校副校长莫仁庆介绍，他们只是到了初中三年级下学期分流一部分学生报考各级各类的中等职业技术学校。可见九年义务教育阶段，白裤瑶的学校职业教育几乎是一片空白。这种状况严重地制约了当地经济社会的发展。具体负面效应有：

限制了劳动力的合理输出，增加了当地白裤瑶就业的压力。 据统计，2006年全乡外出从业人员703人，占总人口的3.6%；怀里

---

① 王凌、曹能秀：《论边疆少数民族地区基础教育与职业教育结合的现实意义》，载《学术探索》，2000（2）。

村当年外出从业人员55人，占该村人口总数的2.4%。① 很显然，这和我国中部一些劳动力输出大省有很大差距。大量的青壮年劳动力不能出去，很大程度上与他们缺乏一定的职业技能有很大关联。事实上，随着外界信息不断地传入里湖瑶族乡，当地青壮年劳动力外出务工的欲望有了明显的增强，但慑于自身劳动技能的缺乏，大多望而却步，即使有一少部分人出去了，多在建筑工地做小工或商品集散地扛包，都是很重的体力活，收入又比较低，且极不稳定，随时有可能丢掉活路。怀里村怀里屯村民LGC（34岁）就跟笔者讲述，家里有4口人，劳动力2人，水田1.8亩，旱地2.1亩，人均占有耕地不到1亩，为养活家人，一年要在外面打2—3个月的工，主要是在建筑工地上找小工做，每月收入不等，活多收入则有600元左右，活少则只有300元左右，多半时间只能待在家里，因为找不到合适的活做。像LGC这样的情况在村里是大有人在，所以劳动力限制、就业困难在该地区已成为一个普遍现象。

制约了农业结构的调整，给当地白裤瑶创收带来了困难。在当地，90%以上的农民仍然从事传统的农业种植，家庭养殖、畜牧加工、其他副业等从业者少之又少，农业结构调整艰难，家庭收入因而增长缓慢。究其原因，缺乏必要的从业技能是其关键。就拿怀里村家庭养殖业来说，村里有不少农民尝试过养瑶鸡，但由于技术过不了关，很多都亏本了，所以到今天村里没有一家成规模地养殖瑶鸡。

职业技能的缺乏使得当地的经济社会发展形势十分严峻，所以白裤瑶的职业教育发展任重道远。那么如何有效地发展当地的职业教育呢？笔者认为，应该把职业教育发展与基础教育发展紧密地结

---

① 里湖瑶族乡人民政府：《2006年里湖瑶族乡统计表》，14页，2006。

合起来，两手抓，两手并重，克服只抓一头而忽视另一头的做法。基础教育与职业教育相结合具体体现了经济发展与人才培养并举，职业技能培养与智力开发并重的发展策略，从而把教育发展纳入地区经济发展和社会发展的宏观规划之中，成为少数民族地区可持续发展的一个重要组成部分。强调基础教育与职业教育相结合，有利于转变过去教育发展与地方经济发展相脱节，基础教育与生产劳动、与学生的实际生活需要相脱节的现象，充分发挥教育的功能，促进少数民族经济的振兴。基础教育与职业教育相结合也有利于克服单一发展职业教育的不利因素，遵照经济发展的规律办职业教育，把有限的教育经费用在刀刃上，重基础、重特色，发展具有少数民族地区特色的职业教育。①

总之，在白裤瑶地区实现两者的结合，既能发挥基础教育为职业教育发展提供知识平台的功能，又能发挥职业教育对基础教育的实用功能，从而最终实现优势互补、相互促进的良好局面，真正发挥教育的最大功能，从而有力地推动当地经济社会的快速发展。

5. 结合自身自然、民俗文化等资源优势，围绕旅游产业的开发搞好有当地特色的职业教育与培训，变劣势为优势

职业教育的实践表明，职业教育要办好，需要依靠地方和行业的优势和条件。因为地方和行业能够提供学生获得技术技能所必需的真实现场和良好条件，所以职业教育具有比较明显的地方性和行业性的特殊属性。同时在发展职业教育中，也只有突出它的地方性和行业性，才能调动地方和行业的积极性，获得地方和行业的最大支持，发挥地方和行业资源的最大效能，从而有力地推动当地经济

---

① 里湖瑶族乡人民政府：《2006 年里湖瑶族乡统计表》，14 页，2006。

和社会的快速发展,这也是发展职业教育的出发点和落脚点,为地方经济建设、社会发展服务。所以如何利用好自身的优势,发挥地方资源的潜力,是当地白裤瑶发展职业教育的一个关键。

怀里村坐落在海拔 1000 米左右的大石山中,该区域农业种植开发难度大,生产条件差,这是导致白裤瑶生活困难的一个突出的客观原因。但马克思主义唯物辩证法告诉我们,任何事物都是一分为二的。怀里村虽然山多地少,发展农业很困难,但它也有自身比较独特的资源优势。

怀里村所在的里湖瑶族乡自然景观奇特,有着丰富的旅游资源潜力。里湖瑶族乡紧临全国著名的小七孔景区,而该乡境内峰峦叠嶂,岩溶漏斗遍布,地下溶洞纵横交错,洞天石府瑰丽神奇,大小天坑及粘膏树神秘怪异。"天外来客"铁陨石于 17 世纪中叶落户里湖,使里湖成为"中国铁陨石之乡"。此外,风光绮丽的贵州打狗河、景色秀丽的岜地大寨、植被保持完好的红星原始森林区,更使里湖与小七孔景区一道共同构成一条吸引八方游客的旅游"黄金带"。而怀里村正好处在这条旅游带的腹部,地理优势比较突出。

怀里村不仅有奇特的自然景观,资源开发潜力很大,而且还有丰富的独特的传统民俗文化资源。在该村随处可见白裤瑶的传统文化——染织文化别具匠心、风格鲜明,充分体现出自然经济条件下男耕女织的特点;建筑文化方面,粮仓及干栏式建筑等别有韵味;铜鼓文化历史悠久,是南方少数民族使用铜鼓的典型代表;歌谣文化细腻丰富,内容涵盖面广;婚恋文化独特而又引人入胜;葬俗文化内涵深厚,神秘深远,耐人寻味。近年来,在南丹县文体局等相关部门的努力下,白裤瑶的服饰已成功申报为国家级非物质文化遗产,同时,白裤瑶的服饰及葬俗文化也已成为自治区级的非物质文化遗产,铜鼓舞、婚恋文化及歌圩等亦成为地市级非物质文化遗产。显而易见，怀里村在民族文化资源方面具有吸引中外游客的得天独厚的优越条件。

无疑，大力发展旅游产业是充分发挥本地自然资源和传统民俗文化资源优势，增加白裤瑶劳动力就业和收入，推动当地经济社会发展的绝佳出路。因此，围绕当地旅游产业发展职业教育，培养相关的旅游人才意义重大。而事实上，从笔者调查的情况来看，当地在这个方面还做得十分薄弱，资源的经济效益远未发挥出来。究其原因，主要在于：

市场意识淡薄，旅游开发观念不强。在社会主义市场经济的今天，市场是调节资源的主要手段，也只有市场才能优化资源配置，从而达到资源的充分利用。怀里村虽然有丰富的旅游资源，但长期自然经济条件下产生的自我封闭意识还残存着，上进意识不强，旅游开发甚至对于很多人来说，不知其意。笔者曾于2008年1月对该村的怀里、蛮降、化图和化桥4个屯做过抽样调查，调查的30户中有19户不知道什么是旅游开发。在该村有这样的顺口溜："不求穷来不求富，只求不穿开裆裤，一天一斤酒下肚，全身都是热乎乎。"由此可见，村民的市场进取意识确实存在问题。

旅游知识与技能缺乏。有人这样说过，接待也是生产力。把这句话用到旅游行业再恰当不过了。但在该村我们不难发现，至今还没有一个专门受过导游培训的旅游专业人员，白裤瑶生态博物馆的两名女导游都是来自外村。很多时候游客来了，却因为没有合适的接待和详细的讲解，只能观其表面，不能深入了解，无法在最大限度上满足游客的好奇心和兴趣，甚至有些游客带着失望而归。

所以，要让怀里村的自然、传统文化资源产生良好的经济效益，就必须把旅游产业做大做强，紧紧围绕旅游开发搞好相关的职业教育与培训，培养和造就一批有市场头脑、有旅游专业知识和技能的人才。笔者认为，要做好如下三点：一是要通过广播、分发传单等多种途径在村民中普及旅游的基本知识，夯实群众基础；二是要对该村青壮年男女定期组织旅游知识与技能的培训，强化旅游观念，提高旅游管理与营销的能力；三是要鼓励外出就读职业院校的青年学生在专业选择上优先考虑旅游方面专业，并倡导他们毕业后回到家乡积极投身旅游产业的开发。

总之，只有怀里村转变经营策略，提升旅游产业的地位，发挥旅游产业的优势，才能有效地解除长期因传统种植经营模式而制约经济社会发展的瓶颈，才能化劣势为优势，早日奔向富裕之路。

6. 创新办学体制，鼓励行业、企业和个人投资兴办民族职业教育，建立多元化的民族职业教育体制

资金的严重不足一直是困扰少数民族地区发展职业教育的一大难题，怀里村所在的白裤瑶地区资金短缺问题更加突出。里湖瑶族乡是一个典型的贫困山乡，2007年财政收入不足82万元，还远不及东部一个小型企业的年收入，教育投入捉襟见肘。所以要解决资金投入问题，除了依靠国家、自治区、市和县加大倾斜力度外，更主要的是要创新办学体制，鼓励行业、企业和个人投资办民族职业教育，形成多元化的办学格局。当地政府要广做宣传，借开发当地旅游、矿产、农业的契机，为相关行业部门、企业和个人搭好台，倡导谁开发谁受益的原则，吸引社会资金的投入。资金的引入必将为当地经济的开发注入最强劲的动力，而随着旅游、矿产、农业开发的推进，必然要吸收大量的不同等级的职业技术人员，尤其是初、中等的职业技术人员。这样，官办资本与民营资本联合兴办甚至民营资本单独兴办的相关职业技术教育或职业技术培训就必然会在当地兴旺起来，从而最终实现"三赢"的目的，即相关行业、企

业和个人在开放当地经济的投资中获得了回报,同时当地职业教育的资金问题得到了有效解决,不同形式的职业教育得到了发展,而更重要的是,当地经济在有了资金和技术人才的保证,必然得到快速发展。

7. 培养人才与留住人才相结合

我国社会主义现代化建设的实践表明,必须在少数民族地区开发好相对丰裕的自然资源和人力资源,大力引入稀缺的资本资源和知识资源。少数民族地区虽然占全国国土面积的60%以上,拥有极其丰富的矿藏和能源,但我们不能走自然资源开发为主的老路,而应把开发相对丰裕的人力资源作为少数民族地区发展的根本途径。要开发少数民族地区的人力资源,特别是植入那里最紧缺的知识资源,必须发展教育。因为正是教育能将民族地区未能充分利用的人力资源转化为推动经济发展的人力资本。①

目前,我国少数民族地区人力资源状况不尽如人意。人力资源现有状况特别是现有的教育水平与新的经济开发对教育的需求之间,存在着巨大的差距。教育的落后造成的知识资源的严重不足,已成为制约西部少数民族地区发展经济的最大瓶颈。怀里村所在的白裤瑶地区,情况更加糟糕。以里湖中学为例,1984—2007年,考取普通高中61人,中等师范学校录取49人,职业中等专业学校录取36人,24年一共向中等教育学校输送146人,年平均6人,不及东部发达地区一所中等规模的初级中学一年所输送的人数。② 所以,发展教育尤其是职业技术教育是充分开发白裤瑶在内的少数民

---

① 杨华:《中国少数民族教育事业的新发展》,148页,见郝时远、王希恩主编:《中国民族发展报告(2001—2006)》,北京,社会科学文献出版社,2006。

② 里湖瑶族乡人民政府办公室:《里湖瑶族乡概况》,13页,2007。

族地区人力资源优势，改变经济社会发展落后现状的根本出路。

在强调通过发展职业教育在内的不同形式的教育来培养当地人才、开发当地人力资源的同时，还要注重防止人才的流失。自改革开放至今，我国东部较好的工作环境、优越的工作待遇及更多的发展机遇吸引了大量来自中西部的人才，"孔雀东南飞"的现象十分普遍。在一些落后的少数民族地区，本来人才数量严重不足，再加上人才流失又特别严重，所以出现了人才荒的现象。里湖瑶族乡生态博物馆的工作人员何春是2003届南丹高中民族班毕业生，当年有9名白裤瑶学生考上大学，其中本科两名，毕业后回当地工作的目前就她一人，其余全都选择了在外地工作。因此，如何留住人才是继培养人才之后的又一个突出难题。笔者认为，要从以下几个方面着手：一是要加强思想政治工作，要从小加强热爱家乡、建设家乡的情感教育，培育在艰苦环境中锻炼成才的思想；二是各级政府尤其是当地政府要制定吸引人才的优惠政策，尤其是工作的稳定性问题，以解决他们的后顾之忧；三是加强和完善地方政府与相关职业院校的人才委培制度，以确保人才回乡就业。

8. 规模效应和质量效应相结合

在落后的白裤瑶地区，要在相对短的时间内实现经济社会发展的大跨越，需要相当数量和一定质量的职业技术人才作后盾。所以，无论是在发展学校职业教育方面，还是在发展成人职业技术培训方面，都要注重规模的扩大和质量的提高，要把规模效应和质量效应结合起来。

职业教育的文化基础要求相对较低，应该说从白裤瑶地区基础教育的现状来看，发展水平不高，多数初中毕业生上不了高中，这为学校职业教育扩大招生规模提供了可能。就拿里湖中学来说，自

1984年建校到2007年24年间，一共考上高中的人数为61人，[①] 年平均升学人数为2.6人，绝大多数毕业生回到了各自的村寨务农。所以，只要在招生政策上向他们予以一定的倾斜，特别是学费上的优惠，再加上专业设置更好地满足他们就业需求，生源就会不成问题。同时大量的农民依然束缚在传统农业种植上，劳动力输出少，这也为主办规模较大的成人职业技术培训提供了可能。

在抓好职业教育规模的同时要抓好质量，质量是职业教育的生命，也是白裤瑶经济社会真正实现超常规发展的关键，没有一定质量作保证，发展就会成为空话。所以在学校职业教育方面，要做好几点：一是搞好师资队伍建设。俗话说得好：名师出高徒。针对白裤瑶地区师资整体偏弱的现实，要通过外地引进、本地提高、内外交流等一些务实做法来提高专业教师的整体的水平，以适应现代职业教育教学发展的需求。二是抓好实习基地建设，让广大白裤瑶学生有足够的实习机会，以提高他们动手的能力，巩固理论基础知识，也便于减少毕业后见习周期，快速体现实用效果。三是抓好教学管理，向课堂要质量，完善教学评估和监督机制。四是搞好教学仪器、实验器材及相关配套设备的购置工作，以确保上课所需，让白裤瑶学生能更加直观、更加有体验性地学到东西。

同时也要注重成人职业技术培训的质量，不能流于形式、走过场，要抓好验收工作，以确保白裤瑶农民真正学到和掌握一定的农业生产知识与技能，这样才能带动当地农业产业结构的合理调整，促进产业优化与升级，提高农民收入。

9. 加强师资队伍建设，为提高职业教育办学质量提供坚强保证

大力发展职业教育，需要创建多方面的条件，其中师资队伍的

---

① 里湖瑶族乡人民政府办公室：《里湖瑶族乡概况》，13页，2007。

建设是各项建设中最基本的，也是最主要的建设，更是关系到职业教育是否能够健康发展的决定性因素。① 在职业教育中，教师的地位是主导性的，其教育教学活动直接决定职业教育的质量，对学生的全面发展有着直接而显著的影响。从目前来看，西部少数民族地区从事职业教育的专业教师及专业技术培训人员严重缺乏，在白裤瑶地区情况更加严峻。以南丹县民族职业技术学校为例，目前该校是全县唯一一所中等职业技术学校，有教职工100人，其中专业技术教师只有23人，获得中级专业技术职称及以上的不足15人，专业技术教师无论是数量还是质量都存在不足。再者，里湖瑶族乡负责成人职业技术培训工作的人员有3名，但没有一名是专业技术人员出身，均是因工作需要而临时配备。因而在白裤瑶地区，建立一支专业教师、专业人员与能工巧匠相结合的职业教育队伍迫在眉睫。

如何搞好师资队伍建设，笔者认为：一是要做好现有教师队伍的思想建设工作，树立终身学习的思想和观念，鼓励教师不断上进，深入开展研究性学习，努力实现由"教书匠"型向"学者"型角色的转变。二是加大本地教师业务培训力度，开展形式多样的教师职业技能大赛，培育典型，发挥典型的带动和辐射作用，从而最终促进整个教师队伍业务的整体提高。三是引进和聘请外地优秀专业教师和优秀技术人员及当地的能工巧匠，来充实和壮大现有的师资队伍。四是加强与外校乃至东部地区对口支援学校的交流，学习和吸收既先进又适合自身的教学经验和方法，来改进和促进自身的教学与培训。五是提高教师的工作待遇，这是稳定和壮大师资队伍的重要物质保证。

---

① 陈炳春：《谈职业教育对教师的能力要求》，载《河南职业技术师范学院学报》（职业教育版），2000（2）。

红瑶地区乡镇内教师支教工作研究

——以广西龙胜各族自治县泗水乡为例[①]

刘华成

在红瑶地区,教育包括传统教育和学校教育两个部分。私塾教育没有进入红瑶地区前,其教育主要是传统教育,包括家庭教育、社会教育、宗教教育等。清朝末年,黄泥寨等红瑶私塾的出现,标志着红瑶地区学校教育开始破土而出。民国年间,随着民国政府在红瑶地区设置"化瑶"小学,红瑶地区的学校教育逐渐兴起,20世纪50年代后,传统教育的许多内容逐渐为学校教育所取代。[②] 80年代后,随着改革开放和经济社会的发展,龙胜各级人民政府加快了红瑶地区教育发展的步伐,如泗水乡中心学校民族高小班的开办、大寨村大寨完小民族初中班的附设、泗水中心学校女童班的开办等,对提高红瑶人民的文化水平起了积极的作用,尤其是支教工作的开展,对龙胜各族自治县红瑶地区的教育发展,起到了促进作用。

[①] 《红瑶地区乡镇内教师支教工作研究——以广西龙胜各族自治县泗水乡为例》,广西民族大学中国少数民族史2010届硕士研究生论文,调查时间:2008年10月—2009年12月。作者刘华成现为重庆中国三峡博物馆信息部副主任。

[②] 粟卫宏等:《红瑶历史与文化》,254页,北京,民族出版社,2008。

一、龙胜各族自治县教师支教工作的发展概况

龙胜各族自治县的支教工作始于20世纪80年代初。1982年7月,广西壮族自治区教育局印发《关于组织五所城市重点中学支援五所民族自治县重点中学试点工作方案》决定,桂林市中学支援龙胜中学。1996年7月19日,龙胜各族自治县遭受了百年不遇的洪水袭击,一夜间,多所学校楼房倒塌,课桌椅被洪水卷走,教室变成了鱼塘,学校不得不停课,许多学生因此失学在家。为了帮助龙胜各族自治县灾区发展教育,从1997年起,广西壮族自治区连续四年派教师支教工作队进驻龙胜各族自治县,桂林市配合区里的支教队也连续派教师到龙胜地区支教。这一时期,支教工作在龙胜各族自治县开展得有声有色。到2007年,桂林市已经连续派了11期支教队到龙胜不同的学校进行支教,同时,龙胜各族自治县也配套下派了11期支教队伍到不同学校,多层次、全方位开展县内的支教工作。从2000年6月开始,广西壮族自治区与广东省启动了"广东省对口支援广西贫困地区学校工程",每期两年。其中2002年9月广东省第二批赴广西壮族自治区支教的梁球庆、陈俊元、高润生、胡忠4位教师来到龙胜各族自治县支教了两年。

作为以红瑶为主的泗水乡,位于龙胜各族自治县东北部,距县城12公里。全乡属山区,地形起伏大,"全乡总面积168平方公里,辖9个行政村134个村民小组和1个街道居委会,居住着苗、瑶、壮、汉等民族。泗水乡2008年8月统计的总人口为13060人,其中红瑶6042人,盘瑶459人,壮族3033人,苗族1572人,汉族

1954 人，红瑶族占总人口的 46.3%"①。

根据泗水乡中心学校一位姓黄的老领导回忆，泗水乡的教师支教工作是断断续续的，最早始于 20 世纪 80 年代初，当时只是把这些支教教师作为新分配的老师一样安排到学校去工作。到了 1998 年，教师支教工作又开始了，由龙胜各族自治县派的支教队到泗水乡支教。当时，龙胜各族自治县支教队派一姓潘的女教师和一姓王的男教师到泗水乡八滩小学支教，两位教师皆来自龙胜县城小学，潘老师在八滩小学挂职任副校长，负责学校的教学常规管理，领导全校教师开展教学教研工作，每周上 2 节数学研究课，积极推广她在龙胜县城小学的教学经验，如小学数学三算法，即笔算、心算、珠算，当时影响较大；王老师任教体育课，他注重学生身体素质的培养，在加强学生的体育锻炼意识上和改变学生卫生习惯上都起了积极的作用。他们支教一年后就回到了县城小学。1999 年龙胜各族自治县派一名姓兰的教师到泗水乡支教，他在泗水乡教委办挂职任学区副校长，带领整个泗水乡的教师积极进行教学教研工作，由于他工作出色，支教半年后就调回去了。间断了几年，到了 2006 年，桂林市朝阳中学又派王老师在泗水乡中学支教两年。

二、泗水乡教师支教工作的发展现状

支教工作发展到今天，已逐步为人们所熟知，教师所接受。城镇教师支教农村教育工作在均衡师资力量，提高农村教育教学质量，促进教育均衡发展上都起到了不可低估的作用。

---

① 《龙胜各族自治县少数民族人口分布及语言使用现状情况调查表》，龙胜各族自治县泗水乡人民政府办公室提供，2008。

(一) 泗水乡中心学校支教工作现状

泗水乡中心学校，距龙胜县城 13 公里，东临桑江河畔，西临龙资公路，是一所全日制寄宿制初级中学。学校始建于 1969 年，"现学校占地面积仅 3469 平方米，建筑面积 4097 平方米，是一所名副其实的袖珍中学。学校现有教职工 39 人，其中专任教师 31 人，教师合格率为 100%，教师平均年龄为 35 岁，其中中学一级教师 24 人。有教学班 9 个，学生 385 人，全部来自校辖的 9 个行政村，其中少数民族学生 346 人，占在校学生总数的 89.87%；红瑶学生 176 人，占在校学生总数的 45.71%；女生 196 人，占在校学生总数的 50.91%；学生在校寄宿率为 100%"①。

1. 桂林市朝阳中学 WJL 老师支教泗水乡中学

2006 和 2007 年两年，桂林市朝阳中学的 WJL 老师到泗水乡中学支教了两年，做了很多实事。一是在物质上的支持。在 WJL 老师到来之前，泗水乡中学没有会议室，教师们开会和组织活动都很不方便。WJL 老师到来之后便积极向后援单位桂林市玻璃厂争取，建起了一个比较标准的会议室，能够满足 40 人开会，解决了泗水乡中心学校教学设施不足的问题，现在教师们一到会议室还会想起他。二是教学上的帮助。WJL 老师自己没有代课，但他将市里的教学理念带到了泗水乡中心学校。他起到了一个纽带的作用，通过他的联系，该校教师可以到市里交流；他还请来朝阳中学的校长、教研室主任等到泗水乡中心学校一起探讨教育教学工作。三是资助贫困学生。WJL 老师得知学校有许多贫困学生后就千方百计想办法，

---

① 资料由龙胜各族自治县泗水乡中心学校提供，2008 - 10 - 15。

联系外地老板。通过他的努力,有3个老板对口资助了该校的3个学生,直到学生完成最后的学业,这几个受资助的学生中有一个考上了桂林高中。同时,他自己也私人掏了1万多元,资助了两个学生。

WJL老师在泗水乡中心学校两年期间的支教,对泗水乡中心学校教师观念改变起了极大的推动作用,由于他时刻为学校着想,泗水乡中心学校的师生都很敬重他,他和教师的关系也处理得很好。支教结束后,WJL被调到了桂林市火炬中学。

在深入了解泗水乡中心学校的支教情况的工作中,笔者与泗水乡中心学校的L校长进行了访谈。

问:您对教师支教这项工作有何看法,有些什么建议?

L:我本人就是积极响应支教工作的其中一人,因为支教工作除了城镇教师到农村支教外,农村学校也要抽调热爱农村教育工作的乡村中青年骨干教师、校长到城市学校,跟岗、挂职培训半年或一年,我现正在桂林市中学挂职学习。支教工作是一项好政策,是想均衡教育发展,对于农村学校来说,也迫切希望支教工作来解决一些问题,即使没有物质上的帮助,但教育教学上是应该解决的。支教工作,在20世纪90年代还是很正规的,但到了21世纪,县里的支教有名无实,县里有文件,但没有具体实施。其原因一是支教工作中难争取到资金,本来每个支教教师都配有后援单位的,但支教教师直接去找后援单位的领导,不一定理睬,如果没有其他领导发话,支教教师就是跑100次也不一定见效;二是师资上县里的老师也不一定优秀很多，包括办学经验等也不一定强很多；三是还不敢安排派来的教师教毕业班的课程。我的建议：一是支援单位，包括后援单位的领导都要高度重视，上级领导的重视程度直接影响支教的效果。二是支教主要还是智力扶贫，如果只管经济，就顾不了教学。三是支援单位要抱着对下面学校负责的态度，派出比较优秀的教师来支教，否则，目前的跟岗学习就不太切合实际，受援学校的教师数量本来就很有限，如果学校还派去骨干教师跟岗学习，学校的工作就难以开展了。即使有支教教师派来，但是否能顶替去跟岗学习教师的教学任务是难说的，其实很多支援学校也不一定派骨干教师来支教的。

2. 泗水乡中心学校教师问卷调查结果

笔者在泗水乡中心学校的教师中进行了问卷调查，共下发问卷35份，回收32份。关于教师支教的最早时间，调查问卷的结果统计，85%的被调查者认为教师支教是从20世纪90年代开始的，15%的被调查者认为教师支教是从80年代就开始的。

关于该校共接受了几批支教教师，共有多少支教教师来支教过的调查，70%的被调查者知道该校有两批支教教师，一共2个人，30%的被调查者只知道该校有1批支教教师，一共1个人。

关于对支教老师的总体印象，80%的被调查者对支教教师感到满意，10%的被调查者未作答，10%的被调查者对支教教师的总体印象是一般。

对于支教教师的教学水平的认可程度，40%的被调查者对支教教师的教学水平感到满意，并认为其能在某一学科上起到带头作用；40%的被调查者认为支教教师的教学水平一般，能起到一定的带头作用；10%的被调查者认为支教教师的教学水平不强，未能起到带头作用；10%的被调查者对这个问题避而不答。

对于支教教师对工作的负责程度以及遵规守纪上，90%的被调查者认为支教教师对工作认真负责，遵规守纪，服从学校管理；10%的被调查者认为支教教师比较负责，服从学校管理。

对于支教教师是否做了些实事，100%的被调查者表示认可，他们罗列了事例如给学校争取资金建会议室、资助贫困学生、联系教研活动等。

对于支教教师是否应该上课，55%的被调查者认为应该上课，要和本校教师一样安排课程；40%的被调查者认为应该上课，但可以少上一部分；5%的被调查者认为可以不上课。

3. 泗水乡中心学校学生问卷调查结果

笔者对该校八、九年级（七年级学生刚上初中）六个班的学生225人进行了问卷调查，其结果是100%的学生没有上过支教教师的课；16%的学生认识支教教师，62%的学生听说过本校有支教教师但不认识支教教师，22%的学生没有听说过本校有支教教师；26%的学生知道支教教师资助过学生和帮助修建学校会议室，52%的学生知道支教教师资助过学生，22%的学生不清楚支教教师做了什么。

（二）泗水乡内小学教师支教工作现状

泗水乡中心学校接受教师支教工作后，泗水乡教育因教师支教工作有了改善，于是由原来县城派教师来支教，变成了一种自觉行为，开始实施乡镇内部的教师支教工作。

◎ *现代化进程中的瑶族文化教育*

乡镇内的支教，主要是乡镇教育主管机构（中心学校）安排中心小学以支教的手段，在本乡镇管辖内的各村级小学进行师资交流。泗水乡作为龙胜各族自治县实施乡镇内支教的试点，从2008年秋季学期开始实施。

1. 泗水乡中心学校（支援学校）支教工作

泗水乡中心学校创办于1934年，校园占地面积2922平方米，建筑面积4000平方米。2008年该校有11个教学班（其中有红瑶女童班1个），学生数358人，苗、瑶、壮等少数民族学生数有331人，占92.5%，红瑶学生165人，占在校学生总数的46.1%。2008年度有教职工33人，专任教师26人，师资合格率达100%。①

为逐步形成全乡的大教育观，打破"铁交椅""铁校籍"的思想，形成良性的人才流通体系，泗水乡中心学校决定在乡内实施教师支教活动。2008年8月25日泗水乡中心学校制定了《泗水乡中心学校教师支教轮换制度》，该制度清楚地规定了支教的对象和支教的办法，现全文抄录于下：

泗水乡中心学校教师支教轮换制度

一、轮换的对象

1. 45周岁以下的教师。

2. 在泗水小学连续工作两年以上，未参加过轮换的教师。

3. 当年一至五年级的教师。

---

① 资料由龙胜各族自治县泗水乡中心学校提供，2008-10-16。

4. 身体健康、健全能参加正常教学活动的教师。

二、轮换的方法

1. 人员的选择：凡同时符合以上四个条件的教师皆为参加轮换交流的对象。若当年符合条件的教师人数超过轮换的限定名额，则抽签落实结果。

2. 轮换的名称为：支教。

3. 支教年限为：1年。

4. 参加支援学校为：泗水小学。

5. 受援学校为：偏远及薄弱学校。

6. 轮换的名额：每年2人。

7. 组织留任的校长及校领导不参加当年的轮换。

8. 学校留任的六年级教师，图、音、体、英、微机专职教师不参加当年的轮换。

9. 参加轮换的教职工保留原校籍，各种福利待遇原校和受援学校都给以同等对待，并与中心校签订《支教协议》。

泗水乡中心学校
2008年8月25日

根据以上规定，泗水乡中心学校组织了第一轮支教教师的选派，由于符合条件的教师远远超过两人，最后他们通过抽签的方式决定了支教的两位教师，都是女教师，且都主教数学。一位姓F，37岁，壮族，小学一级教师；一位姓L，32岁，苗族，小学一级教师。她们支教的地点是红瑶族村寨的潘内小学。她们在去支援学校前与泗水乡中心学校签订了《支教协议》，明确了双方的责任和义务，对支教教师来说最大的福利为"三优先"，即同等条件下，"评优评先"优先，"派出培训或学习"优先，奖励优先。但是，如果教育教学质量没有提升，则会延长她们的支教时间。这是支教教师最大的压力。

笔者在泗水乡中心学校围绕该校开展支教工作后校内教师有些什么反响，派去支教教师后对学校的教育教学工作是否带来影响，以及学校是如何支持两位支教教师开展工作等话题展开了访谈。

问：今年首次在乡内实施教师支教工作，作为你们支援学校的教师们有什么反响？

答：首先作为我们校委会层面的人对支教工作是高度认可的。集镇和村级学校之间的教育差距是比较大的，我们也很痛心，单靠我们一所学校是无能为力的。现在有了这一政策支撑，我是很支持的，即使轮到我了，我也去。当然，有些教师担心被派去支教，感觉有压力，所以现在工作上更加主动了，更加珍惜自己的岗位。

问：你们在支教工作中遇到的最大难题是什么，你们是如何处理的？

答：最大的难题是支教教师的选派，虽然中心学校有选派方法，但在具体的操作中我们还要做大量工作。被选派为支教的教师开始是难以接受的，她们不是怕吃苦的问题，而是有很多顾虑，一是怕家人不支持，二是怕别人认为是自己无能被调到偏远的地方去了，三是担心是否能够回到本校。我们校方给她们做了很多思想工作，同时给予她们很高的荣誉和待遇。

问：请谈谈学校对支教教师的后续保障工作是怎么做的。

答：保留支教教师原校籍不变，同时享受两个学校的福利待遇，中心学校还负责适当的差旅报销。在评优表模、评职晋升上优先考虑。开学时由我们学校送她们到潘内小学，学期中途学校工会还组织教师们去看望她们，让她们感觉到大家庭的温暖。

问：派去支教教师后，对你们学校的教育教学工作会带来一些影响吗？

答：影响是有一些的，会造成一定的岗位缺失，同时对于她们所带班级的学生刚开始有些不适应，但对于我们这样的学校来说，也就是工作安排上有一些小的调整而已，我们会尽力克服的。

2. 泗水乡潘内小学（受援学校）支教工作现状

潘内小学坐落在泗水乡潘内村化子坪，距泗水乡人民政府所在地6千米，该校多次更址，于2002年搬迁到现在校址。学校占地面积2200平方米，现有校舍面积970平方米，全校共有9个教学班（其中含下设教学点2个），在校生180人，有教师11人，学历合格率达100%。① 潘内小学是泗水乡内首次实施教师支教的受援学校。近年来，学校在县教育局及社会各界人士的资助下，增添了一批教学仪器，规划了校园建设，使学校建设基本达到"普九"要

---

① 资料由龙胜各族自治县泗水乡潘内小学提供，2008-10-17。

求,学校常规管理日趋规范化、制度化。

笔者在去潘内小学之前,在泗水乡中心学校正好遇见了潘内小学的校长,他简单介绍了两位支教教师在潘内小学的支教情况。

> 泗水中心学校派的两位支教教师工作能力强,很快适应了两边学校的管理,在各种制度上不仅能遵守,而且能带头,起到了支教教师的作用。一个教师任我校的少先队辅导员,一个教师任数学组长,两人对工作都认真负责。这学期我们学校的校风、学风都有了变化,教师们的积极性高了。学生原来想转学的都不转了,家长有了信心。由于支教教师的桥梁作用,我们潘内小学与泗水小学也成了乡内教学互助的结对学校,泗水小学的教师经常和我们学校的老师进行交流;通过支教教师的带动和一些送课活动,我们学校的老教师多,他们现在也在逐步转变观念,不用老一套教法了。我们希望支教教师要有本校教师一样的工作心态,不能有支教一年就走了的想法。

笔者第一次到达潘内小学后,对两位支教教师进行了访谈,谈话内容整理如下:

> F:我们是今年(2008年)的9月1日来到瑶族村寨潘内小学的,来校一个多月,感受到了差别和差异,支教对村级学校来说是很有必要的,中心小学无论哪方面都是比较正规的,村级小学就连教学常规都不太正规。作为我们派来的支教老师,看到这种现状,很有心理压力,一是我们来支教的要有榜样作用;二是我们来时和中心学校签

订了《支教协议》,如果该校的教育教学工作没有起色,我们将延长支教时间。这里虽然有寄宿生,但教师们大都是跑教,我们住下来后,其他教师也开始住下来了。这里的远程教育设备根本就不能接收信息,更不要说上网了,信息闭塞,学生见识就少。学生的个人卫生习惯也比较差,我们来后做了一些起码规定,如饭前洗手、勤剪指甲等等,现在学生开始慢慢能够做到了。我们开始到校时,校园也很脏,墙上是烂泥,学生在上面乱涂乱画的。当天下午我们就带头和校长(也刚调来)开始打扫卫生,整理校园,操场上堆着水泥等杂物,我们两男(另一年轻男教师)两女抬水泥、除垃圾、打蜘蛛网、用水冲墙砖、整理办公室等,其他教师就站在一边袖手旁观……我们建议学校每周必须组织两个半天的劳动。我们两个支教教师商量计划从一些小事做起,我们对学生主要从培训他们的卫生习惯,学会做人等方面进行教育。我们刚来时,许多家长不放心学生,在校内一直等到学生放学,一是怕学生在校受到欺负,二是对路途安全不放心,放学后好接回家。我们来后建议学校课间休息时安排教师值日,注意学生动向,下午放学时学生排队回家,并由教师护送一段距离。通过我们一个多月的努力,现在家长开始放心了,不到学校来了,学校的麻烦事也相应少了许多,也给家长减轻了负担。说实在的,我们刚开始被认定为支教教师时,真是不愿上来,别人认为我们是在中心小学工作不努力的,调到这里来了;另外,这里山高路远,没有出租车,回家和上学很不方便,经常是乘坐学校教师的两轮摩托上下班或者自己租车。不管怎么说,我们既然来了,我们会努力工作，会对这里的学生和家长负责的，尽力改变这里的现状，让学校各方面向好的方面发展。说大点，是为整个泗水乡的教育出力，再大点，是为促进教育公平、公正，教育均衡发展而努力，为新农村建设做贡献。

L：本来在确定我们来支教前，已经安排了其他人的，但被他们拒绝了，上面有领导替他们说情。后来就采取抓阄的形式，被我们俩抓住了，当时心里真的很难受，但也很无奈。我小孩刚上六年级，学习和生活上正是需要我在身边照顾的时候。我回家与我丈夫商量，他也不同意，因为他是警察，一天也照顾不到家里。另外家中还有老人需要照顾，心里很是矛盾，我还想过请假，让别人代课。但后来仔细想，我是骨干教师，是派去支教的，是树立榜样的，如果请人代课，怎么起得到相应的作用？还有，如果第一次支教工作就这样，以后的工作怎么开展下去？我左思右想，最后还是决定来支教。刚上来时，看到学校那个样子，教师办公室没人打扫，垃圾没人倒，心里真难受。好的是校长很热情，给我们安排好了住处，而且住的条件还不差，我们住在一套相当于两室一厅一厨一卫的房间，我们可以自己做饭，也可以在食堂吃。我在这儿是负责数学教学教研工作的，我来一周后开始听课，发觉这里的老师上课随意性很大，想讲什么就讲什么，可以说不算课。我要求老师们写好教案再上课，而且要检查。由于以前都不检查，现在开始检查了，教师们就有意见，开始有些抵触情绪。这里的教师老教师居多，他们各有各的小算盘，过一天算一天，即使是年轻教师也没有实干精神，不求上进。接着，我们商量开始对这里的教师进行业务培训，从教师的职业道德、教学的基本理念、教学素养等入手，通过一段时间的磨合，教师们开始接受我们的良苦用心了。我们也注重做好两校的纽带作用，我们联系中心小学10月下旬送课到这里进行教学研讨，但涉及教研活动的经费问题时，教办（中心学校）的领导不太支持，而我们是认认真真地做人，踏踏实实地做事，我们现在有一种被人耍了的感觉。当然，我们还会为潘内小学的教师们去努力争取的。另外，我觉得对我们支教教师的评价体系不完善，不能把教学质量作为唯一的标准。学生在行为习惯、养成教育方面的改变，教师们业务水平的提高，学生、家长的认可度，良好教育氛围的形成，也应该作为评价我们的参考条件，这些方面要进行综合考虑。

随后，笔者在潘内小学对9位教师进行了问卷调查。关于教师支教的最早时间，调查问卷的结果统计，90%的被调查者认为教师支教工作是从20世纪90年代开始的，10%的被调查者认为教师支教工作是从80年代就开始的。

关于对支教教师的总体印象，90%的被调查者对支教教师感到满意，10%的被调查者对支教教师的总体印象是比较满意。

对于支教教师的教学水平的认可程度，100%的被调查者对支教教师的教学水平感到满意，并认为能在某一学科上起到带头作用，而且多才多艺。

关于支教教师对工作的负责程度，以及遵规守纪上，100%的被调查者认为支教教师对工作认真负责，遵规守纪，服从学校管理。

对于支教教师是否应该上课，78%的被调查者认为应该上课，要和本校教师一样安排课程；22%的被调查者认为应该上课，但可以少上一些；没有被调查者认为可以不上课。

关于支教教师给学校带来了什么，33%的被调查者认为支教教师给学校带来了信心和信息，56%的被调查者认为支教教师给学校带来了有效的管理方法，11%的被调查者认为支教教师给学校带来了活力和生机。

笔者第二次见到两位支教教师时，明显感觉到她们的心情发生了很大的变化，而且对于支教工作的认同程度也有了改变。她们认识到了支教工作对于薄弱学校的重要性，并且有支教太迟的感叹；她们也认识到了支教工作的重要使命，不是仅仅去上课，不是去教好自己班上的学生，而是要带动一所学校、一个地方的教育教学的全面发展；她们觉得支教工作是人生道路上一次难得的经历，既充满了挑战又充满了希望。

三、红瑶乡镇内教师支教的特点

随着支教工作的不断深入，支教工作的区域也在不断发生变化，由原来的东部地区支援西部地区，到省内的支援，再到县域内的支教，现在发展到乡镇内的支教。根据前面对红瑶教师支教工作的分析，不难看出红瑶乡镇内教师支教工作的特点。

（一）支教教师的适应能力强

红瑶乡镇内的支教教师本身就生活在该乡镇，对本乡镇的各方面情况相比外乡镇来的教师要熟悉得多，对支教点的学校概况、教师教法、学生情况、家长习性、风土人情等在支教前都有所耳闻甚至比较清楚，因此，他们到支教点后能很快适应。

（二）支教教师拥有语言上的优势

语言是人类最重要的交际工具，在人们的交流中发挥着重要的作用。在少数民族地区调查和工作的人会感觉到最困难的是语言上的障碍。本乡镇内的支教教师，有的就是从红瑶族中走出来的人，即使不是该民族成员之一，但他们都能听懂瑶语，甚至会说部分瑶族语言。这样在工作中无论是与当地教师交流还是与家长接触都会很快融入其中，产生民族认同，有利于工作的深入开展。

（三）教师支教以小学为主

如今的乡镇一般都是一所中学，多所小学的格局，由于管理体制上中学和小学是分开的，所以乡镇中学的支教工作大都属于乡镇外来的教师支教，支教教师一般来自于县市级的中学。而乡镇内由于有以乡镇中心学校管理体制下的多所小学，其中乡镇中心学校无论教师的整体业务能力，还是教学设施都要优于本乡镇的村级小学，这样就为乡镇内小学的支教工作提供了可行性和舞台空间。红瑶教师支教工作就是以泗水乡中心学校为支援学校在全乡村级小学开展支教工作的。

（四）支教教师的学历相对偏低

笔者在调查中发现，由于乡镇内中心学校的教师中专学历居多，因此所派出的支教教师以中专学历为主；而乡外支教的老师来自于县市中学和小学，他们的学历都在专科或专科以上。以龙胜各族自治县第十期支教人员和泗水乡第一期支教教师为例，进行对比分析。

表1 龙胜各族自治县第十期支教队员花名册①

姓名	年龄	学校	政治面貌	职务	任教学科	学历	职称
YJJ	31	龙胜中学		教务副主任	物理	本科	中一
JYH	24	龙胜中学		教师	语文	本科	
LB	26	龙胜中学		教师	英语	本科	中二
ZJH	36	龙胜第二高中	党员	副校长	语文	本科	中一
YHY	28	龙胜第二高中	党员	教师	体育	本科	小高
LZM	26	龙胜第二高中	党员	教师	生物	本科	中二
HKL	29	县教师进修学校	党员	教务副主任	语文	本科	小高
TQ	30	县教师进修学校	党员	教师	英语	本科	中一
HLY	27	县教师进修学校	党员	教师	语文	专科	小高
TQY	25	龙胜民族中学		教师	语文	本科	中二
HYQ	31	龙胜民族中学	党员	教师	语文	专科	中一
YXQ	32	龙胜民族中学		教师	语文	专科	中一
SQY	28	龙胜小学	党员	教务主任	语文	本科	小高
TCZ	26	龙胜小学		教师	语文	本科	小一
CLQ	25	龙胜小学		教师	英语	本科	小一

---

① 资料由龙胜各族自治县教育局支教办公室提供，2008年11月20日。

表2　龙胜县泗水乡内第一期支教老师花名册①

姓名	年龄	学校	政治面貌	职务	任教学科	学历	职称
FLQ	37	泗水乡中心学校	党员	少先队辅导员	语文	中师	小高
LZL	32	泗水乡中心学校		数学教研组长	数学	中师	小一

从表1中我们可以看出，县级支教的15名教师中，学历为专科或专科以上的是100%，其中本科的有12人，占全县支教教师的80%；专科学历的3人，占20%。而表2中，乡镇内支教的教师100%为中师学历。可见，县级以上支教教师的学历比乡镇内支教教师的学历普遍要高。

（五）乡镇内的支教教师较之乡外支教教师年龄偏大

《教育部关于大力推进城镇教师支援农村教育工作的意见》中规定："城镇中小学教师和高校新聘青年教师支教期限应不少于一年。城镇中小学教师晋升高级教师职务以及参评优秀教师和特级教师应有在农村学校任教一年以上的经历。"来自城镇的支教老师既有来指导教学的中青年教师，也有来接受锻炼的年轻教师，且一般以年轻教师为主。而乡镇内的支教教师则更注重教学水平和教学经验对受援学校的指导作用，所以偏重于中青年教师，其年龄结构相对偏大。

从前文的表1和表2中可知，县级支教教师的年龄结构为20—25岁的3人，占支教人员总数的20%；26—30岁的8人，占支教人员总数的53%；31—35岁的有3人，占支教人员总数的20%；

---

① 资料由龙胜各族自治县泗水乡中心学校提供，2008年11月20日。

36—40岁的1人，占支教人员总数的7%。而泗水乡镇内的支教教师的年龄均在30岁以上，31—35岁1人，36—40岁的1人，各占支教人员总数的50%。

显然，泗水乡内的支教教师与城镇支教教师相比，在学历层次和年龄结构上不占优势，但他们有语言和地理上的优势，对红瑶村落的情况比较熟悉。他们善于沟通，能迅速融入教师队伍之中，与学生及其家长打成一片，然后创造性地开展工作，使支教工作取得了一定成效。支教教师在潘内小学的教学与育人方面发挥了较大的作用，促进了潘内基础教育的均衡发展。可见，在乡镇内开展教师支教工作具有很强的实践意义。

四、红瑶支教教师在教育均衡发展中的积极作用

作为城镇教师支援农村教育中的一种特殊形式——集镇教师支援村级学校的支教活动，支教教师通过听课、评课、示范观摩课、集体备课等教研活动，将自己多年积累的宝贵经验传授给村级学校的教师，将较先进的教育理念和高效的教育教学方法与他们共享，并以真诚的合作态度进行工作，从而影响和带动村级学校的教师树立信心，奋发有为，促进当地教育的均衡发展。

（一）缓解了村级学校师资不足的压力

近几年来，特别是取消中等师范学校毕业生分配制度后，农村学校尤其是村级小学很少注入新鲜血液，且老年教师偏多，教师缺编得不到及时补充，影响了新老队伍的正常交替，这是制约村级学校教育发展的一个瓶颈。泗水乡通过选派乡镇内的集镇教师到村级学校支教，使集镇学校人力资源得到最大限度的利用，缓解了潘内

小学教师缺编的压力,保证了潘内小学正常的教育教学秩序。

(二) 推动了乡镇内教育的合作交流

在泗水乡,潘内小学教师学到了集镇教师的教育教学方法,更新了教育观念,对潘内小学教师的业务发展起到了积极的促进作用;而潘内小学主动到泗水乡中心学校开展教学教研活动,组织教学示范课观摩,学习新的较为先进的管理经验,泗水乡中心学校也到潘内小学开展各种各样的实践活动,开展平等的校际的师生对话。乡内支教工作,为该乡教育的合作交流开辟了一条新的通路,突破了以前各自作战的局面。集镇、村落学校之间由于有了支教教师这道"桥梁",拉近了集镇学校和村级学校的距离,使得集镇学校和村级学校之间交往频繁、信息互通,为该乡教育发展营造了一个非常和谐融洽的氛围。

(三) 促进了青年教师的锻炼成长

青年教师是教育事业的继承人和开拓者,促进青年教师锻炼成长也是开展支教工作的任务之一。有的支教教师在支援学校本来就是优秀教师、骨干力量,但在原学校人才聚集,能力可能无法全部发挥出来,有"英雄无用武之地"的感觉,而到了受援学校后可以让这些支教老师将自己的能力全部地展现出来;有的支教教师在原学校可能不那么出色,但到了受援学校后有许多压力和期待,这些变成了一种无形的动力。开展支教工作,无疑是为青年教师的锻炼成长创造了一个施展才华的平台。同时,集镇教师到村级学校支教,接触到了当地教师和学生,感受到了当地人们的淳朴,村级教师甘守清贫、默默奉献的精神,为集镇教师的职业生涯打下了更加坚实的基础。

(四) 建立了合理的教师流动机制

在开展支教工作前,教师的流动趋势呈现出一种单一的方向,都是从村级学校向集镇学校流动,从农村向城镇流动,条件较差学校的教师向条件较好学校流动,导致集镇和条件较好学校的教师越来越多,甚至超编,而村级学校和条件较差的学校难有新人补充,教师数量严重不足,而且教师老龄化越来越严重,从而形成了好学校越来越好,差学校越来越差的一种恶性局面,这样导致集镇和村级学校之间的差距越来越大。开展支教工作以后,实现了教师流动的一个创新,教师开始由集镇学校向村级学校"反向"流动,打破了以前教师单一的流动机制。集镇学校支援村级学校、强校支援弱校,区域内的教师流动初步实现了制度化、定期化、规范化。

(五) 增加了农民对教育的认可度

教育的宗旨是为当地培养合格的劳动者,办人民满意的教育,教师承担着这一义不容辞的职责,教师在教育教学活动中扮演着重要的角色。如果一所学校的内部管理混乱,教育教学质量偏下,教师的业务水平不高,敬业精神不强,当地老百姓必然会产生对教育的不满情绪。在条件允许的情况下,学生家长肯定会考虑让自己的子女到教育教学质量较高的学校就读。潘内小学由于有支教教师的到来,给潘内的红瑶村民带来了新的希望,增加了村民对潘内小学的信任。

(六) 带动了村级学校的快速全面进步,促进了教育均衡发展

在潘内小学支教的两位教师在泗水乡中心学校就是骨干教师,

她们到潘内小学支教，都被学校委以重任，一个是潘内小学的少先队辅导员，一个是数学教研组组长。她们成为该校执行新理念、新方法、新知识的排头兵，成为示范、观摩、研讨交流的领头雁。她们从各自的工作重点上分别为潘内小学培养学生良好行为习惯的养成，培训师资，传授先进的教育理念和教学方法，充分发挥了集镇学校的辐射、示范和导向作用，帮助潘内小学规范了教育教学管理，使学校干部的管理能力得到增强、教师的综合素质得到提高，学生的行为习惯得到进一步培养，学校的教育教学质量有了一定程度的提升，带动了潘内小学的快速全面进步，促进了集镇和村落教育的均衡发展。

五、红瑶地区教师支教工作存在的问题归因

泗水乡率先在乡镇内实施教师支教工作，的确有其独特的价值，而且取得了一定的成效。然而，其支教工作仍存在一些问题，制约着红瑶支教工作的发展。

（一）对教师支教工作的重要性认识不足

1. 行政干预支教工作

受社会上大气候的影响，行政干预也渗透到了红瑶教育这块净土中，尤其是上级行政部门极个别领导对支教工作认识不足，插手干预教育内部的工作，有的领导甚至要求取消某人的支教任务，致使该派的人派不下去。笔者在调查中得知，在确定到潘内小学支教的这两位教师之前已经另有人选，但她们有上级领导说情，层层压下来，最后泗水乡中心学校只好取消了最先派去的教师。有些地

方，实在取消不了某人支教任务的时候，上级领导就指示要求分配到指定的某所学校，甚至要求不能当班主任、不能带任务较重的学科，要求受援学校在出勤纪律等方面给予较大的关照等等。这样的支教，不仅不能起到相应的作用，反而给受援学校原有的教师带来一定的负面影响，给受援学校的教育教学管理等方面带来困难和干扰。

2. 支援学校本位主义严重

如果支援学校的领导对支教工作的认识不够，应付了事，本位主义严重的话，就不会按照相关要求选派骨干教师或者学科带头人去支教，而是将本校综合素质不强的老师推到基层充数。不难想象，一个在条件相对优越的学校都不是很优秀的教师，到一所偏远的学校去支教，他的支教工作效果会很好吗？他会服从受援学校的管理吗？受援学校会管理好吗？有的支援学校选派人员时不严肃，如泗水乡中心学校确定支教教师人选时通过抓阄的方式决定支教教师，致使有的支教教师不适合受援学校的实际需要，而真正基层需要的教师却较少被派去支教。村级学校在英语、计算机、音乐、美术等学科方面往往是最需要的，但支援学校常常不将这些学科的老师列为支教的范畴。在《泗水乡中心学校教师支教轮换制度》中轮换方法第八条就明确规定："学校留任的六年级教师，图、音、体、英、微机专职教师不参加当年的轮换。"

3. 受援学校过度依赖支教教师

其实，支教工作应该是支援学校和受援学校的双边活动，受援学校管理层对支教工作的认识程度，直接关系到支教工作的好坏。在调查中，笔者发现潘内小学管理层不是很善于利用支教工作这一契机来推动自己学校内部的发展，而是表现出一种倾向，即潘内小学对支教教师依赖性太强，对支教教师产生过高的期望，希望能解决本校在教育教学中遇到的一切问题，于是被动地等待输入，没有及时组织开展相应的教学教研活动。这种支教尽管形式上到位，但其内容、质量很难得到保证。其实，作为受援学校应该听从支教教师对工作上的建议，但更重要的还是受援学校本身应该明确工作思路和方法，有效地开展各项教育教学工作。

4. 教师对支教工作的认识不够

不能否认，城镇教师到农村学校任教，集镇优秀教师到村级学校任教，对提高受援学校的教育教学水平有着极其重要的意义，有利于缓解这些学校教师缺乏的矛盾，同时也是对城镇和集镇教师的一种锻炼和教育。如泗水乡中心学校的两位支教教师牺牲自己的个人利益，到潘内小学去支教，她们无私奉献，为潘内小学教育的发展做出了自己最大的贡献，这是不争的事实。然而，我们在现实中也看到了一部分支教教师对支教工作的认识不足，仅把支教看作一项政治任务，被动地去支教，认为"支教就是派去上课""支教就是争取资金建设受援学校的硬件"，如此等等，这些观念就会支配他们的教育教学行为。笔者在泗水乡中心学校对26名教师的调查问卷中了解到，主动愿意去支教的教师，只占被调查教师的19%；学校指派可以去支教的占42%；不愿意去支教的占39%。

另外，有一部分教师下乡支教是为自己评职称创造一个条件。因为现在教育系统评审高级职称明文规定，参评者必须有一年以上的农村教育工作经历，否则就不能参加高级职称的评定。因此，有部分教师到农村学校支教的主要目的就是要为自己评定高级职称创造一个必备的条件。这部分教师在这种心态的支配下去支教，到受援学校工作的积极性很难发挥出来，对受援学校作用不大，支教工作必定不会有多大的起色。

5. 社会对支教工作了解不够

支教工作的目的是实现一定范围内的教育均衡发展，是一件利国利民的好事，支教教师应该是光荣的，但由于支教工作宣传不到位，人们对支教工作的认识不够，导致社会上许多人对支教老师的错误认识，认为支教教师是在该校教育水平比较差的，待不下去了的人员，这也是支教教师不愿去支教的原因之一。如在潘内小学支教的两位教师，其家人就不支持她们去支教，认为自己家中有人去支教是不太光彩的事情，也是其没有能力的表现。更有甚者，就是泗水乡中心学校在初次确定支教人选时，被确定的人员不愿去支教，采取找人说情、行政干预的现象。这都是由于支教工作的宣传力度太小，社会对支教工作的认识不到位造成的。

（二）支教活动形式单一

支教工作的宗旨是促进教育的均衡发展，实现教育公正、公平，支教教师带去的不仅是课堂教学方法，而且还应有较先进的教育思想、教育观念，这些都需要通过恰当的活动载体或者提供一定的平台来实现。笔者调查中发现潘内小学仅把支教教师和本校教师一样安排去某班上课，没有很好地发挥支教教师的作用。支教教师上课期间会给某一班级学生带来变化，但对受援学校的影响却不够充分。受援学校教师本身任课较多，任务繁重，他们不可能有充足的时间去听课，即使听了课，如果没有人组织说课、评课，教师们的收获也不能达到最佳效果。支教活动形式的单一阻碍了支教活动的最大价值的实现。

（三）支教工作中管理机制不够健全

以支教政策为手段来调节师资配置，从而促进义务教育均衡发展的方式，是我国中央和地方都大力提倡的重要途径之一，并已写进新《中华人民共和国义务教育法》中，因而这预示着该政策实施的长期性，各级教育部门应该建立健全支教工作的长效机制。但笔者在泗水乡调查中发现泗水乡中心学校把支教工作作为一项短期的政治任务来完成，这是不利于支教工作有效开展的。

1. 支教过程中的调研机制不健全

支教工作中有关支教教师的数量、支教学科以及支教教师选派工作的确定具体实施是由当地乡镇教育管理机构，即中心学校来执行的。中心学校在选派支教教师时应该根据受援学校的实际情况有针对性地选派，这之前就应该有个调研过程。但泗水乡中心学校由于在这之前没有完善的支教调研机制，而是凭借自己的想法去确定支教学科以及数量等，在安排潘内小学教师支教的学科和数量上都具有盲目性。笔者在潘内小学的调查中发现，该校急需掌握新课程改革思想的英语老师，其实被派去的是两个都擅长数学的教师，而一个教师被安排任教语文。尽管这样的支教同样可以带动潘内小学数学教学的发展，但对潘内小学的作用并不是最大的。

2. 支教过程中的信息沟通机制不健全

当支援学校和受援学校确立支教关系后，两所学校间的信息沟通机制就显得尤为重要。受援学校要迅速了解支教教师的优势在哪些方面，以及支援学校可以利用的资源；支援学校也要以大局为重，不能认为支教教师去支教就例行公事了，应该主动了解受援学校的情况，和支教教师共同研究受援学校到底需要什么，到底要解决些什么困难，能否解决受援学校的自我"造血"功能。在调查中，笔者了解到两位支教教师在正式来潘内小学支教前，泗水乡中心学校和潘内小学就支教工作的事情没有进行过亲密接触，互相了解相关信息，而只是到了支教地后才开始具体了解潘内小学的情况，两所学校也才开始有比较频繁的交流。

在支教工作中支教教师应及时充分地了解受援学校学生的学习特点，受援学校也要主动介绍学生的真实情况，让支教教师对学生的基本情况做到心中有数，从而进行学情分析，制订有针对性的教学计划。但笔者在调查中了解到受援学校老师在介绍学生情况时，常有些夸大其词，把学生的素质抬高，否则觉得自己没有面子。两位支教教师说："通过我们一段时间的教学，了解到这里的学生不是我们刚来时前任教师介绍的情况那么好，我们才赶紧调整教学计划。"本来在集镇教学的教师到村级学校去任教，由于她们原来教的是一些素质相对较高的学生，往往会出现认为很多知识乡下的学生也都应该知道，如果支援学校在介绍学生情况时又有不实之处，支教教师更易把学生的基础抬高，而导致教学收效甚微的情况。

另外，笔者认为，这种沟通机制，不应仅局限在受援学校和支援学校之间，而应该将支教工作中的相关信息及时在全乡内甚至更大范围内进行总结和交流，做到资源共享，以期形成良好的支教氛围，促进支教工作的有序开展。

3. 支教工作的长效管理机制不健全

支教工作虽从 20 世纪 80 年代就开始逐步实施，并写进了《中华人民共和国义务教育法》中，但对于这项工作在具体的实施过程中没有建立相应的长效管理机制，所以支教工作在实施的过程中时断时续。泗水乡的支教工作也是如此,从20世纪80年代开始,实施几年,又停几年,接着又进行几年,没有形成一个具有连续性的制度。这说明支教工作没有建立健全相应的长效管理制度,导致随意性较大。

(四)对支教教师的优惠政策未及时落实到位

由于泗水乡支教教师的选派具有不可预见性,支教教师在支教前很少有较长的准备时间,这样就给支教教师生活和家庭带来了一定的困难。如在潘内小学支教的L老师,其丈夫是人民警察,很少能有时间照顾家庭,而她家庭负担又较重,老人需要照顾,小孩正处于需要照顾生活、辅导学习的阶段。L老师为了求得"两全齐美",每周都奔波在潘内小学和家庭之间(她家住在龙胜县城内),有时还要到泗水乡中心学校,生活过于"充实",同时增加了交通费用的开支。她从家中到潘内小学一个单程需要15元,每月交通费至少需120元,虽然中心学校每月也给支教教师30元的交通费补贴,但很少及时发放到支教教师手中。

另外,两位支教教师向笔者透露,她们的编制关系本来还在原学校,原学校也承诺福利的发放她们也同样享受,但当她们去支教时,有时得不到同样的待遇,在有些福利方面少了她们的一份。比如2008年教师节时,中心学校发放了节日礼品,而作为支教教师的F老师就没有。如果支教教师的优惠政策得不到落实,支教教师的积极性就会受到挫伤,这样既影响当期支教工作的成效,也将影响支教工作的进一步开展。

(五)支教时间短且后期跟进联系少

教育部《关于大力推进城镇教师支援农村教育工作的意见》中

有关支教期限规定不少于一年时间，这样各地教育行政部门都普遍理解同时规定支教工作的时间是一年。其实教育是有其内部规律的，它不可能揠苗助长。一年的支教时间是很短的，支教教师和学生开始都有一个适应期，当师生适应时，支教教师又要离开受援学校了。一是教育教学质量不可能有太大的提升，二是对这些学生来说是不公平的，他们马上又要适应新的老师。在调查中笔者了解到，学生都舍不得离开支教教师，不想让她们走。遗憾的是，支教教师返回泗水乡中心学校后，潘内小学很少与这两位支教教师进一步联系和沟通，除非一些关系比较近的老师之间有联系，而真正以学校的名义再和她们联系的却很少。潘内小学怕再给支教教师添麻烦，支教教师也怕无能为力，双方就在这种心理下缺少了进一步的联系和沟通，潘内小学失去了对资源的有效利用，支教工作在断层中进行，没有形成一个良性的互动过程。

六、完善红瑶地区教师支教工作，促进教育均衡发展

城镇教师支援农村教育是统筹城乡教育协调发展、优化教师资源配置、解决农村师资力量薄弱问题的一项重大举措，而乡镇内的支教工作是城镇教师支援农村教育的一个重要组成部分。红瑶地区泗水乡镇内的支教工作取得了一定的成绩，但在具体落实中也存在一些问题。要解决好这些问题，必须根据红瑶地区的具体情况，具体分析，因时因地因校制宜，在积极实践探索的基础上，不断推进制度创新，逐步加以完善。

（一）加大支教工作宣传力度，全面提高思想认识

《关于大力推进城镇教师支援农村教育工作的意见》指出：

"切实加强支教工作的组织领导。城镇教师支援农村教育工作是当前的一项紧迫任务,也是一项长期的重要工作。各级教育行政部门要在当地党委政府统一领导下,努力争取有关部门的支持,按照统筹规划、政策引导、因地制宜、城乡互动的原则,大力推进城镇教师支援农村教育工作。"这说明支教工作不是短期行为,要做好统筹规划。红瑶教育行政部门应该创造性地开展支教工作,加大本地区支教工作的宣传力度,建立健全支教工作的长效机制,全面提高人们对开展支教工作的思想认识,这是促进当地教育均衡发展的思想保证。

首先,红瑶乡镇的管理层必须认识到位。只有管理者认识到位,工作才会得到重视,目标才会明确,思路才会清晰,措施才会扎实,工作才会有成效。在对支教工作的认识上,管理者必须有一个正确的认识,忽视和弱化支教工作意义的思想必然影响支教工作的开展,会使支教工作失去动力,而盲目夸大支教工作也同样不利于支教工作的开展。

其次,要扩大红瑶教师支教工作的宣传范围。教育部《关于大力推进城镇教师支援农村教育工作的意见》中指出:"大力开展支教宣传工作。各地要认真总结推广支教工作的先进经验,对支教工作中做出突出成绩的先进人物给予表彰奖励,并大力宣传他们的典型事迹,努力营造良好的社会氛围,争取社会各界支持,促进城镇教师支援农村教育工作顺利进行。"诚然,发生在教育领域的事情常常涉及教育领域外的一些社会群体。因此,对红瑶教师支教工作的宣传不能仅仅局限于教育内部,甚至是直接参与支教的人员,同时也应该通过各种形式向全社会宣传,让所有的人都了解、理解、支持支教工作,尤其是有支教教师的家庭及其亲人更要清楚,这样才能形成良好的社会氛围,才会减少行政干预的力度。否则,社会公众对支教工作的认识偏差会成为影响该项政策执行的不利因素。

另外,对负责该项工作的宣传主体来说,当然是红瑶教育行政部门和学校,但各级政府、报刊等各种媒体也应该成为宣传的主体,积极宣传,通过媒体真实、全面地报道红瑶教师支教人员的先进事迹,使全社会的人员都了解红瑶支教工作,从而更加支持支教工作,甚至形成社会监督力量,为红瑶支教工作的顺利开展提供保障,形成有利于开展支教工作的内外部环境,为红瑶教育均衡发展铺平道路。

(二)认真选派支教教师,做好岗前培训

支教工作的好坏,在同等条件下,取决于支教教师素质的高低。教育部《关于大力推进城镇教师支援农村教育工作的意见》中规定:"选派城镇中小学教师支教,其中骨干教师应占一定比例。"支援学校的领导应该以均衡教育发展这个大局为重,站在真心诚意帮扶薄弱学校的高度出发,认真选派支教教师,一是选派的教师综合素质要强,二是专业要对口,是受援学校需要的学科教师,不要让农村学校成为接受素质差、难于管理教师的回收站。另外,当地教育行政部门在下达指标前应该做好调研,受援学校需要什么样的教师,然后向支教学校下达指标,这样就不会出现支教老师和受援学校的要求不相符的现象。在这一点上,笔者以前工作过的地方做得比较好,我们可以拿来借鉴一下。市教育局支教办在上一期支教工作结束前就下发相关表册到受援学校,填报下一期支教教师的需求,尤其是任教学科作为重点统计范畴,然后及时将需求情况以文件的形式通知到支援学校,作为选派支教人员的依据。这样就使得支教人员符合受援学校的基本需求,也才能从源头上保证支教工作真正落到实处。

在认真选派好支教教师后，支援学校或当地教育行政部门要做好支教教师的培训工作。因为支教教师在条件相对优越的集镇学校任教，现在要到比较偏僻的村落学校工作。无论是教学条件，还是学生素质，支教教师在思想上都要有一定的准备和认识。教育部《关于大力推进城镇教师支援农村教育工作的意见》中也明确规定："参加支教的人员必须具备教师资格条件并经过岗前培训。"红瑶支教教师的培训内容不仅是一些通识性知识，而且对于当地学校教育发展的规划、民族传统文化、宗教常识等加以培训；还要培养支教教师培训者的角色意识，要让他们带去先进的教育理念，传播先进的教学方法、学习方法，以及正确的人生观、教师观。因此，要提高支教教师教育教学策略与方法，现代课堂教学理论与实践、学校管理方面的培训等，这才能为红瑶地区教育均衡发展提供智力上的支持。

（三）拓宽红瑶地区智力支教活动的形式

为了尽快缩小红瑶地区集镇与村级学校之间教师的差距，促进教育均衡发展，当地教育行政部门不能仅仅局限于对口支教这种单一的形式，要另辟蹊径，积极探索和创新支教方法和模式。教育部《关于大力推进城镇教师支援农村教育工作的意见》中指出："在做好选派城镇教师长期支教工作的同时，各地要因地制宜拓宽支教渠道，组织开展短期支教、兼职支教等形式多样、灵活有效的智力支教活动。通过组织'特级教师讲学团'巡回下乡送教，城镇骨干教师到农村学校支教带教或'走教'、'联聘'等形式，缓解农村学校紧缺师资不足的矛盾。各地也要结合城镇教师支援农村教育工作的开展，积极组织农村学校教师到城镇办学水平高的学校跟岗学习、进修提高。要积极开发优秀教师示范课远程教育课件，将城镇优质教育资源送到农村学校。"①

　　这说明支教工作应该是支援学校和受援学校双方互动的过程，支援学校不能仅输血，而且要帮助受援学校增加造血功能，帮助受援学校培训管理人员和教师，因此，要建立红瑶村级学校教师向集镇学校学习性流动的合理机制，如村级学校的校长到集镇学校挂职锻炼、教师到集镇学校跟岗学习等形式。

　　广西壮族自治区在支教工作中不断总结经验，在支教工作中实施每个支教教师都配有一个后援单位，后援单位负责提供经济援助。这一做法应认真落实好，这样就形成了教育事业有更多的社会成员和单位来关注和资助，为当地教育均衡发展提供资金上的支持。

（四）发挥红瑶支教教师的长效作用

　　根据相关要求，支教的时间定为一年，这无可厚非，但支教教师支教一年，对受援学校的情况刚熟悉和适应，同事间、师生间也刚建立起一定的感情，又要返回到原来的学校。这对支援学校和受援学校都不利。笔者认为当地教育行政部门可以让这些支教教师对支援过的村级学校建立联系点制度，让他们继续对村级学校支教，只是支教的形式发生变化，由原来的长期支教，转变为定期或不定期到他们支教过的村级学校进行短期支教，发挥支教教师的长效作用。这就为红瑶地区可持续的教育均衡发展提供了可能。

---

① 教育部：《关于大力推进城镇教师支援农村教育工作的意见》，2006-02-26，http://law.baidu.com/pages/chinalawinfo/7/51/b067570889aeb6a85e5de12c87486d39_0.html，2009-10-25。

（五）尝试中学教师支教小学教育的形式

当今世界是一个资源整合、共享，实现双赢的时代。教育部之所以将小学和初中合并在一起称为九年一贯制，就是希望中小学完全融为一体。然而，由于多年来农村中、小学教育各自为营，加之前几年管理体制上的问题，初中、小学分为两块直接归县市教育局管理，中小学之间的联系更加少，因此出现初中教师埋怨小学教师学生基础没有打牢，小学教师埋怨中学教师没有教好等诸多问题。其实质是中小学教育之间的衔接问题，中小学教师之间就教育问题的交流甚少，小学教师不清楚中学教师需要什么样的学生，中学教师不太清楚小学教师的教法和每届学生的特点。因此，笔者建议在红瑶乡镇内可以尝试采取选派初中教师支教小学的形式，让初中教师传递中学教育的思想和要求，反馈小学教师的心声和红瑶小学生的特点，以便学生上初中后，教师缩短了解学生的时间，因材施教；也让红瑶学生感觉到衔接自然，能迅速过渡。尝试这种方式，其具体形式也可以采取定期支教、短期支教和兼职支教，使中学支教老师真正发挥桥梁、纽带作用，从而使中小学共同提高教育教学质量，加速促进红瑶地区教育的均衡发展。

（六）建立深入开展支教工作的长效机制

教师支教工作是党中央、国务院实施"科教兴国""西部大开发"战略，加快贫困地区教育发展的一项重要举措。经过多年的实践证明，支教工作对缩小城乡差距，促进教育均衡发展发挥了重要的作用，并取得了一定的成效。尤其是在乡镇内开展支教工作，对于缩小集镇与村落的差距，推进新农村建设具有重要的实践意义。我国有3万多个乡镇，只要每一个乡镇的教育都均衡发展，全国的教育均衡发展才有可能实现。然而，支教工作是一项长期而艰巨的任务，并不是一项短暂的行政命令，它已经写进了新的《中华人民共和国义务教育法》中。要使这项工作走上健康、可持续的发展轨道，就必须以科学发展观为指导，建立起长效管理机制。

（七）建立科学的评价体系，及时总结支教工作

教育部《关于大力推进城镇教师支援农村教育工作的意见》指出："支教教师支教期间由受援单位和派出单位双重管理，以受援单位管理为主。派出单位要积极帮助支教人员解决后顾之忧，使他们安心做好支教工作。受援地区和学校要及时对支教人员的工作和生活做出妥善安排，使其充分发挥作用。"① 笔者认为，对支教老师的管理，关键是当地教育行政部门要建立一套科学的管理评价体系，不能仅以教学质量作为衡量支教教师工作好坏的唯一标准，学生在行为习惯、养成教育方面的改变，教师们业务水平的提高，学生、家长的认可度，良好教育氛围的形成也应该作为评价支教教师工作成效的参考条件，这些方面要进行综合考虑。

对支教教师而言，既要严格管理，又要关心他们的思想、工作、生活和学习，为他们创造良好的环境和条件，使他们能充分发挥其才能。在组织支教教师的培训过程中，必须进行支教教师的具体管理措施的培训，使他们明确自身职责的同时，能够在支教工作中严格要求自己。一个人对工作的热情不仅来源于对该项工作意义的认识，也来源于管理者不断采取的激励措施。因此，笔者建议对红瑶支教教师的管理要建立一套科学的评价体系，要合理运用各种

---

① 教育部：《关于大力推进城镇教师支援农村教育工作的意见》，2006-02-26，http://law.baidu.com/pages/chinalawinfo/7/51/b067570889aeb6a85e5de12c87486d39_0.html，2009-10-25。

不同的激励措施。有效的激励措施不仅能促使人更加努力地工作，也可以激励那些不认真的人转变工作态度，从而努力工作。

同时，笔者认为红瑶地区教育行政部门要在上期支教结束，下期支教工作开始前，对上期支教工作进行一个全面的总结，表彰先进，对在村级支教工作中涌现出来的典型事迹进行大力宣传，组织优秀支教人员介绍相关经验等。甚至通过各种新闻媒体进行宣传报道，如举行大型的文艺晚会、制作电视专题片、在党报党刊开辟红瑶支教专栏、创办红瑶支教简报等形式，扩大影响，努力营造良好的社会氛围，让社会理解支教、关心支教，让更多的人乐于投入到支教工作中来，为当地的教育均衡发展做出新的贡献。

图书在版编目(CIP)数据

现代化进程中的瑶族文化教育/玉时阶主编.—北京：民族出版社，2018.11
("学术·田野·传承"民族学人类学丛书)
ISBN 978-7-105-15600-9

Ⅰ.①现… Ⅱ.①玉… Ⅲ.①瑶族—民族文化—文化教育—研究—广西 Ⅳ.①K285.1 ②G527.67

中国版本图书馆 CIP 数据核字(2018)第 265045 号

策划编辑：虞　农
责任编辑：朴雪梅
封面设计：金　晔
出版发行：民族出版社
地　　址：北京市和平里北街 14 号
邮　　编：100013
网　　址：http://www.mzpub.com
印　　刷：北京中石油彩色印刷有限责任公司
经　　销：各地新华书店
版　　次：2018 年 12 月第 1 版　2018 年 12 月北京第 1 次印刷
开　　本：880 毫米×1230 毫米　1/32　字数：333 千字
印　　张：12.875
定　　价：35.00 元
ISBN 978-7-105-15600-9/K·2724(汉 1558)

该书如有印装质量问题，请与本社发行部联系退换
汉文编辑一室电话：010-64271909　　发行部电话：010-64224782